AF333490

Confessions d'un faussaire

La face cachée du marché de l'art

Éric Piedoie Le Tiec

CONFESSIONS D'UN FAUSSAIRE
La face cachée du marché de l'art

Max Milo
TÉMOIGNAGE

© Max Milo, Paris, 2019
www.maxmilo.com
ISBN : 978-2-315-00937-4

À César

À tous les grands artistes qui font avancer les idées

Contradiction OUI
Contradiction NON
Yvan Alechinsky

Avant-propos

Seul le rêve transformé en réalité est un Graal. Celui de créer, de comprendre les autres, les artistes, les êtres humains. Je suis un contemplatif analytique qui ne sait que se servir de son œil et, un peu, de son cerveau défragmenté. Pensant qu'il vaut mieux ne rien faire de sa vie que la rater, je me suis intéressé à celle des autres, celle des créateurs, des plasticiens, des artistes qui m'ont bluffé par leur existence et par la force créatrice qu'ils ont véhiculée tout au long de la fabuleuse époque moderne dans l'art plastique.

J'ai essayé de les comprendre, de pénétrer leur putain d'histoire, leur vie dans leur plus profonde intimité, d'analyser les arcanes de ces grands maîtres qui ont, par leur œuvre, eu un impact sur l'évolution de la pensée. Je suis allé jusqu'à les décortiquer, les ressentir, les détester, les aimer, les refaire, et même les réinventer sans les tromper. Certainement que, au fond d'eux-mêmes, sentant qu'ils ont été compris, ils l'auraient approuvé.

Je crois profondément que l'art est un mensonge qui nous fait comprendre la vérité. Des faux ont pullulé dans l'Histoire, et en particulier dans l'art, ces cinquante dernières années. Dans les années 1960, Fernand Legros a été l'instigateur de ce chaos. Ce personnage grandiloquent et flamboyant a vendu par lots entiers des faux Picasso, Matisse, Chagall, Marquet, Utrillo à de riches Américains, avec la complicité des galeries parisiennes Pétridès. Helmyr de Hory, l'autre grand faussaire du XXe siècle, avait pour spécialité de peindre à la manière de Modigliani et de Picasso, du bout de son fusain et de son pinceau… et d'enrichir considérablement la production des plus grands !

Parmi les affaires qui fascinent encore les amateurs, on pourrait citer l'aventure de Geert Jansen et d'Ellen Van Baren, un couple de Hollandais arrêté en 2001 pour avoir produit six mille lithographies modernes. Fausses, bien entendu. Guy Ribes, lui aussi, a réalisé des Matisse, des Renoir, des Modigliani, des Chagall, et des Picasso. Et que dire de Han Van Meegeren, fasciné par l'âge d'or des Hollandais et en particulier de Vermeer, au point que les plus grands experts sont tombés dans son piège ? Aujourd'hui, ses œuvres se retrouvent dans les musées. David Stein, lui, s'est spécialisé dans les Picasso, Matisse, Klee et autres Chagall – c'est d'ailleurs ce dernier qui, en 1966, a mis au jour l'entourloupe – ainsi que les faux *Superman* d'Andy Warhol.

Les faux sont partout dans l'art : dans les musées, les salles d'exposition, les galeries, et cela pour une raison simplissime : ces chefs-d'œuvre sont réalisés avec la complicité des maîtres eux-mêmes (parfois), de la famille des artistes quand ils sont décédés (très souvent), des

experts et des galeristes du monde entier (tout le temps).
Chacun y gagne.

Le faussaire, d'abord. L'œuvre d'un inconnu ne vaut
rien ; la même œuvre, signée par un maître, vaut une
fortune. L'artiste faussaire amasse donc des sommes
colossales, autant qu'un trafiquant de drogue.

L'artiste y gagne aussi. Sans être obligé de créer, le
peintre célèbre peut monnayer sa signature auprès
des faussaires et des spéculateurs. Dalí, Picasso et bien
d'autres l'ont compris !

Enfin, les ayants droit y gagnent. En effet, lors du décès
d'un maître, la famille et son entourage ont un problème
de stock. Quand tous les chefs-d'œuvre ont été vendus,
ils ont, financièrement, tout intérêt à authentifier de
nouvelles œuvres, d'autant plus que le flot de riches
amateurs qui veulent investir dans l'art ne tarit pas. Ces
cinquante dernières années ont coïncidé avec la suren-
chère de la cote de nombreux artistes. Une vraie chasse
aux faux !

Pour ma part, j'ai réalisé des faux pendant quarante
ans, avec la complicité des artistes, de leurs maîtresses,
de leur famille, de leurs amis, des experts et des galeristes, dans une ambiance de sexe, drogue et création.
J'ai retrouvé mes chefs-d'œuvre dans les expositions, les
catalogues de Christie's et Sotheby's, dans les grandes
galeries des États-Unis, de Londres, du Japon, de Corée
et de la rue de Seine… Une orgie !

En 2001, au moment du scandale César, la presse
m'a présenté comme l'empereur du faux. *Le Figaro* s'est
étonné que, malgré mon amour immodéré de l'art, malgré

mon talent, malgré mon génie, je n'aie jamais songé à me frotter à Monet ou Rembrandt, pas plus qu'à Rodin ou Maillol. Je réponds que je préfère m'amuser avec des artistes contemporains. Monet, ce n'est pas une période qui m'intéresse. Trop loin de moi et de mon idée de l'art. Pour Rembrandt, il y a déjà un faussaire très connu qui en fabrique en nombre. Même topo pour Van Gogh. Pour les peintres anciens, les affaires de faux se sont multipliées et ont donné lieu à des procès retentissants concernant des Rodin, des Maillol, des Claudel et des Bourdelle. Guy Hains avait ainsi fait fabriquer dans sa fonderie de Luxeuil-les-Bains des centaines de sculptures prisées sur le marché international.

Je possède dans ma collection un beau Monet (vrai), un petit Rembrandt et un faux Rodin, accumulés pendant mes années de folie créatrice. Ce Rodin, d'une trentaine de centimètres, en bronze à patine verte, issu et reconnu comme authentique, est apparu pendant l'Occupation allemande à Paris, quand les nazis avaient pris la direction des ministères et des musées. Un nazi s'est intéressé particulièrement à Rodin et a pris le moule de *L'Éternelle Adoration*, qui représente un homme et une femme nus, prêts à faire l'amour. Ce bronze a été tiré dans une fonderie de la région de Lyon. Seuls trois exemplaires ont été réalisés par le fondeur, dont le cachet personnel est estampillé sur l'œuvre, ainsi que la signature de Rodin. Le moule était vrai, il venait du musée Rodin. J'ai acquis ma sculpture auprès d'un technicien de studio qui avait été l'arrangeur musical de Claude François et, ses heures de gloire étant loin derrière lui, se retrouvait obligé de revendre sa collection. *Via* un intermédiaire, il m'a ainsi enrichi d'un très beau mobile de Calder des années 1940 et de ce faux Rodin.

Je n'ai jamais été un *fan* de Rodin mais, à force de voir cet objet sur mon bureau en permanence, je me suis surpris à l'aimer. Ce faux était estimé à deux millions et demi de dollars. Plus tard, j'ai été contacté par un comédien très connu qui collectionnait les œuvres de Claudel, Rodin et Picasso, et avait même joué le rôle de Rodin au cinéma. Bref, Gérard Depardieu voulait m'acheter mon faux. Je ne le lui ai pas vendu. On ne vend pas ce que l'on aime !

1.
Saint-Paul-de-Vence :
Calder, Ben et César
[1970]

Dès mon adolescence, j'ai eu la chance d'évoluer dans une enclave habitée par de nombreux peintres, musiciens et cinéastes du monde entier. Dans cet endroit, nous recevions comme éducation une philosophie de la vie qui m'a immédiatement intéressé. La création était un lieu commun pour tous ; les mots « liberté », « amour », « libertinage », « folie », « non-agir » étaient les valeurs premières de Tourrettes-sur-Loup. Autant pour l'histoire de l'art que pour la géographie, ce village a été associé d'une part à Vence, ville où ont travaillé Matisse, Dubuffet, Ernst ; et d'autre part, plus bas à Saint-Paul, où ces grands artistes ont trouvé refuge pour assouvir leurs envies de libertinage et de travail.

Saint-Paul a vu aller et venir Soutine, Modigliani, mais aussi des anciens comme Renoir, qui habitait non loin de là, sur les hauteurs de Cagnes-sur-Mer. Aussi au tableau de chasse de la ville, Calder et Miró ont laissé des œuvres visibles aujourd'hui à la fondation Maeght. Arman y avait sa maison-atelier. Non loin de là, César a rempli la Colombe d'Or de pièces magnifiques que l'on peut voir, posées entre des Picasso cubistes, des Miró d'anthologie, des Delaunay, des Léger et tant d'autres. Giacometti et Chagall sont venus travailler ici. Ils reposent désormais dans le petit cimetière de Saint-Paul.

En ce qui me concerne, j'avais quinze ans et j'étais fasciné par tant d'énergie concentrée. Ne voyageant pas, j'avais le kif de visiter avec des potes les magnifiques expositions que nous offraient les galeries azuréennes, les vernissages et *happenings* de Ben ou du mouvement Fluxus. Un de mes amis, peintre et plasticien, m'a dit qu'il avait assisté à un *happening* de Yoko Ono. Celle-ci faisait partie de ce groupe de pensée Fluxus. Il m'a décrit le *show* en détail. Elle se trouvait seule sur une estrade, dans une sorte de petit théâtre improvisé ; elle était vêtue d'une robe noire et évoluait sans un mot sur cette estrade.

À l'entrée, on avait remis des ciseaux à tous les spectateurs acteurs, afin que chacun pût découper un bout de cette robe. Quand Yoko Ono descendait de son promontoire et se déplaçait parmi le public, chacun devait lacérer la robe dans le but de mettre nue la performeuse. Ce qui était fascinant, c'était de voir que certains étaient timorés et ne découpaient qu'un petit morceau alors que d'autres, plus avides, arrachaient des pans entiers. Yoko a été nue très rapidement. C'était un hommage à Marcel Duchamp et à sa *Mariée mise à nu par ses célibataires, même.*

Impressionné par le récit, j'ai imaginé cette performance et ne l'ai pas oubliée. J'aurais aimé y assister. Yoko Ono a réédité ce *happening* à New York quelque temps plus tard, mais je n'ai pu en être. J'étais loin d'imaginer que l'art pouvait n'être qu'une action éphémère ; pour moi, il nécessitait des pinceaux, des crayons, un sujet, des toiles et des couleurs.

Je passais mes nuits chez tous ces artistes qui noyaient dans les drogues et l'alcool toutes les raisons qu'ils avaient d'exister. Avec mes amis, nous nous incrustions dans la propriété de Billy Wyman, sur les hauteurs de Vence. Il y avait souvent une faune connue de musiciens, Mick Jagger, des groupies, et même Murray Head qui n'a jamais supporté Vence et m'a dit un jour :

— C'est une ville morte, pleine de connards. Cela fait un an que je suis chez Billy, et ça a beau avoir l'air super *cool*, je m'emmerde. Tu veux un rail ? Je vais te présenter mes copincs, la soirée va être ultra chaude.

Autour de Mick, rayonnant, ses *girlfriends* étaient intouchables. Un peu partout, plein de *people* étaient à l'ouest, complètement déglingués, perchés très, très haut. Mes potes et moi nous sommes mis au diapason : nanas, champagne et autres drogues. Nous dansions comme des fous jusqu'au lendemain où, crevés par l'orgie, nous repartions seuls, gardant une fois de plus l'éther de nos débauches en mémoire. C'était ma vie. Cette multiculture m'obligeait à papillonner dans un tourbillon de gens délirants gravitant autour de génies hallucinés… J'en ai tiré des leçons de liberté sans limites, d'amour et de sexe. C'étaient les années 1970.

Dans les vernissages, je pouvais apercevoir de loin des personnages comme Calder, très simple mais impressionnant de corpulence et entouré de rares divinités vivantes de l'époque moderne. Il agitait sa main comme s'il saluait alentour les invités charmés d'être reconnus par l'ogre-enfant. En réalité, il était simplement atteint de la maladie de Parkinson et tremblait, fébrile, en vibreur constant, à l'image de ses sculptures mobiles. Les petits snobs étaient flattés car, à part moi, personne n'était au courant.

C'est en privé que j'ai pu approcher ce monstre, grâce aux parents de mes amis qui le connaissaient. Cet homme génial se comportait comme un enfant émerveillé qui s'amuse de la vie. Il faisait de sa propre existence un théâtre dont les acteurs étaient de petites sculptures en fils de fer, représentant chacune un personnage et des animaux de cirque. De cela, je ne connais que les films des années 1940, quand son public était un groupuscule d'artistes surréalistes, dadaïstes et cubistes aussi inconnus que lui, à l'époque. Ayant eu la chance de fréquenter des lithographes et des céramistes qui ont travaillé pour lui, tous affiliés à la structure du Maeght, j'ai mieux pénétré son espace créatif qu'en lui parlant. Calder ne s'exprimait pas beaucoup et était trop impressionnant pour que j'aie le courage de lui poser des questions. Je passais donc par ses collaborateurs, si je peux me permettre de les appeler ainsi, qui étaient maîtres graveurs et céramistes.

Sur les conseils de Calder, ses assistants exécutaient dans les ateliers de la Fondation Maeght les techniques que le maître ne maîtrisait pas. Calder déléguait ses réalisations aux spécialistes. Ils étaient ses exécutants attitrés mais aussi ceux de certains artistes, comme Miró ou d'autres : ces génies ne maîtrisaient pas l'artisanat indispensable à maintes de leurs œuvres. Calder ne savait « que » tordre du métal, le peindre et l'équilibrer pour que, une fois terminée, la sculpture soit entièrement le jouet du vent, des éléments, de l'espace, et que son mouvement devienne libre.

Dans ses gouaches préparatrices, je ne vois que des spirales, des ronds de couleurs vives, orange, jaunes, rouges – couleurs pleines de vie, comme lui. Très vite, j'ai appris que, lorsque la somme de travail devient importante, même pour un monstre de solidité, il est des techniques avec lesquelles seuls les spécialistes peuvent traduire l'imagination et les vœux de l'artiste lui-même. Ils sont en quelque sorte les prolongements techniques de sa pensée, mais ne seront jamais, même en osmose au moment du résultat commun, l'artiste lui-même. J'ai compris qu'ils pouvaient m'apporter des éléments importants sur les arcanes de la pensée du maître. En restant proche de ces spécialistes, j'ai pu mieux comprendre ces êtres d'exception.

J'ai aussi compris que l'artiste pouvait, pour des tas de raisons, imaginer un concept et le faire exécuter par d'autres, à qui il en expliquait la finalité. J'ai pressenti que l'association entre pensées, toiles, couleurs et pinceaux était obsolète. À l'avenir, la création se dépouillerait des techniques. Je l'ai découvert encore plus quand j'étais « en classe ». En réalité, j'ai passé le plus clair de mon temps dans l'obscurité de la salle de projection de la cinémathèque, où étaient projetés en permanence des films sur la vie de Miró, Chagall, Giacometti ou Braque. Les regarder bosser dans leurs ateliers privés suffisait à m'éclater. J'ai alors commencé à décortiquer leurs comportements pour mieux les connaître et, *in fine*, les comprendre. L'art d'inventer ne peut se réduire à des procédés uniquement mécaniques, il découle d'une démarche philosophique et créatrice.

Un dimanche après-midi, en touriste, comment peut-on *ressentir* un Giacometti, quand on se trouve face à sa sculpture maigre, longiligne, angoissante, si l'on ne pénètre pas d'une manière ou d'une autre dans la vie privée du sculpteur par les livres et les films ? Que peut-on éprouver sans savoir que, toute sa vie, l'artiste n'a fait que reproduire sa propre image d'être famélique ? Aujourd'hui, cette image de la souffrance est proposée et vendue, déclinée en cartes postales dans un but strictement lucratif alors que, lui non plus, n'a jamais tiré de son art une consécration pécuniaire : à la fin de sa vie, il était salarié, nourri et logé par la fondation Maeght.

Mon grand-père, peintre et architecte, m'a offert un appareil photo et tout ce qu'il me fallait comme accessoires pour retenir des moments de vie en les fixant à jamais. Ce Nikon et moi sommes devenus inséparables. Il me servait d'intermédiaire entre mes idées, mon désir d'attraper des instants privilégiés sans avoir besoin de m'approcher trop des sujets, des gens et des artistes. Il m'a servi de passeport pour entrouvrir les sacro-saints mystères de ceux qui composaient le milieu de l'art, les lieux où se fabriquaient les œuvres, les ateliers d'Arman à

Vence, de Ben à Nice, de César à Roquefort-les-Pins. J'ai photographié les *happenings* de Pinoncelli. Je pouvais saisir l'émotion, voler la mémoire du temps, moi qui ne savais pas tenir un crayon, un fusain ou quoi que ce soit qui m'aurait permis de m'exprimer autrement.

Mon grand-père m'avait rappelé que, neuf siècles plus tôt, notre plus ancien aïeul connu, Hugues Piedoie, proche de saint Louis, était lui aussi architecte et peintre. Saint Louis, le mec qui rendait la justice sous son chêne, lui a commandé vers 1250 la construction de l'église paroissiale Saint-Martin à Longjumeau, dans l'Essonne, contemporaine de la construction de Notre-Dame de Paris. Cette église, dédiée à l'évêque Martin de Tours, a été détruite puis reconstruite au fil des guerres. Mon aïeul Hugues Piedoie, donc, était loin d'imaginer que, neuf siècles plus tard, je serais peintre et faussaire. Si je pouvais remonter le temps, je lui demanderais de glisser un mot en ma faveur pour que je sorte *clean* des nombreuses affaires judiciaires qui ont jalonné ma vie et dont je me serais bien passé !

2.
L'ombre d'un génie :
Klein, Saint Phalle et Raysse
[1973]

Après le lycée *hippie* de Vence, je me mets en tête de passer le concours d'entrée des Arts déco de Nice. Pendant plusieurs mois de préparation, j'erre de musée en galerie, de bibliothèque en cours privés de dessins et d'étude de la couleur. À l'arrivée, je suis recalé, car trop académique et pas assez ouvert. En fait, je n'ai pas la maîtrise nécessaire pour accéder à ce haut lieu de l'enseignement d'où sortent à peu près tous les grands plasticiens et théoriciens de l'époque. Nice est tout de même le berceau, entre autres, d'Yves Klein, l'inventeur du monochrome bleu ultramarin ; d'Arman, l'accumulateur d'objets hétéroclites, le destructeur fixant ses colères dans la résine et les rendant éternelles ; de César, le plus grand de tous, inventeur du recyclage d'objets de consommation en compressions/pièces d'art ; de Niki de Saint Phalle qui, après ses tirs à la carabine sur toile, a inventé *La Femme* qu'elle a nommée *La Hon*, femme étalon, en résine ultra colorée représentant un colosse de trente mètres de long, six tonnes, qu'elle définissait comme la plus grande putain du monde ; de Martial et France Raysse, qui honoraient l'amour en incrustant des néons dans leurs toiles visibles au musée d'Art moderne de la ville ! Tous venaient ou étaient proches des Arts déco de Nice.

Je me rabats sur la Villa Thiole, école de préparation au concours élitiste, où j'essaye de comprendre les bases de la fabrication et de l'expression plastique. Je suis le pire des élèves. Mon trait est lourd ; exagérée est ma vision des proportions en volume. Très vite, ces cours me saoulent singulièrement, mais je dois apprendre coûte que coûte ou, au moins, saisir en devinant. Pas question de rester sur la touche sans rien savoir faire, au risque de ne jamais choper cette insaisissable chose que mes profs-artistes essayent jusqu'à l'overdose de m'inculquer. Sauf que je suis bloqué, hermétique, coincé. Lorsque je dessine, les profs jettent mon chevalet et reprennent mon fusain pour finir voire refaire eux-mêmes mon exercice : seul, je n'aurais jamais été capable d'achever ma merde. J'éprouve là une énorme frustration ; et cette honte reste en moi tant que, à force de travail, je n'arrive pas *a minima* à un petit résultat.

À la Villa Thiole, le monstre de l'enseignement de la couleur s'appelle Huguenin. C'est un personnage corpulent, âgé d'une soixantaine d'années, peintre raté, resté en marge du monde de l'art. Ancien élève de Fernand Léger, pendant la période post-américaine du peintre, il était l'un de ses exécutants, sorte d'ouvrier aidant le maître à monter ses châssis, reprendre des ébauches ou finir ce que l'artiste lui demandait de réaliser à sa place.

Je me rends compte que la plupart des grands artistes de ce siècle ont eu des exécutants pour les aider à réaliser leur projet. Rien de nouveau, cependant : depuis Raphaël, l'histoire de l'art n'est qu'un travail de groupe. Direction, choix des couleurs et des matières, signature, gloire et fortune pour l'artiste ; exécution et salaire d'ouvrier pour les petites mains. Huguenin n'a pas supporté de vivre dans l'ombre d'un génie car lui n'a jamais été reconnu comme un artiste. Aussi finissait-il sa vie en essayant de former ceux qui seraient peut-être ce que lui avait échoué à être. Il faisait son possible pour inculquer à ses ouailles le sens, l'équilibre et la valeur des couleurs, pour nous donner à voir ce que seul un œil exercé peut discerner, pour nous apprendre à disséquer les couleurs et à les décomposer avant de les mélanger sur la palette et d'arriver à une transposition aussi juste que personnelle de l'observation.

Les couleurs que l'on ne voit pas, je finis par les voir à force de concentration jusqu'à l'épuisement. Je les sépare et les remets à leur place sur la toile. J'apprends que, posé sur une table de couleur terre de Sienne foncée, un pot capte des reflets violets, bleus, rouges ou roses ; et ce sont ces reflets qu'il faut peindre. Le rebord de la table sur lequel ce pot est posé m'apparaît avec des reflets verts, même vert pomme parfois. À force d'abnégation, de pleurs, d'énervement et de renoncement, je réussis à acquérir une vision neuve ; il m'a fallu un an d'entraînement intense. Je comprends aussi que, pour travailler en équipe, il est indispensable de magnétiser ses exécutants pour leur faire comprendre les concepts d'œuvres à réaliser. Alors, ces exécutants deviennent des clones de l'artiste – je m'en souviendrai lorsque, tel un assistant suivant les instructions tacites d'un génie, j'exécuterai des faux de certains maîtres.

Huguenin ne connaîtra jamais cette libération. Le refoulement de son propre art l'a mené, comme la plupart des enseignants de la Villa, à la névrose. Les profs et moi, nous ne fonctionnons pas sur le même mode ; ce qui explique qu'ils me traitent, à tort ou à raison, comme un débile qui n'arrive pas à saisir le cœur de l'art qu'eux-mêmes sont persuadés d'avoir saisi. Et moi, de mon côté, je pense que Huguenin est stupide d'être passé à côté de son destin. Il avait tout pour faire un faussaire de folie ; il était le cœur même de Fernand Léger ; mais son *ego* était trop fort. Sa rancœur et son honnêteté l'ont piégé dans la frustration jusqu'à la mort. Quel gâchis !

3.
Mes tableaux de chasse : Legros, Léger et Chagall [1976]

À la Villa Thiole, la vie magique de Fernand Legros m'inspire. Pendant les années 1960, cet artiste faussaire a mis le monde entier dans sa poche – experts, ayants droit, marchands et veuves de peintres. À la lecture de son chef-d'œuvre, *Tableaux de chasse ou la vie extraordinaire de Fernand Legros*, je me mets à rêver d'une vie libre, libertine et décalée, où une certaine magie peut changer une existence terne en un bouquet de lumières.

Un matin, en manque d'argent, je consulte quelques catalogues de ventes aux enchères en buvant un thé, et je décidé de m'activer. Fouillant mes cartons à dessin, récupérant quelques feuilles de Canson, je trempe ces feuilles trop blanches dans mon Earl Grey. Jaunissant comme si elle avait été trop longtemps exposée au soleil, la feuille vieillit, au séchage, d'une quarantaine d'années ! Saisissant une mine de plomb, j'exécute sommairement un dessin trouvé dans un catalogue de Dufy : c'est une scène de calèches, avec chevaux et dames en crinolines, croquée dans le Jardin Albert-Ier de Nice (sujet favori de Raoul Dufy dans les années 1940). Je trouve le dessin sympa ; donc je décide d'aller le proposer sur le marché des brocanteurs, antiquaires et marchands de croûtes infâmes qui se tient dans le Vieux-Nice, cours Saleya. Après deux ou trois refus, j'éveille l'intérêt d'un camelot pour cette œuvre « magistrale », issue d'une lamentation matinale. J'encaisse sur-le-champ l'équivalent de 900 €. Je ris, et le marchand rit aussi, persuadé qu'il vient de faire une bonne affaire. Il me demande si j'ai d'autres œuvres de famille à lui céder. Je lui laisse penser que oui, attisant ainsi son intérêt pour ma collection certes inexistante mais qui n'attend que quelques efforts personnels pour s'étoffer.

Après mes cours, je commence, maladroitement, à esquisser des ébauches, des dessins, des compositions à la manière de Fernand Léger. Je me rends au musée national Fernand-Léger, à Biot. Là, j'étudie les différentes périodes de son œuvre. J'analyse les papiers, les couleurs de gouache et les encres utilisées par l'artiste. Je note précieusement mes observations, surtout celles liées à la période américaine. Je passe des heures entre les salles du musée et la bibliothèque, riche d'informations. Je prends des photos pouvant me servir pour refaire de nouvelles études sur papier à l'encre et à la gouache, œuvres que je compte inventer et réaliser dans la logique intellectuelle de Léger transmise par Huguenin.

Par la suite, en fréquentant de très grands collectionneurs, j'apprendrai que, quand elle est devenue veuve, Nadia Léger a continué à créer des œuvres de son mari. Les collectionneurs m'ont expliqué que seules les œuvres authentifiées du vivant du maître, à condition que ce soient des œuvres majeures, les intéressent ; les autres sont entachées par la suspicion. Les miennes ne sont pas des œuvres importantes, à peine des études sur papier, réalisées à la mine de plomb, à l'encre et à la gouache. Elles n'en sont pas moins respectueuses de l'esprit du maître ; je les date donc d'avant sa mort, les signe de son nom, et file les vendre sans coup férir à mes petits marchands du Cours Saleya. Après quoi, je m'attelle à réaliser des œuvres au lavis de Chagall. Pour y parvenir, j'analyse des œuvres déjà finies, je remonte jusqu'à la trame du dessin préliminaire, et je recompose, dans un autre équilibre, une nouvelle esquisse en 40x60 cm. Sur mes six tentatives, quatre me paraissent dignes d'être conservées. Je contacte une galerie de Monaco qui prête aussi de l'argent contre le dépôt de bijoux ou d'œuvres d'art. La galerie et son directeur me prennent pour un héritier flambeur, dilapidant ses biens familiaux. Cela m'évite d'avoir à m'exposer aux risques inutiles des ventes directes et aux questions pressantes. La galerie m'offre l'équivalent de quelques centaines d'euros par œuvre, et la possibilité de les récupérer dans l'année… avec un taux d'intérêt !

Mon travail sur les techniques mixtes de Miró – des gouaches, des fusains, de l'encre de Chine et des mines de plomb – n'est vraiment pas génial: j'en ai honte aujourd'hui! Mais je suis encore en apprentissage et ma bourse d'étudiant se remplit avec une facilité déconcertante. Cela me permet de faire la fête, de payer mes rails de coke et d'acheter ma première Coccinelle cabriolet.

4.
La rencontre : Warhol, Lichtenstein et Mandrake le magicien [1979]

Pendant cette période d'apprentissage, je prends le train de l'art en marche et sans billet. Avec mes amis de promo, nous sommes surboostés par la chimie et shootés à l'héroïne. Nous sommes invités dans toutes les soirées déjantées. Une des plus mémorables reste le vernissage d'Andy Warhol, à l'Hôtel de Paris, à Monaco : entre les barrières qui retiennent un public non invité et les voituriers qui hallucinent devant nos crêtes vertes et notre *look*, déglingués faisant tache à Monaco. Entourée de Ferrari, de Bentley et d'autres voitures d'ultraluxe, ma Coccinelle Cabriolet est prise en charge par le voiturier. Nous nous dirigeons directement vers Warhol. Il est dans un coin de la salle d'expo en blazer et perruque blonde. Il reste figé, les mains dans le dos comme une diva, répondant à un mur de gens qui se tiennent à plus d'un mètre de lui. Seul son secrétaire traduit, photographie et enregistre l'événement.

Pendant la visite, nous faisons des allers-retours au bar. Beaucoup. J'aperçois César dans un hall, proche de la réception. Visiblement intimidé par la vedette du *pop art*, il s'occupe en tapant dans une pile du magazine *Interview* pour signer des autographes aux midinettes punks en Chanel. Warhol l'ignore : César est inconnu aux États-Unis.

Quelques grammes d'alcool plus tard, mes potes et moi sommes pris en photo à notre insu par le secrétaire de la *star*, qui nous invite à rester dîner sous la verrière avec 300 privilégiés. Je décline l'invitation : nous avons envie de nous barrer pour poursuivre la fête ailleurs, à Nice, chez des amis. Devant l'insistance du secrétaire, argumentant que Warhol a changé la composition de sa table pour nous y inclure – nous sommes quatre –, je cède ; et nous faisons ce pour quoi nous sommes invités : planter nos scandales existentialistes en vidant les bouteilles de Chablis, puis recommander d'autres flacons. Warhol ne bouge pas. Il se contente d'observer le ballet incessant des serveurs.

Nous sommes les chouchous et les parias de la soirée. Les mets se succèdent, personne n'y touche sauf nous ! Le vampire Warhol nous observe. Nous sommes son attraction. Il ne parle pas, ne s'adressant qu'à son secrétaire et restant, comme à son habitude, au stade du profondément superficiel et du futile. Le secrétaire sert d'interprète-relais et nous jauge : qui sommes-nous ? que faisons-nous ? *No answer!* Il suffit de nous observer pour comprendre. C'est le sport auquel s'adonnent la plupart des convives du dîner, les yeux rivés sur notre table. J'imagine les conversations...

En réalité, ce dîner – où je ne vois pas César – n'est qu'un *happening* dirigé discrètement de main de maître par le vampire Andy. Tout est calculé. Warhol déteste Monaco et sa faune. Pour tenir, il lui faut du *fun* existentiel *destroyed*, à l'image de son œuvre. Nous sommes ses jouets consentants. Le secrétaire, tendu comme un arc, traduit en rafales les questions que Warhol nous pose. L'artiste ne cherche pas le dialogue, mais il veut savoir qui sont ces punks à Perfecto verts, rouges, bleus, blancs, diaphanes et sans le moindre doute complètement défoncés ? Non-dialogue de sourds. Notre présence a un avantage pour lui : elle le positionne comme une divinité surplombante, mi-amusée, mi-méprisante. Les regards frustrés de la pseudo-*intelligentsia* monégasque l'amusent. C'est sa manière de renvoyer ces snobs loin de lui. Il est le MC et joue avec nous, par exemple en laissant couler son vin comme du sang sur la commissure de ses lèvres. S'imagine-t-il être en osmose avec nous ? Pas sûr.

Via son secrétaire, il me demande si je possède au moins une œuvre de lui. Je lui réponds :

—Non, pas une, plusieurs. Des sérigraphies sur toile dont une représentant quatre Marilyn Monroe de couleurs différentes, quatre *Campbell's Soup Cans* également sérigraphiées sur quatre toiles séparées, et une *Electric Chair* sur toile, glauque.

Ce que je ne précise pas ? Un détail minuscule : ce sont mes premiers essais réalisés quelques jours auparavant. Je l'ai sans doute bluffé, mais il se garde bien de le montrer !

— Je n'aime pas Monaco, grogne Andy. Je m'y ennuie. Dans les jardins et sur ces tables, je voudrais qu'il n'y ait que des fleurs artificielles.

Le pape du *pop art* est entouré d'êtres *ultra light*, mais sa logique du « profondément superficiel », elle, n'est pas légère !

Le secrétaire nous demande si nous accepterions de finir la soirée dans la suite d'Andy. Nous acceptons et nous retrouvons, Andy, son secrétaire et nous, à faire couler à flots cognac Louis XIII et champagne Cristal Roederer. Ce n'est enfin plus la peine de nous cacher pour sniffer ! Passe en boucle une cassette sur ce qu'Andy a filmé en seize ans à la Factory, sur le thème des « Treize plus belles femmes du monde » : plan fixe de chaque visage pendant de longues minutes, femmes à l'expression figée ; seuls quelques mouvements de bouche, des battements de cils, des respirations discrètes ou des mouvements des nerfs du visage les animaient. Troublant, pas de son, pas d'action. Vampire Andy !

Le maître nous confie – je m'en doutais déjà – qu'il est obsédé par Picasso. Picasso est le plus grand artiste de cette *bloody story of art* et pourtant l'un des plus prolifiques. Je suis d'accord avec Andy. Je lui précise que je possède aussi plusieurs Picasso accrochés aux murs.

Ce sont bien entendu des faux. À partir de vrais Picasso, études sur papier authentifiées, indiscutables de vérité et de maîtrise, j'en ai fabriqué d'autres à la mine de plomb et à la gouache, sur des sujets tels que *Le Peintre et son modèle*, *Têtes de faunes*, ainsi que des nus de femmes très enrobées, des essais de composition cubiste… Le tout forme une quinzaine d'interprétations du maître pas réellement réussies, encore balbutiantes, mais que j'ai signées « Picasso » et datées de son vivant. Ces œuvres, je les ai cachées dans mon carton à dessins, au milieu de mes propres études, celles que j'ai exécutées aux Arts déco. En réalisant ces dessins et gouaches, je comprends davantage Picasso, la vitesse de ses traits, la justesse de ses compositions. Je le comprends plus intimement que me l'aurait révélé un cours dispensé par le meilleur professeur d'art. Je n'ai pas l'intention de les vendre. Ce n'est qu'un travail d'analyse, personnel et imparfait.

Sans ce sous-titre, le vampire paraît une fois de plus déconcerté. Il lâche :

— Pour un artiste comme moi, ce qui compte le plus, c'est de produire sans repos, sans arrêt. C'est ce que je fais dans ma Factory de New York, mon usine à créer de l'art.

Le génie introverti finirait donc par s'ouvrir à nous ? Alors j'embraye et je lui dis, sincère, qu'il est le seul à mériter le nom de maître, dans la scène new yorkaise, même face à des colosses comme Pollock, Lichtenstein, Jasper Johns et Wesselmann. J'ajoute qu'il me semble très proche du Nouveau réalisme niçois, de César, d'Arman et Klein. D'après moi, ces trois-là creusent une voie similaire en interrogeant sans relâche la société de consommation. Nouveau réalisme et *pop art* évoluent en parallèle, simultanément, à peine séparés par la distance écartant New York de Nice. J'en profite pour glisser négligemment que je possède une très belle œuvre de Roy Lichtenstein, une image de bande dessinée agrandie et sérigraphiée sur toile, mais aussi des photos en noir et blanc de Roy travaillant, que l'artiste m'a dédicacées et signées ; et, lancé, je m'amuse à lui demander :

— D'après vous, pourquoi Lichtenstein n'a-t-il jamais reproduit en grand format le héros de ma bande dessinée préférée, Mandrake, le magicien avec sa cape, sa baguette, son haut de forme, toujours accompagné de son garde du corps eunuque, portant un anneau à l'oreille ?

Andy me regarde et s'assoupit. Il a trop parlé, trop écouté…

C'est une icône, le pape de notre époque. Il s'est emparé des meilleurs sujets de son temps. Il a inventé l'art populaire. Il a tout compris !

Grâce au Polaroïd de ma gueule démontée, pris par son secrétaire lors du dîner, j'aurai, deux ans plus tard, ma tronche réalisée sur une toile sérigraphiée de 120x120 cm, carré polychrome, fond noir. Signée ! Je l'ai installée à côté de mes autres œuvres du génial *pop artist*. Ces œuvres, jamais je ne les mettrai en vente, plutôt crever. Elles matérialisent les instants fugaces d'une nuit improbable, désormais imprimés en détail dans ma mémoire…

5.
Le concept : Arman, Manzoni et Fontana [1982]

Chez l'artiste, l'escroquerie ne consiste pas à ressembler à sa légende : elle consiste à essayer de correspondre aux fantasmes des clients, des collectionneurs, des galeristes, des marchands ; elle consiste à aller dans le sens des critiques que le public avale sans rien comprendre et en payant très cher. Ce qu'il faut saisir, c'est le concept du maître, la part divine de sa création.

Dans l'œuvre d'Arman, le grand gourou du Nouveau réalisme, le concept vous saute aux yeux, vous subjugue. Un jour, un architecte, professeur d'urbanisme aux Arts déco de Nice, m'invite à rendre visite à Arman dans sa propriété de Vence. Arman veut transformer son atelier et, pour cela, faire des photos. C'est une maison d'apparence traditionnelle, située sur les hauteurs de Vence, avec une vue merveilleuse sur la mer et les alentours. Son originalité : à l'intérieur, un escalier permet d'accéder à deux dodécaèdres en bois, emboîtés l'un dans l'autre.

Dans l'un, il y a la chambre de l'artiste ; dans l'autre, sa salle de réflexion. Le but d'Arman est de détruire ces espaces pour agrandir ses lieux de vie et de travail. Il me propose de les récupérer. N'ayant pas d'endroit où les installer, je décline l'offre.

Mon pote architecte-urbaniste me présente. C'est à peine si le maître jette un œil sur moi. J'en profite pour m'éclipser et visiter les alentours de la propriété, afin d'y faire des photos d'à peu près tout ce qui semble intéressant. Le plus étrange est que, pour accéder à la porte d'entrée de cette maison, il faut traverser un jardin en pente et zigzaguer entre des centaines de pianos posés de n'importe quelle manière. Il y a là des pianos à queue et des pianos droits, jetés comme des cadavres dans une fosse commune de cimetière. Certains instruments gisent depuis des années, avachis sur eux-mêmes, éparpillés à même le sol sans aucune intervention humaine – seuls le soleil, la pluie et le vent ont détruit ces objets. Alors que certains, plus récents, tiennent encore debout, d'autres ne sont plus qu'alignement de touches noires et blanches, semblables à des dents restées fichées dans une tête de mort. Certains pianos s'appuient les uns contre les autres comme pour éviter de tomber et tenter de rester vivants le plus longtemps possible. De cette déréliction, seuls le temps et la météo sont coupable ; et seul Arman est témoin, auditeur et chef d'orchestre d'une musique dont il ne perçoit, au mieux, que les craquements sporadiques du bois et les claquements des cordes rouillées lâchant de temps à autre.

Autour de sa piscine, derrière un buisson, je découvre aussi, halluciné, des centaines de téléphones posés à même le sol. Sur le gazon, de vieux ustensiles de communication noirs en bakélite, d'à peu près toutes les époques, plantés à vie pour rien, sans espoir de résonner un jour pour transmettre quelque message. N'étant branchés sur aucun réseau, ils sont les outils d'une communication ultra privée – une logorrhée divine sans interlocuteur fixe, une question infinie posée aux morts et par eux, une suspension de certitude offerte à l'imaginaire. Ces *dead phones* non reliés entre eux communiquent certainement en crypté avec un au-delà. Pas de mise sur écoute possible ! Je m'imagine me baigner et regarder ce rassemblement de téléphones en attendant que l'un d'entre eux se mette à sonner pour moi. J'ai pris en photo cette scène surréaliste et, depuis, j'ai souvent contemplé cette image. Le fait qu'Arman m'ignore m'ouvre, sans que l'artiste ait besoin de sous-titrer son travail, à la découverte personnelle, intuitive, profonde de son concept. Le maître m'ouvre une porte sur son esprit, sa vision des choses, et laisse mes fantasmes se rouler dans sa sauce esthétique.

De l'art et de ses concepts, je me suis encore approché lorsque je me suis laissé mordre par l'*arte povera* italien, notamment par l'œuvre de Manzoni des années 1960. Cet artiste est notamment célèbre pour avoir conservé des échantillons de sa propre merde dans des boîtes de conserve scellées et étiquetées : *Merda d'artista*. Les boîtes étaient à tirage limité, donc numérotées et vendues en galerie. À ce jour, seuls quelques musées en conservent une trace officielle. Avec cette provocation qui était bien plus qu'une provocation, l'art arrivait à un dépouillement organique. Manzoni proclamait et prouvait que tout était art. Même la merde pouvait, de manière conceptuelle, devenir une œuvre muséale. Combien d'entre nous ont rêvé – il faut oser ce mot – à ce que ces boîtes opaques contenaient vraiment ! Il est arrivé que, en public, des profanateurs déflorent l'une d'elles… et découvrent une autre boîte, plus petite, qu'ils n'ont pas osé profaner. En vérité, il ne faut jamais essayer de démystifier les concepts. Gardons-les pour ce qu'ils sont : des supports d'imaginaire.

Comme la merde, le sang d'un l'artiste, projeté sur toile, peut devenir *body art*. Il sort des tripes mêmes de l'artiste, sans intermédiaire tels que pinceaux, tubes de couleurs, de pigments médiums en poudre colorée rouge. Le sang de l'artiste – pas toujours *clean* – et rien d'autre ! Nous y avons joué. Nous chargions des seringues de notre sang, les projetions sur de grandes toiles blanches, de façon anarchique, non dirigée, en compositions équilibrées ou pas. Nos *bloods* avaient tous une couleur rouge, mais d'intensité différente. Même les nobles projetaient un sang rouge « gueux », alors que nous espérions bien voir du *blue blood*… Déception, mais super résultat malgré tout ! Le sang vivant, projeté en masse par tous les membres du groupe Body'Blood-Artist, continuait à éclairer vivement cette toile blanche puis, sous nos yeux, se transformait en séchant en jets et en taches brunes. Avec un sang rouge vif, nous réalisions une toile dont les couleurs *blood* se fixaient, en mourant et en séchant, d'abord en brun, puis en noir, se craquelant et se décomposant, se fixant à jamais sur la toile virginale. De cet art vivant se détruisant lui-même, nous étions créateurs et spectateurs. Il annonçait la mutation de nos globules et notre propre fin. Je pensais à la mort de notre *blood* : cela laissait prévoir une fin très *dark* !

Cette nécessité de préserver l'imaginaire du maître, je l'ai aussi éprouvée en m'essayant aux Fontana. Son fanatisme, sa sensualité, sa force me touchaient sur tous les plans. Ses monochromes rouges, verts, sur toile, dans lesquels il lacère la toile peinte d'un coup de rasoir, verticalement ou de biais. Ces deux ou trois traits de lacération permettent à la toile de s'ouvrir légèrement vers l'intérieur, telle un sexe de femme, en s'ourlant sur les côtés comme des lèvres. À l'arrière de la toile, pour boucher la lacération, Fontana pose de la tarlatane noire, tel un tulle de mariée opaque, formant des sortes d'hymens intouchables puisque œuvres d'art. En en fabriquant un moi-même, je veux ressentir l'émotion que Fontana a dû connaître, lui, lorsqu'il créait ses œuvres.

Pour y parvenir, j'ai fait réaliser des châssis semblables aux siens. J'ai utilisé les mêmes toiles que les siennes – toiles de lin ultra fines – et les mêmes couleurs. En revanche, j'ai lacéré le support comme j'en avais envie, sans copier le maître, laissant mon imaginaire prendre le pouvoir. Mes lacérations m'insufflaient l'érotisme et la sensibilité de Fontana ; je les exécutais avec, je le crois, autant de plaisir. J'imaginais ce que lui pouvait tirer en lacérant ses monochromes au rasoir. J'étais heureux du résultat. J'accédais à ce que je voulais. Comprendre ce que vivent les artistes au moment de la création de l'œuvre et le vivre à ma manière : voilà mon rêve.

Être spectateur, c'est pas mon truc. Je veux tout savoir, tout connaître, tout comprendre. En l'espèce, j'étais heureux du résultat. J'ai même écrit au dos, sur la toile, comme l'artiste le faisait lui-même, le titre *Conzietto spazialle*. J'ai signé « Fontana », et j'ai daté mes créations de la même période que les siennes. Je n'avais pas copié, j'avais repris l'idée et j'en avais fait ce que bon me semblait.

Les Fontana étant très cotés sur le marché de l'art, je réussis à vendre les produits de mon inspiration pour l'équivalent de 100 000 €. J'ai le sentiment de venger celui qui, dans les années 1960, en Italie, vendait ses créations pour presque rien. Je suis surpris que l'on m'en commande à nouveau, puis que l'on me propose de me les acheter par lots de cinquante à cent toiles. Bien sûr, les prix deviennent alors des prix de gros, ce qui m'oblige à galvauder l'art de Fontana et à brader cet artiste. J'accepte une fois, pour remonter la pente financière, mais pas plus : cette trahison, en contradiction avec mon respect pour l'œuvre, me semblait déjà indigne. Plus tard, j'ai appris qu'il existait une fondation visant à protéger les droits de l'artiste, surtout sa cote. Logique, les résultats de la vente des œuvres tombent dans la main des ayants droit, lui étant mort... À l'époque, je ne veux pas croire que des gens censés être expertissimes soient incapables de différencier les vrais des faux. Il me faudra un peu de temps pour admettre que l'histoire et le commerce de l'art sont décidément deux choses très éloignées l'une de l'autre.

Je n'ai eu aucun retour de flamme suite à mes faux Fontana. Je les ai revus dans les foires internationales, dans les galeries, à la FIAC, à Bâle, à Miami. Quel bonheur, toujours renouvelé, de voir mes œuvres mêlées à celles du maître !

6.
Fulton Street : Matisse, Picasso et Cézanne
[1983]

Mon travail de faussaire prend forme. Il passe un cap franchement *borderline* lors d'une soirée *trash*, quand je fais la connaissance de Richard Fulton. Je n'ai pas conscience à l'instant que ce mec va devenir un complice actif de ma vie libertine, des *happenings* violents et des fêtes de débauche, artistiquement organisées et filmées. Ses arrière-grands-aïeux fondaient l'acier pour le transformer en rails de chemins de fer, aux États-Unis. Richard a hérité des actions de cette industrie lourde, ainsi que d'une des plus grandes collections d'art moderne et ancien, et il les fondait en rails de *coke*. Toujours accompagné de Jaimie, son ami-amant-trav'-*trash*-thaï, il vit entre New York – il a un pied-à-terre monstrueux sur Park Avenue qu'il n'occupe presque jamais – et le domaine de Flossane, un grand manoir en face du village de Saint-Paul. Très vite, ce lieu paradisiaque abrite nos soirées défonce, débauche, sexe, perversion, dope et dames blanches pour folie tueuse.

Tout en sniffant nos lignes de vie, nous échafaudons une stratégie pour dilapider la fabuleuse collection d'art moderne de la *Fulton Family*. Sa *sweet* maman lui ayant bloqué un héritage ultraconséquent à cause de son côté dispendieux et *destroyed*, nous décidons, dans un premier temps, de faire l'inventaire des œuvres majeures modernes – des Chagall, Picasso, Albert Giacometti, Max Ernst et plus encore – qui envahissaient les cimaises du domaine de Flossane à Saint-Paul et de l'appartement new-yorkais sur Park Avenue. Nous substituons les œuvres véritables, de grande importance, par des clones. À moi de réaliser les copies.

Nous partons pour le *flat* de 800 m² dans l'American Gardens Bulding, sur Park Avenue, que seuls les fantômes habitent, laissant la garde du domaine de Flossane à Jaimie. Sans regret : de toute façon, il ne pouvait pas se présenter aux douanes new-yorkaises sans être scannérisé de la tête aux pieds et fouillé à corps. Jaimie ne se déplace pas sans la moitié du tableau des toxiques du *Vidal* dans ses bagages. Le risque de rester, Richard, Jaimie et moi, scotchés à la douane voire plus est trop important. Les enjeux nous conduisent à être prudents. Richard et moi devons nous concentrer sur : les Matisse orientalistes ; les Picasso cubistes ; le *Portrait de Coco enfant* réalisé par Renoir à Cagnes-sur-Mer – haute période du maître, œuvre répertoriée au catalogue Daulte ; un dessin de Cézanne, en l'occurrence une étude à l'aquarelle et à la mine de plomb d'une *Montagne*

Sainte-Victoire. Rien que ça ! La collection des Fulton a été acquise par les aïeux directement auprès des artistes eux-mêmes, pour certains chefs-d'œuvre, ainsi que par l'intermédiaire de marchands comme Vollard et Khanweiler. Toutes ces œuvres rarissimes sont de provenance excellente, bardées d'authentifications indiscutables. Décédé, grand-papy-chemin de fer ne mouftera pas. Il est temps d'en profiter.

Pour m'aider à réaliser les copies-clones, je fais venir de Vienne une relation de l'école d'Arts déco de Nice, un faussaire de grand talent. Helmut s'est spécialisé de la deuxième partie du XIXe jusqu'aux années 1970. Il arrive au *flat* de Park Avenue avec un barda de poudres de pigments, de vieilles toiles dont il n'a gardé que le tissu, grattant les croûtes qui les recouvraient, avec les châssis d'époque, avec ses huiles fabriquées selon les recettes de l'époque, ainsi qu'avec ses pinceaux et sa maestria de grand professionnel du faux. Il nous faut un mois de délire et d'intense travail afin d'être au plus proche des œuvres que nous clonons. Nous nous libérons de la pression de notre travail par des nuits explosives dans les lieux tendance de New York, où nous nous gorgeons de sexe, d'alcool et de dope. La musique nous pénètre.

Lorsque je le peux, je visite les musées et galeries tendance, notamment celles de Mary Boone et Leo Castelli, avec qui je suis en contact. Je peaufine ma culture sur l'art d'avant-garde en visitant les expos des nouvelles galeries de Mercer Street.

Quand Richard me montre les deux Picasso cubistes accrochés aux cimaises de son *flat* new-yorkais, il me dit :

— L'un des deux est un faux. J'étais présent lorsque mon père l'a acheté à un faussaire. Devine lequel est authentique !

Je me trompe. Je suis vexé à mort. Il s'en amuse :

— Bah, même les plus grands connaisseurs-experts-spécialistes se laisserait bluffer. N'empêche, avoue qu'il est répugnant d'acheter un faux Picasso pour un prix dérisoire et de le revendre cent fois son prix après avoir obtenu une expertise positive des ayants droit !

Je ne trouve pas ça répugnant. À dire vrai, je trouve ça plutôt absurde. Je connais de mieux en mieux les arcanes du marché de l'art. Je sais que, quoi qu'il arrive à l'économie, ce marché sera toujours de plus en plus prospère. Richard, lui, sait que je fabrique des Chagall, des Miró, des dessins de Toulouse-Lautrec, des œuvres mineures de Matisse et de Picasso, des interprétations qui passent facilement les expertises et qui sont ainsi rendues authentiques. Or, si Richard ne s'est jamais préoccupé de ses moyens d'existence, ce n'est pas mon cas. Guère matérialiste et sérieusement allergique à la politique du profit, je ne compte pas : je veux seulement gagner beaucoup et vite, tout en m'éclatant.

Les faux achevés, nous les accrochons. Ils font parfaitement illusion. De toute manière, ils ne seront jamais mis en vente. Les vrais tableaux – collection privée, patrimoine accumulé grâce aux retombées financières et aux actions du rail-américain-Fulton –, ainsi que les nombreux certificats d'authenticité, se trouvent assurés et emballés chez Hudson Shipping.

Direction Tel-Aviv. Nos collectionneurs, préalablement contactés, trépignent d'impatience d'acheter ces œuvres connues et très convoitées. Ils étofferont ainsi leur musée privé de pièces introuvables, hallucinantes de rareté, pas dans le but de profits mais d'accumulation destinée à leur descendance. *No risk* de les retrouver avant des dizaines d'années sur le marché international. Trop conservateurs et richissimes, nos clients ! Les *masterpieces* arrivent en excellent état à Tel-Aviv, au fret de l'aéroport David-Ben-Gourion. Quelques jours plus tard, le vol El Al Airlines nous y dépose pour finaliser les transactions secrètes.

Une fois les pièces analysées, les documents authentifiés, nous sommes réglés de la totalité des œuvres par virements bancaires distincts : celui de Richard à l'UBS de Genève, sur un compte secret ; ma part sur le Crédit Suisse de Lausanne, compte numéroté anonyme. Les deux Matisse, odalisques tangéroises, nous ont rapporté l'équivalent de 2,25 millions de dollars ; les deux Picasso cubistes, 1,75 millions de dollars ; le Renoir « seulement » 800 000 dollars ; le dessin de Cézanne, 600 000. Au total, nous avons partagé 5,46 millions de dollars, répartis comme suit : 60 % pour Richard, 30 % pour moi, et 10 % en espèces pour Helmut. L'affaire conclue, nous avons laissé entendre croire à nos collectionneurs de Tel-Aviv qu'ils auraient, à l'avenir, la priorité d'achat sur d'autres œuvres de grande qualité.

La collection Fulton est connue des collectionneurs du monde entier de religion juive. Elle est donc ultra-convoitée d'Israël à Boston (au moins). Nos collection-neurs continueront d'acheter « nos » œuvres, les gardant pour leur plaisir personnel et pour la qualité de leur investissement. *Next time soon, friends!*

7.
Madame Gould :
Ernst, Giacometti et Miró
[1984]

Un jour, Richard m'emmène visiter une amie de sa famille, madame Gould. Elle vit seule dans sa grande villa pied dans l'eau, à une encablure du Casino Palm Beach de Cannes. Elle nous ouvre son cœur en nous narrant l'histoire – passionnante – de sa vie. Sans contrepartie (quelle contrepartie pourrait-on lui offrir ?), elle nous donne accès à son fabuleux carnet d'adresses. Même sans ça, nous l'adorons. C'était une diva des années Fitzgerald de la Riviera. Qu'importe si cette diva n'est plus à l'abri du temps qui la naufrage ; elle noie ses journées en dilapidant sa fortune sur les tapis verts du Palm Beach, toujours *drivée* par son fidèle garde du corps, chauffeur et homme à tout faire. Ce mec, nous le surnommons Mr Nocomment. Peut-être est-il muet, voire sourd ? Peu importe !

Mme Gould a été l'amante du richissime aïeul de Richard. Elle a attendu ses derniers jours pour l'avouer à son descendant. Nous imaginons la fusion qu'ils ont dû vivre dans leurs belles années ! Aujourd'hui, Mme Gould souhaite nous dévoiler son âme, nous faire connaître ses relations et surtout nous passer un relais que les grands de ce monde se transmettent de génération en génération, en cercle fermé. _Very closed!_ Elle nous incite à nous positionner en pièces maîtresses sur l'échiquier du grand marché de l'art international que ses contacts régissent. Elle nous en expose les arcanes, les règles à respecter et l'art de jouer avec les meilleurs _players_. Si, comme elle nous le souhaite, nous ambitionnons d'intégrer le cercle des plus grands collectionneurs, nous allons devoir jouer de plus en plus finement des parties de plus en plus serrées.

Ange-déesse, quasi touchée-coulée, notre mentor est le seul capitaine du vaisseau-villa de mille mètres carrés qui commence à prendre l'eau. Mr Nocomment, garde d'un corps que plus personne ne convoite, essaye de colmater les brèches. Jusqu'au bout, il restera l'ombre sans voix, perdu dans un éternel absolu : celui de l'_openable_, de la Gould, de la divine, de l'extravagante qui a légué à l'État d'Israël ses collections d'art classique ancien et moderne et son fabuleux mobilier années 1930, assorti à l'architecture de la villa construite dans les années 1920. Hop, cadeau ! Le reste de ses avoirs financiers sera réparti entre la ville de Cannes, la ville de Juan-les-Pins, les tapis verts de Monte-Carlo et ceux du Palm Beach, à Cannes.

Ce qui rend extraordinaires les affaires de _deal_ d'art, de fabrication de clones, de fausses-vraies œuvres d'art, c'est qu'elles peuvent rendre illustre grâce à l'anticonformisme naturel le plus haut en couleur. L'aventure est dans ces différents mondes interpénétrés, les marchés occultes, la finance *underground*, le blanchiment, les failles juridiques dues au cosmopolitisme des lois du commerce de l'art, la volupté, le libertinage, la liberté et le mélange des genres. Dans mon propre brouillage des cartes, le mélange des vrais, des faux et des faux vrais a développé mon humour, celui qui ridiculise les lois par mes grands airs et mon sens de la provocation, derrière lesquels sont enfouis ma timidité, mon impudeur et ces vices qui attirent ceux qui veulent jouer avec moi selon mes règles. Folles mœurs !

Plus près de la *beat generation* que *des money makers* fous, je me dois d'être d'abord dans le collimateur de ces *collectors addicts* tout en pouvant solliciter, pour ma défense, des amis plasticiens inconnus mais puissants partisans de mon travail, de mes moyens d'exister et de m'exprimer. Mon art plastique : le non-être entendu comme une folie entretenue méthodiquement. Le domaine de Flossane commence à se vider au rythme effréné de nos trains de vie ultra dispendieux, de nos besoins pressants au quotidien. Cela se mesure à la longueur des lignes blanches que nous franchissons sans cesse, rails-armures qui nous protègent des ondes négatives de cette réalité glauque.

Remake du pillage de Park Avenue : Diva Gould nous ayant donné accès à l'essentiel de ses plus importantes relations – banquiers-collectionneurs –, il ne nous reste plus qu'à nous remettre à notre travail de faussaires. Helmut vient à la rescousse avec son matériel magique et son talent. Helmut, Richard et moi choisissons et analysons les œuvres à cloner. Destination : Tel-Aviv ! *First class!* Un temps dans nos pattes, la mère de Richard et son beau-père, ex-ministre de je ne sais plus quoi sous Pompidou, se réfugient dans leur château de Touraine, une de leurs grottes luxueuses, et nous laissent le champ libre pour organiser les clonages.

L'inventaire exhaustif terminé, nous n'avons choisi que des œuvres de ce siècle. Miró et Chagall étant des amis des Fulton et habitués de la maison, nous en avions à foison. Notre nouveau projet de clonage s'est concentré sur : deux huiles mixtes d'Alberto Giacometti, l'une représentant un buste décharné de femme nue, l'autre un autoportrait du visage émacié de l'artiste ; toujours de Giacometti, six dessins d'études de petit format, rapides à réaliser à la mine de plomb et à l'encre de chine ; deux gouaches de moyen format de Marc Chagall réalisées à Saint-Paul de Vence, ainsi que cinq lavis sur papier et trois huiles de ce maître ; deux huiles sur toile de Miró, *Le Port, 1945* et *Personnages, oiseau, étoile*, de 1946, pièces majeures du peintre catalan ; deux autres œuvres du même Miró, plus récentes, *Femme et oiseau dans la nuit* de 1968, et *Silence* de 1968 ; ainsi qu'un petit collage de Max Ernst de 1921, titré *Loplop*, de la période dadaïste-surréaliste.

Tout cela part du désir de Richard de feindre de piller lui-même son propre héritage. Son objectif ? Se venger de sa mère, qui l'a lésé d'une fortune estimée à des centaines de millions de dollars. En effet, à la mort du père de Richard, avec l'aide d'avocats véreux et de notaires tout aussi pourris, maman Fulton a inventé de faux testaments laissant quelques miettes à son fils, de quoi l'inciter au suicide. Richard s'est senti humilié, dépendant de sa marâtre et lésé, depuis le remariage de sa mère, de la part qui lui revenait de droit. Avec notre concours, il compte se refaire et se venger. Juste retour des choses !

Helmut et moi engageons le travail de copie-clonage. Il nous faut plusieurs semaines pour assembler les châssis, user les toiles, les salir avec de la poussière d'aspirateur afin de les vieillir, adapter les couleurs selon les différents peintres – aucun n'utilisait les mêmes pigments, les mêmes huiles ni les mêmes tubes. Helmut prend un réel plaisir à exécuter parfaitement, en détail, les huiles et les gouaches. Je m'occupe de toutes les œuvres sur papier ainsi que du collage. Je cherche de vieux magazines de cette époque, des revues et journaux dans lesquels je déniche la matière nécessaire à la composition du « Max Ernst 1921 ». Sur place, les conditions sont optimales : nous avons le soleil, le temps de nous amuser, des lignes blanches en quantité industrielle et des ombres colorées.

De temps en temps, les domestiques viennent nous organiser des réceptions, des buffets, des dégustations d'alcools et de vins. Une ou deux fois par semaine, nous recevons une autre bande de fous, fêtards invétérés, avec bimbos et amis. Nous nous défonçons : sexe débridé, piscine débordant de nymphomanes chargées, le tout pendant deux ou trois jours et nuits, histoire de ne pas perdre de vue notre objectif – le plaisir. Épicuriens déjantés, nous redescendons de nos soirées folles jusqu'à ce que nos esprits fragmentés se repositionnent. Du plaisir pur au clonage *fun* ! Bientôt, les clones réalisés, finis, vieillis, séchés, prendront la place des originaux qui partiront encore du fret de Nice, via Air France Cargo, pour Israël.

Une fois remis à l'endroit, Helmut s'attaque de front aux deux huiles de Giacometti. Après les avoir décadrées, il installe des spots ultra puissants pour éclairer les originaux et les siens en train de se réaliser. L'avantage de la chaleur des spots est aussi de faire sécher plus vite les couches de peinture à l'huile. Après avoir traité les fonds, Helmut trace les deux portraits : celui du buste de femme émacié, ainsi que celui d'Alberto Giacometti, visage proche de celui d'un personnage sortant d'un camp. Les deux œuvres sont réalisées avec les mêmes matières. Seuls les sujets diffèrent. Il suffit de trois jours à Helmut pour les rendre parfaits, vieillis à la cendre, à la poussière et à la chaleur.

Sur la table Ruhlmann, je traite les six études de Giacometti. Ce sont des portraits d'hommes et de femmes, six formats de petite taille. Je passe les feuilles trop blanches dans du thé très fort et bouillant ; je les sèche au sèche-cheveux et les repasse. Il ne reste plus qu'à les travailler. J'ai l'habitude de la vitesse du trait de Giacometti et de sa signature. Je les maîtrise parfaitement. J'en réalise quatre à la mine de plomb, qui a l'avantage de salir le papier ; les deux autres, je les traite à l'encre de Chine et à la plume jusqu'à presque gratter et percer le papier à cause de la répétition des traits. Je ne rate aucune des six études, alors que j'ai prévu dix feuilles supplémentaires, au cas où.

Quelques bouteilles agrémentées de coke plus tard, j'arrête ; Helmut aussi. Il est temps de faire un *break*. Après avoir encadré tous les Giacometti, huiles et dessins sous verre d'origine, nous repartons dans l'effet « aspiratrices Tapir », comme à notre habitude. *Fiesta* ! Les augures s'annoncent lumineux et lucratifs. Alcoolisés, Richard, Helmut et moi traquons, d'un œil exacerbé, une erreur trop visible qui aurait pu annihiler ce travail titanesque.

Redescendu deux jours après nous, Helmut s'attaque aux gouaches de Chagall, avec vieillissement du papier dans le thé et séchage. Une après-midi plus tard, le tour est joué. Les gouaches représentent des personnages et des animaux de cirque, sujet cher à Chagall. Il passe immédiatement à la fabrication des trois toiles du maître, dont une de la période russe, la plus difficile à réaliser, avec châssis et toile d'époque – il nous a fallu courir tous les antiquaires et brocanteurs pour trouver des croûtes de cette époque. Helmut s'en arrange très bien. Il utilise aussi des pigments mélangés à une huile spéciale – je ne sais plus exactement laquelle, secret d'Helmut ! Cette fois, il faut une semaine pour finir la toile. Les couleurs ont été vieillies sous les flammes de lampes à souder, additionnées encore une fois de poussière qui se figeait dans la couleur légèrement fraîche. Le travail du copiste était titanesque, mais le résultat hallucinant de vérité. Il prend la place du vrai paysage russe. Les vrais, Richard les emballe avec précaution dans du papier bulle. Il a commandé à un menuisier de Vence une caisse protégée devant contenir toutes les œuvres originales ainsi que leur certificat d'authenticité.

Dans la foulée, Helmut réalise les deux autres œuvres de Chagall, époque Saint-Paul, très colorées, ensoleillées, vues du village, sur le thème des amoureux, bouquet de fleurs à la main. La technique est plus simple, car les matériaux que l'on trouve de nos jours chez les marchands de couleurs sont les mêmes que ceux qu'utilisait le maître. Quant au vieillissement, comme les œuvres ont été créées à la fin de la vie du peintre, vers les années 1950-1960, j'y vais avec parcimonie. Richard, ne se consacre plus qu'à une et une seule activité : tracer ses rails. En chef de gare consciencieux, il ne descend plus que très rarement de son poste d'aiguillage.

De mon côté, je me charge des Chagall sur papier jauni au thé : cinq lavis, encre de Chine et eau, esquisses rapides avec femmes cavalières, personnages de cirque, paysages saint-paulois aux amoureux. Une journée plus tard, grâce à la vitesse de séchage de l'encre, je peux les réencadrer et les réaccrocher avec les autres sur les cimaises du grand salon de Flossane. Je place les originaux dans de solides cartons à dessins, les protégeant avec des intercalaires de papier cristal. Je fais le compte : il ne nous reste plus qu'à réaliser les deux huiles de Miró, *circa* 1940. Helmut les expédie en quatre jours, séchage compris, pendant que je m'attaque, vitesse grand V, aux Miró sur papier. Toujours les mêmes principes de léger vieillissement au thé, techniques mixtes, gouache, pastels, fusains, encres de Chine tracées directement au doigt trempé dans l'encre. J'ai vu travailler Miró à travers des films projetés à la Fondation Maeght à Saint-Paul. Il n'utilise que ses doigts trempés dans l'encre ou la couleur, à moins qu'il ne disperse des projections sur ses feuilles avec des pinceaux jusqu'à obtenir un équilibre parfait.

Au dos, les gouaches et techniques mixtes sont agrémentées d'inscriptons à l'encre ou la mine de plomb. Elles mentionnent les titres – *Mújeres en la noche, Silencio,* et *Mújeres pájaros en la noche* – ainsi que la date : 1968. Je n'ai pas de difficulté majeure à tracer à la mine de plomb le personnage *Loplop* de Max Ernst de 1921, originellement tracé à la règle et au compas. Il ne me reste plus qu'à coller les morceaux découpés de vieux papier sur le personnage et sur une partie du fond. Seul souci : ne pas laisser apparentes des traces de colle alors que j'en ai plein les doigts ! Bref, quelques heures plus tard, *Loplop* a retrouvé son cadre vitré d'époque, en bonne place ; et l'original a rejoint toutes les œuvres sur papier dans le carton protecteur.

Notre travail terminé, nous passons aux choses sérieuses : organiser fiesta sur fiesta autour et dans la piscine, à l'extérieur et à l'intérieur du domaine. Une centaine d'amis *girls* et *gay* de Jaimie viennent squatter une semaine pour s'envoyer sur les différentes planètes de leur choix. Les traiteurs, en activité permanente, finissent par se relâcher et se joignent à nous, dans le désordre des corps et des esprits décalés qui scotchent une Flossane sens dessus dessous. Peu après, toutes les œuvres rejoignent la *safebox* que Richard va quand même contrôler au fret. Nos faux partent assurés, protégés et accompagnés des copies des documents certifiées conformes. Tout est carré. Quant au grand salon, il a été – en partie seulement – recloné et *relooké* de façon indétectable. Du moins l'espérons-nous…

8.
Le prix d'une œuvre :
Bellmer, Soutine et Modigliani
[1985]

Richard, Helmut et moi, sommes encore en train de nous féliciter du résultat de notre travail acharné quand Fulton Mam débaroule dans le grand salon. Elle est surprise de constater que son « héritier de fils », Helmut et moi, spéculons sur la qualité de la collection assemblée par les poseurs de rails. Nous sommes tout aussi éberlués de la voir. Est-elle arrivée sur un poisson volant ? Son apparition nous stupéfie... et nous met clairement mal à l'aise. La Fulton n'est pas plus assurée. Elle pense que nos seuls intérêts dans la vie consistent à nous percher très haut. Elle nous voit comme des déjantés constants, étalant nos drogues en permanence sur la table la plus proche de nous. Pour elle, nos amis de débauche sont notre seule façon d'exister. Elle se trompe, mais pas tant que ça.

Histoire de me ressaisir, je saisis au fond de mes poches quelques Lexomil que j'avale d'un trait avec un verre d'Absolut. Richard, prétextant une urgence, gravit l'escalier Roger Tallon menant à son cartel pour se charger d'énergie. *Coke – no diet!* Quant à Helmut, il finit sa bouteille de vodka russe de fabrication clandestine. Hélas, le verre de la bouteille est encore imprégné de toutes les couleurs de sa palette, trahissant le tour de passe-passe auquel il vient de s'adonner.

Un calice de Chablis à la main, pas dupe de notre comportement, la Fulton décide de mettre à l'épreuve nos connaissances artistiques. Parmi les tableaux de la collection, signés David Teniers le Jeune, Delacroix, Arcimboldo, Braque cubiste, Picasso, Chagall, Miró, Dufy, Mondrian, Bellmer et tant d'autres maîtres des xviie et xviiie siècles, saurions-nous reconnaître les œuvres authentiques et les autres ? Panique ! Richard, Helmut et moi passons en mode vibreur. Pas question que ses doutes éventuels se confirment et lui permettent de nous accuser de captation d'héritage. S'est-elle rendu compte d'une tromperie ? C'est moi qu'elle interroge, me fixant tout en vidant son verre de Chablis. Pendant de longues minutes, je cherche le soutien d'Helmut et de Richard. Par chance, la Fulton arrive à sec. Tandis qu'elle se reverse une demi-bouteille de son blanc millésimé préféré, je cours sniffer cinquante centimètres de *contessa blanca* pour me rebooster.

Du coup, je la joue au poker, les yeux dans les yeux. La Fulton est pas mal entamée au bout de trois calices de Chablis, vidés en moins de temps qu'il n'en faut pour l'écrire. La matrone garde son équilibre, mais la station debout paraît lui être presque pénible. La *contessa* qui circule en moi me donne l'apparence de la fermeté imperturbable, celle de la vérité-mensonge.

Je lui désigne toutes les œuvres modernes que nous avons clonées et remplacées comme étant de grande qualité, prétendant toutefois ne pas être un expert en art moderne. Ensuite, je désigne les Picasso, Braque et autre Dufy que nous n'avons pas retravaillés comme étant, « malgré mes connaissances limitées », 100 % authentiques. Enfin, j'exprime de grandes réserves sur les œuvres anciennes, expliquant que je n'ai ni goût ni grande connaissance de ces époques d'après moi sans intérêt.

Pour fêter mon diagnostic, Richard court se restaurer les neurones dans son cartel privé, laissant le calice de Chablis s'entretenir avec la bouteille de vodka russe, clandestine et multicolore de Helmut. Moi, j'attends le verdict en éclusant mon verre d'Absolut. L'intruse a-t-elle mordu au grand *bluff* que je lui ai servi ? Va-t-on essuyer les foudres de la reine mère, saoule d'avoir ingurgité deux bouteilles à elle seule ? Après une apnée interminable, à noyer un poisson hors de l'eau, la Fulton s'écroule sur le canapé des années 1930 et se met à me raconter (ce que je savais déjà) en balbutiant que son mari – le père de Richard – et ses aïeux ont accumulé cette collection grâce à la Bourse.

– Le père de Richard a acheté toutes ses œuvres aux artistes eux-mêmes, dans leur atelier, dit-elle en désignant mes clonages. Miró et Chagall dînaient souvent à Flossane…

Elle me désigne les Giacometti, clonés eux aussi, et toutes les autres œuvres auxquelles nous n'avions pas prêté intérêt, toutes estimées vraies par la Fulton. Conclusion : elle n'a vu que du feu à nos manigances Soulagement. La pression redescend lentement.

Quant aux œuvres anciennes, elle m'avoue :

— Tu sais, Éric, le grand aïeul de Richard a acquis la quasi totalité de ces maîtres du XVIIe au XXe siècle, achetant aussi bien de vraies œuvres que des fausses, exécutées du vivant de l'artiste, avec la bénédiction du maître qui autorisait ses amis à profiter de sa notoriété et de sa signature. Cela s'est souvent produit dans l'histoire de l'art... D'ailleurs, les certificats authentifiant les pièces, c'est toujours le maître qui les signait pour reconnaître comme étant de lui une œuvre qu'il n'avait pas exécutée ! Toutes ces œuvres ont été achetées pour quelques centaines de dollars il y a cent à cent cinquante ans. Les Soutine ? Acquis au peintre lui-même contre vin et pitance pendant quelques semaines... voire moins ! Ces deux Modigliani ? Achetés en même temps à Paris, sur toile, d'excellente qualité, reproduits aujourd'hui dans le catalogue raisonné réalisé par Patani et eux aussi bradés par Modi pour presque rien. Le duo Soutine-Modigliani, frustré et suicidaire, je-m'en-foutiste, acceptait tout, années 1920 oblige !

Richard redescend pour la énième fois. Il titube, rate une marche de l'escalier Tallon et manque de se vautrer.

— Ne t'étonne pas, Richard, Éric ne s'est pas trompé ! N'importe qui aurait pu s'y laisser prendre, pourtant. Tiens, même les experts que j'ai nommés pour le partage de cet héritage pictural et pour l'évaluation totale de nos biens mobiliers et immobiliers, ils se sont laissé abuser...

Vérité ? Mensonge ? Nous ne le saurons jamais !

— Avoue, Richard, qu'il n'est pas incorrect d'acheter un faux d'époque même reconnu authentique par les maîtres eux-mêmes, contre ce peu d'argent alimentaire, alors qu'ils ne connaissaient pas l'œuvre qui portait leur signature ! Du coup, toi, un jour, tu peux revendre ces toiles plusieurs dizaines de millions de dollars…

Ni Richard, qui m'avait posé la question à propos des faux Picasso du *flat* de New York, ni sa mère, en parlant des fausses-vraies œuvres qui étaient en bonne place au domaine de Saint Paul, ne se posaient véritablement des problèmes de conscience. Seul l'argent les intéressait, le reste appartenait au passé ; de toute façon, toutes les œuvres étaient certifiées vraies par les experts de chacun des maîtres.

L'héritier, Helmut et moi, restons affalés sur les sofas de jute Toshiyuki Kita, largement saupoudrés par la vieille coke accumulée dans les fibres de leur tissu nippon. J'appelle ma force intérieure reboostée par la *contessa blanca* pour rester sur ma planète plaisir. Je veux jouir de la réussite de nos *bluffs* en rêvant aux jours de fête à Tel-Aviv qui se profilent ! Hélas, un doute me chiffonne. Au fond, n'avons-nous pas réalisé des clones de fausses œuvres, même authentifiées ? Bah, qu'importe. Il est trop tard pour remettre en question cette somme de travail acharné. Les certificats nous préserveront des mauvaises surprises.

N'empêche, il nous a fallu en tirer, des rails, pour gérer ce qui aurait pu devenir un scandale international, un fiasco retentissant et le début d'un cauchemar noirâtre ! À Tel-Aviv, nos collectionneurs ne plaisantent pas. Pour contrebalancer cette inquiétude, nous assumons notre nature de tapirs, et nous nous servons de notre minitrompe pour respirer les lignes blanches qui égayent le marbre de la commode XVIIIe estampillée Biennais – l'ébéniste de Louis XVI et de Marie-Antoinette. La marqueterie de la table Ruhlmann était *destroyed* à cause des lacérations de nos lames, qui servaient à tracer nos écritures éphémères, celles de nos vices. Bonne à restaurer !

Nouveaux graphismes, nouvelles vies ! Le Richard, complètement à bloc, limite de rupture, marmonne :

— Éric, qu'est-ce qui fait le prix d'une œuvre ?

Je décrète :

— Vingt pour cent le nom de l'artiste, trente pour cent la qualité de l'œuvre, cinquante pour cent la renommée du propriétaire de la collection.

— De plus en plus absurde, marmonne l'héritier.

9.
Ma période Dufy
[1985]

Je suis devenu un pirate de l'art. Pour payer mes nombreuses addictions, je prends un chemin tortueux, au risque de me créer des problèmes de conscience et de petits conflits avec la répression des fraudes, le fisc et les spécialistes de la contrefaçon en matière artistique. La drogue me fait oublier ces problèmes. Ah, paix blanche, quand tu nous tiens !

Je me mets à travailler sur mes propres œuvres. Je réalise un stock de scènes de la Riviera des années 1930, en me basant sur les œuvres originales de Raoul Dufy que j'avais repérées à la villa Fulton de Saint-Paul. Comme sur mon premier faux, ces dessins et gouaches expriment les ambiances des champs de courses, des études de jardins publics comme celui d'Albert Ier à Nice, avec femmes en crinoline, enfants jouant, carrousel de calèches à cheval promenant l'oisiveté légère des riches exilés au soleil plein Sud de la France. Je remarque une huile authentique, accrochée dans la villa, directement achetée à Dufy par le père de Richard. Elle s'appelait *Réception à l'Élysée*. Je sais qu'elle est estimée six à sept cent mille euros. Je propose à Richard d'aller voir les experts. Ils résident à la villa Dufy, pied dans l'eau sur la splendide rade de Villefranche-sur-Mer. Richard m'écoute, traçant de grands traits de coke sur la marqueterie Boulle Louis XIV. Il est surexcité à l'idée que l'on présente aux ayants droit l'huile authentique mêlée à mes études fausses.

À bloc tous les deux, nous nous rendons villa Dufy. Nous tombons sur deux domestiques et une amie du peintre qui, squattant la villa, s'érigeait en experte. Sur tous les murs des cinq cents mètres carrés d'espace sont accrochées des centaines d'œuvres inconnues du public, toutes faisant partie du patrimoine de la succession de Raoul Dufy.

Une fois cette visite privée ultra enrichissante accomplie, nous présentons la fameuse huile de Richard, indiscutable, et mes cinq études toutes aussi fausses les unes que les autres. Pendant l'analyse de ces œuvres, nous commençons à ressentir la descente, version piste noire. L'experte mettant des plombes à expertiser, nous allons à tour de rôle nous rebooster discrètement.

Le sourire de l'experte trahit l'intérêt qu'elle portait à tous nos dessins et peintures, surtout pour *Réception à l'Élysée*. Elle nous explique les circonstances de création de chaque œuvre, ainsi que les raisons pour lesquelles Dufy a posé telle couleur là plutôt qu'ailleurs, et comment il a conçu l'équilibre des compositions. Elle est charmée. Enivrée par des rêves d'enrichissement spéculatif et personnel, elle nous propose de tout acheter pour la somme dérisoire de 300 000 €. Nous déclinons la proposition d'achat, lui demandant simplement les certificats authentifiant des six pièces. Elle nous les rédige au dos des photos que j'avais préalablement faites. En la remerciant pour cette après-midi constructive, nous lui promettons de lui donner à la vente quelques-unes de nos œuvres en priorité.

La *Réception à l'Élysée* reprend sa place à Flossane. Je revends à un amateur éclairé les cinq faux devenus, par notre magie, définitivement vrais. L'équivalent de 400 000 € apparaissent aussitôt sur mon compte habituel en Suisse. Quelques années plus tard, je reverrai les études des Dufy passer en vente publique à Hambourg au triple du prix auquel je les ai cédées. C'est de bonne guerre ! De mon côté, j'écume les ventes publiques et acquiers pour ma collection personnelle un Monet représentant la falaise d'Étretat, rouge, jaune, bleu, vert – une fin d'après-midi d'été, certainement. Richard reçoit sa part sur un compte à Tel-Aviv. Il réinvestit dans des quantités astronomiques de coke et d'héro. Je ne peux plus suivre. Que cherche-t-il ? Dans quel monde veut-il se rendre ? Au pays des merveilles, sans le lapin ? Saoulé, je tourne sur moi-même comme un derviche, dans le sens accéléré de la démesure.

C'est alors que s'offre à moi la possibilité de récupérer une centaine de Chagall, *via* un ami qui connaît très bien le gardien de la villa « La Colline » de feu

Chagall, dans laquelle nous organiserons des soirées mémorables quelques années plus tard. Cette pauvre demeure était hantée par les fantômes des œuvres décrochées par l'État, pour se payer en œuvres les droits de succession et autres impôts. Un jour, le fils du gardien coupe l'alarme et nous ouvre le sacro-saint atelier du maître. Il ne reste plus une toile dans les racks verticaux qui servaient à les ranger. À peine une trentaine de gouaches et dessins éparpillés un peu partout, sur le sol, punaisés au mur, accumulés dans les coins de l'atelier. Ces œuvres préparatoires, pas toujours terminées, n'ont pas attisé les convoitises du ministère de la Culture. Je repère deux livres grand format, reliés, posés à même la table de travail et oubliés, ainsi qu'une centaine de lithos signées, numérotées, poussiéreuses comme tout ce qui se trouvait là.

Je demande à mon ami pourquoi ce gâchis. Il me répond qu'il s'en fout car il n'y connaît rien ! Sa seule préoccupation :

— T'as une idée de ce que valent ces deux livres ?

Je les feuillette et vois qu'ils sont illustrés de lithographies et de poèmes. Il s'agit de deux exemplaires rarissimes de *Daphnis et Chloé* destinés à l'artiste et signés Marc Chagall. Il n'en a existé que trente exemplaires, qui doivent se trouver dans de grandes collections privées. La réponse est donc : un million de dollars, au minimum, sur le marché international. En plus de cela, il reste une centaine de lithos numérotées et signées, toujours sur le thème de Daphnis et Chloé, qui n'ont pas servi à la réalisation des ouvrages.

Je prends mon téléphone et appelle Christie's, département lithographies et gravures. On me confirme que, si les livres sont en parfait état de conservation, le prix d'un million de dollars est un plancher, ces œuvres étant inexistantes sur le marché depuis plusieurs années. Mieux : ils me proposent de les voir, car ils pensent me faire une offre bien supérieure. Le rêve ! Sauf que je ne veux pas être le dernier rapace passant derrière l'État. Je demande si les héritiers sont prêts à les vendre… et j'apprends qu'ils n'en connaissent pas l'existence !

Je laisse les deux livres sur place. Je propose à mon contact de racheter tous les dessins et gouaches qui se dégradent, ainsi que la centaine de lithos restées en surplus. Je lui propose l'équivalent de 30 000 € en espèces. C'est ce que j'ai chez moi sans avoir à me déplacer en Suisse ou au Luxembourg. Cocaïnomane invétéré, il accepte contre la promesse de lui verser trente autres milliers d'euros si je les revends correctement. Nous sommes d'accord. Il prend sa part, et je me retrouve de nouveau dans un état de surexcitation avancée. Je dois analyser environ cent quarante œuvres, les nettoyer, les remettre à plat et restaurer ces papiers qui ont dû être piétinés. La lumière m'éclaire du jaune et du fameux bleu que Chagall utilisait dans ses années saint-pauloises.

J'en profite pour réaliser des copies puis tente d'écouler vrais et faux Chagall plus quelques autres œuvres dans la foulée. Ma compagne du moment m'aide à en vendre chez un antiquaire niçois qui travaille régulièrement avec la famille Fulton. Je connaissais très bien le père, M. Cerroni, hélas disparu. Mon amie se présente à son fils Michel comme héritière et lui demande s'il est intéressé par ces œuvres. À des questions pressantes sur les provenances, elle ne sait que dire. On lui demandait les titres de propriété, de succession notariale, les actes. Trop stressée, elle abandonne, me retrouve au Méridien, me rend les œuvres et me dit qu'elle a laissé mon nom comme étant la personne qui lui avait indiqué ce marchand de la rue de France, sans, bien sûr, dire qu'il s'agissait de faux de ma main.

La panique me prend, à juste titre. Le lendemain, à la villa dorée, sur les hauteurs de Cannes, j'ai droit à une perquisition. La police trouve en vrac une trentaine d'œuvres, des peintures que j'étais habitué à faire, plus des œuvres de mon propre travail. Je suis embarqué. Les flics sont persuadés qu'il s'agit de tableaux volés. Me voici menotté dans les locaux de la police niçoise. Après deux heures d'interrogatoire sur la provenance, furieux que je n'ai rien reconnu sinon que ces pièces m'appartenaient, les flics m'ont sorti le grand jeu : soit je bavais, soit ils arrêtaient mon amie, héroïnomane fragile. Je rentre dans leur jeu, histoire d'éviter ce supplice à cet amour de fille. Au grand dam des policiers, je leur explique que c'est moi qui ai tout peint. Bien sûr, personne ne me prend au sérieux. Pas crédible, Éric ! Alors, de mémoire, avec un stylo Bic et quelques feuilles de papier machine, je leur refais un Dufy – le dessin du jardin avec calèche –, un Miró et un croquis de Chagall qu'ils avaient pris chez moi.

Stupéfaction ! Presque par hasard, les condés ont mis la main sur, dira la presse régionale *Nice-Catin*, « le père des faux Chagall ». Ma photo, celle d'un Miró et celle d'un Chagall, figurent en première page, suivies d'un article délirant. La presse s'emballe et titre : « Arrestation du roi du pinceau, empereur du faux ».

La classe, en quelque sorte.

10.
Ma période Matisse
[1985]

Je ne prends connaissance de ces articles qu'après mon arrivée à la maison d'arrêt de Nice. Surveillants et détenus m'accueillent avec le sourire. Moi, je suis plutôt patraque : les flics m'ont offert force champagne pour fêter mon arrestation. Je suis encore dans le flou des bulles. Pour m'incriminer, le juge d'instruction est obligé de revoir ses cours de droit. Replongeant dans le code napoléonien, il en extrait une loi du XIXe siècle sur la contrefaçon en matière artistique, les faux en signature et les droits sur la propriété intellectuelle. Je risque deux ans de prison et l'équivalent de 300 000 € d'amende.

Je choisis donc le meilleur avocat, par ailleurs collectionneur et ami de César, maître Gérard Baudoux. Il utilise toutes les armes possibles pour me défendre – je suis tout de même un artiste ! Au tribunal, il fait admettre avec brio que les vrais faussaires, et ce depuis la nuit des temps, ce sont les experts et les marchands, censés ne pouvoir se tromper sur l'origine des œuvres et leur authenticité. De plus, leurs profits sont très supérieurs à ceux de l'artiste-faussaire, à savoir quatre à dix fois plus à la revente. Or, pointe-t-il, « cette loi du marché ne s'applique pas à un particulier qui achète un Rodin 100 000 € pour le revendre 10 ou 15 fois plus cher. Les professionnels sont tenus à une marge bénéficiaire "honnête", pas les particuliers, pour qui ce vide juridique peut être un ticket de loto gagnant. » Par chance pour moi, aucune œuvre véritable, ni certificat, ni argent n'ont été trouvés. Aucune partie civile ne s'est manifestée malgré les appels à témoins diffusés par le journal local. J'ai prix dix mois, j'ai sauvé ma copine, j'assume le reste.

La prison de Nice est sordide, insalubre et invivable. Y règnent des trafics de toutes sortes. Je m'organise tant bien que mal au milieu de cette faune de braqueurs, proxénètes et surveillants : le système pénitentiaire, en somme ! Dans ce monde clos où brillent les émotions noires, il n'y a pas de place pour les relations creuses. Je soigne les miennes pour éviter de sombrer, pour surmonter mes pertes, mes frustrations et mes déceptions, et pour entretenir l'espoir de retrouver, un jour, la lumière.

Pendant ces dix mois de détention, je me mets à peindre des œuvres sur l'univers carcéral mais aussi de grands Miró, des Picasso et des Lautrec, pour certains caïds et surveillants. Les détenus décorent leur cellule comme une galerie d'art. Un ami d'infortune, Francis le Belge, remplit sa cellule de divers Chagall, son peintre préféré – il en possède des vrais, par ailleurs, me précise-t-il. Certains surveillants me commandent des Toulouse-Lautrec ; en contrepartie, j'obtiens de l'alcool, des cigares et toutes sortes de nourritures indispensables. En prime, je gagne la liberté de circuler en journée. Les matons me fournissent pinceaux, couleurs et toiles. Ils m'apportent des livres d'art sur lesquels ils choisissent leurs sujets. La directrice elle-même me commande des peintures pour son appartement. Bref, je tâche de m'amuser, malgré cet endroit sordide que j'essaye de décorer tant bien que mal.

Surtout, je suis presque tranquille. Je tue le temps en peignant et, ce faisant, j'obtiens quelques privilèges réservés à « l'élite », autrement dit aux caïds du grand banditisme. Libre en dépit de mon enfermement, je passe d'un bâtiment à l'autre pour jouer aux échecs, aux cartes, au backgammon avec les cadors. D'ailleurs, c'est grâce aux échecs – j'y joue quasi tous les jours – que je rencontre Anthony Tannoury, un homme d'affaire franco-libanais. L'homme est un gros collectionneur d'impressionnisme et d'art moderne. Avant d'être incarcéré pour fraude fiscale, il vivait entre le Liban, la Côte d'Azur, Paris et New York. Il possédait quelques dizaines de sociétés *offshore* et ne manquait pas de relations dans la *jet set* internationale. La presse l'avait surnommé « le sulfureux milliardaire ». Pour moi, c'était un partenaire de parties échevelées, au cours desquelles nous misions gros. Or, au cours d'une partie, voilà qu'il me propose une affaire rocambolesque que, pourtant, il estime jouable. Le plan est le suivant : à ma sortie, il me prête son appartement de Central Park afin que j'y fabrique des Matisse d'époque azuréenne, des Picasso période bleue et des Modigliani. Il me fournit les originaux ; à moi de trouver les toiles, les châssis, les couleurs, tout ce qui doit faire « d'époque » et, surtout, la littérature des catalogues raisonnés de chacun de ces maîtres. Une fois les œuvres fabriquées, il se charge de les transporter dans une de ses propriétés, à Chypre. Là, il les fait assurer par une compagnie saoudienne pour vingt millions de dollars. Après quoi, il fait exploser sa villa par des terroristes libanais : il estime cette fin crédible car, d'une part, lui est chrétien et, d'autre part, son père a été haut fonctionnaire au Liban après le déclenchement de la guerre Iran-Irak. L'objectif est bien sûr de toucher la plus grosse partie de l'assurance que nous partagerions, 40 % pour lui, 40 % pour moi, 20 % pour l'assureur escroc saoudien et les dynamiteurs de villas, complices de cette entreprise dangereuse à but très lucratif. L'exotisme du projet me séduit. J'accepte, exige et obtiens une avance de 200 000 $.

À ma sortie de prison, les choses se compliquent un peu. À New York, je dois m'installer à l'hôtel car l'appartement d'Anthony, son *jet*, ses *boats* et un tas d'autres choses ont été saisis par le fisc. Malgré cela, je retrouve avec ivresse la vie trépidante, rapide et déjantée que j'aime tant dans cette mégalopole ; et je commence à travailler sur le projet dont nous avions convenu. Je gâche un nombre impressionnant de toiles avant de réussir deux Matisse d'époque vençoise. Conscient de mes limites, j'appelle Helmut à ma rescousse. Pas de veine : il est noyé dans ses vodkas de fabrication artisanale. Je dois donc m'essayer seul aux autres œuvres commandées par « Tony le magnifique », ainsi que le surnomment désormais les revues *people*. Ce travail n'est pas nouveau, pour moi ; mais l'envie et l'énergie me manquent. Je passe des heures, des jours, des nuits à traîner de bar en club pour me saouler de sons, d'alcool, de sexe et de drogue. Je me réveille auprès de bimbos que je ne connais pas, alors que j'ai fait la fête avec elles deux ou trois nuits durant, écumant les lieux tendance et chauds de cette ville qui ne s'arrête jamais. Pour ne rien arranger, je suis alerté par un ami proche, qui connaît aussi Tannoury : selon lui, une fois mon contrat rempli, je risque de n'être jamais payé. Certains amis ont expérimenté le côté sombre du magnat. De plus, l'homme sent vraiment le soufre. On raconte qu'il a vendu des armes à l'Irak, des hélicoptères de combat à l'Iran et des missiles nucléaires à la Lybie. Sans être un pleutre, je pense qu'être mouillé dans ce type de trafic mérite réflexion. Donc, calmement, je fais le bilan.

Ce projet m'a intéressé avant tout pour le défi qu'il représentait. Après une période d'inactivité, il me permettait de mettre mes capacités à l'épreuve. Étais-je encore capable de remplir à la perfection une mission ? En partie, oui. Mais je n'ai pas l'intention de risquer ma vie pour ça. Je décide donc d'en rester aux deux Matisse. J'ai reçu l'avance convenue, Tony et moi sommes quittes. Je fais transporter mes faux depuis New York par Hudson Shipping, mon transitaire habituel. À Chypre, comme convenu, son frère et secrétaire réceptionnent les œuvres. Je précise que notre collaboration s'arrête là. Tannoury est furieux. Je lui explique que je suis un peintre, juste un peintre et, malgré l'intérêt de ce travail enrichissant, je ne veux pas fricoter avec le trafic d'armes.

Puis je quitte New York.

11.
Ma période Miró
[1986]

De retour à Saint Paul, je commence à travailler plus sérieusement sur mes propres œuvres, oubliant le monde absurde dans lequel j'évoluais. Dix-huit mois pour quelques faux, c'est quand même cher payé ! Je contacte Leo Castelli, Mary Boone et d'autres galeries de renom… et je me heurte à leur incompréhension : ils ne s'intéressent plus qu'à l'art conceptuel. Malgré cet échec, je m'obstine. Je rêve de vendre ou, *a minima*, de présenter au grand public mes idées et mes concepts. Je travaille ma peinture et peins sur d'immenses voiles de bateau, des pièces très colorées, que j'expose principalement sur la Côte d'Azur, à Saint-Paul, à Vence et à Tourrettes-sur-Loup, ainsi qu'au Danemark et en Norvège, où il y a beaucoup de ports de plaisance. Les propriétaires de *sailing boats* achètent mon travail pour le tendre sur les murs de leurs villas ou de leurs appartements. Le résultat est imposant, riche en couleurs et en matières, bref : parfait pour l'Europe du Nord. Certes, je ne les vends pas assez cher pour en vivre ; néanmoins, j'ai le plaisir de rendre heureux ceux qui les collectionnent. N'empêche, quand ils en redemandent, les prix étant trop bas, je préférais les offrir. Une voile de bateau, même usée, coûte une petite fortune, plus cher que ce que je la vends peinte. Sans exclure de reprendre ma fabrication de faux, je préfère alors faire évoluer mon propre travail.

Sur des toiles grand format, d'au moins 160x190 cm, je crée une cinquantaine de peintures acryliques pour préparer une expo sur Paris. Denise, la compagne de mon avocat d'alors, me fait rencontrer un jeune amateur d'art italien qui ouvre sa première galerie proche de l'avenue Georges V. Mon travail lui plaît beaucoup. Nous signons chez Baudoux. Notre accord est encourageant : le contrat d'exclusivité m'engage à produire une quantité de cent pièces grand format par an, avec avance sur recettes de manière à vivre et payer les matières premières, châssis, toiles, l'atelier… Et, en effet, comme convenu, le galeriste me verse l'équivalent de 30 000 € d'avance et offre des publicités pleine page dans la revue *L'Œil*. Sauf que c'est un écran de fumée. Quelques mois plus tard, il charge un camion de la quasi totalité de mes travaux et les expose dans sa galerie sans plus me verser un sou. Peu après, j'apprends qu'il a organisé sa faillite frauduleuse. Je n'ai jamais revu mon travail titanesque, ces tripes jetées sur des toiles disparues. Aujourd'hui, il ne m'en reste qu'une trentaine. Pour apaiser mon écœurement, je me dis que la deuxième de couverture de *L'Œil*, sur trois numéros consécutifs, a reproduit l'image de mes toiles sur papier glacé. Maigre réconfort.

Les marchands-*business* hypocrites me dégoutent. En France, ils partagent leurs gigabénéfices avec deux catégories de personnes : les experts et les détenteurs de ce que l'on appelle le droit moral, pour les artistes morts. Ce droit « immoral » sert à couvrir les fraudes fiscales, l'évasion de fortunes et le blanchiment de capitaux d'origine mafieuse. À New York, Séoul ou Shanghai, l'essence de leur réussite repose sur la cupidité non dissimulée. L'art est le lubrifiant de l'*intelligentsia* et du monde de la finance.

Bien obligé, je retombe dans la spirale faux-argent-perdition avec une puissance et une niaque surboostée. Je m'attaque à César, Nolde, Kirchner, Miró et à tous ceux qui, comme Fernand Léger, se vendent en deux minutes après deux heures de travail. La haine décuple mon énergie et l'envie de ne dépendre de personne, surtout pas des galeries et des commissaires-priseurs. Je deviens un *serial* faussaire. Aucune fierté : je n'aime pas les séries et leurs lois. La réalisation de mes faux-vrais – dessins, peintures, gouaches, sculptures – ne me coûte rien, sinon de l'énergie, de l'envie, du papier, du métal, de la toile et de la concentration.

Longtemps après la réussite des Miró de la collection Fulton, je me plonge notamment dans l'œuvre de ce maître afin de la décortiquer et de comprendre la vie de peintre. Je décide de passer mon temps dans les bibliothèques, les musées et les salles de cinémathèque pour rassembler tout ce qui me parle de Miró ou le montre en train de travailler. Je prends notes et photos. Je filme les projections, les copies des films, les reportages qui ne sont pas sur le marché. De la Fondation Maeght à la Fondation Miró à Barcelone, des abords de sa propriété « Son abriñes, Calamajor » à Palma de Majorque jusqu'au musée Solomon R. Guggenheim de New York et du Chicago Art Institute jusqu'au Kunstmuseum Basel à Bâle, je chine une masse d'informations. L'objectif, pour moi : interpréter de nouvelles œuvres, rassemblant les mêmes discours et signes que ceux de Miró, et boucler en trois mois mes recherches personnelles sur l'introspection majorquine du maître Catalan.

À Düsseldorf, un collectionneur m'ouvre sa maison dans laquelle se trouvent des œuvres comme *Le nu au miroir* de 1919 et l'huile sur toile intitulée *La table, nature morte au lapin*, de 1920, qui m'apprennent beaucoup. J'étudie les structures géométriques de ces œuvres trop anciennes pour les retravailler mais importantes pour comprendre l'évolution du travail de Miró, du début jusqu'à la fin de sa vie. Ces structures, dérivées du cubisme, s'allient à la perception hyperréaliste du peintre. Ainsi, la femme de la première toile exprime un calme mystérieux et une contemplation intérieure.

Dans ma courte vie, j'ai vu beaucoup d'ateliers de peintres ou de sculpteurs – rien de comparable à Miró en train de travailler dans son antre. Ce lieu de création offrait un spectacle des plus curieux : des chevalets grands et petits, des échelles, des tables, des tabourets, le tout en vrac, encombraient l'atelier. De grands papiers découpés étaient étalés sur le sol ; des pierres et des poteries les maintenaient en place. Ils étaient recouverts de ces « signes » que Miró a rendu si familiers. Sur l'écran en noir et blanc, je l'observais prendre plaisir à disposer par terre ces symboles de papier et à les déplacer dans tous les sens, créant constamment des arrangements nouveaux jusqu'à ce que surgisse la constellation dont allait naître son prochain tableau. Il traçait de ses doigts trempés dans l'encre noire les traits essentiels représentant le contour de ses sujets abstraits comme *Mújeres españolas*, *Mújeres y pájaros en la noche*. À l'intérieur des espaces-contours, il posait les couleurs vives et joyeuses de l'enfant peintre, celles de l'Espagne, celles de la lumière de Palma, les jaunes soleil, les rouges éclatants, les verts légers, les bleus profonds ultramarins.

J'en profite pour repérer les marques de ses tubes de couleur. J'analyse ses compositions, l'évolution de celles-ci, ne perdant pas un détail des ingrédients, de sa technique. Je pense au moment où, à mon tour, je créerai avec les mêmes plaisirs, de nouvelles œuvres sur papier et sur toile de jute. Je les mettrai en vente de manière à m'en payer des vraies pour le plaisir d'agrandir mon musée personnel. Je n'envisage pas de faire autre chose que de pénétrer l'esprit de Miró. Je veux assimiler la recette de sa *salsa* créatrice : travail puissant, léger, infantile, simple. Pas une toile visible sur le chevalet, pas une esquisse sur les tables… Seuls les « signes » jonchant le dallage témoignent de la longue et lente élaboration des travaux en cours. Les « signes » sur certains papiers ont l'air d'avoir été tracés depuis des années ! J'accumule toutes ces informations précieuses et m'imprègne de sa manière d'observer. La caméra insiste sur sa concentration et sa façon d'examiner, qui constituent son attitude pendant qu'il peint.

Ensuite, je passe à l'action. Je trouve des feuilles et commande à Palma les couleurs de la même marque que celles de Miró. Puis je réalise les premières huiles sur papier, à plat ventre sur le sol de la villa de ma mère à Saint-Paul. J'entre à fond dans la page pour ressortir, en deux ou trois jours, une première série d'une cinquantaine d'interprétations « dans l'esprit de Miró ». Je m'amuse tout comme lui, mais je vais plus vite en exécution car je ne suis pas encombré par le doute du créateur. Seule me manque la lumière de Palma, de la Cataluña, de ses jaunes, rouges et noirs ; malgré cela, je donne vie à de nouveaux *Pájaros en la noche*, *Mújeres españolas*, *Mújeres catalanas en la noche*, et *Pájaros en la noche mallorquine*.

Je signe mes œuvres des années 1940 à 1960, les titrant au dos, tout comme Miró le faisait. J'ai pris des photos de l'arrière de ses encadrements pour saisir son écriture, sa force et sa vitesse. J'ai étudié l'envers des Miró, décrypté les provenances, le type de châssis pour les huiles, jusqu'aux différentes étiquettes traçant le parcours des expositions itinérantes de musées en expositions. En effet, pour l'authentifier, les experts ne se fient pas seulement à la qualité de l'œuvre, à son aura, mais aussi à la traçabilité qu'il y a entre l'artiste qui l'a faite et ceux qui la détiennent.

Prétendant être un ami de la famille Fulton, dont le fils dilapide la collection familiale, je fais un premier test de vente à Monaco. Je propose six pièces à Sotheby's et quelques-unes à diverses galeries italiennes. Toutes sont achetées pour l'équivalent de 50 000 à 100 000 € pièce. Dès lors, les galeristes me demandent si j'en ai d'autres à vendre. Sur mon stock, j'en garde quelques-unes pour mémoire, puis j'en disperse une cinquantaine dans diverses galeries à Paris, Madrid, Nice et Saint-Paul avec la galerie Pascal Retelet, qui prendra une grande importance pour moi – euphémisme – dans les années à venir.

En tout, je crée quatre cent cinquante œuvres de Miró. Je les disperse à Boston et Tel-Aviv, en priorité chez les amis de l'ange Gould, et dans des collections privées, en Norvège ou au Danemark, là où la lumière du Sud est une nécessité. Surtout, je pratique l'échange, les faux vrais contre de vraies œuvres que j'accumule pour mon plaisir de collectionneur esthète : Dufy, Chagall, Picasso, Léger, César et autres Basquiat. J'alterne les commandes de faux que je réalise à la vitesse grand V, avec la vente d'œuvres authentiques afin de brouiller les pistes et de rester indétectable…

12.
Ma période Baldwin
[1987]

J'étais, comme toujours, à la recherche d'œuvres majeures quand j'ai eu la chance de rencontrer James Baldwin, écrivain et pasteur afro-américain, homosexuel, auteur du livre cultissime *Moins qu'un chien*. Dans sa villa à Saint-Paul, il vivait avec son ami Bernard, ex danseur du Contemporary Dance Ballet de New York. James était un collectionneur avisé *de pop art* et de Nouveau réalisme niçois. Avec lui, j'ai visité sa collection et repéré les sculptures compressées réalisées par César.

Il me parlait de ses prises de position politiques et religieuses, venant au secours des Afro-américains afin qu'ils soient reconnus comme des citoyens à part entière. Il est certain que tout Harlem était d'accord avec lui sur ce point. Son militantisme et ses coups d'activiste littéraire faisaient mouche dans un monde volontiers raciste. Lorsque nous nous rencontrions, il partageait ses idées avec moi. Il voulait comprendre ce que je pensais. Nous débattions de la politique américaine internationale, et arrivions à ce constat : il faut nous battre toute notre vie pour que soient prises en compte nos idées et nos valeurs. Si, un jour, Harlem danse, ce sera grâce à lui et à ses prédécesseurs comme Malcolm X ou Martin Luther King.

James était atteint d'un cancer incurable. Je le visitais constamment. J'avais la conviction qu'il m'appréciait. Il était à mon écoute, j'étais à la sienne. Peu de temps plus tard, il dépérit. Je lui apportais mon soutien du mieux que je pouvais – par ma présence, mes mots, ma vie. Je lui en aurais donné davantage si cela avait été possible. Je lui apportais ses journaux, français et américains, ainsi que des roses fraîchement coupées. Elles provenaient de sa magnifique roseraie, que j'essayais d'entretenir, lui ne pouvant plus. Je cueillais les fleurs, je les mettais dans des vases, bref, je faisais de mon mieux, et ce n'était pas assez.

Sur son insistance, pour combattre ses douleurs, je lui dénichais des opiacés, du palfium, un peu d'héroïne. J'étais réticent, ne sachant quel risque il prenait en les consommant. Aussi ne le fournissais-je qu'avec parci-monie. Je voulais qu'il fût en paix, sans souffrance ! Cela a duré un long moment, puis James est mort sous mes yeux et ceux de Bernard.

Ne voulant rien laisser à son frère, éternel absent, et sachant que sa collection me plaisait, James m'avait offert quelques-unes de ses œuvres. J'avais refusé, mais j'étais d'accord pour lui acheter ce qu'il voulait me donner de son vivant. Ainsi, je lui ai payé *cash* deux œuvres d'Yves Klein, un monochrome bleu, une *Victoire de Samothrace* éditée *post mortem* et tirée à quelques rares exemplaires, ainsi qu'une éponge rose montée sur tige avec socle en pierre. Je les ai gardées afin d'étoffer ma collection et m'attaquer à ce maître par la suite, alors que j'étais conscient que toutes ces œuvres avaient une grande valeur marchande et étaient convoitées par les collectionneurs et les galeristes *all over the world.*

En revanche, James a insisté pour m'offrir des dessins de César, des portraits de lui exécutés par César et dédicacés « à mon chouchou américain ! », un livre de photos où on le voit poser aux côtés de César et d'autres artistes, photos prises devant le concessionnaire Honda de Nice qui fournissait César en motos de grosses cylindrées neuves, des Honda 750 qui finissaient avec zéro kilomètre au compteur, compressées, transformées en prisme abstrait. Par James, j'ai aussi obtenu un insecte, scorpion en fer soudé des années 1960, d'une valeur aujourd'hui estimée à 250 000 € minimum, rarissime œuvre sculptée-soudée datant de l'époque où César apprenait la sculpture. James m'a aussi offert cinq compressions que César lui avait cédées : deux superbes compressions de 750 Honda, une compression polychrome de tubes de peinture vides, une petite voiture d'enfant à pédale, style Ferrari rouge, portant le numéro six, et une compression de canettes de Coca. En réalité, j'ai appris plus tard que James m'avait offert presque toute sa collection particulière. Son frère, ayant rejeté James à cause de son engagement politique pour la cause noire, n'aurait « que » la propriété de Saint-Paul – quelle propriété ! En plein Saint-Paul, proche des galeries et de la célèbre Colombe d'Or !

J'ai donc été destinataire de tout ce qui était décrochable. En effet, James m'a aussi offert deux dessins de Picasso, mine de plomb sur papier, les *Nu de femme* et *Faunes dansant une ronde* ; une œuvre d'Arman de 1968, *Le temps éclaté*, des montres à gousset éclatées incluses dans un prisme en résine Epoxy. Arman passait ses nerfs sur des tas d'objets qui finissaient toujours dans de la résine et qu'il appelait « Colères d'Arman » : esthétique violente !

D'autres Arman représentaient encore des colères mais sur des violons, explosés, en miettes, brûlés au chalumeau, morceaux esthétiquement recomposés et toujours inclus dans des prismes de résine. La plus belle œuvre que James m'a cédée gratuitement, c'était une œuvre de Martial Raysse représentant France son épouse de l'époque. Il s'agit d'un portrait aux couleurs ultra flashy avec les contours du visage et des lèvres en néons, petits tubes installés dans la toile, éclairant ce visage peint style *pop art.*

Toutes les œuvres de James représentaient une fortune, l'équivalent de plus d'un million d'euros à l'époque. Aujourd'hui, sans doute dix fois plus. James, sans le formaliser, m'avait légué tout cela dans un but : que personne d'autre ne le récupère. Il savait que je vivais en partie pour l'art. Aussi garderai-je toujours ce cadeau d'adieu en mémoire d'une amitié puissante. Je ferai de nombreux Yves Klein pour ne pas vendre les vrais, et je clonerai d'autres œuvres pour la même raison. Quand, plus tard, j'ai eu de sérieux démêlés avec la justice, j'ai dû me séparer à contrecœur d'une grande partie de cette collection fabuleuse. En attendant, certaines œuvres sont allées à l'abri dans le coffre d'un port franc de Genève ; d'autres ont orné mes murs, accrochés aux cimaises de mes galeries-*flat* successives.

La chaîne de télévision Arte a filmé et commenté les obsèques de James. Elle a fait une « spéciale » pendant près de trois heures sur lui, son action et son œuvre pour la communauté noire. Le corps de mon ami ayant été rapatrié chez lui, le film montrait que tout Harlem était là, dans l'église. Cent fois plus de personnes encore s'étaient massées à l'extérieur. L'âme de James, son activisme et ses écrits resteront pour l'éternité dans l'histoire de la lutte contre la discrimination afro-américaine et dans la défense des droits des minorités, au même rang que les combats d'Angela Davis et des Black Panthers.

13.
Mes premières rencontres avec César
[1989]

James Baldwin est l'homme qui m'a fait comprendre César. Il m'a éclairé sur ce qui sous-tendait sa création. Les anecdotes qu'il m'a racontées m'ont permis de pénétrer l'esprit de l'artiste donc, plus tard, de crédibiliser mes faux.

On trouvait dans les revues sur l'École de Nice, des articles sur les premières œuvres de César, lorsqu'il habitait la Belle de Mai, à Marseille et était déjà réputé pour aimer les femmes. Homme de force et de goût, il a appris à souder ses premières sculptures dans un garage proche de Marseille, vers 1955, chez M. Roletto qui l'aidait à faire fonctionner l'arc électrique, la forge et les diverses machines à travailler le métal. Ces pièces uniques sont répertoriées dans le catalogue de l'œuvre du maître établi par Denyse Durand-Ruel ; mais ce catalogue s'arrête en 1964 et n'a pas été mis à jour.

À la fin des années 1950, César n'était pas connu, au point de devenir professeur d'auto-école pour dames.

Sur une Dauphine jaune, il apprenait à ses clientes à conduire (et plus si affinités, j'imagine). Pas étonnant si les premières autos compressées étaient des Dauphine ! Mais il allait bien au-delà : il a réalisé de nombreuses sculptures en fer soudé, représentant des poules, des insectes, des scorpions, des guêpes, de toutes tailles… et des autoportraits. Ces œuvres sont rares, quasi introuvables. Leurs prix atteignent des sommets, ce sont les plus recherchées.

Pour organiser ses premières expositions, César a posé ses sculptures en fer soudé sur des socles. Ces socles n'étaient rien moins que de grosses compressions récupérées dans des casses de voitures. L'histoire nous dit que, lors du vernissage, les collectionneurs étaient tout aussi passionnés par les socles compressés que par les sculptures en fer. De plus, les socles, prismes, cubes, n'étaient pas vraiment nettoyés. Huiles et graisses coulaient sur le sol de la galerie. La compression s'est imposée dans les esprits. Le Nouveau réalisme a alors pris son envol à Nice avec Arman, Nicky de Saint Phalle, Robert Malaval, Ben et Pierre Restany, le théoricien du groupe. À Nice et à New York, naissaient les deux mouvements majeurs de la création. Paris était à l'ouest ! Le *pop art* et le Nouveau réalisme reposaient sur le même principe : pour représenter la société de ce temps, n'importe quel objet de consommation, vedettes comprises, pouvait faire l'affaire en devenant iconique.

De mon côté, j'ai commencé à réaliser des compressions dans une casse de voiture proche de Grasse, où je m'étais rendu avec un ami, professeur d'urbanisme et proche des Nouveaux réalistes. J'ai pris des photos de cet endroit de fin du monde. J'avais l'impression d'y être écrasé par des étages de voitures prêtes à être recyclées, et pas forcément en œuvres d'art ! J'ai appris plus tard que César fréquentait aussi cette casse.

La première voiture que j'ai compressée était ornée d'un graphisme superbe. Je l'ai achetée 76,20 francs, au poids du métal. J'ai passé plusieurs jours à enlever les traces apparentes d'huile, de graisse et de poussières. Il s'agissait de lui donner un aspect esthétique convenable. Je l'ai ensuite compressée, signée César et proposée à la galerie Ferrero à Nice. Ce marchand m'échangeait des œuvres de ses artistes contre les miennes, pas toujours vraies. À peine a-t-il aperçu mon travail que le galeriste s'est emporté devant mon amateurisme. Avec sa faconde habituelle, il m'a expliqué que cette compression ne *pouvait* pas être de César, tout simplement parce qu'il s'agissait juste d'aluminium compressé, rien de plus. Rien à voir avec les compressions authentiques ! Quand l'artiste compressait des petites voitures, des cuillères ou des fourchettes en argent voire des cafetières en émail, tous ces objets, même compressés, demeuraient reconnaissables.

J'en ai pris bonne note, et j'ai offert mon premier essai à un brocanteur niçois. Cela me débarrassait, et je n'ima-ginais pas faire expertiser ce ratage – la suite m'a prouvé que j'avais tort !

J'ai rencontré César la même année. J'étais invité dans sa maison-atelier, bric-à-brac de Roquefort-les-Pins, pour faire des photos de ses sculptures. Je l'ai observé puis photographié en train de souder, de ramasser des bouts de ferraille qui finissaient en sculptures magnifiques. D'un rien, ce génie créait un rêve réaliste, palpable et *very expensive* !

Mes repérages terminés, j'ai commencé à exécuter des dessins d'étude de centaures, de poules avec ou sans roulettes, et des autoportraits de l'artiste. Comme à mon habitude, j'utilisais les mêmes matériaux, les plus basiques, stylos Bic, encre de Chine traitée à la plume, crayon à la mine de plomb, gouache, vernis à ongles… Tout ce qui tombait sous la main du maître pouvait lui servir à dessiner.

J'ai atteint mon rythme de croisière : j'en pondais vingt à vingt-cinq par jour. De son vivant, César rechignait à vendre ces dessins, sauf quand il pouvait en demander un prix très élevé. En quelques mois, j'en ai accumulé plus d'un millier. J'en ai vendu quelques-uns sur les marchés et dans des galeries niçoises et parisiennes. Tant que l'on ne dépassait pas l'équivalent de 3000 € par dessin, les brocanteurs – antiquaires – marchands de croûtes niçois mais aussi les galeries européennes, tous en voulaient. Peu leur importait la provenance, la quantité ni l'authenticité. Mon travail était bon, et il n'y avait rien de plus simple à faire.

Quand le bruit a couru que des œuvres s'achetaient sans facture et sous le manteau, je ne me suis pas affolé. Je me mis à prospecter les galeries s'occupant de cette période de l'histoire de l'art à Saint-Paul. Pascal Retelet tenait la plus grosse galerie. Il a été grandement intéressé par l'acquisition, à des prix défiant toute concurrence, d'œuvres nouvelles de César, Miró, d'Alechinsky et d'Appel, me proposant même des avances pour acheter les œuvres. Je lui avais laissé entendre que, ayant toujours des besoins pressants d'argent, je pouvais être l'apporteur d'œuvres habituellement intouchables et, par conséquent, refourgables à des prix exorbitants pour des collectionneurs privés. Je lui en ai vendu une centaine en quelques semaines. Il m'avait assuré que, compte tenu des prix qu'il proposerait pour ces dessins, une somme deux à trois fois inférieure au prix du marché, ceux-ci ne seraient jamais revendus mais offerts gracieusement à ses gros acheteurs étrangers, des Anversois en particulier. Je lui ai notamment vendu deux huiles sur toile de Miró qu'il a payé l'équivalent de 700 000 €, ainsi que les César, au prix de gros : l'équivalent de 120 000 € pour les cent dessins. La demande devenant pressante, j'ai transformé mes espaces de vie en atelier de fabrication ou de stockage, mais je n'étais pas au bout de mes surprises.

Un jour, lors d'une transaction dans la galerie Retelet, j'ai feuilleté des catalogues d'exposition et j'ai été grandement surpris d'y découvrir la fameuse compression de métal aluminium que j'étais allé chercher dans cette casse de fin du monde. Le livre où elle se trouvait répertoriait une exposition de César que Retelet avait organisée en Belgique, son pays d'origine ; il s'était donc fait prêter des œuvres par différents collectionneurs en plus des siennes. Ma compression refusée figurait en bonne place dans ce catalogue, simplement montée sur socle et sous Plexiglas avec, en annotation, sous la photo : collection particulière galerie Ferrero !

J'ai toujours le catalogue. L'œuvre que l'on m'avait refusée avait été achetée par un petit brocanteur, qui l'avait revendue une fortune à la galerie Ferrero, laquelle la gardait comme chef-d'œuvre de sa collection privée ! Ce galeriste étant le marchand et l'ami de César. Cela signifiait que cette œuvre avait bien été réalisée par lui. Ce jour-là, j'ai compris beaucoup de choses sur les arcanes souterraines du marché de l'art… Mes créations, reproduites dans les catalogues exhaustifs, étaient devenues des œuvres authentiques grâce à leur manipulation. En passant par les mains des grandes maisons de vente publique, par celles des collectionneurs et des experts, mes faux étaient devenus des vrais.

14.
Mon avocat, César et moi
[1990]

En 1990, je file à Barcelone étudier, dans les galeries et les musées, les artistes hispaniques : Diego Rivera, Frida Kahlo, Roberto Matta Echaurren, Francisco Clemente, Le Greco, et Goya – surtout ses gravures, les séries des « Caprices », des « Désastres de la guerre » et de la « Tauromachie ». J'en possédais quelques-unes mais j'avais la possibilité d'en acheter d'autres à un collectionneur d'Andorre. Ces gravures, je les avais acquises en échange de six œuvres de César – *good deal* ! J'avais eu ces sculptures en fer soudé pour presque rien alors que les trois séries complètes des œuvres de Goya valaient, sur le marché international, l'équivalent de 300 000 €... mais je les ai gardées pour alimenter ma collectionnite.

Après avoir écumé tous les endroits branchés de Barcelone, en compagnie d'amis, je gagne le berceau du classicisme : l'Italie. Parfait, en théorie, pour nous reposer de nos *fiestas* catalanes... Je visite les galeries qui s'intéressent à l'art contemporain et moderne. Je leur propose des *deals*. En effet, j'ai beaucoup de César à placer afin d'acheter d'autres artistes pour étoffer ma collection. Je possède déjà des centaines de dessins, gouaches, huiles sur toiles de Miró, de César, d'Arman, ainsi que quelques dessins de Picasso et surtout des jeunes artistes, des Basquiat, Jeff Koons, Julian Schnabel et Luciano Castelli. Je les ai photographiés, *bookés*, assurés, accrochés aux cimaises de mon *flat*-galerie à Paris ou cachés aux rapaces du fisc dans mon coffre du port franc de Genève.

C'est alors que je débarque à Florence, ville de l'art, de l'amour et de la beauté. La cité m'éblouit l'âme et me touche au plus profond. Du coup, je ne me sens pas d'y jouer au collectionneur vendeur de faux. La mode, la beauté et la grâce des filles que nous rencontrons nous obligent à oublier pourquoi nous sommes venus là. Elles nous entraînent dans ce tourbillon de *dolce vita*, d'esthétisme, d'épicurisme, de permissivité et de *love*. Le libertinage des soirées italiennes branchées nous retient longtemps sur place. Il y a tant de plaisirs à goûter, ici, quel choc ! Entre deux instants volés à la fête, je trouve le temps de rencontrer Fiorella, une galeriste très intéressée par certaines de mes œuvres fausses-vraies expertisées. Double projet : pro, bien sûr ; mais aussi, visiblement, je ne laisse pas la dame indifférente. Elle m'explique que ses parents, de riches industriels turinois, lui ont laissé cette magnifique galerie au cœur de Florence et un budget que je peux imaginer conséquent. Sur les murs sont accrochés tous les plus grands maîtres de cette fin de vingtième siècle. Je reconnais quatre compressions de Fiat 500 que César a dû réaliser dans une presse italienne et que Fiorella a acquises pour l'équivalent de 100 000 €. Luciano Castelli et Andy Warhol sont eux aussi représentés, comme Cindy Sherman grâce à des photos grand format à tirage unique.

Fiorella est une interlocutrice de talent et de goût. Pour amorcer notre partenariat, elle me passe commande de dix dessins et de trois compressions de César. Quatre dessins, techniques mixtes, « Centaures », et six dessins de « Poules ». Il faut savoir que, pour le maître, le Centaure le représentait – il possédait son visage et une énorme queue – alors que les poules représentaient ses fantasmes féminins.

Les trois compressions « de César » sont celles que j'ai exécutées dans une presse de Gennevilliers, en banlieue parisienne, à partir de vélomoteurs bleus, obsolètes. J'avais acheté ces deux-roues pour une bouchée de pain. Ils correspondaient bien à ce que César pressait à la fin des années 1970. Une fois dépouillées de leurs pneus et de toutes les parties en plastique, puis pressées dignement, ces trois épaves étaient devenues trois prismes magnifiques où l'on reconnaissait ces vieilles Motobécane, la marque apparaissant d'ailleurs partiellement sur ces œuvres d'art. Je les avais signées à la main : « César79 ». Je précise à Fiorella que ces œuvres proviennent d'échanges entre César et moi, en contrepartie du travail de photographie que j'avais effectué pour lui, en vue de ses catalogues d'expo et ses affiches. Elle me croit sur parole... et elle n'a pas entièrement tort : c'est en partie exact pour certaines de ces œuvres.

De Paris, j'expédie les œuvres, par UPS. Dès réception, elle m'envoie un mot doux : elle souhaite me revoir dès que je serai disponible. Elle me vire sur mon compte l'équivalent de 120 000 € pour la totalité des œuvres. En soi, c'est peu, mais j'ai un objectif : qu'elle puisse les revendre au moins le double – toujours penser une relation sur le long terme. Les sentiments et les affaires aidant, je reverrai très souvent Fiorella dans toute l'Europe, à l'occasion des foires d'art contemporain, mais aussi chez moi et chez elle, dans son mini palais florentin.

Ma relation avec César et son entourage était excellente. Les œuvres que je vendais étaient même rachetées en sous-main par des proches d'une galerie intime de César qui ne faisait pas la différence entre les créations du maître et les miennes. Pourtant, personne ne pouvait deviner que, dans les années à venir, j'allais faire exploser sa cote en enrichissant un nombre considérable de protagonistes en Europe, aux États-Unis et en Asie. César lui-même créait beaucoup et distribuait sa production dans les restaurants niçois ou à des amis, pour toutes sortes de raisons. Il s'énervait lorsqu'il découvrait qu'un dessin qu'il avait offert repassait en vente publique ; il faisait alors des scandales, allant même jusqu'à prétendre qu'ils n'étaient pas authentiques !

Néanmoins, vient un temps où je dois arrêter les César. Une après-midi niçoise, je vends à un galeriste-brocanteur quinze dessins, pour l'équivalent de 30 000 €, soit moins de la moitié de ce que les marchands comme la galerie Ferrero les vendaient. Deux jours plus tard, je suis alerté par mon fidèle avocat, maître Gérard Baudoux.

César s'est rendu chez son galeriste Ferrero, et il a piqué une colère en voyant de nombreux dessins, réalisés de ma main, encadrés et accrochés en bonne place dans cette galerie, authentifiés donc avoisinant l'équivalent de 5000 € pièce ! Un peu calmé, le maître a reconnu qu'ils étaient « de bonne qualité » mais, ne se souvenant pas les avoir créés, il a inscrit sur chaque dessin, en gros et gras : « Faux ». Restait à César et à Ferrero à élucider la provenance des vrais certificats qui les accompagnaient...

J'imagine le conflit qui a dû naître entre le plus grand connaisseur et ami de César et César lui-même. À mon insu, j'avais créé un schisme. Comme nous avions le même avocat, César m'a fait savoir qu'il m'aime bien, que mon travail est d'assez bon niveau pour ne pas l'insulter. Toutefois, si les collectionneurs apprennent qu'il existe de faux César authentifiés sur le marché de l'art, cela risque de porter préjudice à sa cote en constante augmentation, de jeter le doute dans les esprits et de créer une déflation immédiate.

Maître Baudoux m'apprend que ni César, ni Ferrero ne déposeront plainte. L'un pour éviter d'ébruiter le scandale, l'autre parce que c'est son fils qui les avait achetés au brocanteur pour les revendre à son père ! En contrepartie, je dois m'engager à ne plus produire de faux dessins de César jusqu'à son décès ! Il va sans dire que j'ai honoré cet accord.

Enfin, presque.

15.
Comment j'ai sauvé Dario
[1990]

Lancé comme je suis, je dois sans cesse trouver d'autres façons d'écouler mes faux selon trois stratégies : en échangeant de gré à gré mes créations contre des œuvres originales, en trouvant de nouveaux moyens d'authentifier les œuvres, et en renouvelant mes sources d'approvisionnement. Le nerf de la guerre, c'est l'authentification et l'origine de la collection. L'essentiel de la valeur d'une œuvre est fondée sur sa provenance. Celle-ci constitue son fil d'Ariane vers le maître. Une famille de milliardaires, comme les Fulton qui vendent leurs bijoux de famille, c'est la garantie d'une paix royale pour vendre mes faux.

Lors d'une soirée privée sur la Croisette, je rencontre un Argentin haut en couleurs. Jouisseur, quinquagénaire et rieur, Dario semble très attiré par une amie, Bianca. Il semble riche et perdu ; à ma demande, il est reçu avec la plus grande tendresse par Bianca, et nous l'intégrons dans notre cercle vicieux. Sans tarder, nous partons prendre une grande suite à l'hôtel Martinez, que nous parvenons à réserver en catastrophe au lever du jour. Nous sommes sept, trois garçons et quatre filles. Pendant deux jours, nous retournons la suite et nous-mêmes de fond en comble, sans craindre de mélanger les genres. Dario m'en sait gré infiniment. À la sortie de cette fête, il nous quitte pour regagner son bateau italien de trente mètres ancré au Port Canto.

Son *boat*, un Benetti, des années 1960, n'a rien de grandiose. Il sent le moisi. À bord, pas de service, pas même de marin : le yacht est une simple caravane flottante, piètre vestige d'une vie fastueuse passée. Peut-être Dario n'est-il pas aussi riche que je ne l'imaginais ! Prenant place dans la cabine des invités, nous attaquons la vodka. En observant l'habitacle, je note des traces d'œuvres d'art décrochées et, remplacées par des sous-verres abritant des cartes nautiques sans intérêt et des photos, jaunies par le temps, des ports où Dario a mouillé son bâtiment.

Dario est vraiment d'extraction ultrariche : sa famille possédait des biens en Argentine, des élevages et de l'industrie. Lui est en exil depuis que les dictateurs ont pris le pouvoir, pillant, violant, s'appropriant sans droit ni titre tout ce qui représentait le capitalisme, bloquant les comptes bancaires des citoyens et poussant à l'exil les rares rescapés. Sa famille, très connue en Argentine, avait voulu rester et avait été décimée en faisant front à l'armée. D'où le *blues* du quinqua, qui pleure en me racontant sa vie. Je le réconforte. Peinant à échafauder des arguments pour lui remonter le moral, je le ressers en vodka et change de conversation. Pour que reculent son chagrin, je lui parle de fête, de femmes, de plaisirs, du Benetti, de notre rencontre et, fortuitement, de l'art, ma passion. Je sens qu'il a besoin de redorer son blason. Je ne lui cache pas mon activité de faussaire. Il est à la fois surpris et intéressé par cette info inattendue.

L'homme est au bout du rouleau, et pour cause ! Depuis son exil aux États-Unis puis à Cannes, il n'a plus de nouvelles de ses amis et de ses proches. Morts ? Peut-être, mais pas sûr. Lui-même a pris la fuite, quelques jours avant l'arrivée au pouvoir de la junte, sauvant sa vie en emportant bijoux, argent, œuvres d'art de très grande valeur et mobilier français. À Miami, il a vécu pendant cinq ans, vendant peu à peu ses diamants, meubles, œuvres d'art, jusqu'à se retrouver presque à sec ; et, aujourd'hui, le voici devant moi, planté et, cette fois, complètement à court d'argent. Il rêve de refaire surface, de restaurer son bateau et de reprendre sa vie en main. Mais comment ? Son bateau est son seul havre de paix. Pas question de s'en défaire. De toute façon, impossible d'en tirer un bon prix : trop déglingué, le Benetti !

J'invite Dario à venir chez moi pour qu'il jette un œil à ma collection de faux ne demandant qu'à devenir vrais par la magie habituelle. Une fois sur place, je lui montre les œuvres en chantier. Il est intéressé. Interloqué, aussi, devant ma collection de faux-vrais. Il me demanda si j'ai des certificats d'authenticité. J'en ai, mais ils ne sont pas très solides. Alors, Dario me propose d'élaborer une histoire en festonnant autour de ce qui est arrivé en

Argentine à sa famille. Nous décidons de donner une vérité à mes faux, en façonnant des documents argentins. Leur mission : certifier que mes œuvres proviennent de la collection familiale. Dario me fournit la machine à écrire avec les signes hispaniques indispensables… et m'ouvre le marché sud-américain,

Nous créons de faux tampons de la douane et du ministère de la Justice argentine ainsi que du papier à en-tête de Galerie 69, une galerie de Miami qui avait fermé en 1985. Nous mélangeons vrai et faux. Dans le chaos politique de l'époque, nous avions la partie facile pour faufiler mes faux sous des biens authentiques. Nous avons donc associé des photos des œuvres, des documents officiels signés d'un juge d'instruction argentin, une ordonnance de restitution tamponnée et signée par le ministère de l'Intérieur, le tout appuyé sur des documents émanant des douanes argentines et américaines. Sont concernés une dizaine de faux tableaux, représentant l'équivalent d'un à deux millions d'euros. L'un des documents mentionne l'ordre aux autorités américaines de saisir dans la galerie de Miami les œuvres qu'elle a achetées à des militaires argentins en cavale aux États-Unis. Autour de cette missive, des documents, des factures d'achats et des livres de comptes. Fort d'un tel dossier, Dario me délivre un mandat de vente exclusive pour dispatcher ses œuvres – les miennes, en fait.

Voilà comment j'ai pu vendre mes faux aux plus grandes galeries, fondations et maisons de vente aux enchères, dont Sotheby's, Phillip's et Christie's, ainsi qu'à des collectionneurs avisés. C'étaient toujours les mêmes circuits. De ce coup de maître, nous avons retiré l'équivalent de trois millions d'euros en quelques mois. J'en ai profité pour refourguer les derniers Miró, Chagall et Rivera qui me restaient. Nous avons partagé l'argent. Ma part, je l'ai déposée sur un compte en Suisse et un nouveau au Luxembourg. J'ai ponctionné dessus de quoi enrichir ma collection en rachetant des dessins de Picasso provenant de collections privées en France, à Monaco et à Miami. J'ai aussi acheté à Saint-Paul des œuvres d'Yves Klein provenant de la collection de James Baldwin.

Dario, lui, s'est renfloué. J'en étais heureux. Il a fait restaurer son yacht, et en a profité pour s'installer à Mikonos où il a ouvert… une galerie d'art qui m'a pas mal servi par la suite.

16.
Ma période Michaux
[1991]

Le plus gros problème de ce métier ? Comme pour beaucoup de trafics, il faut contrôler tous les chaînons du réseau. On gagne tellement d'argent en très peu de temps que l'on ne se méfie plus des intermédiaires zélés, ceux qui ne sont pas assez bons, qui n'ont pas encore compris leur intérêt à entrer dans la combine ou qui sont jaloux de vous. J'avais déjà commis une erreur de ce type en envoyant ma compagne vendre à un galeriste inconnu des faux Dufy et Chagall. Apparemment, je n'avais pas retenu la leçon, puisque…

Mais commençons par le commencement, à savoir que j'adore Michaux. Mes nuits de manque sont hantées par ses ombres. Je les trace encore, que je haïsse le noir ou que je le porte en moi. Elles m'empêchent de vivre, de m'étendre, de m'oublier, de comprendre. Je veux de la lumière, uniquement de la lumière blanche, or, rouge… Je ne sais plus.

Henri Michaux travaillait sous stupéfiants. Il avait testé la mescaline, le payotl et moult autres hallucinogènes. Son esprit fécondait les encres. Il les laissait couler, les dirigeant en orientant la feuille blanche ; et les encres se déployaient, fantômes noirs figés, ombres du dedans, sombres spectres de l'âme, hallucination noire. Innombrables et irréductibles étaient les esprits qui l'habitaient et qu'il rejetait sur le papier lors de ses instants de lucidité.

Je m'essaye à faire glisser mes ombres noires à la manière de Michaux. Après avoir constitué une littérature sur ses peintures, étudié ses écrits et ses papiers, je commence, sur le sol de ma chambre, à *attaquer* du Michaux jusqu'à atteindre ce que j'estime être la perfection. Je travaille les encres-personnages-taches et les études mescaliniennes, me nourrissant de ses ouvrages comme *La connaissance par les gouffres*, *Émergence* résurgence ou *L'Espace du dedans*. Pénétré également de sa vie chez les Indiens tarahumaras, je dessine des nuits entières.

Un jour, Marino, ami fidèle s'il en est, débarque dans mon atelier. J'avais fait encadrer sobrement quelques encres. Je ne savais qu'en faire tant mes murs étaient recouverts d'œuvres de Miró, Chagall, Max Ernst, de jeunes artistes, mais aussi de photographies. Le tout formait un capharnaüm visuel. Surtout, j'étais à cours de liquidité, comme le prouvait le signe par excellence : ma Porsche n'avait plus d'essence. Coïncidence ou pas, en parcourant les annonces du journal régional, Mariano découvre que Philippe Rheims, un expert cannois recherche des peintures contemporaines à vendre.

– Pourquoi tu ne le contactes pas ? me lance-t-il.

Aussitôt dit, aussitôt fait. On prend rendez-vous, et nous voilà bientôt déchargeant nos Michaux devant l'expert, qui nous attend sur le parvis de sa maison. Le premier regard est-il toujours le bon ? Celui de l'expert a saisi les pièces que nous lui apportions. S'en est ensuivi un discours d'expert et de marchand qui n'avait qu'un objectif : faire baisser le prix que je demandais, soit l'équivalent de quinze mille euros par œuvre. Comme la fabrication ne m'avait pas coûté grand chose et m'avait, en revanche, permis de découvrir un nouvel univers d'artiste, nous avons trouvé un terrain d'entente.

J'ai signé les documents de vente, puis Marino et moi sommes repartis avec le *cash*. Visiblement, Rheims était content ; nous, on était morts de rire. La journée était légère, c'était la fin du printemps. J'ai appris plus tard que l'expert avait revendu mes faux à un conseiller privilégié de François Mitterrand, ancien directeur d'Air France, important collectionneur de l'œuvre d'Henri Michaux. Ce gogo les avait rachetés trois ou quatre fois plus cher, loi du marché oblige !

Trois jours plus tard, la police tape à ma porte. Après une rapide perquisition de mon espace de travail, je suis embarqué par deux cerbères. Une fois à la gendarmerie, j'ai compris ce qui s'était passé. Le format du papier que j'avais utilisé était un peu plus grand que le même Canson utilisé par Michaux à son époque. J'étais en garde à vue pour un petit centimètre en trop, en largeur et en hauteur. J'aurais dû décadrer les encres et les réduire ensuite mais la précipitation m'avait conduit dans une impasse.

La face cachée du marché de l'art

Dans cette activité, il faut rester très vigilant et regarder mille fois son travail. Mon inattention et ces petits centimètres allaient nous coûter dix-huit mois de réflexion dans la prison de Nice que je connaissais déjà trop bien… mais qui s'était modernisée, depuis 1985.

Désormais, les structures de réinsertion offrent la possibilité de se cultiver (bibliothèque, ateliers d'art, sport…) et surtout d'étudier. J'avais fait des études d'art mais je n'avais pas mon baccalauréat. J'avais pris option plage ! Cette fois, c'était l'occasion d'obtenir ce fichu diplôme. Les candidats incarcérés étaient cinq, moi compris : un avocat italien mêlé à un gros trafic de stupéfiants, deux gitans qui trafiquaient des cartes de crédit en grande quantité, et un maçon portugais. Les cours portaient sur les matières suivantes : géographie, histoire, anglais, italien et français. Nous avions réparti les tâches entre nous. L'Italien me faisait mon italien ; je m'occupais de l'anglais et corrigeais les dissertations de français. Nous avons tous obtenu la moyenne. Cent pour cent de réussite : à l'époque, la prison de Nice faisait donc partie des meilleurs lycées de France.

Mon avocat s'est servi de ce succès pour écourter ma peine en argumentant auprès du juge d'application des peines : « Grâce à vos structures, mon client va pouvoir enfin, monsieur le juge, accéder à la faculté en septembre. Il souhaite s'inscrire en Art, communication, langage. » Huit jours après j'étais libre ! Grâce au bac, j'avais purgé sept mois au lieu de dix-huit. Bien joué, non ?

17.
Ma période marocaine
[1993]

Après l'affaire des faux Chagall, Miró et Michaux, les galeries du Sud de la France et de Paris rechignaient à m'acheter mes vrais-faux. Je devais partir pour me faire oublier… mais où ? Chercher d'autres compères, soit, mais qui ? Dûment inscrit en Art, communication, langage à l'université de Nice, je suis allé m'installer à Paris, rue Saint-Honoré, pour réfléchir à la suite de ma vie. La nuit, je zonais du Marais à Beaubourg, trouvant un refuge glauque où se retrouvait une faune de *gays*, lesbiennes, hétéros, dans un monde éclairé aux néons. Les visages blafards me faisaient penser à des personnages de Goya. Le mien était diaphane, translucide, giacomettique !

Passant presque toutes mes soirées dans ce monde interlope, je lie amitié avec Hicham, qui officie derrière le bar. Il a une formation de styliste et a travaillé pour les plus grands ; mais lui voulait créer sa propre ligne.

En bon *barman*, Hicham a le sens du contact. Il me présentera plus tard à des galeristes qui venaient chercher dans son antre un je-ne-sais-quoi qu'ils trouvaient toujours. En attendant, un soir, il me présente une très belle princesse aux yeux noirs, *black star*, l'étoile illuminant le fond de son regard, forte, dansant librement avec une grâce hypnotisante. Timide, je mets un moment avant de me rapprocher d'elle, espérant qu'elle me le proposerait. Bientôt, le coup de foudre nous saisit, elle, merveille orientale et moi, personnage noirâtre au background peu avouable.

Cïara-Ira est venue avec du soleil dans ses bagages pour continuer ses études de chirurgie dans une *American school*. Notre passion puissante nous évite les temps morts des premières rencontres. Le soir même, nous passons la nuit chez Cathy Guetta aux Bains, où nous restons jusqu'au matin à nous aimer, nous saouler de techno et d'histoire classique. Je lui propose de venir dormir au Louisiane mais elle préfère prendre un taxi et m'emmener dans son hôtel particulier, à Neuilly. Au réveil, plus de souvenir de Cïara-Ira, de cette soirée, seuls des détails dans la tête en forme de *puzzle*. Ma *black star* à l'étoile me regarde sous toutes les coutures. Elle non plus ne se souvient plus de rien ! Tout en s'habillant vitesse grand V, elle me propose d'aller nous balader. Cette traversée de Neuilly à la rue de Seine nous permet enfin de mieux nous connaître. Six heures durant, nous palabrons sur tout, rien, la vie, l'amour, la beauté, la liberté, le non-agir dans la plus belle ville du monde, celle des amoureux celle de Doisneau, celle de l'existentialisme – la nôtre !

Nous débarquons rue de Seine où je lui montre les galeries avec qui j'ai travaillé autrefois. N'ayant plus d'argent pour la soirée, je lui propose de m'attendre un instant. Je cours me changer et récupère une dizaine de Chagall, des lithographies et des gouaches, ainsi qu'un dessin à la mine de plomb de Picasso sur papier. Je roule l'ensemble dans un tube et cours les revendre dans une galerie au bas de la rue de Seine, près des quais. Après quinze minutes de négociations, j'encaisse l'équivalent de 150 000 € : 100 000 en chèque et 50 000 en espèces, que le galeriste garde toujours dans sa boutique pour les urgences. J'ai conscience que les prix proposés sont très éloignés de ceux du marché, mais je m'en fiche ! À l'arrivée, je suis gagnant. Puis il me reste encore trois ou quatre fois cette somme en œuvres roulées dans la chambre n°7 du Louisiane. Laissant le galeriste heureux de m'avoir entourloupé, je file retrouver ma dulcinée en courant comme un lapin sans tête. En moins d'une heure, je suis redevenu riche, capable d'offrir à ma belle tout ce qu'elle peut désirer.

Pour ma part, mon seul désir est que nous restions ensemble à nous transporter sur un tapis Kilim. Par chance, ce souhait est partagé. Nous restons des secondes, des minutes, des jours, des mois à l'hôtel Louisiane. Nous passons le temps à nous aimer et à jouir de la vie parisienne, de ses fêtes, de ses délires, sans cesse, jusqu'à ce que le soleil de midi nous oblige à nous câliner pour mieux redémarrer la nuit suivante. J'entraîne Cïara-Ira dans les vernissages, expos, visites d'artistes. Elle adore : au lieu de faire chirurgie, elle voulait faire des études d'art plastique.

Son général de père a préféré la sécurité. Frustration !
Je partage avec elle ce que je sais de l'art ; elle s'en servira
plus tard pour devenir art-thérapeute à Paris.

Je suis présenté à sa famille, ses sœurs et ses beaux-
frères, ainsi qu'à ses amis médecins travaillant sur Paris.
Je suis immédiatement adopté. Je les aime toujours. Nous
trouvons notre rythme. Nous nous rendons au Maroc six
ou huit fois par an. Cïara-Ira me fait découvrir son pays
de fond en comble, depuis la société du pouvoir jusqu'à
la pauvreté et les différentes injustices sociales en place,
à une époque où Hassan II tient son peuple d'une main
de fer. Je suis présenté au frère du futur roi Mohamed VI,
ainsi qu'à Moulay Rachid, le jeune prince cadet. Nous
sillonnons tout le Maroc, de Casablanca à Marrakech,
d'Essaouira à la Mamounia, dans le désert, pour y voir le
lever du soleil qui s'étire jusqu'en Algérie.

Nous décidons de nous marier. Des artistes, nos amis,
la famille de Cïara-Ira vivant à Paris, la mienne et amis
venant de toute l'Europe prennent part à notre bonheur.
À cette occasion, Christine, une amie galeriste de
l'avenue Matignon, veut absolument me faire rencontrer
Jean-Charles Villa, un acteur américain qui souhaite se
refaire. Sa fortune s'est vaporisée dans les fêtes, la *coke*
et les prostituées, jusqu'à le conduire aux méandres de la
précarité. Connaissant ma lucrative activité de faussaire,
il souhaitait me rencontrer pour que nous fassions affaire
avec, dans sa manche, un atout majeur : son gros réseau
aux États-Unis.

De retour au Maroc, Cïara-Ira et moi nous offrons
un tour de la création artistique contemporaine, arts

plastiques et musique compris. Nous nous laissons émerveiller par le pays des djinns, ces esprits malins qui pénètrent votre esprit, vous envoûtent et tentent de vous rendre fous. Comble du bonheur, Cïara-Ira tombe enceinte. Nous sommes aux anges.

À la Mamounia, où nous sommes descendus, je suis surpris d'être confronté à des Modigliani, Dufy, Matisse, Derain, van Dongen et bien d'autres. Il s'agit de faux grossiers et décoratifs. Dans le grand hall, cela ne le faisait pas du tout ! Toutes ces œuvres étaient réalisées par Réal Lessard, un faussaire des *sixties* ayant travaillé pour le sulfureux Fernand Legros. La qualité de ce que j'ai sous les yeux était plus proche du *poster* que d'œuvres peaufinées. Pourtant, j'apprends que ces copies se vendent vingt mille euros de temps en temps. Triste fin pour celui que l'on m'a présenté comme « un génie du faux »... Sur la plaquette de l'expo, ce faussaire médiocre ose écrire : « D'une certaine façon, je complète l'œuvre inachevée de mes prédécesseurs. » Si Delacroix, Matisse, Marquet, Dufy, Van Dongen avaient été vivants, ils l'auraient déchiqueté vif !

Soucieux de discrétion, je ne me substitue pas à leur main vengeresse. Cïara-Ira souhaite que nous restions au vert, incognito, afin que la grossesse se passe sans stress et dans des conditions optimales. Nous comptons attendre quatre ou cinq mois, le temps de nous assurer que tout se passe bien, puis partir à Miami pour la naissance du bébé. Par amour, je laisse mes folies derrière moi, m'éloignant du *business* international de l'art, de ses pressions et de ses dangers. Je ne me sens pas le droit de mettre en péril notre famille grandissante. Je dois me remettre en question et chercher de nouvelles façons d'utiliser le marché en exerçant mon art.

Un jour, la secrétaire de la Mamounia me téléphone car un courriel m'attend à la réception. Jean-Charles Villa, dit LøL, me relance avec son histoire d'ex-semi vedette formée au cours Florent puis à l'Actors Studio de New York. Il insiste sur son carnet d'adresses : il peut contacter n'importe quel acteur, producteur ou metteur en scène avec qui il a tourné, mais il a aussi ses entrées dans la *jet set* et le gotha des arts plastiques. Malgré moi, je suis intéressé. D'autant qu'il joue sur la corde sensible. D'après lui, je suis le seul sur cette Terre pour redorer son blason, perdu depuis ses petits rôles dans des films obscurs ou, plus récemment, un film sombre, *The Blackout*, où brillaient Claudia Schiffer, Béatrice Dalle, Dennis Hopper et Matthew Modine, l'acteur de *Birdy* ! D'autres *movies* complétaient son *underground*. Tout cela sent le *blues* et l'envie de renaître ; tout cela sonne juste. J'envoie un message à LøL pour lui dire que je le rencontrerai lors de mon prochain passage à Paris.

Puis je reviens à ma vraie vie du moment. Je retrouve Cïara-Ira. Nous flânons dans les jardins avant de nous rendre à une soirée d'anthologie, organisée par le prince cadet lui-même – certainement la plus belle fête à laquelle j'assisterai de toute ma vie. J'y croise Almodovar, derrière ses masques, ainsi que l'inévitable Jean-Paul Gaultier, entouré de ses mannequins. Cïara-Ira se prend la tête avec Jamel Debbouze. Axl Rose et Billy Joel sont en *live*. Nous nous éclatons en dansant le rock avec Uma

Thurman, habillée en fée, Naomi Campbell transformée en princesse vaudou, Tim Roth, Larry Gagosian et une très belle femme de la famille des Fürstenberg. Mickey Rourke, appuyé sur le rebord de la scène, semble tétanisé. Christie Turlington danse dans son coin sur les rythmes de plus en plus *speed*. Je finis par me retrouver avec le prince dans le carré VIP. Nous sifflons du champagne. Je fais la connaissance de la princesse Leïla, de ses sœurs et cousines. Leur nom m'échappe aujourd'hui, mais je me souviens de leur beauté, de leurs tenues et de leurs rires. Ma *queen* personnelle est rayonnante.

Quelques jours plus tard, c'est la cata. Leïla, la fidèle amie confidente de Cïara-Ira, nous pousse à faire des échographies dans le service de gynécologie qu'elle dirige à l'hôpital Avicenne de Rabat. Sur l'écran, un embryon inanimé. À cet instant, tout s'écroule ; et ce n'est que le début. De chagrin en dépression, de fausse couche en désillusions, notre fusion s'évapore. Fini, le rêve !

Notre couple aura duré un an et demi. Elle restera la plus belle œuvre qu'il me sera donné de vivre. Merci, ma reine.

18.
Ma période Klein
[1994]

Seul dans mon *flat* depuis mon retour du Maroc, je contacte Christine, ma fidèle galeriste volante. Je lui parle de Jean-Charles Villa, lui précisant qu'il me harcèle par téléphone. Au bar de l'hôtel Coste, elle m'explique qu'elle a aidé LøL à se positionner sur le marché de l'art en l'introduisant dans la *jet set* des collectionneurs. En associant leurs carnets d'adresses, on doit pouvoir contacter des milliardaires *all over the world* ! Du coup, LøL a commencé à vendre, pour le compte de la galerie de Christine, des lithographies, des dessins et des gouaches de Chagall, Miró, Picasso et Matisse. Excellent commercial, le mec commence à s'enrichir, *step by step*, aux cotés de Christine, qui lui a confié des œuvres de plus en plus importantes : Bernard Venet, Yves Klein, Georges Braque, ainsi que d'autres artistes reconnus et plus conceptuels. Christine lui a parlé de mon travail et, évidemment, lui a laissé miroiter les plus-values beaucoup plus importantes qu'il pourrait réaliser avec moi.

Encouragé par ce *pedigree*, je demande à Christine d'appeler Jean-Charles pour que l'on parle *business*. Le rendez-vous a lieu à mon domicile, rue Saint-Honoré. Toujours dans le *dark*, dépressif, endeuillé par cet enfant que je ne verrai jamais mais dont je garde les échographies, seuls souvenirs d'un espoir perdu, je veux aller de l'avant et remonter la piste noire de la vie. LøL débarque au rendez-vous avec un autre personnage haut en couleur, Pat Veinard, ancien galeriste de Monaco et courtier en art. Ils pénètrent dans mon *flat*-galerie et restent scotchés par la qualité et le nombre d'œuvres qui s'y trouvent. Et encore, ce n'est que la partie émergée de l'*iceberg*-art : le reste est au pays des Helvètes ! Outre mes faux Klein, Chagall et Léger, ma collection comporte des œuvres véritables, authentifiées, reconnues, que j'ai achetées avec l'argent du pillage des successions Fulton et Gould.

Impressionnés, LøL et Pat s'asseoient sur mon canapé dessiné par l'architecte d'intérieur Cassina dans les années 1960. Les deux compères, plus intéressés par l'argent que motivés par l'amour de l'art, me font une proposition on ne peut plus directe. Ils veulent tout m'acheter ou, du moins, récupérer ma collection d'une manière ou d'une autre. Ils savent que je suis dans le *down* et pensent, à tort, que je me fous de ce qui orne mon chez-moi, y compris les sculptures de Rodin, d'Arman, de César, y compris mes cinq Picasso post-cubistes, mon petit Rembrandt, les Warhol « Marilyn Monroe », y compris le portrait que ce dernier a tiré de moi.

Pat Veinard explique qu'il a un accès direct aux familles Klein et César, ce qui vaut de l'or. Concernant Yves Klein, il connaît très bien l'expert Daniel Moquay et Rotraut Klein, la veuve du maître, qui tiennent d'une main de fer le capital créatif de l'œuvre. Pour César, il affirme être intime d'Alain-Dominique Perrin, son mécène, et de sa compagne, Stéphanie Busuttil. Il ajoute :

— Fournissez-moi des photos des œuvres que vous voulez authentifier, je les montrerai aux ayants droit. À leur seule vue, ils apposeront au dos de chacune un numéro d'archive, le certificat détaillé de l'œuvre, le tampon et la signature du maître.

LøL explique que lui s'occupera de vendre les œuvres partout en Europe, une fois les certificats d'authenticité rédigés. Je coupe court concernant César : je me suis engagé auprès du maître, nous avons le même avocat, je ne veux pas d'embrouille… puis ce n'est qu'une question de temps. En revanche, j'accepte le *deal* pour Klein, tant il est périlleux de faire passer les œuvres de ce maître sans passe-droit.

Je leur propose de vendre des Klein, à condition que je garde le contrôle intégral de ce qui se vend, à qui et à quel prix. Je leur propose 30 % du prix de la vente, qui serait lui-même de 40 à 50 % en dessous du prix du maître, de manière à ce que nos acheteurs puissent faire de belles plus-values en les revendant à leurs clients fortunés. Quant à moi, j'encaisserai 70 % de la valeur des œuvres vendues. Ils acceptent ma proposition.

Donc je me mets à la tâche. J'essaye de comprendre le mélange qui composait son fameux bleu, celui que l'on appelle « le bleu Klein ». Je me procure une dizaine de véritables éponges de mer pêchées en Israël. Non traitées, gorgées de sable et de morceaux de coquillages, elles sont brutes. Leurs formes sont bizarres, certaines avec de gros trous et des aspérités profondes. J'achète aussi des catalogues de ventes publiques, dans une grande librairie de Saint-Germain, dans celle du Musée d'Art Moderne de Nice et, par mes amis, chez Christie's et Sotheby's. J'y trouve les photos et les prix des œuvres de Klein vendues récemment. Dernier défi : trouver la formule du bleu ultramarin.

Je la déniche chez M. Sennelier, grand marchand de couleurs et de pigments du Quai Voltaire. Client habituel, je lui explique que je dois restaurer des éponges d'Yves Klein qui, avec le temps, se sont éclaircies. Il n'est pas dupe : tout Paris sait que je suis un contrefacteur. Néanmoins, il m'explique exactement ce que je dois acheter, un pigment en poudre, bleu outremer foncé, un autre bleu outremer clair, et un dernier, rose, à utiliser avec parcimonie. À moi de découvrir comment les mélanger et les lier avec le vernis à bronzer, une espèce de résine transparente vendue au litre. J'achète les ingrédients de la potion magique, ainsi que des pinceaux, un aérographe, un compresseur, et je passe à l'action.

À force de tests sur des feuilles de Canson, je trouve les proportions adéquates et constate que le résultat sèche très vite. J'observe mes éponges, les vraies, leur montage sur tiges d'acier fileté rouillées. J'apprends par les livres que certains socles sont de gros cailloux que l'on trouve dans les jardins, sur les terrains de la Côte d'Azur uniquement. Sur les hauteurs de Grasse, je loue une petite villa-atelier et je récolte plusieurs pierres. Les tiges, je les fais réaliser chez un ferronnier. Il m'en coupe une dizaine, rouillées, au diamètre et à la longueur que je lui indique. Il m'en courbe quelques-unes, car il faut qu'aucune de ces tiges ne ressemble aux autres. Je lui apporte les cailloux que j'ai rassemblés afin qu'il les perce pour faire entrer en force les tiges à béton. En effet, tout doit tenir sans colle.

De mon côté, je polis la base de ces socles de manière à ce qu'ils soient bien plats, et que l'équilibre des sculptures éponges soit parfait. Klein, ceinture noire de judo, avait le sens de l'équilibre ! Puis, au ciseau, je retravaille les éponges. Dans un seau, je mets de l'eau et du plâtre à prise rapide. Le mélange semblant prêt, j'y plonge mes éponges qui se gorgent aussitôt : cela les rendra dures quand, trois heures plus tard, elles seront sèches. Une fois durcies et sèches, je les emboîte sur leur tige d'acier. J'utilise les mélanges des pigments et du vernis à bronzer pour peindre ces animaux au pinceau. Au soleil et en plein air, le séchage est rapide, et je peux faire plusieurs couches sans tarder.

Reste le plus fastidieux : injecter dans les interstices et les trous, à l'aide de grosses seringues, la couleur que je ne peux pas appliquer au pinceau. Derechef, je laisse sécher puis je finis mon travail à l'aérographe afin d'unifier ces faux. Quelques heures plus tard, je suis heureux du résultat. L'esprit d'Yves Klein est respecté de A à Z. Le bleu, appliqué différemment sur les éponges, leur donne les bons reflets. Surtout, fixées au vernis à bronzer, mes pièces ont l'aspect velouteux requis. Le catalogue Klein vient de s'enrichir de dix nouvelles sculptures.

J'en garde quatre pour moi, dont une rose, et je livre les six autres à mes commanditaires. L'intermédiaire est essentiel, car je sais que les ayants droit de Klein ont un œil sur moi depuis que j'ai séjourné en prison et que les journaux ont colportés rumeurs et ragots sur mon compte. Mes amis complices obtiennent les expertises, confirmées comme il se doit au dos des photos de chaque sculpture. Mes faux sont maintenant vrais !

Je ne veux pas que les nouveaux Klein soient vendus à Paris ou même en France. Par conséquent, je laisse LøL les vendre, en dessous du prix du marché, à un client de Séoul qui en acquiert deux pour l'équivalent de 120 000 € pièce, virés sur mon compte luxembourgeois. Les quatre autres partent à peu près au même prix, une à Londres pour un collectionneur, une autre à Monaco et deux à Copenhague, chez un marchand galeriste. Aucune des éponges, aucun des socles n'était signé Y. K. ni daté… sauf ma sculpture rose que j'ai signée au feutre noir, à l'arrière, en petit, Y. K. 61.

Une fois de plus, j'ai gagné mon pari, dénichant de nouveaux clients et réalisant un chiffre d'affaires de l'ordre de 600 000 € – sur les deux de Copenhague, j'ai dû, sur l'insistance de mes acheteurs, consentir un rabais. Certes, les catalogues des ventes publiques laissaient entrevoir des prix plus importants ; et alors ? Entre le matériel et les frais divers, j'ai, comme Klein en 1960, très peu dépensé : à peine l'équivalent de 5 000 €. En échange, j'ai exécuté un travail passionnant et relevé avec succès un nouveau défi. Franchement, ce rabais était sans importance.

Bien plus tard, dans une galerie de la rue des Beaux-arts à Paris, j'ai vu une éponge bleue, un peu claire. J'entre, je demande à la toucher et je m'informe de son prix de vente. Une très belle femme m'annonce, avec un sourire à tomber : 300 000 euros.

— Mazette, c'est cher, lui réponds-je.

— Je sais, mais son propriétaire, ne veut pas baisser le prix ; et il est têtu, Stéphane Collaro !

19.
L'enterrement de César
[10 décembre 1998]

Jeudi 10 décembre 1998, Paris, cimetière du Montparnasse. À deux pas de la tombe de Baudelaire, dans un paysage de givre, les amis de César et ses proches accompagnent l'artiste jusqu'à sa dernière demeure. Derrière les larmes et la dignité, une guerre sourde se prépare. L'enjeu : l'héritage du maître, soit plusieurs dizaines de millions d'euros.

Au fond, je suis le seul à rendre, en toute discrétion, un hommage personnel au maître que j'ai aimé et copié sans le trahir. J'aperçois Rosine et Anna Baldaccini, la femme et la fille de César, ainsi que Stéphanie Busuttil, sa dernière compagne et ayant droit, au bras d'Alain-Dominique Perrin, l'exécuteur testamentaire. En 1990, ce dernier, P-DG de la puissante maison Cartier, avait présenté Stéphanie au maître qui était alors au faîte de sa gloire. Elle n'avait que dix-neuf ans, César pouvait être son grand-père. La rencontre avec César l'a conduite à jouer un rôle ambigu. Elle était à la fois maîtresse et secrétaire, puis infirmière et gérante d'affaires lorsque l'artiste, miné par un cancer foudroyant s'est retrouvé cloué sur un lit d'hôpital. La belle Stéphanie est, par testament, détentrice du droit moral de l'artiste. Cela lui permet d'authentifier les créations du maître. J'attendrai deux jours avant de poser sur la tombe une petite compression de boîtes en carton ayant contenu des fleurs.

L'imbroglio autour de sa succession a duré près de quinze ans ! Les testaments répartissant la fortune n'ayant pas eu le temps d'être rédigés, le maître est parti en laissant derrière lui un chaos juridique. L'administration fiscale a longtemps bloqué le dossier. Le fisc ne pouvait calculer le montant des droits de succession avec certitude. Et pour cause : il manquait de nombreuses œuvres à l'inventaire ! Les gendarmes de la Section de recherche de Marseille, qui ont enquêté sur la disparition d'une grande quantité de spécimen, ont conclu qu'au moins 350 œuvres avaient disparu de l'atelier et de la fonderie. Ce sont Rosine et Anna Baldaccini qui ont alerté le fisc. En 2002, Bercy a exigé un redressement phénoménal de 38 millions d'euros. Il faut dire que les explications de l'ayant droit moral avaient de quoi étonner.

Par exemple, quand les gendarmes ont entendu Stéphanie Busuttil sur la disparition de *Poule à limes en bois et fer, ca.* 1970, une sculpture de près d'un mètre de hauteur et d'une grande valeur artistique et historique, réponse :

— J'ai fait détruire cette œuvre.

On rigole ! Cependant, on a découvert que beaucoup d'œuvres ont été effectivement cassées par la fonderie de

César dans les jours qui ont suivi son décès. Bien renseignés, les services fiscaux ont aussi recherché la trace d'une *Citroën ZX noire* qui avait été exposée à Venise en 1995. Celle-ci a la particularité d'être la seule à avoir le volant à droite. Comment cette œuvre a-t-elle pu filer à « l'anglaise » ? D'autres œuvres majeures manquaient à l'appel, telle *L'Improvisation*, représentant un personnage soudé en 1984, ou *L'Insecte africain* de 1982 qui s'était opportunément envolé…

Maître Guilloteau, un des avocats de Stéphanie, a avancé une justification pour le moins farfelue :

— César a beaucoup travaillé ses œuvres en les modifiant ou en les faisant modifier ; certaines sculptures ont été transformées et sont devenues de nouvelles pièces.

Quelle blague !

Pour renforcer sa défense sur les droits de succession éventuels à payer en dation, c'est-à-dire en donnant des œuvres, Stéphanie Busuttil s'est entourée de maître Belot, l'avocat impliqué dans l'affaire de la sulfureuse cassette-vidéo de Jean-Claude Méry. L'avocat souhaitait faire valoir les droits de l'ayant droit sur la société civile de l'atelier César, la SCAC, constituée en 1997, et que Stéphanie contrôlait en partie. L'autre partie de la famille Baldaccini était, elle aussi, suspendue aux résultats de l'enquête fiscale.

L'âpre bataille qui a opposé Anna Baldiccini et Stéphanie Busuttil a poussé cette dernière à tenter de faire saisir, la veille de la remise des César du cinéma le 21 février 2001, les vingt-deux récompenses. Le motif : faux et usage de faux. L'argument : les statuettes auraient été réalisées par un « sur moulage » sur un ancien bronze, ce qui bafouerait le droit du sculpteur. En réalité, Anna Baldaccini avait fait fabriquer les trophées à partir de l'original appartenant à Georges Cravenne, secrétaire général de l'Académie des arts et techniques du cinéma, ami du sculpteur et fondateur de la cérémonie des César. Néanmoins, pour compliquer l'affaire, la justice a découvert qu'un autre fondeur avait aussi été sollicité, chez qui stagnaient une centaine d'œuvres non déclarées. Colorant cette bataille, de faux documents ont également été versés au dossier. Parmi eux figurait la copie d'une convention signée entre Georges Cravenne et César selon laquelle César faisait cadeau de cet original à son ami, selon Didier Benheim, avocat du sculpteur. En réponse, la Cour d'appel a très longtemps mis sous tutelle le patrimoine de Stéphanie Busuttil. Alain-Dominique Perrin, l'ami de la famille, qui s'est rendu indispensable auprès du sculpteur, a joué un rôle actif dans cette affaire ; il est en effet l'exécuteur testamentaire de César et doit, à ce titre, veiller au respect des dernières volontés du maître et à la bonne répartition de l'héritage.

Si César peut reconsidérer les choses vues d'en haut, je ne sais s'il en pleure ou s'il en rit, mais une chose est sûre : il ne doit pas *rest in peace*. Pour moi, cet imbroglio était une bonne nouvelle : il facilitait grandement les choses pour « poursuivre l'œuvre du maître » en toute liberté et en masse. Des œuvres avaient disparu ? D'autres étaient détruites ? Ajoutons des faux pour maximiser la gloire de César ! C'est dans ce contexte que j'ai provoqué, dans la foulée, une rencontre chez moi avec mes deux compères,

LøL et Pat. Je leur ai proposé de vendre mes César. J'en avais une trentaine : des compressions de motos 750 Honda de 1975, des couverts en argent, de boîtes de Coca-Cola, des dessins de poules, de centaures, des « hommage à Morandi » que j'avais réalisé en écrasant des cafetières en émail, en les collant sur des grands panneaux blancs, encadrés sous Plexiglas et signés César. Pour compléter le lot, j'avais aussi à proposer des voitures d'enfants à pédales, rouillées et compressées. Elles étaient de bonne provenance mais n'étaient ni répertoriées dans le catalogue exhaustif de l'œuvre du maître, ni authentifiées par son ayant droit, la jeune veuve, ou par l'exécuteur testamentaire. Pat m'a promis qu'il en faisait son affaire.

J'ai validé le projet à condition que les affaires se fassent sans bruit, et surtout que je n'apparaisse pas. Mes deux associés sont repartis avec quelques photos que j'avais réalisées avec mon Leica numérique. J'avais photographié deux compressions de motos des années 1970, deux bombes de laque Elnet des années 1980, et une compression de Coca-Cola. Toutes ces œuvres étaient signées du maître.

En attendant le résultat, j'adoptais l'attitude très *british* du « wait and see » : c'était notre première affaire concernant César. Mis au courant de ce nouveau projet, mon frère Franck s'est montré très méfiant. Il m'a proposé de se substituer à moi pour encaisser les bénéfices de l'affaire. Ça m'arrangeait. Tant qu'à faire, je lui ai demandé de transporter les stocks… et suggéré de réaliser des faux : rien de plus simple – n'importe qui peut en faire ! J'ai aussi mouillé Yaël Marciano, un ami de confiance et de fiesta, ancien mannequin, *tennisman* et *play-boy*, devenu locomotive des nuits parisiennes.

Deux jours plus tard, LøL et Pat m'ont joint par *e-mail*. Ils avaient les certificats des cinq compressions et, avec eux, les acheteurs qui les attendaient. Je leur ai répondu que mon frère traiterait avec eux. Rendez-vous pris, ils sont venus prendre les cinq compressions expertisées, et ont réglé à Franck l'équivalent de 60 000 €. Ils avaient vendu toutes ces œuvres à un galeriste d'Anvers qui s'était déplacé spécialement à Paris pour en prendre possession. Franck a encaissé la somme en *cash* et l'a mise sur un compte au Luxembourg.

C'est ainsi que LøL et Yaël sont devenus mes commerciaux. Pat était le magicien des expertises ; et mon frère, mon assistant chargé de réaliser des centaines d'autres compressions, de dessins, d'hommage à Morandi, qui prenaient le même chemin, générant des bénéfices hors du commun. Franck a aussi photographié trente-trois dessins de poules et centaures signés César, dix compressions de métal, de jouets, de petites voitures – César adorait les voitures, il les écrasait ! – ainsi que six « Hommages à Morandi » réalisés dans son atelier. Le prix total que Franck demandait pour les dessins équivalait à 50 000 €. C'était plus que raisonnable, à raison de 1500 € le dessin… que César vendait trois fois plus cher. Les dix compressions d'objets métalliques achetés en une fois, Franck en exigeait 200 000 €. Quant aux « Hommages à Morandi », superbes, il suffisait de 75 000 € pour se les offrir, alors que cela valait trois fois plus sur le marché. LøL a négocié le lot pour l'équivalent de 250 000 €.

L'idée que l'on commence à négocier le prix de nos créations me chiffonnait mais, comme ils achetaient en quantité importante, j'ai donné mon accord à Franck, à condition que ce soit en *cash*. L'argent irait sur un autre compte, dans une autre banque, toujours au Luxembourg pour une raison simple : la loi luxembourgeoise pouvait, sur commission rogatoire fiscale internationale, demander au système bancaire du grand-duché du Luxembourg de donner des renseignements sur les versements effectués par un particulier, mais seulement sur une banque. Sachant cela, nous avions ouvert des comptes dans huit banques différentes. En France, si vous avez des comptes dans plusieurs banques, la Banque de France renseigne les inquisiteurs du fisc sur tous les comptes ; au Luxembourg, au moins à l'époque, cela n'existe pas !

Une semaine plus tard, LøL et Pat viennent chercher, certificats rédigés, les œuvres que Franck leur a proposées, avec un petit camion et une énorme enveloppe contenant le *cash* promis.

J'étais bluffé par l'efficacité de LøL et Pat. Grâce à eux, je me laissais bercer par le doux bruit des presses à métal de trente tonnes écrasant sans interruption toutes sortes d'objets pour nourrir l'industrie de la création des faux du maître. LøL, Pat et Yaël me servaient d'écran total, et je l'appréciais. Avec mon frère, je pouvais me concentrer sur la création, dans l'ombre la plus opaque ; eux écoulaient la came ! Nous devenions une équipe de faussaires où chacun avait son rôle à tenir et connaissait le prix de la discrétion à respecter ; et la bonne nouvelle pour ce *business* florissant, c'est que le marché asiatique s'ouvrait : les clients japonais et chinois en redemandaient…

20.
Ma période japonaise
[1999]

En 1999, je pars seul pour le Japon. J'ignore tout de ce pays. Une seule certitude : sa littérature – son théâtre en particulier – et surtout son cinéma me fascinent. Avec moi, j'apporte trois Picasso (des huiles sur toile des années 1930 à 1942), une trentaine de dessins de César et deux compressions de laque pour cheveux. Au préalable, j'ai envoyé par courriel à mes prospects les photos des œuvres, leur format et leur prix. En échange, j'ai reçu une offre intéressante de la Nippon Art Exchange Gallery, et j'ai décidé, pour cette fois, de me passer d'un intermédiaire. Rendez-vous est pris à l'hôtel Island Shangri-La pour finaliser la transaction, après les vérifications habituelles sur l'authenticité et la provenance.

Je déclare aux douanes que ces pièces appartiennent à une de mes sociétés. Tous les César sont certifiés par la veuve de l'artiste. Les Picasso font partie de ma collection et sont tous vrais – je les avais achetés avec une partie des fonds de Tel-Aviv. L'argent de cette transaction a été transféré d'une banque japonaise à la Fortis Bank de Bruxelles, sur le compte d'une de mes sociétés.

Une fois à l'hôtel, les négociations s'engagent. Lentement. Saké sur saké, mes acheteurs passent la journée à jouer avec mes nerfs en détournant les conversations, changeant sans cesse de sujet pour tenter de casser les prix. Ils sont malins ! Ils ont le pouvoir et le temps de m'user ; mais les œuvres leur plaisent, je le sens. Ils repartent du Island Shangri-La sans que nous ayons finalisé notre transaction. Rendez-vous est pris pour le lendemain, même heure. J'angoisse à l'idée de tout ce temps encore à perdre pour les supporter. Dans ce commerce de l'art, il faut penser riche, paraître riche, mais sembler pauvre et inculte. En termes d'argent, la confiance est une utopie. Pour le reste, j'aime passer pour un imbécile. Sur cette séance, j'ai conscience d'avoir été scanné de fond en comble. Ma nervosité n'a pas échappé à mes interlocuteurs, qui en ont évidemment profité.

Six heures après la reprise de nos palabres, épuisé et fin saoul à force d'enchaîner les sakés pour me calmer, j'accepte de céder les Picasso pour 850 000 $. Évidemment, cela vaut plus. Ils sont superbes, expertisés et archivés. Ils se seraient vendus cinquante pour cent plus cher en vente publique. Néanmoins, j'ai gagné deux fois et demi mon prix d'achat. Nous nous quittons bons amis (tu parles) et conscients d'avoir conclu un excellent *deal*. Ils demandent si j'en possède d'autres. La vérité, c'est que j'en ai, mais pas pour eux ! Je repars avec mes trente dessins de César – preuve que, décidément, le marché japonais n'est pas prêt pour ce maître – et les deux compressions, mes interlocuteurs n'étant pas intéressés. J'arrive rop tôt. Mettant à profit mon escapade, je prends le pouls de la création japonaise. Je baguenaude dans les galeries d'avant-garde, genre Tamenaga et Art gallery. Je zyeute ce que manigancent les stylistes et dévalise quasiment le *show-room* de Watanabe, en *addict* convulsif de la mode japonaise.

Dans la foulée, je passe de longues heures dans le *corner* de Yohji Yamamoto, mon créateur préféré : à Paris, je suis déjà un client privilégié de cet artiste-architecte au *look* rare. Je craque pour sa dernière collection nippone, puisque Yamamoto ne propose pas les mêmes lignes à Tokyo, Paris ou Londres : chaque pays a ses exclusivités.

Dans les diverses galeries, j'achète des gravures rares d'Hasegawa, le plus grand graveur japonais utilisant la manière noire, très recherché en Europe et aux États-Unis. À mon retour, je les accroche à côté des deux Zao Wou-Ki huiles sur toiles, *ca.* 1950. L'espace nippon de mon *flat*-galerie me sert de refuge, mais je dois admettre l'évidence : je suis entouré d'art et vide de vie !

Pendant mon séjour tokyoïte, Franck a réalisé, dans son atelier, huit nouveaux hommages à Morandi. Ensuite, il a filé à Grasse compresser une cinquantaine d'œuvres césaresques : de vieilles mobylettes bleues des années 1970, de vieux intérieurs de chauffe-eaux trouvés sur place et déjà compressés, ainsi que de petites voitures d'enfant à pédales des années 1950 qu'il avait chinées aux puces de Clignancourt et de Saint-Ouen. Chez un grossiste cannois en matériel de cuisine pour les grands restaurants, il a acheté des louches, chinois, passoires, fouets, couteaux à longues lames… bref tout ce qui peut être compressé. Dans des hypermarchés grassois, il a également acquis des palettes de boîtes de Coca-Cola, en vidant le contenu dans le caniveau. À la casse-recyclage, il a récupéré de vieux bidons en aluminium ayant contenu des bases et essences de parfums. Enfin, il a descendu à Grasse de vieilles montres-bracelets-goussets collectées en grande quantité ; une fois compressées en un prisme parfait, ces antiquités resteraient figées dans un espace temps indéfini, pour l'éternité, indiquant tous les fuseaux horaires, toutes les heures de lumière et d'ombre sur les trente dernières années ! *Fun*, ce temps mélangé, écrasé, stoppé net dans son élan… Mais le *business* ne s'arrête pas à nos ateliers : sachant que nous sommes de gros clients, les brocanteurs nous attendent chaque semaine. Pour nous, ils mettent de côté ce que l'on a l'habitude d'acheter,. Ils ne connaissent pas la finalité de notre entreprise, et se demandent si nous en tirons des bénéfices substantiels, de manière à calculer le prix des pièces que nous leur réglons *cash* sans négocier.

De retour du Japon, ma mission : contrôler le travail de Franck puis signer « César » sur toutes les pièces d'art. Le plus fastidieux, une fois les compressions de boîtes de Coca réalisées ? Passer à la meuleuse de dentiste les codes-barres qui apparaissaient sur le prisme. Prudent, je passe aussi les compressions à l'acide, de manière à atténuer le rouge vif en le délavant afin qu'il soit représentatif des années 1980. Même précaution pour le matériel neuf en aluminium et en inox. Ensuite, et ensuite seulement, je prends les clichés nécessaires aux certificats complaisamment délivrés par la veuve de César grâce à l'intervention de Pat.

J'ai conscience que, à la vitesse où nous mettons sur le marché international nos œuvres, nous risquons de le saturer au point de faire chuter la cote des César, vrais ou faux-vrais. Il faut éviter que les *warnings* ne s'allument. On décide donc de stopper les ventes pour quelques semaines. LøL et Pat sont furieux. Ils veulent profiter du bordel autour de la succession César pour vendre des œuvres et en grande quantité. Méfiant, je préfère patienter ; conciliant, je leur promets qu'ils auront de nouvelles œuvres d'ici peu. Patience et longueur de temps, etc.

21.
Ma période chinoise
[1999]

Un jour, en fin d'après-midi, Yohji m'appelle. Il est en compagnie de Kimiko, une styliste de Shanghai, et d'un certain Koji, attaché à la culture auprès du gouvernement chinois. Je les reçois chez moi sans salamalecs ; je ne suis pas enclin à des civilités sophistiquées.

Kimiko pénètre la première en se déchaussant, un *book* dans ses bras. Elle n'est pas jolie, mais c'est une styliste brillante. Suivent Koji et Yohji qui respectent le même rituel. Je les laisse tous les deux évoluer dans le *flat* pour rester avec Kimiko. Assise à même le sol, elle me montre ses créations stylistiques que je trouve d'une grande banalité. Après quelques remarques sans intérêt, j'essaye de l'orienter vers Shanghai, la création locale, les ouvertures envisageables, etc. Quand les deux autres reviennent vers nous, je les sens plus impressionnés par la quantité d'œuvres qui couvrent mes murs que par leur qualité. Ils ne sont pas plus impressionnés que ça par les pièces entassées les unes contre les autres, au milieu des sculptures de Rodin que j'ai achetées avec l'argent des faux-vrais César, même par d'authentiques dessins et huiles de Picasso des années 1950. Dans le bric-à-brac de ma collection, une quantité impressionnante de César, sculptures et dessins déjà signés par moi, attendaient leur certificat d'authenticité, environnés d'œuvres d'artistes amis, créateurs plasticiens dans la précarité, que je tentais de faire sortir de l'ombre en les achetant sans en discuter le prix.

Ces œuvres d'inconnus étaient posées çà et là un peu parce que je n'avais pas d'autre place, beaucoup pour qu'elles soient vues par les professionnels de l'art qui me rendaient visite. Inspectant ce maelström, Kimiko a pris dans ses mains *Le Lapin* de Jeff Koons en aluminium chromé, une pièce que j'ai obtenu contre dix compressions de César non authentifiées... et que je ne vendrai jamais. À cette époque, il vaut déjà deux millions de dollars !

Ni Kimiko, ni Yohji, ni Koji ne sont choqués à la vue de mes deux sculptures *trash*-porno de Jake et Dinos Chapman, achetées à la galerie Saatchi de Londres. Pourtant, une des sculptures représente des quadruplés reliés par la tête. Dans le haut de ces têtes, tournées chacune vers une direction différente, est creusé un anus commun, sûrement destiné à évacuer leurs mauvaises pensées et l'horreur de cette vie. Mes amis asiatiques ont trouvé cette œuvre géniale.

La seconde sculpture des Chapman représente encore un enfant, toujours dans la même matière, toujours avec un maquillage outrancier, le regard fixe halluciné et prolongé par de longs faux cils. À la différence des quadricéphales, il est pourvu d'une perruque longue, noire et ondulée qui lui tombait sur les épaules, androgyne – look. Ses bras et son buste sont revêtus d'un T-shirt à manches courtes portant l'inscription « no sex ». Ses pieds recouverts de chaussettes Nike étaient aussi chaussés de petites Nike noires ; son *short*, descendu, découvrait un sexe de femme d'où émerge un sexe de garçon turgescent. Cette sculpture si simple m'éblouit. Le concept, l'allégorie, le *no-sex*, l'autosuffisance sont exprimées avec un réalisme sophistiqué et cru ! Mes visiteurs s'intéressent à ma collection de photos d'Araki – ses nus en noir et blanc, épilés, attachés, *bondage* – et à mes tirages originaux de Newton, en l'espèce les photos de deux bimbos nues s'éclatant à l'arrière d'une limousine. En revanche, pas d'intérêt pour la photo, pourtant prise par Annie Leibovitz, immortalisant Mick Jagger en plein concert, transpirant, sautant, buste nu sur scène. Pas plus de passion pour les autres photos, même celle de Mapplethorpe, tirage unique en noir et blanc sur papier traité au platine, qui représente un Noir nu, accroupi, la tête dans ses genoux découvrant son crâne rasé. Ce cliché, pris à contre-jour, laisse apparaître son sexe pendant, énorme et long, touchant presque le sol, fantasme reptilien d'un boa entre les jambes.

Mes visiteurs sont surtout intéressés par mes Zao Wou-Ki ainsi que par huit estampes rarissimes du maître nippon Hasegawa, dont les fameuses « manières noires », œuvres de différentes périodes que j'ai rapportées de

Tokyo et que je possède depuis pas mal de temps. Nous négocions à la japonaise, laissant le temps au temps.

Koji et Kimiko n'en peuvent plus : ils restent scotchés devant les Araki. Ces plaisirs torturés et décadents sont incompréhensibles pour les *Frenchy* non-avertis. Heureusement, les Asiatiques, libérés de notre puritanisme européo-américain, ont une autre ouverture sur l'amour, la vie, le sexe. Depuis Mishima, l'art nippon n'a cessé d'avancer sans tabous et, bien avant lui, l'ancestral *sex attitude*. N'empêche, il est hors de question que je cède mes Araki ; j'avais traqué sans cesse les diverses expositions où j'achetais les plus *hard* donc les plus représentatives photos du maître Araki illustrant l'intouchable, le rare, *explosive-chronique-sex*. Après longue réflexion, Yohji, me propose d'échanger quelques-unes de mes œuvres contre certaines des siennes, entre-aperçues lors de la réception *after* défilé qu'il a donnée chez lui. Il sait que, tout comme lui, je suis attaché aux pièces que je possède. Du mieux qu'il peut, il me signifie l'intérêt qu'il porte à deux Hasegawa d'anthologie, deux très grands et récents Zao Wou-Ki… et un Picasso des années 1950, huile sur toile post-cubiste fausse mais répertoriée vraie. Je ne veux pas lui vendre cette création. Mais, en fait, tout ou presque l'intéresse. En effet, il veut aussi un des deux Chapman et deux sculptures de César fraîchement compressées par Franck, représentant des prismes de tubulures de robinetteries entremêlées, très graphiques, en cuivre.

Je ne veux avouer que rien ne m'intéresse dans sa collection. Donc je propose de lui vendre un très grand

Zao Wou-Ki pour 500 000 $, d'autant que je n'ai pas la place de l'accrocher décemment. Dans la foulée, j'accepte de lui céder les deux gravures d'Hasegawa des années 1930 contre 45 000 $, ainsi que les deux César pour 50 000 $, dont je promets les certificats sous 48 heures. Négociateur avisé, il me propose 550 000 $ pour le tout, 60 % par virement bancaire sur mon compte société à Bruxelles et un avoir de 40 % en achat sur ses créations, en avant-première. Il se fera livrer les œuvres directement à Tokyo par Chenus, spécialiste du transport d'œuvres d'art. Je sais que je regretterai mon grand Zao Wou-Ki de 1987 : il exprime la force, la finesse des couleurs rouges, vertes, bleues, jaunes, espaces blancs étoile, impressions noires, taches fouettées, gestuellement jetées à distance par son geste puissant. Quel geste éclatant ! Abstraction réaliste de son univers intérieur, intuitive, expression spontanée du plus grand artiste contemporain chinois vivant et travaillant à Paris depuis quatre ou cinq décennies. Mais l'art doit circuler, le plaisir aussi.

Je suis surpris par cette boulimie pour l'art plastique chez Yohji. Je ne le connais qu'à travers son œuvre de styliste et ses visions conceptuelles avancées. Je resterai malgré tout fidèle aussi à Junya Watanabe donc à « Comme des garçons ».

Koji et Kimiko patiente pendant que Yohji et moi négocions. Après quoi, ils me font une proposition pour le moins plaisante. Ils cherchent un commissaire d'exposition pour promouvoir de jeunes artistes chinois résidant surtout à Shanghai. Il leur faut quelqu'un capable de

La face cachée du marché de l'art

présenter ces inconnus au monde occidental. Moi, par exemple. L'ouverture d'un pays comme la Chine passant en premier par sa culture, le reste suivra. Leur projet est de faire sortir de l'anonymat total ses créateurs, de les cibler, de définir les différents courants artistiques et de les faire tourner dans des expositions internationales. Au programme : rédaction d'ouvrages, médiatisation et communication avec les médias spécialisés. Sacrée proposition !

Rentrés chez eux, Koji et Kimiko m'expédient de Chine et de Shanghai quantité d'éléments. Je me prépare à partir une fois réglés mes soucis de *business* actuels : je veux arriver en toute liberté d'action.

22.
Ma période LøL
[1999]

Jean-Charles Villa m'invite dans son appartement rue des Petits-Champs, où il habite avec Pamela Anglade, l'ex-femme du comédien. Pat est là aussi. LøL veut me montrer un « Hommage à Morandi ». Sur un panneau blanchi, comme ceux que Franck fait, il a collé verticalement deux cafetières en émail, une verte et une rouge, après les avoir écrasées et avoir réparti les émaux sur le fond. Mon verdict est formel : ce truc n'a rien à voir avec un César. Le fond est trop blanc ; les couleurs d'émail ne sont pas mélangées, créant une ligne de démarcation entre les deux cafetières. Si encore elles avaient été faites sur deux panneaux séparés, on aurait été moins loin du compte ! Je suis atterré. Ce mec n'a aucun talent et risque de mettre en vente des œuvres qui déshonorent l'esprit du maître. Il me demande d'imiter la signature de César car il ne sait pas la faire. Il me promet que cette œuvre servira juste à décorer son appartement. Je lui explique que, même signée, cette chose est invendable. Si jamais il tente quand même sa chance, il nous flingue. Ces précautions posées, contre mon gré, je signe cette cochonnerie que je n'aurais pas voulue chez moi et qui aurait eu meilleur compte de s'appeler *Déshommage à Morandi*.

Après quoi, LøL me règle la cinquantaine de compressions et les huit « Hommage à Morandi » – parfaitement césaresques, eux – que Franck a réalisés quelques semaines plus tôt, au pays saturé d'odeurs insupportables où les magiciens transforment la ferraille en œuvre d'art, puis nos comptes en or. Pour ma part, je propose de vendre quinze autres compressions et huit nouveaux « Hommage à Morandi », appliquant la stratégie du goutte-à-goutte. Pas question d'annoncer à Pat et à mon hôte combien nous avons d'œuvres semblables en réserve. Ils auraient souhaité commercialiser aussitôt la totalité des œuvres ! J'exige, pour l'ensemble des œuvres, l'équivalent de 300 000 € pour les compressions et de 80 000 € pour les huit « Hommage à Morandi », – une belle somme pour ces œuvres qui nous reviennent à 4 500 € transport inclus.

Sur les 380 000 € que je demande, mes revendeurs me proposent 300 000 : leur marge bénéficiaire est trop serrée, les risques sont grands, etc. Je joue les ulcérés et les laisse croire que nous risquons de ne pas conclure cette affaire. À la japonaise, je laisse la négociation traîner. J'ai l'intuition qu'il ne faut pas les laisser prendre l'ascendant sur mon frère et moi, ni leur permettre de déprécier notre travail en le négociant si bas. En prime, je cherche à les faire douter, au cas où ils penseraient être les seuls à vendre nos créations. Ces naïfs ne connaissent ni mon *background*, ni mon talent à convaincre les plus gros collectionneurs à m'acheter ou m'échanger mes César contre de vraies œuvres du *pop artist* Tom Wesselmann ou d'Arman, par exemple. Je les laisse mijoter en mode vibreur, puis je sors le jeu du mec coincé. J'accepte donc leur offre à condition d'être réglé dans les quarante-huit heures et en *cash*. Je leur remettrai les œuvres le jour du règlement.

Deux jours ne se sont pas écoulés quand LøL sonne à ma porte. Il est accompagné de Pat et de déménageurs pour emporter les pièces dans un petit camion. Il me remet la somme convenue en billets. Pat et les ouvriers de l'art se chargent d'emballer mes César. Dans mon for intérieur, je ris de voir avec quelle délicatesse ils les manipulent, comme s'ils avaient entre les mains les fragiles *Nymphéas* de Monet, alors que ces objets ont été compressés sous des dizaines de tonnes et ne risquent pas de se briser !

Pourtant, une mauvaise surprise attend mes complices. En effet, je profite de cet échange pour préciser à LøL que j'arrête, pour un moment indéterminé, la vente des César. Mon argument : au train où nous le nourrissons, les marchés français et européen sont en passe d'être saturés. Quand il me demande ce qui me laisse penser ça, je lui explique que je vois un peu partout les œuvres que je leur ai vendues – dans les galeries de la rue de Seine, dans celles de l'avenue Matignon, dans les catalogues de ventes publiques, et même sur les pages web d'une galerie située en Flandre. J'ajoute que les prix que j'ai notés sont six fois supérieurs en moyenne à ceux auxquels je leur ai vendu. LøL et Pat ont l'air vaguement contrarié, sans plus. Étrange !

Franck convoie l'argent en train jusqu'à Genève. Avant d'ouvrir un compte à l'UBS, il crée une société *via* une fiduciaire. Dans la Financial Art Exchange, ni mon nom ni celui de mon frère n'apparaissent. Simplement, dans un coffre de cette banque, nous disposons de 99 % des actions de cette nouvelle société. Actions au porteur ! Compte à numéro ! *Security* avant tout ! Cependant, j'ai l'impression de glisser dans une sale spirale. Un traquenard est en train de m'aspirer, je le sens, mais je n'ai plus de repère précis. Tout me paraît flou.

Qu'est-ce que l'espace ? La lumière ? Le *dark* ? La forme ? La beauté ? Le plein ? Le vide ? Le vrai ? Le faux ? L'œuvre et sa limite ? Ces questions se mélangent dans mon esprit. Je me perds à force de vivre dans le triangle amour, sexe et art. Et puis, personne ou presque n'émet de réserves sur cette masse de fausses et de vraies œuvres dont j'inonde le marché international. Alors, pourquoi s'inquiéter ?

23.
Ma période *clash*
[Fin 1999]

Fin 1999, on ne parle que de ça : le passage du franc à l'euro. *One-shot* mémorable et sacré casse-tête pour le milieu de l'art ! Des millions de francs en *cash* plus les bénéfices faramineux que les galeristes engrangeaient semblent à l'abri des (pas très fins) limiers du fisc !

Certaines galeries sont financées par des voyous, des propriétaires occultes de boîtes de nuit ou de cercles de jeux, des braqueurs, des grossistes en colombienne pure, des pros du racket et des macs. Ces gangs remettent des fortunes en millions de francs, en *cash*, au galeriste qui s'occupe de blanchir cette manne en nous achetant des œuvres d'art qu'il revend avec de gros bénéfices. Acteurs de ce jeu de dupes, nous blanchissons à notre tour tout ce fric, ce qui évite aux détenteurs de ces fortunes criminelles d'aller à la Banque de France, en 2002, pour les changer par conteneurs. C'est nous qui faisons disparaître le pognon à l'étranger, dans nos *paradises*.

Pas étonnant que certains « investisseurs » mettent à disposition de quelques artistes un ou deux millions en *cash* pour leurs prochaines œuvres !

La proximité de ce passage à l'euro explique pour partie l'empressement des acheteurs à s'offrir nos César, payés *cash* et emportés directement depuis mon *flat*-galerie. Ainsi, je me retrouve au cœur de la magouille. Personne ne veut prendre conscience des risques, même moi. Le jeu est trop profitable. Notre « gang de faussaires », comme nous nommera la presse, lessive à tour de bras : en moins de cinq ans, d'après les flics de la financière, nous avons blanchi l'équivalent de vingt millions d'euros.

Le pic de cette colossale lessiveuse ? La Foire Internationale d'Art Contemporain de Paris – la fameuse FIAC qui, à l'époque, se tenait porte de Versailles. *Dress-code arty* de circonstance, je me rends avec Franck à l'inauguration. Pas une télé, pas un canard spécialisé ne manque à l'appel. Les cameramen se repaissent des centaines de stands ultra fournis en pièces de grands artistes internationaux reconnus, morts ou vivants. J'essaye d'éviter les photos mais m'arrête, coupe de champagne à la main, à quelques stands-clefs, dont celui de la galerie Guy Pieters. Au passage, je retrouve des galeristes de la rue de Seine comme Laurent Strouck et Anne Lettrée. Beaucoup ne savent plus qui je suis.

Sur le stand de Guy Pieters, j'aperçois quantité d'œuvres que Franck et moi avons réalisées quelques mois plus tôt. Elles sont en vente à des prix donnant le vertige : l'équivalent de 150 000 € pour un « Hommage à Morandi » (il y en a douze sur le stand !), l'équivalent de 100 000 à 400 000 € pour nos compressions ! Je suis en lévitation, mais Franck est blanc-vert de rage. Il vient de voir d'autres œuvres moins césaresques que les nôtres, et à des prix équivalents. À mon tour, j'observe l'étal. Moi qui connais par cœur l'œuvre de César, l'évidence me saute aux yeux : il n'y en a pas une que le maître ait réalisée, et… Mes yeux se dessillent. LøL a bien mis en vente le *Déshommage à Morandi*, daté « *circa* 1970 » et certifié par l'atelier César. On peut s'offrir cet immondice pour l'équivalent de 45 000 €, sur le stand de la galerie Pieters ! La fourberie de mon acolyte m'atteint au plus profond de mon être. Cette œuvre ratée se retrouve aux cimaises de la plus importante galerie d'Europe s'occupant de *pop art* et du Nouveau réalisme ! Délire total !

J'appelle un taxi et emmène Franck, aussi écœuré que moi. Direction rue des Petits Champs. J'annonce à Pamela que nous sommes dans les parages. Elle m'invite à passer mais précise qu'elle est seule. Je demande quand même au chauffeur d'aller au 91, rue Saint-Honoré ; je prends mon colt 11,43 de 1921 ; j'approvisionne le chargeur ; et, dans le taxi, je sniffe un gramme de coke en un trait-poutre. Je suis boosté.

Pamela, heureuse de me revoir, me pose des tas de questions sur mon « Shanghai *trip* » tout en faisant sa *star* et traçant sur son miroir des traits blancs d'une dizaine de grammes. Nous parlons de tout et surtout de rien. Mon calibre me démange. J'espère l'arrivée de LøL et Pat. Autour de moi, un nombre considérable de faux César, certains encore en chantier, compressions, dessins, pas

finis et pas césaresques pour un sou, et une centaine de
« trucs » en travaux !

Plus de doute, LøL m'a floué dans les grandes
largeurs ! Si on ajoute à ses faux les œuvres sur lesquelles
je travaillais, plus mon stock réservé à LøL et Pat pour un
dispatching parcimonieux, on grillait le marché. Je suis
effaré et peine à réfléchir.

Ma première idée : quand LøL rentre de la FIAC, je lui
colle mon calibre sur la tête et le gratifie de bons coups
de crosse. Pas très constructif, soit, mais je suis fou de
rage. Seul mon goût pour le lucre me pousse à chercher
un plan B. Une bonne correction, quelque justifiée
qu'elle soit, me couperait d'un précieux canal de distribution. Pour éviter ça, je décide de la jouer astucieux.
En attendant l'arrivée du traître, je bois et je sniffe avec
la belle Pamela. Vers minuit, arrivent LøL, démâté, Pat, le
galeriste Laurent Strouck et un certain Christian Martin.
Martin était photographe-journaliste à *L'Auto-Journal* et,
surtout, ami avec Stéphanie Busuttil.

LøL blêmit en nous voyant, Pam, Franck et moi, en
apparence tranquilles et détendus par le champagne.
Bouche bée, les faux frères comprennent qu'ils sont
découverts. Leurs mensonges, tricheries et trahi-
sons s'étalent sous nos yeux. Quand LøL parvient à
se composer un sourire factice de convivialité et de
bonheur, j'attaque.

— Bravo, mec ! Tu te lances en solo. T'as même
pas l'honnêteté de m'en parler, c'est classe. Dis-moi,
comment t'arrives à vendre tes merdes ? Sinon, tu veux
nous envoyer en taule, c'est ça ?

LøL rit jaune *dark*. Il se lance dans une explication aussi vaseuse qu'emberlificotée : en gros, il est harcelé par toutes les galeries de France ; sa vie est dispendieuse à outrance, malgré les dizaines de millions gagnés grâce à moi ; en plus, comme je suis parti à l'étranger, il a fallu qu'il me remplace, il ne pouvait pas s'arrêter parce que je testais le marché asiatique ; et puis, ce n'était quand même pas moi qui allais lui reprocher d'avoir copié le talent d'un autre – en l'espèce, mon talent de faussaire ! Même si tout n'est pas faux, j'interromps ses justifications avec colère :

— Arrête, veux-tu ? Ce que t'as fait, c'est pas correct, déjà. Et, surtout, ton travail, c'est de la merde !

LøL pâlit à peine et hausse les épaules :

— On s'en fout. Avec Pat, tout est authentifié, alors…

Pat, Strouck et Martin ne mouftent pas.

— Bon, LøL, je vais pas noyer le poisson : on va un peu changer notre façon de fonctionner. On va traiter le marché en parallèle. On échange les infos pour ne pas travailler sur les mêmes clients ; Pat nous obtient les expertises nécessaires ; et, pour que le marché ne s'écroule pas, je vais t'apprendre à faire des trucs un peu plus dignes.

Nous tombons d'accord.

Cette stratégie était la plus intelligente. Pas question de laisser ce mec hors de contrôle. Il est dans mon intérêt de l'obliger à être au top. Des millions sont en jeu, et à la portée de nos comptes en banque. LøL l'a bien compris, et notre association est repartie sur des bases saines. Seule question en suspens : quel rôle joue Pat pour être aussi proche de Stéphanie Busuttil, de l'atelier César et d'Alain-Dominique Perrin ? Soit c'est un très grand ami de la veuve, et elle est au courant de la combine ; soit elle est assez sotte pour qu'il la berne et lui fasse signer ses papiers entre deux tasses de thé. Une chose est sûre : il gagne beaucoup d'argent, grâce à nous mais pas seulement : dans sa maison à deux pas de Matignon, au fond d'une allée ultraprotégée, il vend toutes sortes d'artistes très connus.

Ce jour de 1999, nous nous quittons au petit matin. En évitant de faire un esclandre, nous avons été malins. Le réseau est réorganisé. À présent, il faut en profiter. Il est temps que l'argent rentre par palettes, pour nous et pour les autres : grâce à notre *business*, nous enrichissons les riches et lavons l'argent sale. Qui s'en plaindrait, et de quoi ? Nous ne sommes pas des escrocs, mais de riches artistes avec de gros besoins pécuniaires. Rien de répréhensible, que je sache !

24.
Ma période *cash*
[2000]

Soucieux d'éviter que le marché continue d'être souillé par des faux grossiers, je fais de LøL mon « élève », comme il le dira lui-même aux flics. Je l'emmène visiter les musées et les galeries qui exposent du Nouveau réalisme et surtout de vraies œuvres de César. Je le force à acheter tout ce que l'on peut trouver comme catalogues d'expositions et de ventes publiques concernant le maître. Je lui donne le contact d'acheteurs à Saint-Paul, Paris et Londres. Je lui fournis des provenances invérifiables pour qu'il crédibilise ses César en prétendant qu'ils sont issus de telle ou telle collection privée ayant existé – je ne me lèse pas, j'en connais beaucoup !

Je le pousse à prendre en photo des œuvres dans les galeries afin de pouvoir observer les signatures en zoomant dessus. Je lui enseigne l'importance de mesurer les formats et de faire attention aux datations. Je lui obtiens une carte spéciale de chercheur en art, indispensable pour pénétrer les salles sécurisées et les réserves. Je lui fais découvrir l'intérêt d'enquêter, d'étudier toute sorte de documents comme les lettres manuscrites des maîtres. Je lui montre les différentes techniques de dessin de César, relativement stables des années 1960 jusqu'à sa mort.

Tous les jours ou presque, nous allons à la bibliothèque Richelieu, près de chez lui. Il prend des palanquées de notes. Je l'attire dans les réserves très privées de la bibliothèque François Mitterrand pour qu'il y découvre le plus possible d'éléments sur César. C'est ainsi que nous trouvons, dans de vieux catalogues d'expositions, des provenances que moi-même je ne connaissais pas. De telles découvertes sont doublement précieuses : impossibilité de remonter jusqu'à ces collectionneurs en personne, et traçabilité indiscutable au cas où le collectionneur poserait trop de questions sur les provenances avant d'aligner ses millions ! Il faut être pointu et devancer les questions obligées. Bref, LøL comprend qu'il ne peut être faussaire à moitié. Il saisit qu'il ne doit même pas viser la perfection : il doit l'atteindre.

Tant qu'à jouer les rats de musée, nous ne nous arrêtons pas que sur les œuvres de César. Nous passons en revue le cabinet des dessins et des estampes du Louvre, où j'ai mes entrées grâce à une petite chérie restauratrice d'art. Nous explorons les œuvres de Miró, Klein, Chagall, Modigliani, Fernand Léger, Basquiat, Robert Combas, d'Arman, de Warhol, multipliant notes et photos. Le *week-end*, forts de ces informations scrupuleusement classées, nous allons, ensemble ou chacun de son côté, le week-end, nous fournir en objets pouvant servir à nos futures créations.

Aux puces de Saint-Ouen et de Clignancourt, ainsi que les brocanteurs à qui, depuis des années, Franck et moi achetons de vieilles toiles-croûtes qui, une fois grattées, décapées de leurs sujets innommables, peuvent servir à peindre des Modigliani et des Léger. LøL s'y essayera jusqu'à obtenir des résultats spectaculaires. Il vendra notamment un Modigliani fait à base de goudron pour le noir, un *Portrait de femme au long cou* daté du début du vingtième siècle. Bénéfice : l'équivalent de trois millions d'euros, généreusement fournis par un sénateur parisien. J'indique aussi à LøL la presse de Gennevilliers où César travaillait, ce qui lui permet de sévir presque en continu. Dans les semaines qui suivent, au hasard des galeries parisiennes, j'aperçois côte à côte les œuvres des deux périodes de LøL, la période nulle et la période parfaite !

Au moins un homme s'est vite réjoui de notre double créativité : Laurent Strouck. Il nous connaît bien, LøL et moi ; et la réalité de notre activité ne lui a pas échappé… au contraire ! L'énergumène a des millions à investir. Aussi peut-il, dans la même journée, acheter à LøL l'équivalent de 300 000 € d'œuvres, puis débarouler dans mon *flat* faire une razzia sur ce que je viens à peine de faire compresser à Grasse. Dès que je l'appelle, il arrive avec du *cash* et sa très belle femme.

Son rêve : avoir l'exclusivité des œuvres que LøL et moi créons. On peut toujours rêver…

Nous organisons des dîners privés dans son 350 m^2 avenue Georges V. Je viens accompagné de mes *girls-loveuses-chics* ; LøL débarque avec Pamela la fabuleuse. Pendant le dîner, nous jouons avec Laurent. LøL et moi avons apporté des centaines de dessins de César authentifiés. Laurent nous présente trois sacs remplis de billets et nous intime de choisir. L'un contient l'équivalent de 100 000 €, le deuxième 200 000 et le dernier 400 000. En échange, quel que soit le sac sur lequel nous tomberons, Laurent gardera tout ce que nous avons apporté « de César ». Quel délire ! J'ai l'impression que nous sommes tous riches à gogo. L'argent n'a plus d'importance. Ce qui nous excite, c'est de jouer, même plus de gagner ou de perdre. Le jeu commence quand nous sommes entamés au Chablis et autres alcools, sans oublier nos traits de poudre. LøL prend un sac ; je choisis le mien ; Laurent met la main sur les œuvres. Nous décidons de n'ouvrir ces pochettes surprises que tard dans la nuit. LøL n'a récolté que l'équivalent de 100 000 €. Cela le fait rire car la somme représente au moins dix fois la valeur de base des faux-vrais. Je prends le mien – bingo, 400 000 ! Dans tous les cas, nous étions trois gagnants. Nous en étions là ! Si César voyait ça d'en haut, rirait-il ? Peut-être que oui, connaissant son humour...

Mes acheteurs individuels, eux, transportent le *cash* dans des sacs de supérette floqués « Leader Price » ou « Ed l'épicier ». Ils s'arment de colt 357 Magnum. Me livrant les billets de nuit en quantité importante, ils ont peur d'être braqués par de petits voyous de rue. Le quartier des Halles, historiquement chaud, n'est pas loin de mon *flat* de la rue Saint-Honoré. Mais soyons sérieux : le coup du sac de plouc est grossier : mes acheteurs suintent le *look* rive gauche par tous leurs pores de leur peau. Ils roulent dans le tout nouveau Mercedes ML 500 AMG, version W163, rien de raccord avec les magasins *cheap* où ils sont censés avoir effectué leurs emplettes !

Quand je reçois les sacs, je dépose la majeure partie sur des comptes *offshore* acceptant l'argent en espèces ; j'en garde une partie en vrac, roulée en boules dans mon appartement, pour les « frais généraux » – frais de bouche, champagnes, vodka, frais de nez, fringues, restos tendances, boîtes ultrachicos, incluant les pourboires énormes aux voituriers et aux vigiles des clubs comme le VIP, la Véranda chez Cathy Guetta, le Queen, le Man Ray, le Matisse, le Barfly, le Nirvana et le Millionnaire. Je vais partout où je peux m'exploser avec mes bimbos et les potes de mon staff de faussaires. Pour nous, l'argent est un sésame autant que, pour d'autres, la célébrité. Il nous ouvre grand les portes de ces endroits *very closed. Hello, jet set!*

LøL, fier de lui et de la qualité nouvelle de son travail de faussaire, m'envoie des courriels pour me défier en me prouvant qu'il est au top et toujours soutenu par Pat. Il me raconte ses réussites, les millions gagnés chaque mois en fabriquant des montagnes de Léger, de César, de Modigliani, d'éponges de Klein ; et il omet de me remercier pour lui avoir donné la clé d'or qui lui a donné accès à ce si profitable marché de l'art parisien.

Il s'épanche sur les soirées qu'il organise à Paris et à Londres : soirées *hype*, vernissages avec ventes de contrefaçons authentifiées et d'œuvres de jeunes artistes comme Erró. Copiant ma stratégie, il investit une partie de ses gains dans une collection de vraies œuvres, singulièrement celles de Combas ou d'artistes de la Figuration narrative. Il revend, il achète, s'entoure de gros collectionneurs qui, eux-mêmes, spéculent sur l'art. Il m'explique que, tout comme moi, il est harcelé par des collectionneurs parisiens – les mêmes que moi – de la rive gauche comme de la rive droite. Dans les *auction houses* de Londres, New York et Paris, il place ses œuvres césaresques, en vente publique. On m'envoie les catalogues de ces grandes institutions, également visibles sur le net. Et moi ? Eh bien, je suis heureux pour lui !

À la vérité, je suis surtout content qu'il inonde le marché en me laissant dans l'ombre. Plus il travaille à l'étranger, loin de Paris, mieux je me porte. J'ai conscience qu'il existe un risque de chute ; mais je suis certain que nous chuterons richissimes. C'est une évidence. Nous avons réalisé et vendu plus de deux mille œuvres authentifiées depuis le décès du maître ès compressions, faisant rugir de joie collectionneurs et marchands d'art. Nous ne sommes pas loin d'avoir atteint une forme de plénitude !

25.
Une période *too much*
[2000]

LøL et Martin, le mec croisé après l'inauguration de la FIAC, s'entendent très bien. Ils ont en commun leur passion pour les bolides italiens. Martin est le gendre du grand portraitiste Francis Giacobetti, lui-même très ami avec César. Giacobetti était le photographe officiel des cosmétiques Shisheido. Très connu, il avait été propriétaire d'une Ferrari 250 California de 1961 avec laquelle il s'était scratché à Neuilly, en 1985. Ayant eu connaissance de cet accident, César lui a proposé de compresser ce qui restait de cette Ferrari de collection – en l'espèce le masque avant avec la calandre, les ailes et le sigle de la *scuderia*. Ce projet ne s'est pas concrétisé. Martin, lui, fournissait à César des voitures de luxe, des Rolls, des Porsche, des Ferrari et des Bentley. César était un amateur de femmes, d'argent et de voitures rares !

Se souvenant de l'accident, LøL et Martin décident de s'occuper de la Ferrari dont seuls trente exemplaires sont sortis de l'usine de Modène. Ce jouet extraordinaire, accidenté et compressé quinze années plus tôt, LøL le découpe au chalumeau. Il conserve le masque avant, le capot, la tubulure des phares, et la calandre avec son logo du cheval cabré. Martin et lui transportent ces deux mètres carrés et demi de métal rouge cabossé, à travers Paris en traînant ce métal d'une centaine de kilos sur les trottoirs puisqu'aucun taxi n'a accepté de charger cette masse sur son toit pour ne pas rayer son pauvre outil de travail.

À bout de fatigue, ils arrivent sur le parking d'un loueur de rouleaux compresseurs. Ils posent, épuisés, leur fardeau en le recouvrant d'une dizaine de couvertures, protégeant cette « chose » sans nom déjà éclatée, comme s'il s'agissait de verreries en cristal Lalique. Ils choisissent un rouleau et le font passer des dizaines de fois sur cette « chose protégée », de manière à l'aplatir complètement et à aplatir la calandre ornée du cheval cabré.

Quelques heures plus tard, après que le rouleau est passé dans tous les sens possibles, ils retirent protections et couvertures. La magie a opéré. Apparaît une œuvre parfaitement réalisée, esthétique, où l'on reconnaît l'avant de cette Ferrari mais tout à plat. Au gré du hasard et des ans, le rouge s'est craquelé et légèrement décollé de l'aluminium. Quand je vois le résultat, je ne peux qu'être admiratif.

LøL et Martin aussi sont satisfaits du résultat de leur travail fastidieux. Leur force, leur détermination et leur idée ont donné une œuvre sublime et très césaresque. L'esprit du maître est respecté. Hommage à toi, César !

Cette fois, c'est par camion qu'ils transportent la carcasse devenue œuvre d'art. Direction : le menuisier. L'artisan découpe un fond de contre-plaqué de trois mètres par deux, fixe des tubulures d'accroche pour installer en relief, sur ce fond préalablement blanchi, le capot rouge où l'on reconnaît distinctement le cheval cabré. Le capot, entièrement aplati, est posé à cinquante centimètres du fond et recouvert de Plexiglas après avoir été signé à la meuleuse : César. Quel chef-d'œuvre !

Stéphanie Busuttil leur délivre le certificat d'authenticité derrière la photo de l'œuvre avec sa description, la date de fabrication antidatée, le tout estampillé du pouce de César, du cachet de l'atelier ainsi que de l'historique de cette œuvre dictée par Martin au staff de César, de manière à étoffer la traçabilité de cette superbe sculpture.

Après m'avoir consulté, LøL décide de vendre sa création à Saint-Paul par l'intermédiaire de la galerie Retelet que je lui ai indiquée. Son but : que Retelet la présente à Michael Schumacher, qui résidait dans les Hauts de Saint-Paul. Aussitôt, j'explique à LøL qu'il se trompe de cible. Connaissant le pilote et son entourage, je lui assure que, à aucun prix, le pilote, aussi superstitieux que talentueux, n'accrocherait une Ferrari compressée sur l'un de ses murs. Il possède une trentaine de Formule 1 de collection, toutes en parfait état, conservées à l'abri des regards dans les sous-sols de sa mégapropriété. Je l'imagine mal se réveiller avant une course avec cette vision cauchemardesque !

La galerie Retelet, sentant déjà les gros bénéfices qu'il va faire sur le dos de LøL, lui remet une avance équivalant à 30 000 € contre la mise en dépôt de cette œuvre magistrale. Retelet est convaincu que tous les collectionneurs d'automobiles d'exception seront de gros clients potentiels. Il met donc en vente sa nouvelle acquisition pour l'équivalent de 450 000 €.

Loin de s'arrêter là, LøL réalise également, sur une vieille peinture récupérée je ne sais où, refaite et décapée, une splendide œuvre huile sur toile, typique de la période américaine de Fernand Léger et, paraît-il, parfaitement exécutée. Il la confie à Pat pour qu'il la vende, ce dont il s'acquitte pour l'équivalent de 600 000 €. L'artiste est réglé en un temps record.

Sauf que, patatras ! Quelques semaines plus tard, à New York, chez Christie's, LøL s'aperçoit que la toile a été vendue au marteau, à un collectionneur russe, 1,5 million d'euros. Le souci ? Pat a déjà touché une commission de 20 % sur les 600 000 € que valait officiellement la pièce.

Moins conciliant que moi, LøL, fou de rage d'avoir été blousé, débarque chez son ami et lui met un calibre Walter PPK 9mm sur la tête. Il exige 400 000 € supplémentaires. Pat, roué de coups, à plat ventre, signe un chèque à LøL qui en profite pour vider ses deux chargeurs dans la verrière de l'atelier-maison, brisant tout et tirant dans les œuvres que Pat avait en dépôt et qui appartenaient à des collectionneurs souhaitant se défaire de leur patrimoine. Pat ne porte pas plainte. Pendant quelques semaines, il est hospitalisé avec de multiples fractures et la bouche défoncée. En miettes, le Pat voleur !

LøL vient me voir, furieux. Je coupe court. Je sors de chez Jean Roch. J'étais au VIP, sur les Champs-Élysées.

J'en reviens avec trois de mes bimbos favorites. Je ne suis pas dans le même trip que mon « élève ». Il est sept heures du matin, je suis plein de bulles et de neige, et je ne pense qu'à la séance de sexe qui s'annonce. Lui, de son côté, est dans son délire. Il veut que je l'aide à incendier la maison de Pat pendant que notre ex-complice râle à l'hôpital. Je l'envoie paître. Ce mec devient fou. Trop de *coke*, trop d'argent, trop d'arrogance. Il part en vrille, je ne pouvais rien pour lui. Il faut qu'il se calme d'abord, mais j'ai honte de son comportement. Christine et moi l'avons introduit dans un monde *hype*, classe et glamour ; lui se révèle incapable de tenir la bride à son instinct animal intolérant à la frustration. Je ne suis pas du genre moraliste, il m'arrive de m'énerver, mais je trouve navrant de persister dans la haine. Ne s'est-il pas assez vengé ? Bon sang, nous ne sommes pas de ces petits braqueurs qui tuent pour rien, ni de ces chiens fous qui se déchirent entre eux ! Je décide de m'éloigner de ce malade, de ne plus le revoir… et de profiter de mes bimbos, non mais !

26.
Ma période flamande
[2001]

Après le passage à tabac de Pat, je veux changer d'air. Je prends contact avec la galerie de Guy Pieters à qui mes ex-compères ont vendu une quantité astronomique de faux César réalisés par Franck et moi. Le type a des ressources illimitées. Il a six galeries, en Europe et à Los Angeles.

À Anvers, il règne sur 2000 m² d'art moderne, de *pop art* et de Nouveau réalisme. C'est un lieu paradisiaque que cette réserve unique des plus grandes œuvres d'art disponibles sur le marché. J'aime y flâner et visiter les salles des coffres blindés de sa réserve.

Une succursale de la boîte est installée à quelques kilomètres de la Modern Art Foundation, à Latem, au bord du lac, au centre d'un village habité par les nouvelles fortunes de Flandres. Ici, la vie semble lascive, passive, protégée, façon village de Barbie et de Ken. Surréaliste ! Cette galerie est dirigée par Guy Priels, qui deviendra notre interlocuteur privilégié lors de nos futures transactions avec Pieters.

Une troisième galerie se trouve à Knokke, proche du paradis flamand des casinos, des milliardaires dont les fortunes se sont faites grâce au diamant, aux nouvelles technologies et au blanchiment d'argent *via* les casinos, en sus des vieilles fortunes institutionnalisées.

Guy Pieters avait entamé sa carrière en ouvrant cette galerie à Knokke ; cinq ans plus tard, il aurait été incarcéré en Belgique pour avoir recelé un faux Magritte. Pas de quoi l'empêcher de créer une galerie plus importante, celle de Latem, où il expose et vend Yves Klein, Arman, Nicky de Saint Phalle qu'il a pu approcher grâce à ses relations dans les milieux financiers, à Roger Niellens, le directeur du casino de Knokke, à Jef Van Turnhout, et à M. Peulof.

L'argent aide à financer les achats d'œuvres d'art et l'ouverture d'autres galeries d'art contemporain. Les œuvres sont achetées en grande quantité. Parmi elles, un nombre incalculable de César, vendus à de riches industriels flamands qui n'hésitent pas à payer plusieurs millions d'euros pour une œuvre qui ne vaut que le dixième. Avec la fortune amassée, Guy Pieters a ouvert une quatrième galerie à Saint-Paul, payée l'équivalent de 1,5 million d'euros ; et il s'est offert une superbe villa de 4,5 millions d'euros, à deux cents mètres de la fondation Maeght. La galerie se trouve dans le triangle d'or de l'art. Elle vend toujours du *pop art*, Warhol, Robert Indiana, Arman, César, des nouveaux réalistes, Sam Francis, etc.

Rendez-vous est pris pour un samedi après-midi. Dans mon cabriolet Mercedes-Benz SL 55 AMG, j'embarque un méli-mélo d'œuvres, incluant des lithos de Picasso et Miró, ainsi que deux compressions signées César mais non authentifiées. En arrivant, je constate que sa galerie contient des œuvres monumentales de Bernard Venet, beaucoup de Klein, d'Alechinsky, de Warhol, de Folon… Il y a quantité de César que j'ai reconnus comme provenant de ma fabrication et qui leur avaient été revendus par Pat et LøL. Tous étaient certifiés. Je compris très vite que toutes les compressions et dessins vendus en France passaient par Anvers.

Parmi mes propositions, il s'arrête sur les compressions.

— Combien en voulez-vous ? me demande-t-il.

— L'équivalent de 100 000 euros chacune.

— Vous avez des certificats ?

— Euh… non, pourquoi ? réponds-je en jouant à l'héritier idiot. Je ne connais pas d'expert. En plus, ces œuvres, je les ai depuis une vingtaine d'années. Je les tiens de Jan Kjerulff, le beau-fils de Helmut Kaiser Kraft, l'industriel !

Le seul nom de feu mon ami Jan semble rassurer le galeriste. Il me propose un chèque. Je refuse. Je veux du *cash*, donc j'argumente :

— À cette heure, plus aucune banque n'est ouverte, et je ne peux pas attendre lundi qu'elle rouvre : je pars ce soir au Danemark !

Le Flamand appelle son secrétaire. Il veut négocier les deux compressions pour l'équivalent de 150 000 €. Je discute un peu, l'air contrarié. Je cède pour 160 000 € et lui signe un reçu quand, surprise, il me demande :

— Dans quelle monnaie voulez-vous être réglé ? Dollars ? Francs suisses ? Francs français ?

Je demande des francs français. Un instant plus tard, le secrétaire apporte la somme en billets neufs. Le galeriste enlève les deux compressions et me précise qu'il est acheteur de *pop art* et de Nouveau réalisme. Puis il retourne au fond de sa galerie. Peu après, j'ai appris qu'il était en deuil : il avait acheté une Ferrari à son fils unique qui s'était tué la veille.

Nous, nous restons faire la fête à Anvers avant d'entamer des allers-retours hebdomadaires entre Paris et Grasse pour alimenter le commerce du Flamand. En travaillant en direct avec Guy Pieters, je n'ai plus besoin de passer par Pat pour authentifier les œuvres. Le Flamand a été proche du maître, il est l'ami de Stéphanie Busuttil et de Denyse Durand-Ruel qui, depuis 1964, s'occupent de l'archivage de l'œuvre anarchique de César. Je vends mes créations sans certificat ni intermédiaire. Je fabrique des centaines de dessins, à raison d'une dizaine par jour, toujours des études de poules et de centaures. J'invente des formats nettement supérieurs à ceux de César qui n'excédaient pas 20x30cm ; les miens atteignent les 100x80cm et sont beaucoup plus convoités !

Aussi bizarre que cela puisse paraître, tous se vendent au jour le jour, pour l'équivalent de 6000 € par dessin remis en espèces. La plupart de ma production va chez Pieters, mais je réserve quelques pièces pour Laurent Strouck. J'ai sans cesse de nouvelles commandes. Je suis obligé d'inventer de nouvelles poules, y compris des poules en rollers et bas résille, même des poules *drag-queen* avec la tête de César. Je pare certaines de plumes tirées de mes oreillers. Comme ça, pour délirer. Pourtant, jamais César, malgré son humour, n'aurait fait cela !

Je récupère de vieilles plaques d'immatriculation d'époque, de vieux jerrycans rouillés ayant contenu de l'essence, de vieilles motocyclettes Honda P50 avec le moteur sur la roue arrière, ainsi que des automobiles dont nous retirons les intérieurs, les pneus, le moteur, les vitres, de manière à ne conserver que les carcasses que l'on compresse à Grasse. Les résultats, le choix des objets sont césaresques. Il ne reste plus qu'à les signer et à les expédier par Air France Cargo, direction rue Saint-Honoré, à Paris. Les œuvres ne stagnent que quelques heures avant d'être envoyées directement en Belgique.

Ayant compris mon manège et le procédé, les ouvriers de la casse fabriquent directement pour moi. Lorsque j'arrive, les compressions sont terminées. Je leur paye les plus belles. Ils en fabriquent encore et encore. Ils me réservent les canettes de jus de fruits en aluminium, les boîtes de Coca-Cola et les bières ; et ils finissent même par s'amuser à créer des compressions pendant que je me tape mes allers-retours entre Paris et Grasse. Il me revient de vieillir le résultat. À aucun moment, un collectionneur très pointu, ultra connaisseur et rendu suspicieux à cause du nombre considérable de sculptures sur le marché international, certifiées, bien sûr, par le staff de Stéphanie Busuttil et par le Flamand, ne décèle la moindre erreur.

Quand j'arrive dans la casse, les ouvriers de l'art, presseurs et compresseurs, nettoient les déchets métalliques restés dans « la presse » ; puis ils enlèvent les graisses et les impuretés. Je peux alors organiser la disposition des objets que je place avec minutie alors que les écrasements sont de plusieurs tonnes. Le hasard fait le reste. Les ouvriers sont bluffés, contents de voir ce cube, prisme parfait qu'il faudra encore et toujours peaufiner pour l'approcher de la vérité du maître.

Je laisse à mes assistants d'énormes pourboires. Souvent, je leur offre les jouets non écrasés, pour leurs enfants ou d'autres objets pour leur famille ; et quand ils ont la drôle d'idée de me poser des questions indiscrètes, je lâche toujours la même réponse : je suis décorateur d'intérieur !

Certains jours, au milieu des camions bourrés de ferrailles à compresser, j'arrive en Mercedes avec le coffre rempli de jouets à détruire. Les jouets-autos s'emboîtent et ressortent entremêlés. De telles sculptures aussi parfaites et équilibrées, je n'en ai jamais vu sur le marché ; je me suis toujours demandé si César aurait pu faire ce genre de compressions. Ce jour-là, j'en extrais trois parallélépipèdes de 50x50x50cm et un de 50x50x20cm. Ils ne nécessitent aucune retouche, à part la signature. Ils stagnent dans mon appartement car je n'ai plus envie de les vendre comme d'habitude. Je les aime. Ces œuvres, je les ai pensées et réalisées. Je me suis amusé à les peaufiner. Surtout, j'ai respecté l'esprit de César. Je sais que le but est de les disperser sur le marché. En général, le lendemain de leur finalisation, elles sont emballées et livrées par UPS directement à mon domicile-atelier-galerie.

Je vends chacune des plus importantes compressions, belles, colorées et ludiques des petites voitures jouets au 1/18e que j'achète neuves par palettes. Je veux des jaunes, des rouges, des noires, et uniquement des petites Ferrari. Quand je livre ma création, j'exige l'équivalent de 100 000 €. Le Flamand ne discute plus le prix. Il se doute que je reviendrai le fournir en exclusivité. Il me paye *cash* et il prend tout. Il se déplace même à Paris pour négocier d'autres affaires qu'il règle, comme de coutume, en espèces et sans facture.

Pour ma collection personnelle, je cache la plus belle de mes réalisations. C'est aussi la plus petite et la plus fine. Je la fais installer sur un socle en Plexiglas noir. Les plus grossières, les plus lourdes, les plus imposantes se vendent mieux. J'ai souvent l'impression que l'œuvre de César se vend moins selon sa beauté qu'au poids et au mètre cube.

Aussitôt que j'ai livré, les autres galeristes, les commissaires-priseurs, les salles de vente comme Sotheby's ou Christie's, et tous les petits poissons intermédiaires, partent à la chasse aux acheteurs fortunés. Les spéculateurs achètent et revendent les œuvres dans la journée sans réellement vérifier quoi que ce soit sur leur authenticité, leur provenance, leur histoire – foin de cette traçabilité importante qui existe entre l'artiste et le vrai collectionneur.

La seule manière de ne pas mourir est de se faire entendre, d'entrer dans l'histoire en laissant l'empreinte d'une idée. Un artiste hors du commun ne vieillit jamais. Il est toujours vivant à travers son œuvre. Les faussaires le rendent prolifique et perpétuent une œuvre que personne ne connaît vraiment. Voilà ce qui me tient : je veux comprendre le discours de l'artiste, continuer à inventer des œuvres qu'il n'a pas fabriquées mais qu'il aurait pu créer. Cette démarche devrait toujours être menée par un amateur d'art éclairé, un expert digne de ce nom, et non un ayant droit qui signe moyennant finances tout ce qui lui est soumis, même ce qu'il sait n'avoir jamais été fait par l'artiste dont il est le plus proche. C'est cela qui est scandaleux et qui rebute un jeune peintre. C'est cela qui est immoral, et non la création de faux. Les vrais faussaires sont des passionnés. Ils visitent les galeries. Ils se frottent aux professionnels non corrompus afin de s'améliorer.

Une fois, j'ai cogné à la porte d'un véritable expert pour un croquis à la plume et à l'encre de Marcel Gromaire. L'expert m'a fait payer quelques centaines d'euros avant de me dire que cette œuvre était fausse pour des raisons que je préfère oublier. Malgré lui, j'ai pris contact avec la Galerie de la Présidence, rue du Faubourg-Saint-Honoré. Lors d'un vernissage, je rencontrai un descendant direct de l'artiste. Après m'avoir donné rendez-vous à son domicile, il m'a dit qu'il s'agissait bien d'une œuvre de Marcel et que le petit enfant qui se trouvait dans la scène du dessin, était lui-même. Je suis reparti avec mon certificat d'authenticité et l'historique passionnant de cette œuvre. Je l'ai toujours dans ma collection. Cela ne m'a coûté que le plaisir d'entendre le son de la vérité, et de voir l'émotion du descendant de Gromaire avec qui je suis resté deux ou trois heures à compulser des livres, admirer des dessins, encres, huiles sur toiles pour en retirer un cours sur cet artiste.

27.
Ma période foireuse
[2001]

Un jour, sachant que je continuais à engranger d'énormes bénéfices, LøL débarque sans prévenir dans mon *flat*-galerie. Sans idée, perdu, il est vide et fatigué d'avoir fait trop de César. La fortune qu'il vient d'amasser ? Flambée. Dès lors, qui sait si la source estampillée « Éric Piedoie Le Tiec » ne pourrait pas lui fournir de nouvelles idées, de nouveaux concepts, voire lui refiler les coordonnées de ses clients ?

Desperate, LøL émet l'idée saugrenue, pas dénuée d'humour mais incompatible avec l'esprit de César, d'acheter de nouveaux objets comme des drapeaux, des trains d'enfant, des rails, des wagons, enfin tout et n'importe quoi, puis d'acheter des colles Araldite, des fonds de panneaux en bois découpés aux bons formats et de la peinture blanche pour les recouvrir au pinceau. Ensuite, on créerait les boîtes en Plexiglas, on signerait César en bas à la mine de plomb, et on vendrait le tout aux galeries et collectionneurs, en kit, à monter soi-même. LøL délire mais avec sérieux ! Convaincu que, si César avait entendu cette idée, il aurait fait compresser mon ex-partenaire, je décline l'offre. Vexé, LøL se casse.

Pas de quoi me désorienter. Avec Franck, nous décidons de nous attaquer à de nouveaux types d'œuvres, sur le modèle de ce que César a fabriqué à la fin de sa vie. En effet, jusqu'à son décès, il s'est entouré d'un staff exécutant ses concepts. Il ne nous reste plus qu'à lister les œuvres que nous n'avons jamais réalisées.

Après quoi, nous fabriquons des *Portraits de compressions*. Pour cela, nous faisons découper des panneaux de bois-latté de 90x110 cm en général, mais aussi d'autres formats. Franck blanchit les panneaux avec de la peinture mate de manière à construire le fond. Sur les trois-quarts de ce fond blanchi et rapidement séché, je dessine, à la mine de plomb, un cube en perspective.

J'ai acheté trois cents boîtes d'allumettes à pipe et de la colle à bois – une colle qui devient transparente en séchant. Le cube tracé, enduit de cette colle magique, je jette toutes les allumettes à l'intérieur de ma perspective, sur plusieurs centimètres d'épaisseur, de façon spontanée, comme l'on jette le Mikado. Les allumettes débordent, donc gomment parfois les traits en mine de plomb. Je veux au moins cinq centimètres d'épaisseur. Je dévalise les tabacs des alentours pour leur acheter toutes leurs boîtes. Les buralistes doivent se demander ce que je manigance !

À défaut de mettre le feu à Paris, je crée des cubes qui sont autant de portraits en trompe-l'œil d'une compression. Les allumettes en vrac sont disposées dans la perspective, les bouts rouges illuminant la composition. Tout est parfait, tout se tient. À l'aérographe, je grise un côté du cube, de manière à révéler le côté ombres et lumière du *Portrait de compression d'allumettes*. Cela lui donne une assise. La perspective prend du volume. Il ne me reste plus qu'à griser à la mine de plomb, à grands coups de traits croisés, la base de cette sculpture pour lui donner une assise virtuelle. Je fixe les milliers de traits de mine de plomb avec de la laque pour cheveu, et j'appose la signature en bas à droite : César, 1987. L'œuvre terminée, je la mets sous un boîtier Plexiglas et j'enchaîne.

Nos nouvelles créations, je les remets au Flamand, lui-même ultra connaisseur du travail de César. En *cash*, sans facture, il me paye le lot pour l'équivalent de 300 000 € avant même l'obtention des certificats, tellement il est certain d'obtenir l'authentification. Plus tard, au fil de mes promenades, j'en retrouve aux cimaises de certaines galeries du Carré rive gauche, de l'avenue Matignon et dans les catalogues de ventes publiques des plus grands commissaires-priseurs de Paris !

Poursuivant ma diversification, j'achète par cinq cents exemplaires des petits drapeaux d'une quinzaine de pays que l'on trouve chez les boutiquiers, en face du Louvre. De la même manière que pour les portraits de compression, je répète la même composition avec les drapeaux. Froissés, collés, superposés, ils forment un portrait similaire. J'ai réduit les formats pour faire une série sur une quinzaine de pays différents. Ainsi, ils peuvent être accrochés les uns à côté des autres, 50x80 cm, montés sous Plexiglas. Je dispose d'une collection homogène de quinze pays. Je vends le tout... sauf l'Italie, le Brésil, le Japon et la Jamaïque dont j'ai aligné les boîtiers horizontalement, sur un mur de mon *flat*-atelier.

Sans surprise, les compressions de drapeaux des onze pays sont dûment authentifiées. Armé des photos de mes créations, Guy Pieters obtient ses numéros d'archive et les certificats du staff César, qu'il colle au dos des panneaux. Ces œuvres sont cédées à un collectionneur qui achète les onze boîtiers pour l'équivalent de 750 000 €. Les bénéfices sont considérables pour le Flamand, qui a la correction de nous remercier chaudement. Je sais qui sont ses acheteurs, mais je ne dis rien, préférant créer dans l'ombre. Je sais aussi que ces œuvres seront remises en vente un peu partout en Europe, à Anvers et dans les grandes foires comme la FIAC. Je m'amuse à les voir reproduites, répertoriées, numérotées, à des prix prohibitifs, dans les catalogues de ces *auction houses* et sur Internet !

Nous fabriquons, sur panneau, des compressions de cafetières en émail de toutes les couleurs. Nous déclinons par centaines ces nouveaux « Hommages à Morandi » signés César. Le *week-end*, à Saint-Cloud, Franck achète en quantité industrielle de vieilles cafetières aux puces. Du coup, nous sommes sûrs d'être constamment approvisionnés. Je réserve même les tailles des cafetières et leurs couleurs en imaginant les mélanges de poudres d'émail et les compositions futures, formant ce que César appelait la grande parade des cafetières, figées dans leur élan pour l'éternité.

Franck adapte parfaitement les mélanges de couleurs, laissant parfois, entre deux cafetières, l'empreinte d'une cafetière manquante, comme si elle s'était évadée du peloton. Disparue, égarée : seul l'émail la détoure. Les nouveaux hommages à Morandi sont composés, selon les formats désirés, de deux à dix cafetières alignées.

Franck en sort quatre à cinq par semaine, parfaitement exécutés, près à être transportés chez le Flamand quand ils ne sont pas dispatchés un peu partout sur la planète *arty*. Les cafetières césaresques et leurs transactions sont aussi serrées que le café qu'elles ont contenu ! Nous les vendons par lots de six à dix à la fois, chaque quinzaine, en priorité à la galerie Pieters, les prix allant, selon les formats, de 30 000 à 100 000 €. Toujours le même scénario : préparation, composition, montage final et vente sans expertise. L'authentification, le Flamand s'en occupe.

Pour les pièces restantes, pas besoin des certificat. Je les vends directement aux mêmes galeries en Europe, aux États-Unis et en Corée. Pas moins de deux cents « Hommages à Morandi » sortent à ces fins de l'atelier de Franck grâce à la complicité du monde de l'art et de l'entourage de l'artiste. Nous exécutons aussi des compressions de paquets de Gauloises, de Marlboro, de bouchons de champagne, ainsi que des portraits de compressions de préservatifs que je commande chez mon pharmacien, qui me les livre par paquets de deux mille. Ainsi, nous réalisons les compressions de préservatifs non déroulés, déballés et, surtout, séchés du gel

La face cachée du marché de l'art

dont ils sont enduits. Sinon, impossible de les coller sur panneau.

Le sol de l'atelier et de l'appartement est recouvert de préservatifs de toutes couleurs, séchant au soleil. Franck fabrique une trentaine de compressions que je finis en les grisant à la mine de plomb et en les signant. À quelques exceptions près, tous sont vendus au Flamand. Quant au tapis de préservatifs, il aurait pu rester sur le sol en décoration, c'était surréaliste et d'avant-garde. *Safe floor*, très protégé !

Malgré notre différend, LøL me harcèle encore. Je sens qu'il veut de nouveau plagier mon travail, me voler les ingrédients, les renseignements sur la fabrication et surtout les signatures. Il cherche à savoir quels sont mes divers acheteurs au Japon, en Italie, en Belgique, en Europe et aux États-Unis, rien que ça.

Il continue à fabriquer de nombreuses œuvres, même si ses interprétations ne sont pas toujours dans l'esprit du maître. Je vais de moins en moins chez lui, uniquement pour constater que nous produisons beaucoup trop d'œuvres… et que Pamela et lui ont des besoins de fous. Cela explique que LøL doive produire et vendre sans arrêt. Ce couple est bien assorti sur le plan *love-sex-trash*, mais le train de vie qu'ils mènent nous met tous en péril. Nos œuvres s'échangent sur les marchés internationaux de façon industrielle et risquent de nous confondre donc de nous mener droit en taule. J'en vois partout : les siennes, les miennes, celles de Franck, en Europe et sur les cimaises des collectionneurs !

LøL a flambé des mètres cubes de billets en peu de temps sans rien reverser à personne. Je pourrais suivre mon instinct animal devant toutes les fois où il a retourné sa veste. Ça me démange, mais ma raison me souffle que la vengeance est une forêt où je risque de me perdre. Mieux vaut le surveiller de loin, le laisser agir et relever pour mémoire les fois où il franchit les lignes blanches du respect, de l'amitié et du reste. Donc souvent, car le bougre en a, des plans foireux ! Un exemple ? Avec son comparse Christian Martin, LøL propose de me vendre des feuilles vierges de grand format, déjà signées César, avec l'empreinte du pouce sur la signature. Je refuse ses offres ; je sais d'où vient cette empreinte ! Je n'ai besoin de personne pour valider le travail que mon frère et moi faisions. Certainement pas de lui.

Je les revois, lui et l'autre parasite, à la soirée donnée par Pamela et LøL. *Dress code* ? Poules et centaures, bien sûr ! Bienvenue aux centaures à plumes, boa autour du cou ! Mes bimbos, en gallinacées perchées sur pilotis Dior, bas résilles et masques vénitiens représentant poule à crêtes rouges, vertes, bustiers transparents, bras recouverts de plumes montées sur des gants en latex vert fluo recouvrant la totalité de leurs bras jusqu'aux épaules, plumes d'autruches roses, rouges, multicolores, fixées dans le laçage des bustiers par le dos réalisés par John Galliano. Les esquisses de César ont donné vie à toute cette faune humaine, délires réussis issus du travail du maître. J'aperçois dans un coin Martin, ce soir-là, sans *dress code* ! Entre deux délires *sex-love* sur David Guetta, *coke* et champagne allumant cet *event* chic « hommage à César », je me retire pour sniffer avec mes trois bimbos gallinacées qui se dénudent dans l'enfer doux des plumes volantes.

Surprise de taille, j'aperçois des centaines de dessins, toujours les mêmes sujets, signés, finis ou en cours de finition, plus ou moins aboutis. Je prends LøL à partie, lui demande, *soft*, de ne pas mettre en vente sur le marché les œuvres ratées. Redevenu très actif, le bougre se remet à bâcler des faux César ! Soucis financiers oblige ! Il m'affirme que toutes les œuvres que j'ai vues ont leurs certificats, sauf celles en cours de réalisation. Je comprends que ces certificats ne viennent pas de Pat mais de Martin.

LøL est en bout de course. Il déshonore le maître du Nouveau réalisme. J'ai l'intuition que LøL arrête de créer des César. Il doit avoir trouvé d'autres sources d'enrichissement. Je m'en fous ! Je me repoudre le nez et fuis LøL pour me retrouver dans un immense poulailler où poules et centaures déplumés s'entremêlent. Mes bimbos étant déjà en action, j'en trouve d'autres pour jouer au sexe. Le son « Guetta », parfait, résonne jusqu'à l'atelier de Karl Lagerfeld qui, non loin de là, téléphone pour venir s'éclater avec nous. Bienvenue, Karl !

28.
Ma période panique
[Juin 2001]

Avec mon amie Anissa, je passe devant la galerie Anne Lettrée. Dans la vitrine, je découvre un nombre considérable de compressions, de dessins et de portraits signés de César, que LøL et Pat ont faits plusieurs mois auparavant. Comme je ne connais pas la galeriste, nous entrons et nous visitons l'expo, en demandant des détails sur les prix, les époques et la rareté des pièces. J'en apprends plus que prévu. Aucune des pièces que j'ai fabriquées ne se trouve dans cette galerie. J'ai immédiatement reconnu le travail grossier des dessins de centaures et de poules, des compressions de petites voitures à l'échelle 1/18 sous Plexiglas, des affreux portraits de compressions de paquets de Marlboro, ainsi que toutes sortes de fausses sculptures qui, me précise Anne Lettrée, « proviennent d'amis ». En réalité, ce sont des restes de la première période de LøL, co-créées avec Pat avant leur séparation. Elles restent invendues… et pour cause : les prix sont astronomiques. Ils vont de l'équivalent de 10 000 € pour un petit dessin, non abouti, juste griffonné, à l'équivalent de 100 000 € pour les compressions. Je repars heureux de n'avoir vu aucun de mes travaux au milieu de ces œuvres infâmes. Anissa et moi courons au Flore nous enivrer et rire de supercheries aussi évidentes.

L'affaire Lettrée ne s'arrête pas là. Apprenant que je connais Arman depuis longtemps, la galeriste m'a demandé si je pouvais lui fournir des sculptures. Elle aussi est une bonne amie de l'artiste. Elle souhaitait organiser une rétrospective de l'artiste mais, quand elle l'a contacté à New York, il lui a répondu qu'il n'avait pas de stock de sculptures à prêter. J'ai tout de suite songé que, comme elle n'expose que des faux César, estampillés LøL et Pat, Arman a dû se rendre compte que cet endroit risque de lui porter préjudice.

Pour je ne sais quelle raison, j'accepte de rendre service à cette galeriste. Je contacte un ami, Sidi, qui me confirme qu'il sait où trouver deux à trois cents œuvres du maître Arman. J'en suis étonné. Il me fournit des photos de qualité professionnelle de toutes ces œuvres qui se trouvent dans sa résidence-atelier à Vence, prêtes à être expédiées en Asie pour une grande rétrospective. Lorsque je présente les photos à la galerie, Anne Lettrée est choquée. Elle entre dans une colère noire : d'après elle, c'est impossible de réunir autant de pièces d'Arman puisque même elle n'y est pas parvenue. Elle m'accuse de la tromper sur la provenance des œuvres. Gêné, je demande à Sidi de bien vouloir lui confirmer l'authenticité des œuvres. Peine perdue, la marchande n'en croit pas un mot.

Il y a de quoi être vexée, en effet ! Toutes les époques de l'œuvre du maître sont réunies. Toujours furieuse, la dame tente de contacter Arman. Il est injoignable, que ce soit à Paris, New York ou Vence. Elle me rend les photos en me disant qu'il y a un loup. Sans mot dire, je pense : « Avec la meute de loups qu'il y a dans ta galerie, pas de quoi jouer les offusquées, ma cocotte ! » Je remets les tirages professionnels à Sidi, qui n'en revient pas. Moi, j'ai peur que, à cause de cette affaire, la galeriste n'alerte son mari, flic, ce qui risquerait de nuire à mes entreprises, en cette période trouble.

Immédiatement, je contacte mon entourage, en particulier Christian Martin resté à Paris, à qui je montre ces photos. J'apprends qu'il est aussi une relation d'Arman et qu'il a lui-même réalisé toutes les photos des œuvres, avant que le maître ne les prépare, ne les fasse emballer et assurer pour un transport en Asie. Les photos devaient servir pour le catalogue raisonné de l'exposition à venir. Le monde de l'art est minuscule !

Pas rebuté par cet épisode saugrenu, Sidi m'introduit à la présidence de la Chambre de commerce arabe, rue de Presbourg, dans le huitième arrondissement parisien. Il veut me montrer quantité d'œuvres que des collectionneurs saoudiens souhaitent vendre. Sur place, je suis présenté à Lofti Velhassimii, l'ancien propriétaire d'Air Liberté et d'une partie du Fouquet's, grand amateur d'art. Il souhaite se renflouer en vendant des œuvres impressionnistes et modernes.

Parmi les Matisse, les Monet, les Picasso accrochés partout, quelle n'est pas ma surprise de voir aussi en vente une cinquantaine de César ! Ces faux médiocres sont tous de la main de LøL. Je suis pris d'une envie de rire irrépressible, compulsive et consternante. La crise passée, je décline la proposition d'achat des César *made by* LøL et Pat. J'achète quatre dessins rehaussés à la gouache de Picasso, répertoriés, accompagnés de leur historique et surtout de leur certificat d'authenticité, pour l'équivalent de 150 000 €. Je passe un ordre de virement directement par téléphone, de mon compte société à Bruxelles vers le compte *offshore* du célèbre vendeur désargenté. Après avoir laissé sa commission de 10 % à Sidi, je lui parle des César qu'il cherche à fourguer. En réalité, je comprends qu'il était au courant et voulait me flouer. Le bougre attendait que je teste la qualité des Césars, afin de savoir s'il pourrait les vendre ailleurs. La race humaine ne m'inspire que du dégoût, quand une trahison dévoie l'amitié. J'oublie ce type définitivement. Enfin, presque : je le reverrai plus tard en garde à vue où il resta libre et non inculpé.

Malgré le sentiment trouble que nous courons à notre perte, je continue de travailler avec Franck, mon magicien de frère. Dans le cadre sécurisé de son atelier, à l'abri des regards éventuels de flicaillons, il réalise des portraits de compressions de timbres que j'achète par paquet de vingt mille, en vrac, rue Drouot. Les œuvres terminées, nous les apportons directement en Flandres, à la galerie de l'un des directeurs artistiques de la galerie de Latem, Guy Priels. Nous partons les livrer avec ma fusée, à 300 km/h, ou en train de nuit. Nous abattons nos dernières cartes…

Sur commande de Pat, Franck s'attèle à quatre séries de cafetières écrasées et montées sur panneau. Une fois le travail fini, je m'aperçois que, en aidant mon frère, je reporte sur lui la pression de Pat. Malgré tout, nous réalisons dans un laps de temps ultra rapide ces quatre pièces. Trois sont montrables et négociées l'équivalent de 55 000 € pièce. La quatrième, c'est moi qui l'ai ratée. J'ai mal mélangé une colle époxy et les cafetières de la quatrième œuvre ont glissé jusqu'au bas du cadre. Des coulées de colle ont sali la pièce, la rendant invendable à mon goût. Ce ratage augmente le risque d'être repéré. Malgré tout, Pat insiste pour voir la pièce décollée. Il faut la refaire intégralement. Il la prend néanmoins, nous promettant de la faire restaurer par une de ses magiciennes du Louvre. En effet, un mois plus tard, mon erreur infâme a repris une allure césaresque ; et la pièce nous est réglée comme les autres. Nous percevons l'équivalent de 250 000 €.

Cette fois, je décide d'arrêter de travailler avec cette mafia de fous et de marchands sans scrupules. Je me tourne directement vers les grandes maisons de vente publique dans le nord de l'Europe, à Londres et aux États-Unis. Pat me harcèle au téléphone. Il a le sentiment que la mine d'or Piedoie Le Tiec lui échappe. Comme je reste campé sur ma position, il passe au chantage et me menace : si je cesse de travailler avec lui et qu'il a des problèmes, il se retournera contre moi et balancera tout. Je lui rappelle que je suis au courant de ses relations avec l'héritière de César et la fondation Cartier. En d'autres termes, qu'il ne joue pas à ça avec moi : il tomberait, et ses amis avec lui. Plus jamais je ne l'ai revu ni ne l'ai entendu pleurnicher, mais mon intuition se confirme : la période sent la panique !

29.
Ma période *crash test*
[Juillet 2001]

En juillet 2001, Christian Martin m'apprend que, depuis le début de l'affaire César, il a mis à profit ses relations pour aider LøL à obtenir ses certificats. Jamais LøL n'a eu une quelconque reconnaissance financière pour lui. Alors, il me propose de me vendre le tampon du pouce de César pour l'équivalent de 5000 €. Il a aussi le tampon de l'École nationale des beaux-arts de Paris que César, puis Stéphanie Busuttil, apposaient au dos des photos des œuvres que LøL et moi-même fabriquions. Évidemment, je refuse cette offre mais, comme il me fait pitié, je lui propose de m'aider à monter une exposition aux États-Unis. Il accepte immédiatement. Il sait que je suis droit en affaires. Aucun risque que je le floue, moi.

Il nous manque du matériel pour préparer l'expo américaine. Dans ma collection, j'ai de vrais César de provenance indiscutable, dont une voiture à pédales d'enfant, une petite Ferrari des années 50 qui avait appartenu à Richard Fulton lorsqu'il était enfant. Richard avait demandé à César de compresser la voiture d'enfant sur mes conseils, dans le but de la vendre pour se payer ses vices-addictions. J'étais présent lors de l'écrasement du jouet, et j'ai racheté la compression, avec la photo de César la portant dans les bras, l'air satisfait de son travail.

Lorsque Martin voit cette pièce intimiste dans mon appartement, il me propose d'aller acheter une vingtaine de petites voitures aux Puces et chez différents brocanteurs. J'accepte. Nous décidons de remplir un Espace Renault avec ces jouets rouillés mais possédant une âme. À la Samaritaine, nous achetons une centaine de jouets semblables à ceux sur lesquels j'ai déjà travaillé : des autos au 1/18, de vieilles Ferrari, des Mercedes et des Cadillac, une centaine environ. Nous vidons les rayonnages et amenons tous ces jouets à Grasse.

Je descends à la Colombe d'Or avec Martin. Le lendemain, je rends visite à Guy Pieters, lui exposant notre idée d'expo à Miami avec la fabrication d'ouvrages à l'appui. Le Flamand me propose de lui vendre la totalité de la collection alors que nous ne l'avons même pas fabriquée. Il veut l'exposer à Art Paris, au Carrousel du Louvre. Je cède partiellement, et signe un accord de partenariat sur la moitié des œuvres.

Nous nous rendons à la casse Maiarelli, au Plan-de-Grasse, où j'ai mes petites habitudes. Nous passons la journée à compresser les autos à pédales. Le résultat est à la hauteur de mes espérances. Il suffit de retoucher les pièces au marteau, au niveau des angles. Martin se charge de cette opération simple. Le reste est démonté et passé au chalumeau, comme si nous procédions à de mini *crash tests*.

Nous sommes repartis après avoir offert une nouvelle fois des petites autos aux ouvriers pour leurs enfants. La Renault Espace de Martin retourne sur Paris. Moi, je reste quelques jours de plus à la Colombe d'Or avec une amie suédoise, à côtoyer Bono, Rod Stewart et des plasticiens vedettes, et à profiter de la magie des lieux, du climat et de l'ambiance festive de la Côte au cœur de l'été.

30.
Ma période automobile
[11 septembre 2001]

Mon complice Yaël Marciano me retrouve à Grasse début septembre. Il apporte des œuvres de César et de Warhol pour que nous les vendions à Guy Pieters. Il vient surtout pour que nous aidions le Flamand à organiser le vernissage *pop art* de Robert Indiana. Toutes les œuvres sont arrivées au fret à Nice, depuis Boston, et l'exposition est prévue dans la galerie de Saint-Paul de Vence.

Il faut disposer les immenses «Love» dont les ampoules électriques rouges et jaunes clignotent. Nous répartissons les sculptures dans les jardins et à l'intérieur de la galerie, où sont concentrées les toiles. Je glisse quelques idées à Guy, complètement déprimé car Indiana ne peut décoller des États-Unis suite aux attentats terroristes. Notre idée de le faire venir avec le *jet* d'un ami fait long feu : les autorités américaines bloquent tous les décollages, privés et commerciaux. Or, cette exposition lui a coûté plus d'un million de dollars en fret, assurances, grues, camions, etc. Comme huit collectionneurs sur dix sont Américains, il a peur du flop. Je le rassure tant bien que mal en lui disant :

— Ça va cartonner ! Tu exposes les sculptures d'un artiste américain, tu as d'immenses prismes de LOVE, quoi de mieux que d'exposer l'amour ? En période de terrorisme, c'est génial !

En effet, le soir du vernissage, 60 % de l'expo sont vendus. J'ai fait venir toutes mes relations pour que ce vernissage soit *cool* et que, pendant quelques heures, l'on ne pense plus au drame des Twin Towers. L'espace est bondé. Je filme la salle. La magie des œuvres, l'aura des invités et les bulles de champagne me permettent de commencer à réaliser un rêve : interviewer des artistes et des collectionneurs, de surcroît en mode désinhibés.

Le vernissage terminé, nous allons dîner à Cannes. Guy et moi avons réservé une table immense pour mon avocat, mes amis, ainsi que les collectionneurs VIP et les proches du Flamand. La nuit avançant, nous partons pour une autre soirée au Palm Beach de Cannes, jusqu'au lever du jour. Les gendarmes me diront plus tard qu'ils ont essayé de nous suivre en vain. Les voitures banalisées étaient trop lentes, et nous… nous étions très chargés !

De retour à Paris, les autos à pédales compressées et retouchées sont livrées par Martin, ainsi que les jouets brûlés et accidentés, bref, prêts à être collés sur des panneaux de 30x60 cm. Entre mes œuvres person-nelles et celles-ci, il devient presque impossible de se déplacer dans mon appartement. Encore une fois, de l'enfer de la casse, nous avons tiré des César magnifiques. Ne reste plus qu'à les signer, ce que je fais avec ma molette dentaire. Martin se charge de prendre en photo les pièces compressées pour obtenir les certificats d'authenticité et illustrer le livre de l'expo que nous préparons pour Miami. Comme promis, nous vendons une quinzaine d'œuvres à la galerie Pieters de Saint-Paul pour son exposition à Art Paris de la fin du mois. Guy se charge d'obtenir les certificats d'authenticité.

Pour avoir eu, moi aussi, une voiture à pédale quand j'étais enfant, je me souviens des sensations que j'éprouvais à pédaler comme un flou, essayant tant bien que mal de maîtriser ma conduite. J'avais quatre ou cinq ans, et j'étais entré sans le savoir dans la société de consommation de l'art. Conduire me préparait insidieusement à devenir le faussaire de César. Aujourd'hui encore, la vie était tendre. J'avais simplement la flemme de pédaler. Je préférais trouver de bonnes âmes pour me pousser. C'était moi, l'assisté !

Mon imagination travaillait lorsque je regardais ces jouets recyclés en œuvres d'art. Je restais toujours celui qui n'aspire qu'à s'amuser, rire, être heureux et communiquer cette joie aux autres.

Je vends les vingt voitures à pédales compressées à Grasse. Le Flamand veut les exposer dans plusieurs foires internationales. Je connais le prix dû à la rareté de ces œuvres ; nous trouvons un compromis : la somme totale approche l'équivalent de 600 000 €. Il me règle la moitié en espèces, sans facture, et me promet le reste sous deux mois, après les expos, sans deviner que je n'aurai pas le temps d'encaisser le solde, le drame nous couvrant déjà de son ombre.

Martin me surprend en m'apportant cent cinquante petites autos au 1/18 qu'il a stockées dans son garage. Elles ont été réalisées du vivant de César, à l'atelier ; c'est Martin qui a donné à César l'idée de ce type d'œuvre. César en faisait réaliser par des ouvriers vers la fin de sa vie. Nous ne savons pas combien ont été mises sur le marché. Personne ne le sait ! Chaque auto et ses morceaux respectifs après écrasement était remisée dans des sacs distincts. Ces autos éclatées devenaient des œuvres d'art à reconstruire ! Martin, attiré par le profit et la facilité d'exécution, me propose de les réaliser comme les autres. Pourquoi se priver ? Le Flamand rachète tout César, il faut en profiter ! De nouveau, un long travail minutieux de maquettiste m'attend pour obtenir un résultat parfait, équilibré après séchage et mise sous Plexiglas. Pour ne rien arranger, Franck n'est pas à Paris pour m'aider. Esseulé et saoulé, je n'ai pas l'énergie de recommencer à travailler les maquettes à même la moquette. Mais voilà, Guy Pieters est intéressé par une trentaine d'exemplaires ; et les galeristes tant d'Anvers que de Saint-Paul en veulent aussi, à condition que je les réalise le plus rapidement possible, leurs dates d'expo se rapprochant.

Parallèlement, notre expo à Miami se précise. Martin et moi avons de grosses réserves. Ne voulant pas réaliser ces compressions moi-même, je fais appel à un voisin au chômage. Hung, d'origine vietnamienne, avec qui j'entretiens d'excellents rapports, est un amateur d'art. Il ne rate aucune des soirées sans fin que j'organise. Délicat, minutieux et posé, il est l'homme idéal pour s'occuper du montage des petites autos. Je lui donne comme modèles celles que j'ai fait passer chez maîtres Tajan et Cornette de Saint-Cyr et qui sont reproduites dans leur catalogue de vente.

Je lui remets cent cinquante sacs contenant chacun une auto en miettes, à reconstituer de manière à ce que l'effet laisse imaginer un *crash* accidentel.

Je lui fournis les panneaux découpés au bon format, les attaches murales à fixer au dos de chaque œuvre, de quoi coller, peindre les fonds en blanc… et une somme de vingt mille francs pour ce travail à exécuter rapidement.

Hung prend un grand plaisir à réaliser les cent cinquante œuvres. Le résultat est parfait. Comme un enfant, il me montre régulièrement l'œuvre sur laquelle il travaille pour savoir ce que j'en pense, et j'en pense toujours du bien : il travaille sans trace de colle avec une précision, une propreté et un respect non négligeables.

Bien sûr, je ne lui ai pas tout dit quant à la finalité des œuvres, une fois celles-ci terminées, m'en tenant à un vague :

— C'est pour une exposition à Miami, à la mémoire de César…

De toute manière, il s'en fiche. Il est passionné, s'amuse et réussit de sublimes compositions. Ce qu'il fabrique, ce sont simplement les plus belles œuvres de ce type, d'une qualité que je n'ai jamais vue. Avec ce même talent, il crée 150 pièces en trois semaines à peu près.

D'abord, il les installe de manière méthodique sur le sol de son loft ; puis, celles qui sont terminées, il les accroche au mur pour les admirer et en jouir.

Pour ma part, celles que j'ai aux murs, je ne les aurai jamais vendues. Elles me viennent directement de César. J'en ai six, disposées selon les couleurs et les modèles.

En attendant les certificats et la fin du travail de Hung, je vends quelques œuvres de ma collection : un Basquiat, quelques Combas, un Miguel Barcelo. Mon objectif : un, financer mes projets de films sur les artistes, avec une idée folle de faire des CD-ROM (c'était l'époque…) pour l'Éducation nationale ; deux, maintenir mon train de vie de noctambule ; trois, acheter de jeunes artistes inconnus contemporains, des pièces de Cindy Sherman, d'artistes anglais de chez Saatchi à Londres, de la galerie White Cube, et obtenir de nouvelles œuvres des frères Chapman. L'art ne s'arrête jamais !

31.
Le dernier repas
[26 septembre 2001]

À force de voir débarouler de nouvelles œuvres de César authentifiées, le marché se grippe. La cote internationale du plus grand sculpteur français du XXe siècle se stabilise. Il faut dire que, à mon avis, nous avons réalisé davantage d'œuvres que César lui-même ! Ces pièces ont enrichi des centaines de galeristes et collectionneurs, et aussi, l'ensemble de son œuvre : les catalogues raisonnés de l'œuvre du maître sont nettement plus épais…

Une nuit sur deux, nous sortons faire la fête dans Paris, de cabarets en endroits plus chauds, jusqu'aux lieux habituels où nous retrouvons nos amis musiciens, artistes et mannequins. À nous, le monde de la nuit ! La belle étoilée ! Et jusqu'au matin s'il vous plaît ! Action ! *Full* de techno, de vodka, de bien-être, voilà ce que l'on est ! Les *top women*, les égéries, les fêtards incontournables, nous les croisons sur place. Nous changeons d'endroit, voguons d'*after* en *after*, pour prolonger la nuit jusqu'au bout des plaisirs. Impossible d'imaginer que nous sommes photographiés et filmés à point d'heure par des *paparazzi* d'infortune à cause d'une enquête sur nos vies et le train qui va avec. *A posteriori*, j'imagine les heures d'attente de ces gendarmes-réalisateurs, faisant les cent pas sans parvenir à pénétrer le saint des saints, ces *flats* où nous finissions en délire nos nuits. Je les imagine, crevant de rage, coincés dans leurs autos pourries, n'ayant que l'écran de leur montre pour se rendre compte du temps qui s'écoule.

Début septembre 2001, je laisse à Guy Pieters une grosse partie des 150 œuvres que Hung a fabriquées quelques semaines plus tôt pour l'équivalent de 550 000 $. Il me doit encore 200 000 $ d'une vente précédente mais promet de me les régler très vite. Il semble apaisé. Muni de la quantité astronomique de César que nous lui avons fournie, le galeriste a de quoi faire face aux nombreuses foires d'art contemporain qui arrivent, ainsi qu'à ses clients pressés d'investir ou de blanchir leur fortune.

Le 26 septembre 2001, j'organise un dîner avec une dizaine d'amis. Nous faisions la fête avec des collectionneurs, des galeristes, mon ami Dominique Van Eyck, courtier en art, mon amie-amante Anissa Benazza et nos poupées d'amour habituelles bimboostées du Paris de la mode et des nuits sans fin.

Dominique est une sorte de fourmi du marché de l'art. Il me harcèle sans cesse pour que je lui fournisse des œuvres, surtout des dessins grand format de centaures et de poules authentifiés. Ma confiance dans ses compétences est limitée car ses acheteurs sont aussi désargentés que lui. Il passe le plus clair de son temps à graviter autour de l'hôtel Drouot, au milieu des brocanteurs et des petits commissaires-priseurs espérant la bonne affaire, celle qui n'arrive jamais. Connaissant la précarité de sa situation, il m'est arrivé de l'aider à travailler. Par exemple, un jour, je réalise six dessins vrais-faux accompagnés de leur certificat, et les lui fournis, au prix dérisoire, spécial Van Eyck, de l'équivalent de dix mille euros. En quelques heures, s'il n'est pas trop ballot, il peut les revendre au moins le double.

Je fais cela malgré moi, malgré mes convictions, à contrecœur. Je me motive en me disant que cela va l'aider à refaire surface, peut-être même lui ouvrir des perspectives pour devenir un véritable marchand d'art. Je veux qu'il s'installe avec un peu plus d'argent que ce qu'il gagnait grâce à son abnégation et son honnêteté. Bien sûr, il n'est pas dans la confidence de mon activité de fabrication de faux César ; mais, tant qu'il a de vrais certificats, je suis tranquille et j'ai bonne conscience. Il me paye le lendemain, à l'heure prévue, et me demande si j'ai encore de la marchandise à lui fournir. J'ai cédé à deux autres reprises.

Le dîner terminé, je reste avec Anissa. Nous sommes fatigués d'avoir fait la fête des jours durant. Nos amis partent vers quatre heures du matin, ce qui est inhabituel dans notre cercle. Anissa n'a aucune obligation pour le lendemain ; quant à moi, j'en ai rarement : il est temps d'aller nous câliner !

32.
Ma période *under arrest*
[27 septembre 2001]

À six heures, l'heure légale des interpellations, nous entendons des coups et sommations verbales m'intimant d'ouvrir la porte de mon appartement.

Anissa court fermer les derniers verrous de la porte d'entrée. J'ai appris que les gendarmes doutaient de notre présence, sachant que nous sortions toutes les nuits. Ils appellent mon portable, espérant l'entendre sonner – ce qui pourrait indiquer ma présence – ou pensant que je répondrais ; mais ils tombent direct sur ma messagerie. Je profite des derniers instants pour parer au plus pressé. Je détruis toutes les données de mon ordinateur, vide les photos et démonte le disque dur que je détruis dans la salle de bain ; *a priori*, il n'y a plus rien à trouver dans le PC. Je brûle aussi les disquettes de photos, les cassettes numériques prouvant des fabrications, contenant les images de vernissages, de galeristes, de gens que je ne tiens pas à voir mêlés à ce qui m'attend.

Je prends aussi tous les tirages photo, une centaine, ainsi que des factures et documents de banques étrangères. Je place le tout dans le jacuzzi et mets le feu jusqu'à réduire en cendres ce qui pouvait laisser une quelconque preuve supplémentaire de mes activités. C'est l'enfer. Les flammes montent jusqu'au plafond et lèchent les murs. La fumée est irrespirable. La baie vitrée, ouverte au maximum, laisse s'échapper une fumée noire. Les odeurs de produits chimiques se consumant nous obligent à nous protéger avec des masques et des foulards humidifiés. Dantesque, l'ambiance ! Je provoque des courants d'air pour dissiper la fumée noire des preuves de délit, et la fumée blanche d'une arrestation imminente. Le *flat* donne sur deux cours intérieures, et ils sont entrés par la mauvaise. J'en profite pour détruire les cassettes DV dangereuses. Je mets en urgence dans le caméscope une cassette DV où j'ai filmé en *night shot* Anissa dansant nue sur Dalida, petit cadeau pour ceux qui analyseront la K7 numérique. J'imagine le choc ! Ils ont dû se la repasser sur écran géant ! En boucle !

Ultime sursaut de vivacité : je mets mon portable à l'intérieur de la couette. Il contient des numéros de compte, des adresses *mail*, des photos et surtout, cinq cents numéros de téléphone. Talent des bleus oblige, il n'a jamais été trouvé. Vite, j'arrange les couettes et les draps, en vrac. Anissa, nue, reste étendue sur le lit pendant un long moment. Merci, chérie !

Notre stress s'apaise. Nous savons ce qui va arriver, mais nous avons paré au plus pressé en moins d'une heure. Les flics ont dû aller chercher un serrurier. La céramique du jacuzzi surchauffé explose.

Je regarde à travers un coin de rideau : pas d'agent de la maréchaussée en vue. Je fonce me recoucher pour faire l'amour une dernière fois.

Ma chambre a un vis-à-vis : le *living* du loft de Hung, chez qui restent pas mal de petits jouets fabriqués. Sans être vu, ça y est, j'aperçois des casquettes bleues qui matent ma chambre mais ne peuvent nous voir. Je devine que la rue Saint-Honoré n'est pas le seul endroit à être perquisitionné. J'imagine que le même sort réveille la rue de Seine, l'atelier César, Saint-Paul, les galeries du Flamand et les études des commissaires-priseurs que je connaissais. La magie s'effondre. Le *dark* s'annonce pour un temps indéterminé mais qui sera long, très long, indubitablement. Mon ascenseur social est monté trop vite. Lui qui ne devait jamais redescendre était miné. Chute libre garantie. Les câbles de mon staff et des affaires ont lâché.

Allergique à l'ambition dans le monde de l'art, je reste humble. Mes émotions sont à géométrie variable, instables et en *stand-by, now*. Ma plus grande peur du moment ? Que, à cause de la fumée, les pompiers débarquent. Il ne manquerait plus qu'eux ! Tant pis, j'ai autre chose à penser : Anissa et moi faisons l'amour jusqu'à 9 h 30 du matin, heure à laquelle le serrurier ouvre ma porte blindée. Les flics entrent, toujours pas sûrs de nous trouver. Ils ont réquisitionné deux témoins assermentés qui devaient assister à la perquisition, au cas où personne n'eût été là.

La face cachée du marché de l'art

Ils croyaient toujours que le *flat* était vide ! Je suis content de notre subterfuge : trois heures de gagnées pour détruire un maximum de preuves... et prendre du bon temps.

Dès qu'ils pénètrent dans mon musée privé, mon alcôve de fête et d'amour, les superhéros expriment avec force balbutiements leur fureur : comment ? nous n'avons pas daigné répondre à leurs sommations ? Je rigole. 6 h, c'est l'heure légale pour eux ; pour nous, ça n'a aucun sens.

Et là, je regarde les bleus. Je les regarde en profondeur, bleus-condés, bleus verts de rage, les bleus de céruléum ; et je pense à Oscar de la Renta qui a imposé cette couleur à la haute couture. S'il voyait à quel point sa couleur est galvaudée, se déclinant sur le visage des agents de la maréchaussée, parfois gris à cause du manque d'UV ! D'autres visages des bleus m'apparaissent vert-rouge, et je pense à Van Gogh, et je me remémore sa correspondance avec son frère Théo : il y explique que poser côte à côte un à-plat vert et un à-plat rouge lui permet d'exprimer la passion – ô folie humaine !

Ces flics, je les appellerai dorénavant « les illusions d'optique », les Ï.O. Ils se jettent sur moi, et je me retrouve à plat ventre, en peignoir du Carlton Hôtel, menotté fermement dans le dos. Quand mon regard se pose sur eux, j'observe leur palette de couleurs et cherche lequel d'entre eux a la plus seyante, la mieux accordée avec leur folie. Impuissant, j'assiste à ce spectacle pitoyable des Ï.O. polychromes perquisitionnant de façon anarchique, se croisant et se heurtant. L'un d'entre eux me faisait penser à Godard, à la Nouvelle vague, à un bleu pas encore en vente en tube ; d'autres m'évoquent juste le bleu Canard WC...

Je suis le spectateur de ma spoliation ; les Ï.O. décrochent maladroitement mes œuvres d'art. Ils me transportent dans le séjour comme on transporte un fou ou un animal mort. Ils me jettent sur le canapé. Ma mise en condition a commencé. Je les observe amèrement, ces Ï.O., lâchés dans mon musée. Ils s'en donnent à cœur joie. Cela m'arrache le cœur de voir avec quelle haine ils s'accaparent les œuvres de ma collection.

Quand les Ï.O. pénètrent dans la chambre, Anissa, toujours chaude, se lève, lascive créature de rêve, leur jouant le grand charme du *warm-up*. Cela détourne les esprits bleus sur elle et le spectacle unique de cette beauté rare. Leurs expressions laissent transpirer à grosses gouttes une envie non dissimulée. Du coup, ma chère bimbo se rhabille lentement.

Les Ï.O. finissent par la laisser partir. Je me suis emporté, arguant qu'elle n'est au courant de rien, et ça leur a suffi. Soulagé et heureux, j'ai juste le temps de l'embrasser une dernière fois, puis elle disparaît. Elle sait ce qu'elle doit faire, une fois à l'extérieur. Elle a la plupart des numéros de téléphone de mon portable sur le sien. Il faut avertir la fine équipe qui ne serait pas encore noyée dans le bleu ! En plus de voir partir ma chérie, sans doute pour une éternité, je vois mes chères œuvres disparaître sous mes yeux. J'avais commencé à collectionner depuis l'âge de quinze ans. Adieu, mes Picasso, mes vrais César – compressions et dessins ! Adieu, peintures de Frida Khalo et de Diego Rivera ! Adieu, mes Miró sur papier, mon bronze de Botero représentant un nu de femme enrobée ! Adieu, mes dessins de Cocteau et mes gravures d'Hasegawa ! Bizarrement ils en laissent sur place – peut-être n'ont-ils plus de place dans les estafettes qu'ils ont fait venir pour me cambrioler. Survivent quelques œuvres personnelles mais aussi des pièces de Rodin, Warhol, Cocteau, Venet, Arman, Wesselmann, Lichtenstein, César véritables ou fausses – une partie des compressions de voitures d'enfant parsème encore le sol du *living* –, réalisations de jeunes artistes, photos retouchées sur Photoshop, portraits de mon épouse Cïara-Ira, ainsi qu'une centaine de splendeurs authentiques.

Bilan des emplettes : les Ï.O. saisissent pour l'équivalent de deux millions d'euros environ d'œuvres d'art que j'adorais. J'ai le cœur arraché. Je suis atterré, noué, effondré de voir ce que j'avais créé, accumulé, mes plaisirs, mes bonheurs, ma liberté, s'envolent. Mes souvenirs, l'esprit de mes œuvres, les conditions dans lesquelles je les ai gardées, tout représente de doux instants sans fin rattachés à ma vie amoureuse. Les bleus n'ont pas seulement volé mes biens. Ils ont profané mon musée et violé mon intimité.

33.
Ma période interrogatoire
[Septembre 2001]

Souffrance et désespoir s'emparent de moi quand je vois pièce par pièce s'étioler ma vie et ce qui la compose. Entouré d'une quinzaine de bleus, j'encaisse un interrogatoire éprouvant. Les questions-réponses se font sans moi. Je suis à mille lieues de leur délire et de leurs spéculations. Ils se débrouillent seuls. Leurs histoires ? Ce n'est pas ma vie. De toute manière, ces types ne différencieraient pas une carte postale d'une œuvre contemporaine ; ils attendent quoi ? que je leur donne un cours d'histoire de l'art ?

Faute de m'arracher une révélation sur quoi que ce soit d'important, ils veulent prouver qu'ils nous connaissent bien à force de nous avoir suivis. Ils me parlent donc de nos bimbos et des soirées auxquelles ils auraient, sans doute, bien voulu participer !

À mon grand étonnement, je suis transféré en Seine-Saint-Denis, précisément dans le gymnase d'une caserne. La Garde républicaine y était en répétition. Quel *fight*, tambours et trompettes *versus* techno et *rock and roll* ! Objectif de cette délocalisation : étaler sur le parquet toutes les œuvres prélevées dans les domiciles perquisitionnés, les étiqueter et les attribuer aux différents propriétaires. Sont rassemblées des centaines de pièces, du matériel numérique, des documents juridiques et pas mal d'autres choses sans le moindre intérêt.

Je me rends compte que les bleus ont aussi réuni ici une vingtaine d'interpelés, dans différentes salles. Il y a là mon frère Franck, Pat Veinard, Christian Martin, Guy Pieters, Stéphanie Busuttil, Denyse Durand-Ruel, Khaled Ayari, Patrick Memoun, ainsi que moult autres galeristes et collectionneurs. Pendant près de trente heures, tout ce beau monde est interrogé et harcelé. Ne manquent à l'appel que Jean-Charles Villa, Yael Marciano et Laurent Strouck. Tant mieux pour eux !

Après m'être tu, mort de fatigue, je signe les scellés des œuvres que je reconnais comme étant miennes afin que l'on me les rende plus tard. Il me faudra neuf ans pour obtenir cette restitution partielle : pour les plus belles pièces, maître Audrey Vazzana – ma très subtile, délicate et percutante avocate niçoise –, a dû aller en appel pour obtenir gain de cause. Ce faisant, elle m'a rendu la vie et un bonheur inestimable, car chaque œuvre que je possède a son histoire. Histoire d'amour, de passions, de déchirures, de fêlures, de perte d'amis chers…

Dans le lot, il y a aussi le résultat de mon travail de peintre partagé entre deux sortes de création. La première sorte est liée à mes amantes. J'enduisais leur corps de peinture puis les moulais sur du papier cristal que je décollais par la suite. C'était une anthropométrie de mes corps-amantes, à l'échelle un de l'amour. Les bleus ont également emporté une seconde sorte d'œuvres de ma main : de très grands collages et découpages de documents, photos et textes, mettant en cause la religion et son hypocrisie.

À l'issue de la durée légale de garde à vue, je me retrouve avec Christian Martin. Nous sommes seuls et enchaînés, dans les geôles du Palais de l'Injustice de Bobigny. Pendant ces quarante-huit heures – une éternité – que les bleus me volent, je n'ai ni le droit de consulter un médecin, ni celui de me nourrir. Je dors sur une espèce de matelas pourri, par terre, comme un chien; et je repense à James Baldwin, désespéré par le monde et ses marionnettes, qui m'avait offert son livre-culte, illustrant si bien ce traitement que l'on inflige parfois à certains êtres humains : *Moins qu'un chien...*

34.
Ma période Fresnes
[Octobre 2001]

Quand les bleus en ont terminé avec leur feu roulant de questions, nous quittons Bobigny pour être jetés dans un trou sans fond : la prison de Fresnes. Aucune possibilité de laver la crasse qui nous caparaçonne désormais, formant une combinaison de plongée en eaux profondes ; chaque seconde dure l'éternité et se répète comme une formule de Philip Glass. Plus tard, nous sommes de nouveau transportés dans l'inconnu. Nous voilà en partance pour Grasse, afin de passer, dans nos états clochardisés, devant le juge d'instruction Thierry Laurent.

J'ai conscience de ressembler à un ours sortant en rage du tréfonds de sa grotte, époque glaciaire. Christian Martin, porte sa sempiternelle tenue de *reporter* de guerre. Il m'évoque un otage ayant échappé à ses ravisseurs mais s'étant perdu dans une forêt profonde, sans boussole. Sa chevelure blanche, frisée à l'afro, semble vouloir s'échapper vers l'espace et fuir sa bouille ronde d'enfant nourri aux céréales et au McDo.

Comme me paraissent loin les atterrissages de nuit en Learjet, avec tapis rouge et lunettes noires, entre Milan, Ibiza, Paris, Tokyo, New York, Shanghai ! *Forget that*, Éric ! *Game over* ! Nous sommes trimballés par six gendarmes spécialisés, comme si nous étions des terroristes, des êtres dangereux alors que (ou parce que ?) nous n'avons aucune cause à défendre, sinon celle de l'amour de l'art et la créativité. Le TGV nous emmène à Cannes. Nous avons interdiction de nous alimenter, de boire ou de nous rendre aux toilettes. À l'heure administrative du déjeuner, chaque gendarme, entre deux blagues grivoises, croque dans son sandwich et s'enfile une bière, sans se rendre compte qu'ils nous humilient. C'en est trop : je réclame à boire bruyamment, afin que les voyageurs m'entendent. J'ai de l'argent, je peux payer ; mais je suis prêt à aller boire l'eau (non potable) des toilettes.

Les bleus arrêtent de s'empiffrer et se rendent compte qu'ils nous ont oubliés. Hélas, au lieu de nous permettre d'acheter de quoi nous hydrater et nous nourrir, ils se contentent de remballer leur pique-nique. *Standing ovation* pour l'égoïsme !

Nous arrivons au palais de justice de Grasse sans avoir pu fumer.

Petite compensation, alors : j'ai le plaisir de voir arriver maître Patrick Luciani, mon ami des grandes fiestas, un brillant défenseur ; il est là, avec les avocats venus de Paris défendre l'otage Christian Martin. Patrick m'explique que la situation est contrastée : sur le principe, ce n'est pas brillant ; dans la réalité, le juge n'a pas beaucoup d'éléments à nous opposer. À ma grande surprise, dans ma cellule, je reçois la visite pour le moins respectueuse du doyen des juges d'instruction. Fait rarissime dans l'histoire de la justice et des rapports entre détenus et juges, il a quitté son bureau pour me réconforter à voix basse. Il me conjure de tenir le coup, disant qu'il m'apprécie beaucoup… et pourtant, c'est ce monsieur qui avait instruit l'affaire des faux Chagall et Miró en 1985 ! Sa courtoisie me touche. Le moral remonte un peu.

Pendant que Patrick compulse le dossier, je me repose sur un banc en béton. Pour moi, il est doux comme un futon tellement je suis *dead*. Si le Japon est le pays du soleil levant, Grasse et ses geôles sont le pays de la misère mourante !

Quand le juge d'instruction me convoque enfin dans son bureau, il me reçoit avec les formes. Pour autant, je n'ai rien de plus à lui dire qu'aux gendarmes. En revanche, ses questions m'éclairent. J'apprends très vite que, de toutes les personnes perquisitionnées à Paris, à Saint-Paul et en Europe, nous sommes les quatrièmes à être entendus. Guy Pieters et mon frère Franck ont été auditionnés la veille. Le juge a décidé de laisser Franck tranquille. Il a demandé que lui soit restitué son argent (mon frère avait l'équivalent de 30 000 € en *cash* sur lui !) et a ordonné qu'il soit remis en liberté, au grand dam des bleus.

Guy Pieters a eu presque autant de chance que lui. Vert de peur mais riche à millions, il a tant et si bien pleuré qu'il a pu sortir en payant une caution équivalant à 150 000 €, dégainant son carnet de chèques dans la seconde même où le juge a envisagé de le laisser libre sous caution. Il a ainsi pu repartir vaquer à ses activités, après la saisie des quelques César qui se trouvaient à Saint-Paul. Stéphanie Busuttil a été entendue pendant plus de trente heures dans les locaux de la section de recherche. Elle a nié toute participation au trafic, elle a livré des explications qui ont provisoirement satisfait le juge Laurent. Elle est ressortie libre de sa garde à vue. Tant mieux pour elle !

Denyse Durand-Ruel a dû s'expliquer sur la présence de faux César nantis de vrais certificats et de vrais numéros d'archives. Elle a argué qu'elle n'a inscrit des œuvres dans le catalogue raisonné que parce qu'elle avait été convaincue de leur authenticité par une personne suffisamment proche de César pour appuyer son sentiment. L'experte visée a réfuté en bloc toute fraude. Denyse Durand-Ruel a nié avoir eu recours à Guy Pieters pour expertiser les pièces litigieuses, mais elle a confirmé que Stéphanie avait établi, apparemment de bonne foi, des certificats d'authentification pour certaines pièces litigieuses. Pour les juges, l'énigme n'est pas prête de se dissiper !

Christian Martin a tout reconnu, et plus si nécessaire : entre autres, il a admis avoir fourni les tampons de l'empreinte du pouce de César et les cachets de l'atelier des Beaux-arts ; il a avoué qu'il intercédait pour obtenir des certificats d'authenticité auprès de Stéphanie Busuttil et consorts, afin de les remettre à LøL, Pat, Pieters et à tous ceux concernés… sauf à moi ! Il a balancé tout son entourage, sa famille, Giacobetti, le photographe portraitiste de César, ainsi que Perrin, le gardien du temple Busuttil-César. Il a orienté les soupçons vers certaines galeries, comme celle de la sulfureuse Anne Lettrée. Pour sa peine, il est reparti inculpé mais libre, tremblant de tous ses neurones – ou du moins, de ce qui lui en restait.

Sur moi, les questions n'ont cessé de pleuvoir. Le juge d'instruction m'a longuement interrogé sur le vol de tableaux dans la galerie Retelet de Saint-Paul, en mai 2001. Au vu des écoutes, il m'a annoncé que je bénéficierai sans doute d'un non-lieu dans cette affaire du vol. Pourtant, l'affaire César est consécutive à la plainte pour vol de trois tableaux, affaire qui ne me concerne pas. Bizarre autant qu'étrange…

Aussitôt, je me souviens de ma rencontre avec Retelet, en août 2001. Je suis à Saint-Tropez avec des amies. Nous faisons la fête quand je reçois un coup de fil pour le moins surprenant de ce galeriste. Il a réussi à obtenir mon numéro de portable par une de mes ex de Vence, sous un prétexte ridicule. Il m'invite à le rejoindre à sa galerie. J'accepte l'invitation, délaissant pour une journée Saint-Tropez et ses plaisirs derrière moi. Sur place, le marchand me reçoit dans son bureau de manière confidentielle. Il me demande si je suis au courant du vol de quatre tableaux dans sa galerie : un petit Chagall, *L'Émigrant*, qui, soi-disant, devait être vendu quelques jours plus tard ; une *Partie de plaisir*, le titre en disait long, qui était lui aussi en instance d'être cédé ; un Fernand Léger très laid et un Magritte à peu près correct. Valeur du lot : l'équivalent de 750 000 €. Je lâche que, si j'entends parler de quelque chose, je reviendrai vers lui ; toutefois, compte tenu de mon activité débordante (et ultralucrative), il est peu probable que j'entende parler de quoi que ce soit.

Retelet m'avoue qu'il est plus qu'ennuyé car il n'est pas assuré et va devoir rembourser son client. Il me montre les photos et les certificats des œuvres volées. Ce détail me fait tiquer : les voleurs ont omis de récupérer les certificats ; autrement dit, les œuvres ne sont pas vraiment revendables, sauf à des prix ridicules. Autre détail troublant : la qualité de ces œuvres laisse à désirer. Perplexe mais bonne poire, je lui propose de l'aider et lui laisse trois boîtes de César contenant des petites voitures écrasées. Il n'a qu'à les vendre pour se renflouer ; moi, je ne suis pas pressé d'être payé. Les César, authentifiés, ne me coûtaient pas grand chose ; j'en possédais tellement que je pouvais lui en laisser histoire de passer le cap.

Ce qu'il a oublié de me dire, et que j'apprends du juge Laurent, c'est que le vol remontait déjà quatre mois en arrière, et que, lors de son dépôt de plainte, il avait, à tout hasard, déclaré à la gendarmerie que j'étais un habitué de sa galerie, ainsi que d'autres amis qui s'adonnaient avec moi à la fabrication de faux César. Il a précisé qu'il avait aperçu mon véhicule le soir du vol, ce qui est ridicule. Résultat de cette dénonciation : nous avons été placés sur écoute pendant quatre mois entre le 21 mai et le 27 septembre 2001. À cause de ce banal vol dans une galerie, j'ai été filé, ainsi que tous les protagonistes de l'affaire : galeristes, collectionneurs, entourage de César et compagnons de nuit. Les gendarmes nous ont filmés en train de compresser à Grasse et compenser lors de nuits de débauche. Je riais en imaginant leurs heures de filature, du Man Ray au VIP, au Barfly, chez Cathy Guetta, nuits magiques *non stop* ! Je les imaginais nous jalouser donc nous maudire. Certains bleus m'ont parlé plus tard, en privé, de toutes ces *tops* de la *jet set* ; ils les avaient *printées* dans leur tête et bien gardées sous leur casquette !

D'un côté, les enquêteurs étaient ravis de passer d'un vol de tableaux à un vaste trafic de faux expertisés par les ayants droit. De l'autre, ils ont un problème : personne ne s'est plaint d'avoir acheté de faux César. Sans plainte, pas de trafic de faux – et pour cause, tous nos acheteurs ne possédaient que des œuvres authentifiées !

Malgré tout, cette histoire de vol m'intriguait car les œuvres dérobées, étaient invendables pour au moins quatre raisons : elles étaient moches ; elles ne correspondaient à aucune période-clef pour les artistes ; elles étaient de qualité plus que médiocre ; et elles avaient été emportées sans leurs certificats. Or, ce sont les seules pièces à avoir été dérobées après avoir été prêtées par des collectionneurs pour que Retelet les vende. Même une fois dans la place, les voleurs auraient ignoré la collection personnelle de Retelet, dont des Miró de grande qualité (munis de leurs certificats), des Magritte, des Warhol, des Basquiat, des Alechinsky, toutes d'une valeur cinq fois supérieure aux quasi-croûtes disparues.

Soyons clair : pour moi, cette affaire sent mauvais. Et J'en veux d'autant plus à Retelet de m'avoir traîné dans la boue, de m'avoir mêlé à cette mascarade et de me clouer au pilori de l'infamie. Seul. Éprouvé, fatigué, presque mort. Sans son coup de poignard dans le dos, l'affaire César aurait eu une autre fin, j'imagine. Ce Retelet est à la base de tous mes malheurs. À l'arrivée, je suis le seul à être conduit à la maison d'arrêt de Nice, inculpé et écroué. *Flight* pour l'enfer !

35.
Ma période niçoise
[Octobre 2001]

À la prison de Nice, je suis jeté dans un trou soumis aux agitations de toutes sortes. Hurlements, détenus dégradant leur cellule en hurlant, prisonniers passant de la techno à fond sur leur chaîne puissante, mélange bruitique affolant et perturbant. Je me retrouve en compagnie d'un proxénète tchétchène et d'un dealer de *coke* italien. Ils hallucinent quand ils me voient pénétrer dans leur grotte. Ils me regardent, façon pas *cool*. Je prends les devants et demande s'il y a un problème. Les mecs me rassurent : tout va bien, ils sont juste surpris de me voir alors que je viens de passer à la télé. Du coup, ils me laissent la couchette du haut, la plus proche de l'espèce de soupirail. Là, je peux mieux respirer et même voir le ciel étoilé. Pendant deux jours, je dors. Pas de médicament, pas de nourriture. Juste des cigarettes que mes codétenus m'offrent généreusement. Ils doivent sentir que je suis pris par l'angoisse, envahi par la haine de me retrouver là à cause d'un vol dont je suis innocent ! De plus, je devine que l'enquête des César faux-vrais sera très, très longue. Trop de protagonistes en Europe, en Asie et aux États-Unis. Les enquêteurs doivent comparer, sur plusieurs années, les œuvres vendues et celles disparues de la succession César, dont ils n'ont ni photo ni description formelle ! Je ne suis pas un blanc-bleu. J'ai déjà été condamné dans le passé, plusieurs fois. Sauf que je savais pour combien de temps je partais au ballon. Je n'ai jamais fait de préventive potentiellement infinie, ni de garde à vue, dans une affaire de cette ampleur.

Pour ne rien arranger, il fait encore beau. Je pense aux plaisirs libertins, à la mer, aux fêtes, aux *beautiful people* s'éclatant à Ibiza et à Saint-Tropez, sans moi. Je ne peux même pas leur écrire. Je suis censuré, emmuré, isolé, au secret, sans parloir privé. De temps en temps, on m'apporte un sac de vêtements propres qu'un des miens a laissé à la porte d'entrée de cette boîte à misère.

Mes codétenus sont les seuls avec qui j'échange. Je tue le temps en jouant aux échecs avec le proxo. Seules mes crises d'angoisse provoquent un dialogue avec le supplicié que je suis.

Dans cette cellule, je ressens l'effet micro-ondes. Un soupirail d'un mètre sur cinquante centimètres laisse pénétrer l'air minimum vital pour trois détenus. Je vis H24 dans une niche de 9 m² pour trois. Des moustiques, sûrement émigrés de Transylvanie donc globules-*addicts*, osent s'aventurer ici pour me pomper ce qui me reste de sang. Le claquement des verrous des portes de nos cellules me hantent. Si la grandeur d'un homme ne se mesure pas aux moments où il est à l'aise mais aux périodes d'adversité, c'est le moment de me tester.

Je ne sors pas dans les cours de promenade irrespirables. Je reste enfermé dans ma cage. Pas envie de me mêler à cent personnes dans 100 m² d'espace. Fini, le ciel bleu de Klein qui protégeait ma vie. L'azur s'est mélangé avec le noir profond. Je profite que mes codétenus aillent trottiner pour méditer, rêver, me sortir de cette impasse. Le seul air que je respire est fait de nicotine et de poussière. Pendant mes quelques heures de solitude, je fais un peu de toilette et tente d'écailler la crasse qui me couvre.

Le temps devient abstrait. J'ai peur de devenir fou et paranoïaque. Je suffoque, La télé reste allumée, sans le son. C'est la seule lucarne qui me parle de l'extérieur. Les reflets de l'écran projetés sur les murs me renvoient des jaunes, des bleus, du rouge en mouvement abstrait.

Un dilemme me torture. Dois-je mettre fin à mes jours et à ces nuits éternelles, arrêter ce temps qui n'est plus en mouvement et que je suspends grâce à des poignées de somnifères stockés en quantités industrielles que je gobe en permanence ? ou me battre, avec toutes les forces que je peux réunir, par exemple pour dénoncer ces traitements inhumains qui brisent les plus faibles, humilient les naïfs et effrayent les plus simples ? Ces manquements fondamentaux au respect de la dignité deviennent mon combat. Appuyé par maître Vazzana, je rallie à cette cause les journalistes de la presse nationale, de la télé, de Canal Plus, y compris l'équipe de Karl Zéro. Pour me donner du courage, je repense à ce qu'a déclaré l'avocat Thierry Lévy :

— Nos têtes sont plus dures que les murs des prisons !

Mon avocate vient tous les jours. C'est la seule visite à laquelle j'ai droit. Nous en profitons pour répondre aux questions posées par *Le Point* ou *Libération*, entre autres. Mes conditions déplorables d'incarcération, mon manque de médicaments sont désormais sur la place publique. J'en avise le directeur de vive voix. Il me remercie de le prévenir et me demande ce dont j'ai besoin de façon urgente. Je lui dresse une liste complète. Il m'accorde tout ce que je veux. Ma franchise et la peur d'être la cible des médias ont eu leur petit effet ! Ainsi, j'obtiens l'autorisation d'aller à la bibliothèque. J'y emprunte notamment des livres d'art, sur Zao Wou-Ki notamment. Je m'inscris au cours d'arts plastiques de la prison, où j'aide la brave bénévole à se faire comprendre des détenus qui veulent dessiner et modeler. J'apporte à mes partenaires un peu de mes connaissances. Le temps passe plus vite. J'en profite pour récupérer pinceaux, encre de Chine, tubes de peinture, feuilles de papier. La vie reprend des couleurs.

Entretemps, ma combative avocate dépose plainte avec constitution de partie civile, auprès de la Cour européenne des droits de l'homme, pour non-assistance à personne en danger. Séisme au sein de la grotte, des procureurs, des juges, de la presse et de l'opinion – scandalisée mais impuissante !

Ces prisons sont comme des biatchs dans des *gang bangs*. Certains détenus les pénètrent de force, plusieurs fois, ressortant et y revenant en récidive ; puis d'autres prennent le relais dans tous les sens par la grande porte et ressortent par la petite, libres, laissant leur place à ces insatiables, le tout sur un plateau surpeuplé. Entre les vedettes de cette pornographie triste, les suicidés qui n'ont pas résisté – et ils sont légion –, et les fils de l'air qui me font regretter de ne pas avoir investi mon argent dans des actions Eurocopter, choisis ton camp, camarade ! D'autres compères deviennent fous, s'ils ne l'étaient pas avant. Ils s'expriment par beuglements, se battent pour savoir qu'ils existent, pour rien... D'autres encore, atteints du syndrome de Gilles de la Tourette, parlent seuls et crient leurs insultes dans le vide qui ne les entend pas. Surpopulation, vétusté, promiscuité... Moralité : on ne peut que constater que les juges d'instruction usent et abusent de la détention provisoire. C'est l'un de leur rituel préféré. Puisse l'indignation gagner du terrain devant l'effarante fabrique de récidive que constitue la prison à la française.

Pourtant, cela fait deux siècles que, sous l'influence de Montesquieu, les humanistes et hygiénistes ont commencé à plaider pour un enfermement guérisseur et plus seulement punitif. Depuis, les rapports s'entassent. Le premier, à l'échelle européenne, a été rédigé en 1777 par l'anglais John Howard, tâchant d'articuler vengeance sociale et nécessité de réinsertion. Beaucoup prétendent réformer alors que, dans les faits, ils s'empressent de réprimer. Les médias, qui redécouvrent sans cesse la réalité pénitentiaire, relancent ainsi un nouveau cycle : exaltation de la réforme, retournement répressif puis oubli ! C'est toujours le cas aujourd'hui : on sait que les prisons sont surpeuplées, euphémisme ; les hommes politiques qui passent (brièvement) sous les barreaux s'en offusquent ; on les écoute, puis, faute de courage, cela retombe.

Par chance, j'ai de quoi acheter ma tambouille, à la grande joie de mes codétenus. Je cuisine italien. On m'envoie des mandats importants. Je recommence à respirer. D'autant que je dois reconnaître que, en tant que faussaire, j'ai toujours été respecté, en prison par les caïds, les surveillants et même les directeurs, avec qui j'ai passé des heures à parler peinture, art qu'ils pratiquaient en amateurs en attendant la retraite. Tant pis si, intérieurement, je me gaussais en pensant aux croûtes pour lesquelles ils dépensaient tant d'énergie et qui représentaient des sujets nazes ! J'étais au bord de l'explosion de rire quand ils me montraient leur travail pourri. Je souffrais pour leurs pinceaux – sans le moindre doute, ils auraient préféré perdre leurs poils – et pour leurs couleurs qui auraient volontiers regagné leur tube respectif plutôt que de se retrouver humiliées.

Je profite de ma préventive pour fabriquer une centaine de dessins de César et une dizaine de Zao Wou-Ki, pour m'amuser. J'apprends à mieux connaître cet artiste chinois encore vivant aujourd'hui. Je sortirai avec tous ces dessins et encres, mais quand ? Réponse : le 8 janvier 2002. Le juge me restitue mon auto. Je sollicite aussi la restitution de tout ce qui n'est pas de César, à part quelques œuvres qui m'ont été vendues ou échangées il y a quinze ans environ.

De ma cellule, je n'emporte que mes dessins de César et de Zao Wou-Ki. Le reste, je le laisse à mes deux codétenus. Salut, et à jamais !

36.
Ma période « conseil à un expat' »
[Janvier 2002]

À ma sortie de la caverne niçoise, je suis sollicité par les médias pour des dizaines d'entretiens. Parmi les curieux, Jean-Michel Verne, un descendant direct de Jules Verne. Le résultat de ses questions, publié dans le *Vrai journal* papier, s'appellera « 20 000 lieues sous les mers de l'art ». Autour de moi, c'est la folie. La presse s'emballe, affirme qu'un millier de faux de César auraient été certifiés contre des dizaines de millions d'euros. Elle affirme que César est moins génial que son faussaire. Je ne suis pas dupe. Les faux n'ont jamais effrayé le monde de l'art mais, le génie étant rare, on essaye de convaincre les gogos que seuls les faussaires géniaux arrivent à faire illusion. Dès lors, tous les faussaires un peu doués deviennent « géniaux » quand, s'inspirant de l'esprit du maître, ils parviennent à se draper de la même aura.

Ces balivernes ne changent rien à ma réalité : je suis assigné à résidence sur la Côte d'Azur avec interdiction de sortir des Alpes-Maritimes. J'y invite donc mes amis et concubines, pour tuer avec eux ce temps d'emprisonnement libre. Je fais la fête pendant trois mois puisque, l'hiver comme l'été, on a rien de mieux pour s'occuper, à Saint-Paul.

Avec l'accord du juge, je finis par regagner Paris, quittant cette Côte d'usure que je n'ai jamais pu supporter à haute dose. Les affaires reprennent. Je commence à écrire ce livre, et je réalimente mes finances en vendant du César et du Zao Wou-Ki aux mêmes clients qu'avant. Surréaliste ! Je reprends contact avec mes trois compères qui n'ont pas été entendus par la police : Jean-Charles Villa s'est réfugié à Bali ; Pat Veinard dans le château qu'il s'est acheté grâce aux faux César ; et mon ami Yaël Marciano qui, depuis le début, est à mes côtés pour les affaires comme pour les fêtes. J'ai dit au juge que Yaël ne savait pas qu'il s'agissait de faux tableaux que je vendais ou qu'il vendait pour moi. Cela lui a évité une inculpation immédiate.

Le plus drôle est que, deux jours avant nos arrestations, nous avions, Martin, Yaël et moi, rendez-vous avec Guy Pieters pour finaliser des transactions. J'avais appelé Yaël pour le prévenir que nous serions payés, deux ou trois jours après, de l'équivalent de 600 000 €. Yaël me répond qu'on ira faire une mégafête à ce moment-là. Dans l'immédiat, il est en banlieue avec sa famille pour préparer Yom Kippour. Le 27 septembre 2001, c'est le jour du grand pardon. Tout est éteint, Yaël est injoignable. Nous en rions encore. Il ne sera interpellé que le 24 juin 2003 et déclarera que l'on organisait de *big fiestas*, dans Paris, en

Europe et sur la Côte. Les tableaux ? Les sculptures ? Pfff, il n'y connaît rien…

De passage à Paris, LøL me donne rendez-vous au café Marly, un établissement avec vue sur la pyramide de Peï, au milieu de la cour carrée du Louvre. Il veut que nous arrangions nos versions pour le jour où il se fera serrer – car lui a réussi à fuir à Dubaï, à l'hôtel Burjalarab, *the place to be*, le lendemain des interpellations. Il m'a d'ailleurs envoyé un texto tout à fait charmant quand on sait ce qu'il m'est advenu : « Nouvelle vie sous de meilleurs auspices… » Il a créé une société dans la zone franche des Émirats. Il bosse en direct avec les fils du cheikh Al Maktoum, qui dirige son émirat d'une main de fer. Les temps sont durs pour son peuple, mais pas pour les étrangers apporteurs d'idées et, surtout, d'argent ! LøL a eu des contacts importants avec le ministre des finances pour ouvrir un musée d'art moderne ; conceptuel, ceci est resté à l'état de projet.

Aujourd'hui, il ne supporte plus le climat de Dubaï, écartelé entre une ambiance glaciale la nuit et les cinquante degrés de la journée, dispensés par un soleil qui fait fondre son esprit. Il se sent obligé de vivre reclus dans son palace climatisé, et il n'en peut plus. Aussi LøL quitte-t-il Dubaï pour Bali, le paradis des surfeurs. Il ne lui reste plus que l'équivalent de 300 000 € pour vivre et, à Bali, la vie des riches n'est pas si chère. Ambiance conviviale, superbe villa qu'il loue avec domesticité, piscine, forêt et parc tropical. L'ambiance est festive et glamour, entre deux spots de surf où il passe la journée à glisser sur des vagues. Il organise des soirées *trash sex*-décalées avec les Balinaises, les Thaïlandaises et des fous de la

La face cachée du marché de l'art

glisse extrême venant de partout pour s'éclater. Cela ne le change pas beaucoup de nos vies parisiennes, le sport en plus !

Il m'apprend que quelques jours avant l'interpellation, Retelet lui aurait dit que les affaires étaient chaudes-brûlantes-dangereuses et qu'il fallait fuir. Retelet a fait transporter la magnifique Ferrari compressée et l'a mise en vente chez Cornette de Saint-Cyr. En bonne place dans le catalogue d'une vente d'art contemporain, elle a été adjugée pour l'équivalent de 100 000 €, et sa part a été virée sur l'un des comptes de LøL. La pièce sera saisie en octobre 2001, avec les certificats d'authentification À la fin de notre rendez-vous, ce faux frère me conseille de tout stopper sur les César. Merci, LøL, tu m'impressionnes !

Pendant de longues semaines, je n'ai plus de *news* de Jean-Charles. J'apprends, par des potes à lui, qu'il continue ses allers-retours Bali-Paris-Bali, et qu'il travaille (faut bien vivre) sur de fausses œuvres de Robert Combas, Fernand Léger et Chagall ! Je sais aussi qu'il a été introduit par Christine-la-revenante auprès de la princesse balinaise Jaïs Darga Widjawa. LøL poussera la conscience professionnelle jusqu'à devenir son amant le temps suffisant pour lui revendre ses faux sans certificats. Aux dires de la princesse, LøL était sa romance. Elle possédait des galeries Darga dans toute l'Asie extrême-orientale et vendait à foison, blanchissant l'argent sale des mafias-triades qui avaient d'énormes capitaux à transformer. Grâce à la princesse, LøL a engrangé des millions de dollars. De quoi se redorer sur toutes les tranches avant de larguer sa bienfaitrice !

J'ai revu LøL une nouvelle fois au café Marly en septembre 2002. Il continuait à pondre de nouveaux Modigliani, des « Femmes au long cou » qu'il avait déjà réalisées et bien vendues. Comme il avait appris à réaliser des Braque et toutes sortes de Combas, il se répétait jusqu'à l'usure. Il avait des clients en Andorre et au Sénat français. Soucieux de se diversifier, il réalisera, dans le style de la Figuration narrative, les « scènes de crime » qui sont le reflet et l'esprit de la propre mise en scène du plasticien Jacques Monory. Toutes ces œuvres, réalisées à Bali, seront, grâce à ses relations politiques et *jet set*, revendues au grand jour. Les sénateurs-collectionneurs ne sont pas très regardants pour leurs plaisirs, surtout avec l'argent du contribuable !

Du coup, quand je l'ai revu, LøL avait encore grossi son pactole de quelques millions d'euros. En repartant de notre rendez-vous, il a pris l'avion pour Bali *via* Amsterdam. Il y avait urgence : le faussaire libertin devait retrouver sa jeune concubine thaïlandaise qui allait accoucher de son fils !

Peu après, par portable, je conseille à LøL de ne pas refoutre les pieds sur le sol français. Il me répond qu'il reste en Asie avec son fils nouveau-né mais qu'il se rendra à Andorre par des voies détournées pour vendre des Miró, œuvres majeures sur toiles, technique mixte, à son banquier et au conservateur du musée Miró de Barcelone. Décidément, il assure ! En revanche, quand LøL me demande des *news* de l'affaire César, je ne lui réponds que quelques mots : « À fuir ! Trop *hot* ! »

37.
Ma période omerta
[Décembre 2002]

Attablé à la terrasse du Flore, je reçois un coup de fil de mon avocate. Elle me demande de lire l'édition du 3 décembre 2002 de *Libération*. L'affaire César revient à la mode car Jean-Charles Villa a été arrêté à son retour de Bali. LøL passe directement de Roissy à Grasse, dans le cabinet du juge Laurent. Grâce à l'arrestation de ce second copiste, qui se décrit comme mon élève, les enquêteurs recensent désormais un gros millier de faux César certifiés, la moitié étant saisie, l'autre bien au chaud dans des collections privées du monde entier.

LøL ne pipe mot des galeristes, collectionneurs et commanditaires. Devant l'évidence, il reconnaît que Stéphanie Busuttil a certifié quantité d'œuvres à la demande de Christian Martin et à la sienne ; et il ajoute que, peut-être, certains certificats ont été délivrés de façon erronée. « Peut-être » ! Néanmoins, ce n'est pas ce qui intéresse les enquêteurs au premier chef. En effet, selon ce que me racontera LøL, les quantités d'œuvres écoulées sont telles que les enquêteurs préfèrent se pencher sur les circuits de distribution. Les riches collectionneurs n'étant pas des gogos, les enquêteurs pensent à un circuit de blanchiment d'argent qu'ils évaluent à une vingtaine de millions d'euros.

Ils n'ont pas tort. Les sommes astronomiques que l'on nous laisse en échange d'œuvres et de commandes considérables viennent bien de l'argent sale. Filtré par divers casinos de jeu en Europe, cet argent à peine reblanchi est à la disposition du plus gros de nos acheteurs. D'où la demande sans cesse croissante d'œuvres majeures. Ces œuvres, rachetées par des sociétés *offshore*, dans l'anonymat le plus complet, passent quelque temps dans les coffres de divers ports francs, tout comme la plus grande partie des miennes ; puis elles sont remises au grand jour sur le marché de l'art, sous le couvert de sociétés *offshore*. L'argent sale est ainsi nettoyé à sec par le pressing de l'art, capable de laver plus blanc qu'ultrablanc !

Les artistes ont toujours payé de leur vie la possibilité d'être libres et de poser leur couleur sur des toiles blanches. Ce qui fait qu'une œuvre d'art est belle, c'est la façon dont on la regarde et la manière dont elle a été exécutée, avec passion, amour, rage, violence, émotion. Les Grecs avaient le culte du corps, de la beauté, de l'esthétisme ; cet héritage a toujours court. La beauté est une forme d'intelligence, pensait Oscar Wilde. Ma piraterie artistique n'a ni tué ni ruiné personne, au contraire ; mais j'ai manqué mille fois de me tuer en jouant aux doublons sans doublure. J'ai risqué ma vie en créant ce mélange diabolique de vrais et de faux, en développant ma propension à ridiculiser les lois, les législateurs et les magistrats grâce à mon attitude nonchalante et détachée, bref, en étalant mon sens de la provocation derrière lequel je tâche de cacher une timidité maladive. Mon impudeur cèle, autant qu'elle y parvient, la pudeur extrême qui me caractérise.

Que l'on les condamne ou non moralement, mes pratiques ont fait mouche. Plus : chaque intervenant les a bénies. Dans cet immense trafic de fausses œuvres d'art, tous – héritiers, détenteurs des droits moraux, experts, marchands et amateurs d'art – ont fermé les yeux et mis la main à la pâte. L'hydre que j'ai fabriquée a servi de nombreux intérêts privés. Les transactions de l'affaire César se réglaient en espèces et portaient sur des dizaines de millions d'euros. Je me suis enrichi, certes ; surtout, j'ai enrichi beaucoup de gens qui, eux, restent hors d'atteinte de la justice – la loi du silence prévaut dans ce genre de *business*.

Depuis les années 1980, j'ai confectionné des milliers de faux qui ont été achetés, vendus, revendus, oubliés, et ont alimenté les banques de paradis *offshore*. Aujourd'hui, les mégabénéfices des acheteurs sont à l'abri dans les banques, UBS à Genève, HSBC à Lausanne, Carnegie Bank au Luxembourg, Republic Bank of New York à Monaco, ex-Bank Bacob à Bruxelles, Crédit Suisse à Genève… et surtout dans les casinos de Knokke !

Le petit drogué-malade qui m'habitait ne pouvait imaginer un tel résultat obtenu grâce à une énergie puisée je ne sais où, peut-être dans une folle envie de vivre et de jouer à ce jeu facile.

De ce combat shakespearien pour le contrôle du marché international de l'art de l'œuvre de César, des interprétations fausses mais parfaitement dans l'esprit du maître, toutes authentifiées par les meilleurs experts, nous étions le centre, la source intarissable où buvaient goulûment tous les *art's addict collectors*. Nous avons enrichi les déjà très riches collectionneurs et galeristes. Nous n'avons jamais spolié ou ruiné qui que ce soit. Nous n'avons jamais eu de plainte, uniquement des demandes ! La preuve : les flics n'ont trouvé personne de sérieux pour se constituer partie civile et ce, *all over the planet of art* ! À son énième retour de Bali, LøL ne pensait pas être recherché. Manque de bol, il a été incarcéré et mis en examen. Il ressort libre mais sous contrôle judiciaire.

Il n'a rien dit sur les autres, lâchant juste que je lui avais tout appris. L'affaire César ne brisera pas l'*omerta* qui règne sur le marché de l'art.

38.
Ma période Zao Wou-Ki
[2003]

Pendant l'affaire, les affaires continuent. La famille César s'écharpe. Une vente est annulée *in extremis*. L'État s'en mêle et s'emmêle les pinceaux, renonçant à son redressement fiscal sur la veuve du maître grâce à l'intervention d'Éric Woerth, ministre des Finances et sensible aux pressions d'Alain-Dominique Perrin, grand donateur de l'UMP. Pour les mêmes raisons, le nombre d'œuvres « disparues » est drastiquement réduit, ce qui provoque la fureur du clan Baldaccini. Intrigué par ces remous, Karl Zéro me consacre une heure de son *Vrai journal*, alors en pleine bourre.

D'autres affaires se résolvent. Ainsi, le 31 janvier 2005, un informateur anonyme révèle aux gendarmes de Lons-le-Saunier, que les trois œuvres volées chez Retelet, quatre ans auparavant, se trouvent entre les mains de gitans de la région grenobloise, parmi lequel figure un certain Loulou, identifié comme étant Louis Benoni. Aussitôt, les bleus placent Benoni, sur écoute. Il apparaît qu'il entretient des relations suivies avec Stéphane Bauza, un camionneur, et Daniel Mokhfi, un brocanteur en possession de beaux tableaux du Midi. Le 21 mars 2005, enfin, les deux principaux suspects du vol de la galerie Retelet sont interpelés. La perquisition dans le garage de Mokhfi permet de trouver, dissimulés dans des sacs poubelles ou des cartons, trois des quatre tableaux volés à Saint-Paul : *L'Émigrant* de Chagall, *L'Écuelle et le tire-bouchon* de Léger ainsi que *Jour de fête* de Magritte. Les trois compères étaient sur le point de revendre la marchandise.

Aujourd'hui encore, j'ai la haine contre ces trois hommes mais plus encore contre la galerie Retelet. Je ne peux pas m'enlever de l'esprit que je suis dorénavant un fauché, un crève-la-faim à cause cette affaire de Pieds nickelés ! Depuis ma sortie de prison, en 2002, je vis presque exclusivement de la vente de mon pécule accumulé à l'étranger ainsi que de faux, que je continue de fabriquer en très petite quantité. Pour l'anecdote, mon propriétaire de l'époque, rue Saint-Honoré, accepte d'être payé en encres de Zao Wou-Ki. Il m'explique que c'est pour ses neveux et ses petits-enfants, pour plus tard. Il est *fan* !

Je suis fasciné par ce fabuleux artiste chinois, qui s'était installé à Paris à la fin des années 1940. Son travail est fin, abstrait, sensuel, délicat. Pour le prolonger, je crée des encres de Chine de petit format, sur papier Canson préalablement jauni dans du thé très fort. Sur le papier trempé ou presque sec, c'est selon, je trempe mes pinceaux chinois dans l'encre et laisse, à la manière de ce grand artiste donc au gré d'un hasard très peu dirigé, glisser cette encre quasi indomptable. Par peur de rater mon encre finie en gâchant la signature en chinois, j'ai d'abord entrepris de l'apprendre puis de la tracer en premier, à la plume Sergent Major, sur les feuilles vierges.

Content de maîtriser un peu le chinois, j'en fabrique une centaine. J'en prends une trentaine pour les présenter à des marchands d'art et à des galeries de la rue de Seine telle la galerie Lebouc, à qui j'avais vendu, des lithographies de Miró et de Chagall, ainsi que des céramiques de Picasso. Le fils Lebouc m'en achète quelques-unes et me paye en espèces. Je suis satisfait. D'autres marchands m'achètent des pièces à des prix cassés. Tant pis. L'essentiel, pour moi, est de gagner de quoi nous faire vivre, ma compagne Li Lavilliers – l'ex troisième épouse du grand Bernard – et moi.

En 2009, déjà sous le coup d'une inculpation et écroué à la maison d'arrêt de Grasse, je suis entendu par les policiers chargés d'enquêter sur des contrefaçons de l'œuvre de Zao Wou-Ki. La procédure est diligentée par une juge d'instruction du pôle financier de Paris.

Je reconnais les faits et suis emmené en avion à Paris. J'y rencontre cette juge d'instruction, au demeurant fort sympathique. Elle est pertinente, très aimable et entourée d'une quantité de livres sur cet artiste chinois. Elle me confie que, grâce à moi, elle a découvert l'artiste et appris à l'aimer. Quant à mes œuvres, elles lui plaisent bien… mais pas aux ayants droit de la Fondation Zao Wou-Ki ! Donc elle m'inculpe, et je suis jugé au Tribunal de Grande Instance de Marseille. Me voilà résident de l'iconique prison des Baumettes ! Condamné à deux ans de prison, je ne fais pas appel : ma peine sera confondue avec celle que m'infligera le TGI de Grasse pour l'affaire César.

39.
Le procès
[Décembre 2009]

Le 30 novembre 2009 s'ouvre le procès César, huit ans après les faits. Cependant, le temps et l'oubli ont fait leur œuvre. De plus, des protagonistes sont absents car les instructions les ont dédouanés, en particulier notre grand compère Pat Veinard, comme son surnom l'indique. Tant mieux pour eux ! En revanche, neuf autres faussaires (dont Christian Martin, mon frère Franck, Jean-Charles Villa et Yaël Marciano), des galeristes (Anne Lettrée, Laurent Strouk, Patrick Memoune, Guy Pieters), et des amateurs sont à mon côté. En tant qu'expertes, Denyse Durand-Ruel et Stéphanie Busuttil sont parties civiles, bien que cette dernière ait reconnu avoir expertisé une vingtaine ou une trentaine d'œuvres. Malgré l'évidence, je suis content pour elles. Ce qui est fait est fait, ce n'est plus à moi d'en vouloir à quiconque.

Le premier jour, je suis en pôle position, noyé par le tribunal sous un flot de questions s'appuyant sur les déclarations, les miennes et celles de mes complices – déclarations fantoches, mensongères et non vérifiables. Depuis 2001, nous sommes à peu près tous sur la même longueur d'onde. Aussi le tribunal cherche-t-il des failles, en vain. Il rêve d'une lumière de studio de cinéma pour éclairer des vérités et faire l'organigramme de la participation de chacun de mes complices ; tout ce qu'il diffuse, c'est une loupiote dont le halo est pénombre, entre chien et loup.

La médiocrité d'une instruction bâclée ainsi que les fautes de procédure soulevées par nos avocats bousculent la sérénité des débats. Je suis le seul à être incarcéré. Je suis de plus en plus malade, fatigué, stressé, maltraité, menotté serré dans le dos, *up side down*, faussaire en série entouré de quatre Robocop qui me bousculent, me soulèvent du sol, me malmènent. Je les engueule, leur demande de me traiter correctement, et les menace de révéler à l'audience mes conditions de détention lorsque je ne suis pas dans la sacro-sainte salle.

Pendant les allers-retours des geôles des Baumettes à la salle d'audience, je pense à nouveau à James Baldwin et à *Moins qu'un chien*. Je suis affaibli, mais mon cerveau fonctionne en mode surboosté. Lui et moi n'avons pas le droit à l'erreur. Dans ma geôle sans toilettes et sans eau, dans les remugles de merde, de pisse et de vomissures, j'imagine les questions qui vont m'être posées et les réponses que j'ai intérêt à fournir. Je suis joueur d'échecs ; c'est crevant, mais je joue gros, et pas que mon sort ! Je veux que mes complices libres ne soient pas mis en cause par une bourde que je pourrais commettre bien que le président, aguerri, pose des questions dans le désordre.

Dans ces geôles insalubres, on ne me donne presque rien pour m'alimenter – un sac de pique-nique, un sachet de chips, deux biscuits, un quart d'eau bouchée, et c'est tout. Durant ces cinq jours de marathon judiciaire, chaque matin, on m'extraie de cellule à 7 h. Je n'ai pas le temps de prendre une douche, je planque du Lexomil dans l'ourlet de mon pantalon, je prends vite mes trithérapies. On m'emmène *speed* de chez *speed* jusqu'à la geôle du Palais. Je suis crevé ! La pression des débats, les interruptions qui me ramènent dans cette oubliette sous terre, jusqu'à 9 h ou 10 h où l'on me tire vers la salle d'audience… Je réintègre la cellule de la prison à 21 h, je n'ai qu'une envie, dormir. Je ne mange pas, je ne dors pas, j'attends le claquement des verrous à chaque instant de la nuit.

De retour au palais de justice, direction la grotte où je me plie en fœtus pour essayer de me reposer un peu. La lumière dans la gueule, couché sur ce banc en bois clouté, je me tords mais ne trouve pas la position zen. Chaque matin, je suis mis à nu et fouillé. Ça les amuse. J'étouffe. L'air vicié m'asphyxie. Je lis sur les murs, qui ont la parole, les insultes gravées ou noircies, les noms des justiciables passés bien avant moi et qui ont laissé une trace de leur quart d'heure de détresse.

À 10 h, je rentre dans la salle d'audience. Les caméras des télévisions, les photographes, les *perchmen* me harcèlent. Bien que je ne sois pas à mon avantage, je leur jette des sourires, je joue la comédie qu'ils attendent de moi. Tant

La face cachée du marché de l'art

qu'à faire, autant être médiatisé à bloc ! Les Ï.O., écarlates, me détachent et tâchent eux aussi de faire bonne figure.

Depuis les interrogations de la première heure en 2001, j'ai toujours dédouané mon équipe. C'est moi, la tête pensante ; c'est moi qui ai eu l'idée de ce montage ; c'est moi qui ai créé cette économie souterraine. Je suis l'âme de cette affaire. Oui, j'ai enrichi tous les protagonistes qui sont avec moi sur les bancs des accusés – et quelques autres aussi ; oui, je me suis enrichi ; toutefois, surtout, je me suis amusé à construire ce jeu. Je rigole quand j'apprends que Busuttil et Durand-Ruel réclament 15 000 € de dédommagement : j'imagine que leurs avocats leur en ont pris le triple en honoraires.

La disproportion entre leurs demandes et ce que l'on a gagné est une forme d'aveu de leur part !

Tous mes complices sont briefés : il faut noyer le poisson, se rejeter de fausses responsabilités purement et simplement inventées, mettre un pare-feu entre le tribunal et nous, les troubler, leur faire oublier le contenu de leur dossier, jouer la montre, les enfumer ! Notre mascarade fonctionne depuis huit ans ! Pas vu, pas pris ! Ils veulent du lourd, on leur offre du *light* ! Ils n'auront que des alevins muets ! Résultat, on nous reproche 150 faux, alors qu'on en a fait des milliers.

Le plus malin est Guy Pieters. Son avocat invoque des fautes de procédures. Le tribunal ne pourra être saisi des faits qu'entre le 1ᵉʳ janvier et le 31 août 2001. Ainsi, la perquisition du 27 septembre 2001 et les écoutes téléphoniques des 6 et 19 septembre doivent être écartées des débats. Bravo, le Flamand !

Au deuxième jour de ce procès bordélique et noirâtre, on nous présente quelques faux César. Je n'en vois pas une seule que j'aurais exécutée ; il faut dire que les miennes ont été expertisées et vendues comme vraies *all over the wide world*. En vérité, je reconnais la patte... mais LøL ne reconnaît rien. Normal !

Alors, à qui le tribunal va-t-il l'attribuer ? Là est la question ! Motus-*omerta* de notre côté, sur ce ring où l'art du vrai se mêle à l'art du faux ! Une pléiade d'experts judiciaires, dont Jean-Paul Ledeur, ami de César, révèlent benoîtement leur incompétence. C'est pourtant à ces *fakes*, tous plus ignorants les uns que les autres, que le Tribunal demande sans cesse si ces œuvres sont fausses et si les signatures sont bonnes. Après des heures passées à les toucher, les analyser par devant et par derrière, à étudier les montages, à voir si elles sont collées, vissées, cloutées, à les humer, à essayer de ressentir l'esprit de César s'en dégageant, ces pointures ne pourront se prononcer.

Non, Messieurs les experts, vous ne trouverez rien d'illicite. Tout est vrai ! LøL a gagné et, pourtant, ses œuvres étaient très différentes des miennes ! C'est fini ! Plus de preuve flagrante ! La place est au doute dans l'esprit de ce tribunal ! Personne ne percera à jour notre magie et les recettes de cette *salsa*. Dire que le monde de la vérité et de la fausseté dépend de ces baltringues, clowns ridicules faisant leur pelote grâce au cirque de l'art et de son commerce... Alors, nous tournons tout en dérision ! Nos avocats sautent à bras raccourcis sur ces non-preuves de fausseté ! Ils ont la partie facile, ils en profitent ! Les

La face cachée du marché de l'art

journalistes m'adressent des sourires congratulatoires ; certains me glissent que ce que nous avons fait relève du génie. En réalité, il n'y a rien de génial. Juste de la réflexion, du travail et de la création.

Troisième jour, même cirque. Je suis à plat, de plus en plus mal. Voilà trois jours que je ne mange ni ne me douche. C'est ça, la vraie punition ! Le tribunal continue de me harceler ; malgré mes souffrances, stoïque, je reste debout et je réponds. Je les égare dans un flot de paroles hors sujet, ils m'écoutent. Je suis la *target* à qui l'on décoche des flèches trempées d'amertume, mêlées d'acide sulfuro-*vindict* dont la date de péremption est dépassée. C'est moi que l'on veut ! Robes noires et visages *red monkeys* !

Maître Vazzana met en avant que je n'ai pas les épaules assez larges pour supporter l'intégralité de ce que l'on me reproche. Oui, je suis un faussaire ; mais je suis incapable d'avoir mis en œuvre seul ce montage parfait ! Je ne m'habille pas en Prada ; dans cette affaire, je suis le Sweet Devil ! J'en suis au point où il m'arrive d'éclater de rire, déstabilisant l'atmosphère quasi monacale de cet opéra-bouffe.

Au chiffre d'affaires de vingt millions d'euros que l'on m'impute, je réponds toujours la même chose :

— Le fisc est trop généreux dans ses estimations, surtout à l'approche de Noël !

On me rétorque que mon trafic visait à subvenir à mon train de vie extravagant. Je rétorque que je déclare mes impôts. Ainsi des 180 000 € signifiés à l'administration pour l'année 2000, représentant mes gains sur des œuvres cubistes de Picasso, d'impressionnistes, de Monet et de Renoir, vendues à des clients asiatiques fortunés dont je ne révélerai pas les noms par discrétion… et parce qu'ils n'ont jamais existé ! Qu'ils envoient des commissions rogatoires en Corée, Malaisie, Inde, Hongkong, Shanghai ! Qu'ils aillent chercher des M. Chow, à Macao, c'est mon rêve ! Bref, je m'échine à les noyer dans leur propre mare…

Dernier jour de ce cirque face pour la justice sodomite ! Les réquisitions du procureur tombent : six mois avec sursis pour mes co-accusés les plus chanceux, quatre ans fermes pour moi. Il aurait pu demander la perpétuité ! En prime, ce pantin nous demande de nous acquitter d'impôts sur des gains non prouvés ou, s'ils l'étaient, sur du *black* généré par un trafic de faux ! N'importe quoi !

Les avocats de mes complices rivalisent d'ingéniosité pour démonter l'accusation. Les dossiers sont décortiqués, éclatés, mis en pièces détachées, ainsi que les arguments du procureur rouge carmin avec une touche de vert plomb.

Maître Vazzana plaide en dernier. Elle fait mouche, court et simple, en déclarant :

— Il n'est pas prouvé que mon client ait mis sur le marché quoi que ce soit qui n'ait pas été authentifié par les plus grands experts de la place. Il n'est d'ailleurs pas le seul à avoir collectionné puis vendu des œuvres de ce grand sculpteur. Mes complices viendront m'embrasser et me remercier de ne pas les avoir balancés.

Les juges auront en vain essayé de me plier comme un origami. En revanche, je termine à plat ce procès, encore aveuglé par les *flashs* des photographes et les lampes des caméras, saoulé par les questions des journalistes de toutes les presses papier et télé. Mon message est sans détour :

— J'aimais César, je me suis bien amusé. Je passe à autre chose. Seuls l'art et l'amour m'animent et continueront à me faire vibrer. Salut !

Le procès est mis en délibéré au 25 janvier 2010. J'attends la décision depuis le fond de ma grotte. Ici, les geôles sont sales, et la nourriture est malsaine. Ces conditions mènent certains détenus à la dépression qui, mal soignée, aboutit au suicide ! La prison française ne respecte pas l'être humain, elle le broie. Devant moi, un directeur a déclaré à un responsable de détention qu'il dirigeait une usine de retraitement de déchets humains. Aujourd'hui encore, il faut se battre contre cette hypocrisie dangereuse voire mortelle qui bafoue la dignité de dizaines de milliers d'être humains.

Au terme d'un suspense pitoyable, je suis condamné à quatre ans de prison. Jean-Charles Villa écope de trois ans avec mandat de dépôt. Christian Martin récolte deux ans avec sursis ; Franck, Yaël et Laurent Strouck gagnent une année de prison avec sursis, Les voleurs de tableaux chopent entre un an avec sursis et trois ans, et Retelet peut récupérer ses piètres tableaux. Enfin, le Flamand redevient rose : il est blanchi ! Le mec a donc vendu des milliers de faux César sans rien savoir : quel talent ! Les faux étaient vraiment exceptionnels !

LøL et moi interjetons appel. Nous repassons en jugement devant la Cour le 28 mars. Le procès, prévu pour durer trois jours, est bouclé en une après-midi, les juges et le procureur étant plus *cool*. Notre stratégie porte. J'obtiens ce que je voulais – la restitution de la seconde partie de ma collection. J'en profite pour prendre sur moi ce que l'on reprochait à LøL qui, du coup, voit sa peine baisser d'un an. Que demande le peuple ?

40.
Ma nouvelle période prison
[2010]

Ne pas s'enfermer dans sa crypte ; échafauder de nouveaux projets ; se battre pour récupérer sa vie donc sa liberté : LøL et moi y travaillons. Entre 2004 et son incarcération, il avait déjà créé des bandes dessinées *trash* ainsi que des sculptures de crânes car, selon lui, la mort est le dernier tabou de nos sociétés. Je sais qu'il a souvent pleuré car on lui interdisait de voir Nello, son fils.

Énième illustration d'une administration aveugle, juste avant sa sortie, les matons fouillent la cellule de LøL. Il était en train de peaufiner *Cortex Cape*, un jeu de société pour toute la famille, dans lequel les joueurs doivent s'évader d'un labyrinthe où ils se trouvent enfermés. En découvrant les plans très élaborés que LøL a conçus, les surveillants paniquent et transfèrent LøL dans un quartier de haute sécurité pour « projet de tentative d'évasion » ! Il doit solliciter le président de la cour d'appel pour être réintégré dans sa cellule. Quelque temps après, ce jeu a été édité par un financier et s'est retrouvé en vente partout !

De mon côté, je suis seul dans ma cellule des Baumettes. Le directeur de la prison me permet de réaliser des dessins « de César », des poules et des centaures, sur du papier que je jaunis dans mon thé. J'en réalise environ 300 sous le regard amusé et interrogateur des détenus comme des surveillants.

Ayant obtenu tout le matériel nécessaire, je réalise aussi, dans ma cellule où l'on me laisse travailler, mes propres œuvres. Sur des matériaux basiques, je crée des pages de journaux qui servaient de support à mes collages recouverts de peinture acrylique. Dès que possible, je monterai ces pièces sur toile et châssis, afin d'exprimer l'horreur de la détention et de ses espaces exigus. Dommage que la peinture seule ne puisse pas complètement traduire les cris, les sons, les bruits des détenus en panique et en frustrations. Je fais sortir par rouleaux ces fragiles œuvres sur papier, *via* le parloir des familles. Je veux en faire une exposition personnelle dès ma sortie. En somme, je me recycle, fonçant dans mes pensées, analyses personnelles sur mon propre travail. Acte de réinsertion, peut-être !

Bien sûr, je me suis inscrit pour accéder aux ateliers d'activités artistiques. Je propose des cours de dessin succincts aux autres détenus qui veulent accéder à la maîtrise du fusain, du crayon et de la peinture : pour nous tous, cela forme un espace d'évasion.

Le prêtre catholique vient dans l'atelier me demander – à moi qui suis plutôt athée – de lui réaliser de grandes pièces sur papier, de manière à décorer le fond de son église improvisée dans une salle dépouillée et froide comme est la structure carcérale ! Je le remercie et me mets au travail pour honorer sa commande. Il sera heureux lorsque, aux cimaises de son lieu de culte, l'on accrochera ces œuvres colorées. Cela me vaudra les honneurs des détenus, des gardiens et des directeurs. Moi, j'ai seulement essayé de rendre plus *fun* cet endroit !

J'anticipe également ma sortie en veillant à la restitution de ma collection personnelle. De nouveau authentifiées, ces pièces passeront bientôt en vente et seront achetées par des collectionneurs. Je vis encore aujourd'hui sur cette vente.

41.
Ma période Piedoie
[Depuis juin 2011]

Depuis 2011, je me consacre à exercer mon travail de peintre. C'est plus enrichissant sur le plan spirituel que la fabrication de faux, bien sûr. Sur d'autres plans, cela se discute. Mes connaissances du marché, de ses arcanes, de son histoire, me permettent aussi de faire du courtage en art moderne et contemporain, à travers la planète Art. Je vends des Basquiat, des Klein et des Miró à des milliardaires du monde entier. Je travaille aussi avec de jeunes artistes qui développent leur concept. Bonne chance à eux, d'autant que certains sont déjà d'excellents faussaires !

Étant connu sur les réseaux sociaux et bien référencé par Google pour mes procès, je pensais que mes frasques me porteraient préjudice. Que non ! L'art est un sale boulot, mais quelqu'un doit le faire ! Ma célébrité, toute relative et non voulue, est une affaire d'actes mêlés de vérités, de contrevérités, d'attitudes, le tout passé au *mixer* de la vie. C'est par cette voie que je me suis retrouvé au firmament des galères et des réussites. Cela, le monde de l'art le respecte.

On devrait vivre la vie à l'envers. Tu commences par mourir, ça élimine ce traumatisme qui nous suit toute la vie. Après, tu te réveilles dans une maison de retraite, en allant mieux de jour en jour. Alors on te met dehors sous prétexte de bonne santé et tu commences par toucher ta retraite. Ensuite, pour ton premier jour de travail on te fait cadeau d'une montre en or et tu as un beau salaire. Tu travailles quarante ans jusqu'à ce que tu sois suffisamment jeune pour profiter de la vie active. Tu vas de fête en fête, tu bois, tu vis plein d'histoires d'amour ! Tu n'as pas de problèmes graves. Tu te prépares à faire des études universitaires. Puis c'est le collège, tu t'éclates avec tes copains, sans aucune obligation, et tu finis par devenir bébé. Les neuf(s) derniers mois, tu les passes à flotter tranquillement, avec chauffage central, *room service*, etc., et tu quittes ce monde dans un orgasme !

Toute ma vie, j'ai chassé l'idée d'avoir des limites. C'est ce qui trompe : les gens prennent mes hasards pour de l'adresse et mes fautes pour de la stratégie. Si le personnage que l'on me prête agace ceux qui me jugent de loin, ceux qui m'approchent découvrent un garçon qui ne veut atteindre les autres que par le cœur. Je sais que mes plus douces amitiés me viennent de ce contraste. Ma légende éloigne les imbéciles, l'intelligence me suspecte. Ma solitude ne me paraît jamais vraiment taciturne. Je ne cherche pas la lumière et ne me montre qu'aux heures de la grande parade nocturne.

Surtout, je sais que l'artiste est le reflet de toute la beauté, de toute la noirceur et de toute la déchéance du monde. Le monde doit comprendre que l'art a un prix et que ce prix, l'artiste le paye pour tous. Faut-il être doré sur tranche pour être adoré ? Faut-il faire dix ans de prison pour être libre ? Faut-il faire quarante ans de faux pour être vrai ? J'ai créé et j'ai fait de mes rêves une réalité. J'espère offrir à tous, à travers ce livre, cette petite part de création sans laquelle aucun homme, artiste ou non, n'est jamais tout à fait humain.

Index des principaux noms de personne et pseudonymes

KIRCHNER (Ernst Ludwig) : 83
KITA (Toshiyuki) : 65
KLEE (Paul) : 10
KLEIN (Rotraut) : 127
KLEIN (Yves) : 23, 35, 90, 92, 111, 125-160, 164, 167, 176-177, 231, 265
KOONS (Jeff) : 102, 148
KRAFT (Helmut Kaiser) : 177
LAGERFELD (Karl) : 190
LAVILLIERS (Melle Li) : 249
LE GRECO : 101
LEDEUR (Jean-Paul) : 255
LÉGER (Fernand) : 16, 24, 26-28, 83, 87, 126, 165, 167, 172, 225, 240, 248
LÉGER (Nadia) : 29
LEGROS (Fernand) : 10, 27, 121
LEIBOVITZ (Annie) : 149
LESSARD (Réal) : 121
LETTRÉE (Anne) : 158, 191, 192, 225, 251
LICHTENSTEIN (Roy) : 31, 35, 36, 216
LØL : voir VILLA :
LUTHER KING (Martin) : 90
MAILLOL (Aristide) : 12
MALAVAL (Robert) : 96
MALCOLM X : 90
MANDRAKE LE MAGICIEN : 31, 36
MANZONI (Piero) : 37-40
MAPPLETHORPE (Robert) : 149
MARCIANO (Yaël) : 137-139, 201, 218, 238, 251, 258
MARQUET (Albert) : 10, 121

Table

Composition :
L'atelier des glyphes

Pour Nick

Les citations de Shakespeare sont tirées
des traductions de François-Victor Hugo

« Nous déblayâmes fébrilement le reste des gravats qui encombraient encore le passage jusqu'à ce que nous n'ayons plus devant nous que la porte scellée toute propre. Après quelques notes préliminaires, nous perçâmes une minuscule ouverture dans le coin supérieur gauche pour voir ce qu'il y avait de l'autre côté. L'obscurité et la tige en fer glissée dans l'ouverture nous apprirent que l'espace était vide. Peut-être encore un escalier qui descendait, comme sur les plans habituels des tombeaux thébains royaux ? Ou bien une salle ? On alla chercher des bougies – révélatrices indispensables des émanations dangereuses quand on pénètre dans une excavation souterraine ancienne – j'élargis la brèche et à la lumière de la bougie, je sondai l'intérieur pendant que Lord C., Lady E., Callender et les reis attendaient avec impatience. Mes yeux mirent un moment à s'habituer à l'obscurité ; l'air chaud qui s'échappait faisait vaciller la flamme de la bougie.

Les autres étaient évidemment tenus en haleine car ils ne pouvaient voir. Puis Lord Carnarvon me dit : « Vous voyez quelque chose ? » ce à quoi je répondis : « Oui, je vois des merveilles. »

Howard Carter, 1922,
Extrait tiré de son *Journal intime*
Ashmoelan Museum, Oxford

Note de l'auteur

Ce livre a été initialement publié en russe en 2000. Mais en 1988, Nick Hern m'avait commandé un texte et il m'appelait consciencieusement tous les six mois pour savoir où j'en étais. Douze ans plus tard, je me suis dit qu'en retravaillant le livre russe, j'allais enfin pouvoir tenir ma promesse. C'est ainsi que cet ouvrage existe, grâce à la ténacité salutaire de Nick Hern.

Au fil des années, le texte a beaucoup bougé et pour cette nouvelle édition de 2018, de nombreux termes ont été remaniés.

Les personnes envers qui je suis redevable sont trop nombreuses pour être toutes citées ici. Mais je tiens à remercier particulièrement Fiona Williams et David Delannet.

Declan Donnellan
Londres, 2018

Sommaire

INTRODUCTION

Le jeu d'acteur est un mystère, et le théâtre aussi. Nous nous réunissons dans un espace et nous nous divisons en deux groupes, un groupe jouant des histoires pour l'autre. Il n'existe à notre connaissance aucune société où ce rituel n'ait pas lieu ; il semblerait donc que l'humanité hérite d'un besoin persistant d'assister à des représentations, du rite chamanique à la série télé.

Le théâtre n'est pas seulement un lieu concret, c'est aussi un endroit où nous rêvons ensemble ; pas seulement un bâtiment, mais un espace collectif et imaginaire. Le théâtre nous offre un cadre sûr où explorer nos extrémités dangereuses dans le confort du fantasme et la sécurité du groupe. Si toutes les salles de théâtre étaient rasées, le théâtre survivrait quand même parce que l'appétit que chacun nourrit en lui de jouer et d'assister au jeu est génétique. Cet appétit insatiable franchit même le seuil du sommeil. Car nous mettons en scène, jouons et regardons des spectacles toutes les nuits – le théâtre ne mourra pas tant que le dernier rêve n'aura pas été rêvé.

« Je suis donc je joue. »

À la naissance, le bébé n'a pas seulement des attentes vis à vis de sa « mère » ou du « langage », il nourrit aussi l'attente du « jeu » ; l'enfant est génétiquement programmé pour recopier les comportements qu'il observe. La première représentation théâtrale que le bébé apprécie est celle où sa mère joue à apparaître et à disparaître derrière un coussin. « Là tu me vois, là tu ne me vois pas ! » Le bébé gazouille et apprend que cet événement extrêmement douloureux, la séparation d'avec sa mère, peut être évoqué et vécu avec humour, théâtralement. Le bébé apprend à rire d'une situation terrifiante parce qu'elle n'est pas réelle. Maman réapparaît et rit – cette fois, du moins. Au fil du temps, l'enfant apprend à devenir l'acteur face au parent spectateur, en jouant à faire coucou derrière le canapé, puis le jeu se développera jusqu'au « cache-cache » plus élaboré, avec plusieurs participants et même un gagnant. Manger, marcher, parler sont des facultés qui se développent grâce à l'observation, la représentation et les applaudissements. Nous développons notre conscience de nous-mêmes en répétant des rôles que nous voyons nos frères et sœurs aînées, nos amis, nos rivaux, nos professeurs, nos ennemis et nos héros jouer tous les jours. On ne peut pas apprendre aux enfants à jouer des situations parce qu'ils le font déjà naturellement – sans ça, ils ne seraient pas humains. En effet, nous vivons à travers des rôles : père, mère, professeur ou ami. Le jeu d'acteur est un réflexe, un mécanisme de développement et de survie. Cet instinct primaire est la base de ce que j'entends par « jeu d'acteur » dans ce livre. Ce n'est pas une « seconde nature », c'est une « première nature » qui ne peut donc pas être enseignée comme la chimie ou la plongée. Donc si le jeu d'acteur ne s'apprend pas, comment développer ou exercer notre capacité à jouer ?

L'attention

Notre qualité de jeu se développe et s'exerce simplement quand nous y prêtons attention. En réalité, tout ce que nous pouvons « apprendre » au sujet du jeu d'acteur vient sous la forme de doubles négations. Par exemple, nous pouvons apprendre à ne pas bloquer l'instinct naturel du jeu, de même que nous pouvons apprendre à ne pas bloquer l'instinct naturel de la respiration. Bien sûr, nous pouvons apprendre une multitude de variantes stylisées de nos réflexes naturels. L'acteur de nô japonais passera peut-être des années à perfectionner un geste unique comme la ballerine suera pendant des années pour accomplir des prouesses de contrôle musculaire. Mais toute la virtuosité du maître nô ne servira à rien si sa technique sophistiquée ne révèle rien d'autre qu'une technique sophistiquée. Cet art hautement maîtrisé doit en quelque sorte paraître spontané. Ceux qui savent apprécier cette forme particulière savent discerner l'éclat de vivacité qui anime chaque geste ancien. La différence de qualité d'une représentation à une autre ne dépend pas seulement de la technique, mais du jaillissement de vie qui rend la technique invisible ; les années d'entraînement doivent avoir l'air de s'évaporer à la chaleur de la vie. La très grande technique a la délicatesse de disparaître et de ne récolter aucune gloire.

Même les formes d'art les plus stylisées parlent de la vie, et plus il y a de vie dans une œuvre, plus la qualité de cette œuvre est grande. La vie est mystérieuse, elle dépasse la logique, aussi le vivant ne peut-il jamais être entièrement analysé, appris ou enseigné. Mais tout ce qui semble éteindre la vie, la dissimuler ou la bloquer, n'est pas si mystérieux qu'il y paraît. Ces « choses » répondent à une logique et peuvent être analysées, isolées et éliminées. Le docteur peut expliquer pourquoi le patient est mort, jamais pourquoi il est en vie.

Donc ceci n'est pas un livre qui vous explique comment jouer ; c'est un livre qui peut vous aider quand vous vous sentez bloqué dans le jeu d'acteur.

Deux mises en garde

Il n'est pas facile d'écrire sur le jeu d'acteur. Jouer est un art, un art qui révèle le caractère unique des choses. Un bon jeu d'acteur est toujours singulier. Mais il est difficile de parler du jeu d'acteur parce que « parler de » nous amène souvent à généraliser, or la généralisation masque le caractère unique des choses.

Il y a aussi un problème de vocabulaire. Les mots « acteur » et « jeu » sont dévalorisés. En effet, on assimile souvent la notion de « jeu » au « mensonge ». Par exemple, on dit que quelqu'un « joue la comédie » quand on pense qu'il dissimule ce qu'il est vraiment. Platon ne faisait pas de différence entre jouer la comédie et mentir et condamnait sévèrement le théâtre. Dans son *Paradoxe sur le comédien*, Diderot demande comment on peut parler de vérité dans la représentation quand, par sa nature-même, elle est un mensonge.

Émotion et vérité

Mais nous ne pouvons jamais complètement dire la vérité sur ce que nous ressentons. En effet, plus ce que nous ressentons est fort, plus les mots qui nous viennent sont inutiles. La question « *comment ça va ?* » devient de plus en plus creuse au fur et à mesure que la relation prend de l'importance ; les mots fonctionnent assez bien pour saluer le facteur qui vient livrer un colis, mais deviennent horriblement inadaptés face à un ami atteint d'un cancer.

Il y aura toujours un fossé entre ce que nous ressentons et notre capacité à l'exprimer. Ce constat est déjà assez dur, mais le plus terrible, c'est qu'en général, plus nous voulons combler ce fossé rageant, plus il se creuse. Parfois, plus nous nous efforçons de dire la vérité, plus nous finissons par « mentir ».

Dans des situations de crises, notre incapacité à nous exprimer peut engendrer de grandes souffrances. L'adolescence peut être un véritable enfer au sein duquel nous nous sentons totalement incompris ; « le premier amour » n'est synonyme de bonheur que dans sa réminiscence nostalgique. Nous sommes hantés non seulement par la peur du rejet mais aussi par un désespoir rampant à l'idée que nous ne réussirons jamais à exprimer nos sentiments. Les émotions se déchaînent, les enjeux sont considérables : « *Personne ne comprend ce que j'éprouve. Et le pire, c'est que je m'entends débiter les mêmes clichés que tout le monde.* »

À l'adolescence, nous découvrons que plus nous voulons dire la vérité, plus nos mots mentent. Mais pour mûrir, nous devons poursuivre l'humble processus de la représentation, parce que jouer est la seule chose qu'il nous reste à faire. Jouer est ce qui nous approche le plus de la vérité. Nous jouons constamment, non pas parce que nous mentons délibérément, mais parce que nous n'avons pas le choix. Pour bien vivre, il faut être capable de bien jouer. Chaque moment de notre vie est une minuscule représentation théâtrale. Même nos moments les plus intimes ont un public, même un seul : nous-mêmes.

Nous ne savons pas qui nous sommes. Mais nous savons que nous sommes capables de jouer. Nous savons que la qualité de notre jeu varie en fonction des rôles : étudiant, professeur ami, fils, père ou amant. Nous sommes les personnes que nous jouons, mais encore faut-il bien jouer, soit avec une conscience toujours plus profonde de la « vérité » de notre jeu. Une vérité vis-à-vis de quoi ? Notre moi profond ? Les autres ? Une vérité par rapport à ce que je ressens, ce que je veux être, ce que je dois être ? Les points d'interrogation laissent entendre que les affirmations précédentes, comme celles qui suivent, ne sont pas forcément vraies, mais elles peuvent s'avérer utiles.

Le blocage

Au lieu d'affirmer que « x » est plus doué que « y », il est plus juste de dire que « x » est moins bloqué que « y ». Le talent coule tout seul, comme le sang dans les veines. Il suffit de dissoudre le caillot.

Quand nous nous sentons bloqués, les symptômes sont étonnamment similaires, quel que soit le pays et quel que soit le contexte. Deux caractéristiques de cet état semblent particulièrement funestes : la première est que plus l'acteur essaie de forcer, de s'extraire, de s'extirper de cette impasse, plus il aggrave son cas, comme s'il écrasait son visage contre une vitre. La deuxième est que l'acteur ressent souvent un profond sentiment d'isolement. Bien sûr, le problème peut être projeté à l'extérieur ; la « faute » revient alors au texte, au partenaire, ou même aux chaussures. Mais ces deux symptômes de base reviennent sans cesse : la paralysie et l'isolement – un verrouillage intérieur et un verrouillage extérieur. Et, dans le pire des cas, un sentiment criant de solitude, l'impression angoissante d'être à la fois responsable et impuissant, indigne et furieux, trop petit, trop grand, trop prudent, trop… moi.

Quand le jeu coule tout seul, il est vivant et donc impossible à analyser. Mais les problèmes qui affectent le jeu d'acteur sont liés à la structure et au contrôle et ils peuvent être facilement repérés et vaincus.

Autres sources de blocage

Au cours des répétitions et des représentations, de nombreux problèmes peuvent détériorer le jeu des acteurs. La salle est peut-être mal éclairée, mal aérée, dotée d'une mauvaise acoustique, trop froide. À plus forte raison, il y a peut-être des tensions dans la troupe ou une relation difficile avec le metteur en scène ou l'auteur. Des problèmes extérieurs sur lesquels l'acteur n'a aucun contrôle peuvent aussi enrayer le travail, mais les difficultés circonstancielles ne seront pas évoquées ici.

Quand les choses vont mal, nous devons distinguer ce que nous pouvons changer et ce que nous ne pouvons pas changer. Nous devons aussi diviser le problème en deux : d'un côté ce qui vient de l'extérieur, auquel nous ne pouvons pas grand-chose, voire rien du tout, et d'un autre, ce qui vient de l'intérieur, que nous pouvons apprendre progressivement à contrôler. Ce livre ne traite que de ce second versant.

Tous les problèmes graves de l'acteur sont interconnectés. Ils sont tellement interdépendants qu'ils ressemblent à un immense rocher taillé en facettes aveuglantes par un bijoutier démoniaque. Nous aurions tort de décrire le rocher en décrivant chacune de ses facettes parce que chacune n'a de sens que dans son rapport avec toutes les autres. C'est pourquoi une grande partie de ce qui est dit au début du livre n'aura pas beaucoup de sens avant la fin du texte.

Une carte

Ce livre est comme une carte. Comme toutes les cartes, c'est un mensonge, ou plutôt, un mensonge qui essaie de raconter une histoire utile. Un plan de métro ne ressemble pas du tout à l'agencement des rues de la ville et risque d'égarer le piéton, mais il l'aidera à trouver ses correspondances. Et comme avec la plupart des cartes, il faut se familiariser avec elle avant de réussir à trouver son chemin.

Avant de poursuivre, il serait utile de revoir certains termes de base.

Les répétitions

De manière générale, on peut diviser le travail de l'acteur en deux parties : la répétition et la représentation. De façon plus controversée, on peut diviser l'esprit humain entre le conscient et l'inconscient. Les répétitions et l'inconscient ont des points communs. Tous deux sont habituellement invisibles, mais essentiels. Ils représentent, chacun à leur manière, les quatre cinquièmes immergés de l'iceberg. D'un autre côté, comme la partie émergée de l'iceberg, la représentation et la conscience sont visibles. On peut facilement voir la partie émergée de l'iceberg, mais il faut une grande sagesse pour envisager les quatre cinquièmes masqués.

Ce livre opère cependant une division légèrement différente : ici, le travail de l'acteur sera séparé en travail visible et travail invisible. En réalité, les acteurs ont l'habitude de travailler selon cette division ; il s'agit donc en quelque sorte d'une nouvelle carte visant à clarifier un paysage existant. Commençons par quelques principes :

1. Tout le travail de recherche de l'acteur fait partie du travail invisible alors que la représentation fait partie du travail visible.

2. Le public ne doit jamais voir le travail invisible.

3. Les répétitions comprennent tout le travail invisible et des bribes du travail visible.

4. La représentation ne comprend que le travail visible.

Les sens

La fluidité du jeu de l'acteur dépend de deux fonctions précises du corps : les sens et l'imagination.

Nous sommes complètement dépendants de nos sens. Ils sont les premières antennes qui nous permettent de percevoir le monde extérieur. Nous voyons, touchons, goûtons, sentons et entendons que nous ne sommes pas seuls. La privation des sens est une torture théâtralement faible, mais extraordinairement efficace. Plus les enjeux augmentent, plus nos sens s'affinent. L'interface entre nos corps et le monde extérieur devient plus sensible et vibrante. Nous nous souvenons exactement de l'endroit où nous avons entendu une nouvelle stupéfiante – pas étonnant par exemple que tant de gens se souviennent de l'endroit, mais aussi du moment précis où ils ont appris que le président Kennedy avait été assassiné.

Trois remarques utiles à ce sujet : Premièrement, il est dangereux de tenir ses sens pour acquis. Méditer parfois sur l'aveuglement ou toute autre déficience sensorielle peut être une leçon de vie aussi forte que la contemplation régulière de la mort. Deuxièmement, les sens de l'acteur n'absorberont jamais autant d'informations au cours de la représentation que le personnage en situation réelle. En d'autres termes, l'acteur ne verra jamais l'aspic aussi clairement que Cléopâtre. Enfin, accepter gracieusement l'inévitabilité de l'échec est une délivrance jouissive pour l'artiste. Savoir que nous n'y arriverons jamais est un excellent point de départ ; le perfectionnisme n'est que vanité. Pour laisser libre cours à son imagination, l'acteur doit accepter les limites de ses sens. L'acteur s'appuie totalement sur ses sens ; ils sont la première étape de notre communication avec le monde. La deuxième est l'imagination.

L'imagination

L'imagination, les sens et le corps sont interdépendants. L'imagination est notre capacité à fabriquer des images. Nos imaginations font de nous des humains et elles turbinent à chaque milliseconde de nos vies. L'imagination seule peut interpréter les informations que nos sens transmettent à nos corps. C'est l'imagination qui nous permet de percevoir. En effet, rien au monde n'existe tant que nous ne le percevons pas. Notre capacité à imaginer est à la fois imparfaite et splendide, et seule notre attention peut l'améliorer.

L'imagination pourrait être péjorativement appelée « la doublure du réel » : « *Cet enfant a une imagination débordante !* » ou « *Tu t'imagines des choses !* ». Pourtant, seule l'imagination nous relie à la réalité. Sans cette capacité à fabriquer des images, nous n'aurions aucun moyen d'accéder au monde extérieur. Les sens remplissent le cerveau de sensations ; l'imagination s'efforce d'agencer ces sensations en images et de tirer du sens de ces images. Nous construisons le monde dans nos têtes, mais ce que nous percevons ne peut jamais être le monde réel ; il s'agit toujours d'une recréation imaginaire.

L'imagination n'est pas une pièce de porcelaine fragile, mais plutôt un muscle qui se développe seulement quand il est correctement utilisé. Au XVIIIème siècle, l'imagination était considérée comme un abîme prêt à engloutir les imprudents et cette méfiance persiste. Mais murer l'imagination, en admettant que ce soit possible, reviendrait à refuser de respirer de peur d'attraper une pneumonie.

L'obscurité

Tout ce que nous voyons du monde extérieur est fabriqué dans nos têtes. Nous ne pouvons pas développer notre imagination en la forçant à accomplir des prouesses créatives extraordinaires et intentionnelles ; nous développons notre imagination grâce à l'observation et à l'attention. Nous développons notre imagination en l'utilisant et en étant attentifs. Notre imagination s'améliore quand nous voyons simplement les choses telles elles sont. Mais ce n'est pas toujours facile de voir les choses, surtout quand il fait noir. Comment pouvons-nous éclairer l'obscurité ? En réalité, il n'y a pas d'obscurité ; il n'y a qu'une absence de lumière. Mais qui déploie cette ombre sur tout ce que je vois ? Voilà un indice. Si j'examine attentivement cette obscurité, je m'aperçois qu'elle a des contours familiers. Elle a exactement la même silhouette que... moi. Nous créons de l'obscurité en nous plaçant devant la lumière. En d'autres termes, nous ne pouvons nourrir nos imaginations qu'en nous écartant du passage ; moins nous obscurcissons le monde, plus clair nous le voyons.

I. « JE NE SAIS PAS CE QUE JE FAIS »

Les pattes d'araignées

Quand ils se sentent bloqués, les acteurs emploient souvent les mêmes mots. Peu importe que ces mots soient français, finlandais ou russes ; le problème transcende le langage. Ces appels au secours peuvent être rangés sous huit titres, mais, comme nous le verrons, l'ordre n'a pas d'importance parce que ces intitulés ne sont pas plus différents que les pattes d'une même araignée.

- « Je ne sais pas ce que je fais. »
- « Je ne sais pas ce que je veux. »
- « Je ne sais pas qui je suis. »
- « Je ne sais pas où je suis. »
- « Je ne sais pas comment je dois bouger. »
- « Je ne sais pas ce que je dois ressentir. »
- « Je ne sais pas ce que je dis. »
- « Je ne sais pas ce que je joue. »

Il serait étrange de discuter séparément de chacune des pattes de l'araignée car aucune patte ne peut marcher indépendamment des sept autres.

L'imagination de l'acteur, le texte, le mouvement, la respiration, la technique et les sentiments sont fondamentalement inséparables. Bien sûr, ce serait pratique qu'il existe une progression logique, une sorte de succession d'étapes, mais non. Ces huit problèmes, différents en apparence, sont intimement liés. On ne peut pas s'occuper d'une difficulté, la résoudre et aller régler la suivante. Les dégâts se propagent sans pouvoir être cloisonnés.

Cela dit, la cause principale des problèmes de l'acteur est beaucoup plus simple que ses multiples répercussions, tout comme la bombe est plus simple que les dégâts qu'elle provoque. Mais la simplicité de cette « bombe » ne l'empêche pas d'être difficile à décrire et à isoler.

Avant de pouvoir identifier et désamorcer cette bombe, nous avons besoin d'outils. Ces outils prendront la forme de choix et de règles. Les règles devront répondre à deux critères : a) être peu nombreuses et b) être utiles. Donc a) ce livre ne fournira pas quantité de règles et b) vous ne saurez si elles sont utiles que si elles fonctionnent pour vous dans la pratique. En général, nous mettons des règles en pratique selon que nous y croyons ou que nous sommes d'accord avec elles. Mais ces règles ne prétendent pas gouverner un pays ou sauver des vies ; elles nous aident seulement à « faire semblant ». Donc que nous soyons d'accord ou non avec elles n'a pas d'importance. Elles ne sont en aucun cas des règles morales absolues ; elles fonctionnent si elles fonctionnent.

« Je ne sais pas ce que je fais. »

C'est le mantra de l'acteur bloqué, une formule qui ouvre un piège dans lequel n'importe qui peut tomber.

Au lieu de nous intéresser au contenu de cette patte d'araignée, abordons le problème autrement et examinons sa forme. La structure de la phrase est importante. Le mot « je » est répété deux fois. Le cri de détresse sous-entend que : « *je peux / devrais / dois savoir ce que je fais ; c'est mon droit, mon devoir, de savoir ce que je fais et j'en suis actuellement privé.* » Mais cette plainte, aussi compréhensible soit-elle, passe à côté de l'essentiel. Quel est ce « quelque chose » qui, comme Trotski, a été effacé de la photo?

Ce « quelque chose » a été relégué au second plan, renié et finalement annihilé. Dans « *Je ne sais pas ce que je fais* », le mot « je » est répété deux fois. La part d'attention que méritait cet « élément » a été récupérée par le banquier « je ». L'importance cruciale de ce personnage oublié est le sujet-même de ce livre, parce que cette omission est la source principale de la souffrance de l'acteur.

Il est vital de comprendre que les demandes du « sais » et du « je » ne peuvent être satisfaites tant que nous ne nous sommes pas occupés de cette chose sans nom. Donc, nous nous intéresserons d'abord à cette « chose », si souvent ignorée qu'elle n'a même pas encore reçu de nom.

Cette chose sans nom, je l'appellerai **LA CIBLE**.

Contrairement à l'ordre arbitraire des pattes d'araignées, ici, l'ordre temporel est absolument essentiel. La cible doit passer avant le « je » et le « sais ». Le « je » est tellement avide d'attention qu'il voudrait qu'on s'occupe de son problème en premier.

Il se précipite au devant de la queue, suivie de près par le « sais »,
et la cible se fait piétiner dans la bousculade. Cette fragilité du
« je » et du « sais » est impitoyable. Nous sommes obligés de nous
boucher les oreilles pour ne pas entendre leurs cris sinon nous ne
pourrons jamais les aider. Nous ne devons pas regarder en arrière,
même si ces deux-là sont très doués pour nous faire culpabiliser.
Quand la femme de Loth a regardé en arrière, elle a été statufiée.

2. LA CIBLE

Irina

Laissez-moi vous présenter Irina, qui joue Juliette. Elle répète la scène du balcon avec son partenaire et elle a l'impression qu'elle ne sait pas ce qu'elle fait. Il lui semble injuste de se sentir coincée parce qu'elle a fait toutes les recherches préalables. Elle est intelligente, travailleuse et elle a du talent. Alors pourquoi a-t-elle l'impression d'être aussi vivante qu'une tranche de morue salée ? En réalité, plus Irina essaie d'être sincère, plus elle essaie d'exprimer des sentiments profonds, plus elle s'efforce de croire à ce qu'elle dit, plus elle se fige. Que peut-elle faire pour se dépêtrer de ce bourbier ? Eh bien, si elle n'arrive pas à avancer dans son travail, elle va peut-être devoir prendre des chemins de traverse, aborder le problème sous un autre angle et réfléchir à ce qui suit :

Si vous demandez à Irina ce qu'elle a fait hier, elle vous répondra peut-être : « *Je me suis levée, je me suis brossé les dents, j'ai fait du café...* » etc. En commençant sa réponse, elle vous regardera probablement droit dans les yeux. Par contre, quand elle essaiera de se représenter tous les événements de la veille, ses yeux se détacheront de vous. Or les yeux sont toujours fixés sur quelque chose. Si Irina ne vous regarde pas vous, c'est qu'elle regarde autre chose, par exemple le café qu'elle a bu la veille. Elle regarde un objet réel ou un objet imaginaire, mais elle regarde toujours quelque chose. Et l'esprit conscient est toujours en présence de ce « quelque chose ». Tandis qu'elle fouille dans sa mémoire : « Je suis allée au travail, j'ai écrit une lettre », ses yeux continuent à fixer des points situés à l'extérieur. Même si le bon sens nous porte à croire que tous ses souvenirs sont rangés à l'intérieur de son cerveau, elle est obligée de regarder à l'extérieur pour les retrouver. Ses globes oculaires ne roulent pas à l'intérieur de sa tête pour sonder son cervelet. Et ses yeux ne regardent pas vaguement le décor, ils se fixent sur un point précis, puis un autre point précis, là où les événements de la veille resurgissent et réapparaissent :

« J'ai lu le journal. »
« J'ai pris un café. »

Chaque événement trouve sa cible spécifique. Et peut-être qu'enfin, elle abandonne et dit :

« Je ne me souviens plus du reste. »

Mais ses yeux continuent à chercher en divers endroits les souvenirs qui lui échappent. Ce qui peut passer pour un balayage général de l'espace est une véritable exploration : elle trouve, élimine et sélectionne une multitude de points. Ce qui nous amène à la première des six règles de la cible :

1. Il y a toujours une cible

On ne peut pas savoir ce qu'on fait tant qu'on ne sait pas à qui on le fait.

Tout ce que l'acteur « fait » doit être fait à quelque chose. L'acteur ne peut rien faire sans cible.

La cible peut être réelle ou imaginaire, concrète ou abstraite, mais la première règle inflexible est qu'il doit toujours, toujours y avoir une cible.

- « *J'avertis Roméo.* »
- « *Je trompe Lady Capulet.* »
- « *Je taquine La Nourrice.* »
- « *J'ouvre la fenêtre.* »
- « *Je vais sur le balcon.* »
- « *Je cherche la lune.* »
- « *Je me souviens de ma famille.* »

La cible peut être « soi-même », comme dans :

- « *Je me rassure moi-même.* »

L'acteur ne peut rien faire sans cible. Donc, par exemple, un acteur ne peut pas jouer « je meurs » parce qu'il n'y a pas de cible. Par contre, l'acteur peut jouer :

- « *J'accueille la mort.* »
- « *Je lutte contre la mort.* »
- « *Je me moque de la mort.* »
- « *Je me bats pour rester en vie.* »

Être

Il y a des choses qu'on ne peut pas jouer. L'acteur ne peut pas jouer un verbe sans objet. Un cas de figure fondamental est l'« être » : l'acteur ne peut pas se contenter d'« être ». Irina ne peut pas jouer qu'elle « est » heureuse, triste ou en colère.

L'acteur ne peut jouer que des verbes, mais a fortiori, chacun de ces verbes doit correspondre à une cible. Cette cible est une sorte d'objet, soit direct soit indirect, une chose précise vue ou sentie et qui, jusqu'à un certain point, répond à un besoin. Et ce que la cible est change d'un instant à l'autre. Il y a une quantité de choix possibles. Mais sans cible, l'acteur ne peut absolument rien faire, car la cible est la source de toute la vie de l'acteur. Quand nous sommes conscients, nous sommes toujours en présence de quelque chose, de la cible. Et quand l'esprit conscient n'est plus en présence de quoi que ce soit, il cesse d'être conscient. Or l'acteur ne peut pas jouer l'inconscience.

Saluer le curé sans pantalon tout en taillant les chrysanthèmes

En disséquant le vénérable *double-take*, nous montrerons mieux en quoi consiste la cible. « To take » est une vieille expression de théâtre pour dire « voir ». Et faire un *double-take* signifie qu'on voit quelque chose deux fois, ce qui crée un effet comique.

Exemple : Vous êtes en train de tailler vos chrysanthèmes quand le curé entre en courant :

• Première étape : « *Bonjour, monsieur le curé !* » – vous le regardez.

• Deuxième étape : Vous retournez à vos chrysanthèmes.

• Troisième étape : Pendant que vous regardez vos chrysanthèmes, vous vous rendez compte que le curé ne porte pas de pantalon.

• Quatrième étape : Vous le regardez à nouveau d'un air ahuri.

À quel moment, le rire éclate-t-il ? Tous les spécialistes du monde entier s'accordent à dire que le rire éclate à la troisième étape. La troisième étape correspond au moment où l'image se transforme sous les yeux de l'acteur. Revenons aux quatre étapes.

• Première étape : Vous « regardez » le curé, mais ne le « voyez » pas vraiment. Vous imaginez ainsi qu'il est aussi présentable que d'habitude.

• Deuxième étape : Vous croyez avoir terminé vos salutations et recommencez à tailler vos chrysanthèmes.

• Troisième étape : À cet instant, dans votre vision mentale, l'image erronée du curé respectable est remplacée par l'image réelle du curé en caleçon à pois.

• Quatrième étape : Vous le regardez à nouveau pour vérifier que ses genoux tremblants flageolent bien dans une embarrassante réalité.

Vous vous attendez à voir un curé en pantalon et vous « voyez » seulement ce qui doit être. Le public se réjouit du moment où la réalité vous obligera à voir la cible telle qu'elle est. Une cible se transforme en une autre sous vos yeux et le public hurle de rire. Mais surtout, le public ne rit pas parce que vous transformez la cible. Le public rit de voir la cible vous transformer.

2. La cible existe toujours à l'extérieur et à une distance mesurable.

Comme nous l'avons vu, les yeux regardent toujours quelque chose, qu'il s'agisse d'une chose réelle ou imaginaire. Et l'impulsion, le stimulus, le courant d'énergie qui nous poussent à annoncer :

« J'ai mangé du bacon et des œufs »

ou encore :

« Je ne prends pas de petit-déjeuner »

sont déclenchés par des images précises situées en dehors du cerveau et non à l'intérieur. Les yeux se fixent sur différentes cibles, comme s'ils essayaient non pas de retrouver simplement le souvenir, mais de découvrir l'emplacement exact de ce souvenir. En effet, l'endroit-même où le souvenir se cache, le lieu où le souvenir existe déjà, peut paraître aussi important que le souvenir lui-même. Que se passe-t-il donc si la cible semble être à l'intérieur du cerveau, comme mettons, quand nous avons très mal à la tête ? Dans ce cas comment peut-elle être à l'extérieur ?

Quelle que soit la douleur que nous ressentons, le vécu intime du supplice, il y aura toujours une différence entre le patient et la douleur. Et les gens qui endurent de grandes souffrances disent toujours qu'ils se sentent étrangement détachés de leur douleur. Plus la migraine est intense, plus nous avons l'impression qu'il existe deux entités dans le monde : la douleur et celui qui l'éprouve. La douleur a beau envahir le cerveau, elle reste à l'extérieur de la conscience. Il y a toujours une distance fondamentale.

3. La cible existe avant qu'on ait besoin d'elle

Si vous demandez à Irina ce qu'elle veut faire l'année prochaine pour son anniversaire, il se passe une chose intéressante. Ses yeux se déplacent à la recherche de ce qu'elle a envie de faire. Si on y réfléchit, c'est étrange. Parce que ce qu'elle veut faire l'année prochaine ne peut pas déjà exister. Or ses yeux traquent cet événement futur comme s'il existait déjà. En toute logique, elle devrait inventer sur le moment ce qu'elle aura envie de faire l'année prochaine – passer la journée à la mer, organiser une fête, ou n'importe quel autre événement qui n'existe pas encore. Pourtant, elle le cherche comme s'il existait déjà. Comme si elle devait trouver ou découvrir un souhait qui est déjà là et non inventer une idée nouvelle.

C'est un détail important parce que, comme nous allons le voir plus loin, « découvrir » est toujours plus efficace qu'« inventer ».

Les sens et la vue

Les mots « vue » et « voir » seront utilisés à partir de maintenant pour désigner tous les sens, dont seulement cinq portent des noms. À ce sujet, l'aveuglement de Gloucester peut sembler atroce, mais il existe un sort plus tragique que d'avoir les yeux arrachés : s'arracher ses propres yeux. Le terrible destin d'Œdipe voulut qu'il se rende lui-même aveugle. Malheureusement, ce mal n'est pas rare : l'auto-aveuglement est la cause la plus fréquente du blocage.

Un lieu où voir

Si Irina se sent bloquée, si elle a l'impression qu'elle ne « ne sait pas ce qu'elle fait » c'est parce qu'elle ne voit pas la cible. Le danger est grand parce que la cible est la seule source d'énergie concrète pour l'acteur. Sans nourriture, nous mourons. Pour survivre, toute vie a besoin de prendre un aliment au-dehors et de le mettre au-dedans.

Les acteurs puisent leurs aliments et leur énergie dans le monde extérieur, dans ce qu'ils voient. Le terme même de *théâtre* vient du grec τεαθρον, qui signifie « lieu où voir ». Mais ne sommes-nous pas nourris aussi bien de ce qui est à l'extérieur que de ce qui est à l'intérieur ? Cette hypothèse est valable, mais totalement inutile. Irina a intérêt à transférer toutes ses fonctions intérieures, tous ses élans, ses sentiments, ses pensées, ses motivations et ses impulsions dans la cible. La cible transmettra alors de l'énergie à Irina comme une batterie prête à répondre à ses besoins.

Quand nous sommes profondément émus par quelque chose, la psychologie nous explique que ces sentiments forts trouvent leurs racines à l'intérieur de nous. Mais le principe inverse est plus utile pour l'acteur. En d'autres termes, Irina a plutôt intérêt à imaginer que c'est la cible qui provoque ces réactions extrêmes. Irina lâche alors prise et s'en remet à ce qu'elle voit. L'acteur cède le pouvoir à la cible.

Aucune ressource intérieure ne peut nous rendre parfaitement autonomes. Il n'existe pas de dynamo interne indépendante du monde extérieur. Nous n'existons pas par nous-mêmes ; nous existons dans un certain contexte. Imaginer pouvoir survivre hors de tout contexte est insensé. L'acteur ne peut jouer qu'en relation avec l'extérieur, c'est-à-dire avec la cible.

4. La cible est toujours particulière

Une cible ne peut pas être une généralisation. Une cible est toujours spécifique. Nous savons que la cible peut être une abstraction comme dans : « *J'essaie de m'empêcher de voir l'avenir* ». Ici, bien que « l'avenir» soit un objet abstrait, il ne s'agit pas une généralité. Ce sont des éléments précis de « l'avenir » que « *j'essaie de m'empêcher de voir* ».

Nous avons vu précédemment que « *je me bats pour rester en vie* » avait pour cible « la vie ». Le soldat blessé qui lutte pour survivre aura en tête une image précise du prochain moment de vie auquel il aspire. Il ne se bat pas pour une généralité. Il n'y a rien de général dans l'effort ou la lutte. Son combat, sa résistance, sa toux sont motivés par l'image du prochain moment de vie qu'il voit et désire, et il imagine que s'il se racle la gorge à ce moment-là, s'il aspire une nouvelle bouffée d'air, s'il supporte ce nouveau spasme de douleur, alors peut-être que l'espoir subsiste encore pour lui.

Nous voyons tous des cibles différentes, même si nous regardons la même chose. Rosalinde ne voit pas le même Orlando qu'Olivier, le frère jaloux. La particularité de la cible est différente pour chacun de nous. Nous parlerons plus en détails de ce point dans le chapitre 5.

Le monde extérieur est toujours spécifique. Ce qui est à l'extérieur, la cible, est forcément particulière.

5. La cible se transforme sans cesse

Nous avons vu qu'il ne suffisait pas que Rosalinde aime « Orlando ». Il faut qu'elle voie un Orlando particulier. Pourtant, cet Orlando particulier va se transformer en un autre Orlando particulier. Elle verra peut-être d'abord un jeune fanfaron intrépide qui défie le lutteur du Duc, puis peut-être un David romantique qui triomphe de Goliath, et puis peut-être un jeune homme perdu. Au fil de *Comme il vous plaira*, Orlando subira maintes et maintes mutations. Rosalinde aura de quoi s'occuper face à ces Orlando changeants. Doit-elle l'embrasser, l'affronter, le provoquer, le railler, le séduire, le troubler ou le soigner ?

Et il ne s'agit pas seulement d'Orlando : dans son monde, Rosalinde doit aussi faire face à un tas d'autres cibles changeantes. De simples bergers se muent en poètes névrosés, des aristocrates se révèlent hors-la-loi et son propre corps se transforme peu à peu en un objet d'amour et de désir ambigu. L'univers de Rosalinde et toutes les cibles qu'il contient ne sont jamais les mêmes ; elles changent en permanence. Voir les cibles se transformer libérera l'actrice qui joue Rosalinde.

6. La cible est toujours active

Non seulement la cible est en perpétuelle mutation, mais elle est aussi toujours en train de faire quelque chose. Et ce qu'elle fait doit être modifié – par moi. Au lieu d'apprendre à Orlando ce qu'est l'amour, laissons Rosalinde voir un Orlando trop sentimental, ce qu'elle doit essayer de changer. Au lieu de vouloir tuer Desdémone, laissons Othello voir une femme qui le détruit et essayer de renverser cette situation. Au lieu de défier Goneril, laissons Lear voir une fille qui l'humilie, une fille qu'il doit changer.

La cible externe

La cible active est un réservoir d'énergie situé à l'extérieur de nous ; elle nous permet de rebondir, de réagir et de nous alimenter, comme une sorte de batterie externe.

Donc, au lieu de nous demander tout le temps : « *Qu'est-ce que je fais ?* » il vaut mieux nous demander d'abord : « *Qu'est-ce que la cible fait ?* » et ensuite : « *Qu'est-ce que la cible me fait faire ?* »

La première question vide la cible de son énergie et la transfère sur le « je ». Notons au passage que le mot « je » peut être dangereux pour l'acteur et qu'il doit être employé avec prudence. « Moi » est souvent plus utile.

Plus l'acteur réussit à focaliser son énergie dans la cible, plus sa liberté sera grande. Au contraire, dépouiller la cible de son énergie aura tendance à le paralyser. Si Irina essaie de puiser ses forces dans la cible et de les garder en elle, elle se retrouvera bloquée.

Irina peut imaginer toutes sortes de choses que désire son personnage, tout ce que Juliette voudrait faire à Roméo. Dresser la liste de ce que Juliette attend de Roméo peut être effectivement utile au début des répétitions. Mais Irina a surtout intérêt à libérer son imagination pour voir ce que Juliette voit. Et que voit Juliette ?

Un père à craindre, une mère à supporter, un avenir à éviter et un Roméo à courtiser, dompter, soutenir, avertir, effrayer, applaudir, découvrir, rassurer, libérer, gronder, protéger, encourager, anoblir, corriger, enflammer, refroidir, séduire, rejeter et aimer. Pour Juliette, la scène n'est pas centrée sur elle ou ce qu'elle veut ; la scène est centrée sur les différents Roméo qu'elle voit et auxquels elle doit s'adapter. L'énergie d'Irina ne vient pas de l'intérieur, d'un noyau vital limité, mais du monde extérieur tel que Juliette le perçoit : la brise qui caresse sa joue, le mariage qu'elle redoute, les lèvres qu'elle désire. Tout ce qui constitue la cible.

Il va de soi que l'acteur qui joue Roméo doit faire en sorte que la scène du balcon soit centrée plus sur Juliette que sur lui, tout comme Irina doit faire en sorte que la scène soit centrée plus sur Roméo que sur elle.

Pour des raisons pratiques, nous pouvons donc admettre qu'il n'existe pas de source d'énergie interne. Toute l'énergie vient de la cible.

Plus d'une à la fois

Irina n'a pas besoin non plus d'avoir les yeux collés sur son partenaire. Si je discute avec des amis tout en marchant sur la plage et que je garde les yeux rivés sur eux, je vais finir par me casser la figure. Nous pouvons nous parler à travers les objets que nous voyons, les algues, les mouettes, les flaques des marées. Si nous avons une nouvelle pénible à annoncer, nous allons probablement scruter la cuillère qui remue le café pour éviter de croiser un regard embarrassant. Cela signifie-t-il que nous ne regardons que le café ? Non. Cela signifie-t-il que nous ne voyons pas le café mais que nous imaginons le visage décomposé de notre interlocuteur ? Non plus. Nous voyons les deux à la fois. Comment accomplissons-nous cette prouesse ? Impossible de le savoir. Ce que nous devons savoir, c'est qu'il y a toujours une cible, et même, il y en a souvent plus d'une à la fois.

Digression : une expérience autour de l'hypnose

Même quand nous ne savons pas précisément à quelle cible nous avons affaire, nous en inventons une. Nos imaginations fuient le général et l'inconnu. Même s'il n'y avait pas de cible, nous devrions en inventer une. Sigmund Freud a décrit des expériences où des patients sous hypnose recevaient, à un signal donné, l'ordre de remuer les oreilles. Une fois la suggestion terminée, on réveillait les patients et au signal, ils remuaient docilement les oreilles. Bien sûr, ils ne savaient pas du tout pourquoi ils faisaient ça. Ce qui fascinait surtout Freud, c'était que quand on leur demandait pourquoi ils avaient remué les oreilles, ils donnaient toujours une raison précise : « *Parce que mes oreilles me grattaient* », par exemple. Deux possibilités : Premièrement, nous préférons mentir plutôt que reconnaître que nous sommes des êtres irrationnels. Deuxièmement – remarque plus utile à l'acteur – toutes nos pensées sont liées à une cible précise… et nous fournissons même la cible si elle a l'air de manquer.

Ce que la cible n'est pas

La cible n'est ni un objectif, ni un désir, ni un projet, ni une raison, ni une intention, ni un but, ni un point de focalisation, ni une motivation. Les motivations découlent de la cible. Une motivation est une façon d'expliquer pourquoi nous agissons. Il peut être intéressant de se demander « pourquoi ». Mais l'acteur qui se pose sans cesse cette question risque de se transformer en véritable sac de nœuds. Par exemple, « pourquoi » Juliette tombe-t-elle amoureuse de Roméo ? Et oui, pourquoi ? Peut-on donner les raisons qui font que nous aimons quelqu'un ?

Et si un ami serviable venait à expliquer « pourquoi » nous aimons quelqu'un, nous nous sentirions pris de haut. Or l'acteur ne doit jamais prendre le personnage de haut. Expliquer « pourquoi » nous donne le frisson du contrôle. Si Irina est capable de répondre à cette question, c'elle qu'elle est passée à côté de l'essentiel. Nous ne pouvons jamais savoir complètement pourquoi nous agissons. Mais nous reparlerons des dangers du « pourquoi » plus tard.

La cible n'est pas non plus mon « point de focalisation ». « Focalisation » est un mot trompeur. Il nous donne l'impression d'appartenir au même registre que la cible. Mais dire : « *Je me focalise sur quelque chose* » n'est pas la même chose que dire : « *Je vois quelque chose.* » Prenons le temps d'analyser cette différence. La cible a besoin d'être vue. Mais le « point de focalisation » sous-entend que je peux décider de me focaliser ou non sur ce point. La cible est le maître. Or le « point de focalisation » ressemble plutôt à un esclave. L'acteur peut penser qu'il est plus confortable de choisir des points de focalisation plutôt que de réagir aux différentes cibles. En effet, s'il « choisit » sur quoi se focaliser, il a l'impression d'avoir plus de contrôle. Mais à long terme, ce contrôle n'est pas un allié ; ce contrôle particulier a tendance à renfermer habilement Irina à l'intérieur d'elle-même.

Choisir un point de focalisation tend à faire disparaître le monde extérieur et tous les stimuli qui nourrissent l'acteur et à replacer à l'intérieur toutes les énergies qui sont plus utiles à l'extérieur.

Avant de nous intéresser aux mécanismes de contrôle, parlons tout de suite d'un choix inconfortable.

Le premier choix inconfortable

Nous voici arrivés au premier choix inconfortable de l'acteur. Le dilemme concerne des entités qui ont l'air amies mais qui, en réalité, se détruisent mutuellement. Mais elles ont l'air tellement similaires, ne pouvons-nous par les garder toutes les deux comme une sorte de police d'assurance, de filet de sécurité, de pièce de rechange au cas où l'une des deux ne fonctionnerait plus ? Malheureusement, non. Pour avoir l'une, il faut renoncer à l'autre. Quel est donc le premier de ces renoncements douloureux ?

Concentration ou attention

Voici le premier choix inconfortable : concentration ou attention. À vous de choisir. Vous ne pouvez pas avoir les deux, c'est tout.

Mais avant de faire ce choix, il est important de comprendre la situation. L'attention est liée à la cible ; la concentration me concerne, moi. Si je me concentre très fort sur un objet externe ou sur une autre personne, il se passe une chose étrange : Progressivement, je vois l'autre de moins en moins clairement et à la place, je me mets à voir comment je vois cette autre personne. En d'autres termes, en fin de compte, il ne s'agit que de moi. La concentration fait mine de se tourner vers l'autre, mais c'est un leurre. La concentration fait semblant de s'intéresser au monde extérieur, alors que pas du tout. Nous préférons la concentration à l'attention parce que la concentration fonctionne sur commande. L'attention est très différente. Elle est donnée et doit être trouvée. Nous sécrétons de la concentration à la pelle et nous croyons pouvoir contrôler ses allées et venues. C'est précisément pour ça qu'elle n'est pas très utile. Nous ne pouvons pas contrôler l'attention, c'est pour ça qu'elle est si utile et déconcertante. Mais la concentration a aussi quelque chose de terrifiant. La concentration a le même effet que l'horrible maison de l'oncle Silas[1] ; vous pouvez courir aussi loin que vous voulez, vous finirez toujours par revenir mystérieusement à la maison.

Irina ne peut rien fabriquer à l'intérieur d'elle-même. Il n'existe aucun noyau central de créativité qu'elle puisse stimuler pour produire une solution à ses difficultés. Elle ne peut construire aucun sentiment, ne façonner aucune pensée. Que peut-elle donc faire ? Tout ce qu'elle peut faire, c'est voir les choses et être attentive.

« Voir » et « regarder ».

Aussi exaspérant que cela puisse paraître, Irina ne peut pas se forcer à voir avec attention. Comme tout le monde, elle ne peut que se forcer à « ne pas voir ». Elle peut s'aveugler. Et elle peut aussi se forcer à « regarder » les choses. Mais « regarder »

---

1. Roman gothique fantastique de l'écrivain irlandais Joseph Sheridan Le Fanu.

n'est pas tout à fait la même chose que « voir ». Et la différence entre « voir » et « regarder » est fondamentale pour l'acteur. « Regarder » sous-entend que je choisis où focaliser mon attention. « Voir » signifie que je prête attention à ce qui existe déjà. Je peux regarder un objet sans le voir, comme dans l'exemple du curé sans pantalon. « Voir » implique que ce qui est vu possède la liberté de me surprendre, de ne pas correspondre exactement à mes attentes.

La faim

Imaginez que vous ayez faim et qu'il n'y ait rien à manger dans votre appartement. Vous aurez beau fouiller dans le frigo, il sera toujours vide. Le seul endroit où trouver de la nourriture est à l'extérieur. Si vous restez à l'intérieur, vous allez mourir de faim. Vous pouvez parcourir les étagères autant que vous voudrez, rien n'y fera. Pour l'acteur, « voir » est comme aller à l'extérieur. On se sent tellement en sécurité chez soi ; dans la rue, tout a l'air si effrayant, mais ce n'est qu'une illusion.

On n'est pas en sécurité chez soi ; on est en sécurité uniquement dans la rue. Ne rentrez pas à la maison.

3. LA PEUR

Donc, si la cible est si importante, comment se fait-il que nous nous détachions d'elle ? La réponse est simple. C'est la Peur qui nous détache de la cible. La Peur nous coupe notre unique source d'énergie ; c'est comme ça que la Peur nous affame. Aucun travail théâtral n'absorbe plus d'énergie que la lutte contre les effets de la Peur ; et la Peur est toujours, toujours destructive. Plus la Peur s'installe dans la salle de répétition, plus le travail en pâtit. La Peur rend tout désaccord impossible. La Peur crée un faux consensus tout autant que le conflit. Une ambiance de travail saine, où nous pouvons tenter des choses et échouer, est indispensable. La Peur corrode cette confiance, mine notre assurance et bloque le travail. La répétition doit être un lieu sûr pour que la représentation ait l'air périlleuse.

Avant qu'Irina puisse utiliser les règles de la cible à son avantage, il faut qu'elle comprenne précisément comment la Peur agit sur elle. Ce chapitre n'est pas une parenthèse car même la cible ne pourra rien pour nous tant que nous ne nous serons pas confrontés aux effets de la Peur.

Quelle est donc cette « Peur » avec un grand P ? Elle est difficile à définir parce qu'elle est un amalgame personnel d'émotions changeantes, aussi mouvante qu'un banc de poissons. Elle est liée au Doute et à la Honte. Comme toutes les étiquettes, le mot « Peur » est terriblement général. Shakespeare était fasciné par le phénomène et y a consacré certains de ses plus beaux textes. La Peur est ce qui nous empêche d'accomplir une action donnée, ce qui entrave et anime Macbeth, Troilus et Hamlet.

Cette Peur ne doit pas être confondue avec le sentiment qui peut saisir chacun de nous si un fou surgit et agite un fusil sous nos yeux. Parfois, cette Peur porte un masque : l'arrogance est un de ses déguisements préférés, le maniérisme en est un autre. Parfois, nous savons que nous sommes habités par la Peur, mais parfois, le parasite est invisible pour son hôte. Une chose est sûre : quand nous sommes confrontés à un « blocage », la Peur est toujours au sommet de sa forme.

Cela dit, Irina peut garder courage, parce qu'au final, la Peur de l'acteur n'est qu'un tigre de papier, un Magicien d'Oz qui se délite quand il est traîné au grand jour. « *Ne t'inquiète pas !* » est facile à dire, mais souvent contre-productif. Sauf qu'en réalité, il n'y a véritablement pas de raison de s'inquiéter. Pourquoi y en aurait-il quand « l'inquiétude » est la cause du problème ? La prudence nous incite à prendre des précautions, mais l'inquiétude est toujours imprudente.

Nous pouvons vaincre la Peur. Mais d'abord, nous devons la voir et l'accepter. Et nous avons intérêt à nous préparer à l'affronter à froid plutôt que quand elle nous serre déjà dans ses griffes. Ce n'est qu'en voyant notre Peur en face que nous pourrons l'appréhender, l'objectiver et la surmonter. Cette fable peut nous y aider.

Une fable : le Diable

La Peur est comme le Diable. La bonne nouvelle est qu'il n'existe pas, la mauvaise est que c'est justement pour ça que nous ne pouvons pas nous en débarrasser. Tout le pouvoir du diable vient du fait qu'il danse dans notre vision périphérique. Il se coupe en deux et nous envoie des clins d'œil à droite et à gauche, jamais au centre, jamais complètement hors de notre vue. Son désir le plus cher est de vous séparer de la cible : « *Ne te donne pas la peine de regarder quoi que ce soit* » murmure-t-il « *parce que tout le monde te regarde. Tu ne devrais t'occuper que de toi-même. Toi, acteur, vas-tu échouer ou non ? Toi, acteur, seras-tu jugé bon ou mauvais ? Verra-t-on ton talent ? Te trouvera-t-on beau ? Te désirera-t-on ? Seras-tu rejeté ? Humilié ?* »

Quand nous atteignons cet état de grand désarroi, nous pouvons nous rappeler ce que Jésus a dit au Diable dans le désert : « *Arrière, Satan !* » Le pouvoir du diable vient du fait que nous ne faisons que l'entrapercevoir. Donc, le meilleur endroit où le ranger est derrière. Une fois qu'il est derrière nous, complètement hors de notre vue, nous pouvons aller de l'avant. Il s'évertuera pourtant à rentrer dans notre vision périphérique. Nous redoutons qu'il nous saute à la figure, mais c'est du bluff. Si le Diable nous sautait aux yeux, il disparaîtrait sur le champ. Il nous domine en nous faisons croire que, comme la Gorgone, un seul regard de lui suffirait à nous paralyser. Alors que non, le voir entièrement reviendrait à le détruire entièrement. Nous ne pouvons jamais nous débarrasser totalement de la Peur. Mais nous pouvons continuer à la renvoyer derrière nous.

La division du temps

Tous les problèmes de blocage se soignent dans le « maintenant ».

Dans le « maintenant » la Peur n'existe pas. Elle doit inventer un temps fictif à investir et à diriger. Elle s'empare du seul temps réel, le présent, et le divise en deux temps fictifs. Une moitié qu'elle appelle le passé, et une autre qu'elle appelle l'avenir. Ces deux temps sont les seuls dans lesquels elle puisse vivre. La Peur régit l'avenir sous la forme de l'Anxiété et le passé sous la forme de la Culpabilité.

L'acteur bercé d'illusions laisse ainsi la cible dans le présent et s'enfuit avec la Peur dans le passé et l'avenir, ce qui donne lieu à un blocage. En réalité, bien que ses effets se fassent sentir dans le présent, le blocage prend toujours sa source dans le passé et l'avenir. Un exemple criant est la peur du « trou ». Dans la pratique, quand les acteurs restent présents, ils n'oublient quasiment jamais leur texte. Par contre, dès qu'Irina se dit : « *Oh mon Dieu ! Je crois que je ne me souviens plus de ma prochaine réplique* », elle prédit ce qui va se passer, elle quitte le présent. « *Je vais oublier mon texte* » est une anticipation de l'avenir qui amène Irina à oublier son texte sur le moment. Un autre cas typique de catastrophe annoncée est de penser : « *Ce que je viens de jouer était nul, mais je vais essayer de faire mieux par la suite !* » Dès l'instant que je délaisse le présent pour flirter avec le passé ou l'avenir, j'ouvre une brèche dans laquelle la Peur peut se glisser. La Peur ne peut pas respirer tant que l'acteur reste dans le présent.

La présence

L'acteur doit-il essayer d'être présent ? La réponse est non. Nous ne pouvons pas essayer d'être présent précisément parce que nous sommes déjà présents. Que pouvons-nous donc faire ? Pouvons-nous travailler avec les doubles négations ? Par exemple, pouvons-nous essayer de ne pas être absents ? La difficulté est que quand l'acteur « essaie », il a tendance à se concentrer, ce qui gèle le flux de son attention et le détache de la cible.

« *Être présent paraît si difficile ; rester présent encore plus !* » Ces deux illusions sont des produits de la Peur.

En réalité, nous sommes présents et nous ne pouvons absolument rien y changer. Mais nous pouvons fantasmer que nous sommes ailleurs. Nous avons mis au point des mécanismes tellement ingénieux pour nous faire croire que nous sommes absents qu'il devient extrêmement difficile de les débrancher. Mais certains principes peuvent nous y aider. Premièrement : comme je suis déjà présent, je ne peux logiquement pas devenir présent. Donc « essayer » de devenir présent est une entreprise complètement insensée. Car essayer de faire quelque chose nous amène à nous concentrer et nous renvoie à la maison. La Peur a souvent recours à cette ruse pour nous embrouiller : elle nous encourage à lutter pour devenir… ce que, au fond, nous sommes déjà. Imaginez que vous soyez invité chez quelqu'un, confortablement assis sur le canapé, quand votre hôte surgit soudain et insiste pour que vous vous asseyiez. Vous protestez : « *Mais, je suis déjà assis !* » Il s'écrie : « *Eh bien, essaie encore !* » Mettons que vous décidiez alors que c'est lui qui a raison et pas vous et que vous essayiez de lui obéir. Vous essayez de vous « asseoir » davantage parce qu'apparemment, vous ne le faites pas assez bien… vous essayez encore et encore… il est de plus en plus exaspéré, il se met à hurler… Eh bien, aussi insensé que cela paraisse, c'est exactement ce qui se passe quand nous essayons d'être présents.

Nous nous embrouillons tellement que nous nous sabordons totalement. La Peur peut nous mettre au tapis.

Un remède efficace contre le blocage est de vous rappeler calmement que vous êtes présent et que rien ni personne ne peut vous kidnapper. Non, vous ne pouvez pas vous coller un chiffon de chloroforme sur la figure pour vous enlever. Le pire qui puisse arriver est que vous vous persuadiez que vous n'êtes pas présent. Nous ne pouvons pas lutter pour être présent. Nous pouvons seulement découvrir que nous le sommes. La présence nous est donnée, comme un don, comme un présent. Elle ne peut pas nous être enlevée, même si nous nous persuadons souvent du contraire.

Cacher les règles

La Peur n'a aucun pouvoir sur la cible, mais elle peut vous faire croire que la cible vous a abandonné. Pour cela, elle doit vous persuader que les règles de la cible n'existent pas et elle s'efforce donc de cacher à tour de rôle chacune de six règles.

1. Il y a toujours une cible

L'offensive de la Peur contre la première règle est simple, mais dévastatrice : « *La cible n'existe pas. C'est un mensonge.* » La Peur murmure : « *Tu es tout seul. Tu ne peux compter que sur toi-même.* »

2. La cible existe toujours à l'extérieur et à une distance mesurable

La distance est bénéfique parce que nous avons besoin d'espace pour voir. Si nous restons au même endroit qu'un objet, nous ne le verrons jamais. La peur doit donc masquer la deuxième règle, soit que la cible existe toujours hors de nous et dans un espace mesurable. La Peur détruit le sentiment de la distance et de l'espace en nous faisant croire que l'imagination n'agit qu'à l'intérieur. « *Tout ce que je peux imaginer doit avoir lieu dans ma tête. Mon imagination est interne. Tout ce que j'imagine a lieu à l'intérieur de moi-même.* » La logique dévastatrice fait des ravages. Il n'y a plus aucune distance bénéfique entre vous et la cible. Le fossé salutaire a disparu et vous vous retrouvez écrasé contre le monde extérieur, comme un visage collé au mur. Pas de distance : pas de vision.

3. La cible existe toujours avant qu'on ait besoin d'elle

La Peur ébranle aussi la troisième règle qui est que la cible existe déjà. Elle réussit à vous embrouiller en fragmentant le temps en miroirs parallèles, comme dans un ascenseur qui vous dédouble à l'infini. Ces miroirs, le passé et l'avenir, vous distraient jusqu'à ce que vous ne discerniez plus la cible au loin qui agite la main. La Peur appelle alors ses vieux ministres en renfort : le Reproche, l'Obligation et la Punition pour qu'ils l'aident à vous contrôler. Elle charge ensuite la Responsabilité sur vos épaules et enroule le Devoir autour de votre cou. « *C'est à toi d'inventer,* murmurent-ils tous en cœur, *il n'y a rien à découvrir. Ton devoir est de tout fabriquer, tout*

animer, tout contrôler. Tu es seul responsable de tout, absolument tout.
Tu es même responsable de ce qui n'a pas lieu et tu laisses tomber tout
le monde. Comment se fait-il que tu sois si paresseux / inutile / vide /
maladroit / dépourvu d'imagination / dénué de talent ? » Il n'existe
pas de moraliste plus sévère que la Peur et aucun moraliste n'est
étranger à la Peur.

4. La cible est toujours particulière

La Peur efface ensuite la quatrième règle qui veut que la
cible soit toujours particulière. Ce qui suscite en nous une peur
irrationnelle nous semble toujours spécifique. Et le spectre du
désastre a toujours l'air horriblement réel. Tellement horrible
d'ailleurs que nous n'osons pas l'approcher pour l'examiner.
Nous avons une peur panique de… quoi ? Cette simple question
mérite d'être posée. Elle paraît si évidente que parfois, nous ne
prenons même pas le temps d'y répondre. Que risquons-nous ?
De tomber de la scène ? De mal jouer ? À ma connaissance, personne n'est mort de n'avoir pas bien joué. La terreur en apparence
si réelle s'estompe quand on y regarde de près. Bien sûr, il est
regrettable de produire un travail médiocre. Mais il nous arrive
à tous de rater et nous devons l'accepter. C'est la Peur qui nous
conduit à produire un travail de mauvaise qualité, c'est-à-dire que
la Peur de la médiocrité devient une prophétie auto-réalisatrice.
Tout comme la culpabilité nous rend irresponsables.

La peur que les choses se passent mal ne doit pas prendre des
proportions démesurées. La terre implosera-t-elle si je ne suis pas
au top ce soir ? Quand nous nous forçons à regarder notre peur
en face, elle s'amenuise aussitôt. Un des stratagèmes de la Peur est

de nous empêcher de la regarder, ou du moins, de la regarder de près, avec attention. Quand la panique s'installe, il peut être utile de se rappeler que le simple fait de prêter attention est apaisant. En réalité, seule l'attention apporte le repos. Si nous sommes terrifiés par ce que nous risquons de voir au point de ne plus prêter attention à rien, nous ouvrons la porte au chaos.

5. La cible se transforme sans cesse

6. La cible est toujours active

Dans une dernière attaque visant à détruire les cinquième et sixième mouvement, la Peur s'apprête à présent à saper la cinquième et la sixième règles selon lesquelles la cible est toujours active et en transformation. « *Faux !* s'exclame la Peur. *La cible est passive, immobile, immuable !* » À ce stade, la Peur se porte à merveille et poursuit son offensive quand je me plains que mon partenaire est figé et qu'il ne joue pas la scène en direct. « *Il ne me renvoie rien !* »

Un partenaire rigide peut nous rebuter, mais si je suis capable d'évaluer la qualité de jeu de mon partenaire, c'est qu'il y a un sérieux problème. Je ferais mieux dans ce cas de me demander si ça n'est pas moi qui suis rigide.

L'acteur déçu par la prestation de son partenaire – « *Je n'arrive pas à croire que Juliette m'aime suffisamment pour bien jouer la scène* » – doit pouvoir voir la Juliette qui l'aime suffisamment. Croire est le défi de l'acteur, plus que convaincre n'est le problème du partenaire.

De même, quand je me plains que : « *Je m'entends, j'entends l'écho de ma voix, plate et monotone !* » je peux être sûr que la Peur est en train d'accomplir son travail de sabotage. Le son de notre propre voix nous semble toujours étrange. La voix est un outil qui remplit diverses fonctions. Elle n'est pas l'outil général de l'expression de soi. Pour bien utiliser les mots, je dois imaginer ce que mon partenaire entend et n'entend pas, ce qui est entendu et ce qui reste tu. Je ne dois m'occuper que de la cible. Ma seule préoccupation doit être la cible. Si, pendant que je parle, je m'arrête pour m'écouter, je vais invariablement embrouiller celui à qui je parle ainsi que moi-même. Mes mots vont commencer à sonner faux. Et même, au moment précis où je vais me détacher de la cible, mes mots vont réellement devenir faux. Les mots les plus intelligents se transforment en baragouin quand ils sont détachés de la cible. Ce genre de phénomène ne peut pas vraiment avoir lieu dans la vraie vie parce que dans la vraie vie, en général, quand nous perdons la cible, nous perdons les mots.

Le danger pour l'acteur est qu'il peut retenir d'énormes paquets de mots pris dans un texte écrit par un autre. Mais cela ne le dispense pas de devoir relier ces mots au monde extérieur. Nous pouvons imaginer que les mots ont un sens en soi. Mais même le texte le plus brillant reste inintelligible s'il ne se rapporte pas au monde extérieur, s'il reste détaché de la cible. Au fond, chaque mot a besoin d'être engendré par le monde extérieur. Tout texte se transforme en charabia s'il est détaché de la cible. Cela explique peut-être pourquoi nos voix enregistrées nous hérissent si souvent le poil.

Si tout ce qui se trouve autour de nous nous semble mort, nous sommes victimes d'une illusion. La Peur nous a tellement endormis que nous ne voyons plus la cible qui se transforme et se déplace.

L'œil qui juge

La Peur vous divise aussi en un double trompeur : vous et un autre qui vous « juge », celui qui « agit » et celui qui « regarde ». Celui qui surveille est un critique sévère qui évalue sans cesse les progrès accomplis. « *Comment je m'en sors ?... Bien ? … Oh Mon Dieu… Si mal que ça ?* » Impossible d'échapper à cet œil rogue.

Donc vous vous mettez à croire que vous êtes votre propre cible, que rien n'existe en dehors de vous et de votre œil rogue qui s'élève hors de votre corps et vous empêche de voir toute autre cible. Vous êtes apparemment seul, avec une fausse cible pour unique compagnie. Et il ne s'agit encore que d'une partie de vous-même, qui danse derrière les têtes des spectateurs et raille et persifle : « *Tu es mauvais* » ou plus rarement : « *Tu es génial !* » Vous devenez votre meilleur ami, et de là, votre seul ami. « *De qui aurais-je besoin puisque je m'ai, moi* ? » Il n'y a pas de place pour un troisième dans cette relation fusionnelle, et pendant ce temps-là, la Peur sourit d'un air approbateur.

Digression : Narcisse, Écho et Méduse

Narcisse et Méduse ont été victimes de l'œil qui juge. Les dieux ont puni Narcisse d'avoir contemplé son propre reflet dans l'eau. Changé en fleur, il a été condamné à se mirer pour toujours. Mais les dieux n'ont pas puni Narcisse d'avoir ignoré

Écho ni d'avoir été obsédé par son apparence. En effet, s'il avait pu voir sa véritable beauté, peut-être aurait-il connu un sort meilleur.

Pourquoi ont-ils puni Narcisse ? Le problème, c'est qu'il a vu autre chose dans l'eau. Narcisse a surpris son propre regard qui le regardait. Il s'est surpris… en train de voir. Et comme il s'est vu en train de voir, l'action vivante de voir s'est transformée en état de mort. Narcisse a trouvé un moyen subtil de s'aveugler – en corrompant sa vision et en tournant son regard non pas sur le monde extérieur, ni sur lui-même, mais sur sa propre vision. Il a réussi à paralyser sa propre vision.

La Méduse Gorgone a subi un sort similaire. Son regard transformait ses victimes en pierres. Mais dans le bouclier de Persée, elle a vu ses propres yeux qui voyaient. Son regard glaçant s'est retourné contre elle et au lieu de figer Persée, elle s'est figée elle-même.

L'acteur commet exactement la même erreur en croyant que sa relation avec le monde extérieur est un état intérieur qu'il peut posséder. Ma vision n'est pas un bien précieux. Ma vision est une ressource essentielle que je partage avec tout ce que je vois. Le pauvre Narcisse gèle tous les ans dans les jardins au mois de mars ; quand nous nous sentons paralysés, nous pouvons nous rappeler son histoire. Quand nous sommes gelés, il ne sert à rien de nous apitoyer sur notre sort. Ce qui peut nous aider, c'est de voir les choses. Il est plus constructif de nous jeter sur une cible que de nous écouter nous-mêmes.

Les mythes d'Écho et Narcisse n'ont pas été inventés pour faire l'objet de jolies fresques. Cela dit, les histoires ne font jamais exactement ce que nous voulons, comme nous le verrons par la suite.

Le deuxième choix inconfortable : liberté ou indépendance

Il est temps maintenant d'aborder le deuxième choix inconfortable : liberté ou indépendance.

À vous de choisir. Vous pouvez avoir l'un ou l'autre, mais pas les deux, parce que l'un doit détruire l'autre.

La liberté est tout ; l'indépendance n'est rien. L'indépendance découle de la peur. Le désir d'indépendance est courant. Nous ne voulons pas dépendre de ce qui risque de nous abandonner. Mais vouloir renoncer à toute forme de dépendance est une folie. Nous avons besoin du monde extérieur. Nous avons besoin d'oxygène, de nourriture, de stimuli. Nous avons besoin de cibles. La liberté est un mystère. Comme la présence, elle est donnée. Au plus haut degré d'oppression, nous garderons toujours une étincelle de liberté qui préserve notre humanité. Étonnamment, l'idée de liberté totale nous fait peur. Comme la présence, la liberté semble trop grande et effroyablement peu fiable. « *Je ne fabrique pas ma liberté, donc je ne peux pas la contrôler. Alors que tout ce que je fabrique, je peux le contrôler de façon à ce qu'il ne me quitte jamais. Donc je vais inventer une liberté artificielle, l'appeler « indépendance » et la mettre en laisse. Et elle fera tout ce que je veux.* »

Le savant Frankenstein s'est dit la même chose...

Besoin et haine

De nombreux problèmes d'acteurs viennent d'un paradoxe simple qui est que souvent, nous haïssons ce que dont nous avons besoin. Les choses les plus utiles sont données ; mais nous craignons que les réserves s'épuisent. Par conséquent, nous rejetons ces dons et fabriquons des substituts. Au moins, ces répliques inférieures sont à nous parce que nous les avons créées. Et nos créatures n'oseraient jamais nous abandonner ou nous faire du mal… n'est-ce pas ?

La réalité a des comptes à rendre, donc en général, nous nous débrouillons pour ne pas y vivre. Nous ne pouvons pas contrôler la réalité, mais nous pouvons contrôler nos fantasmes. Sauf que nos fantasmes n'existent pas ; donc en réalité, nous ne contrôlons rien du tout. Mais l'illusion du contrôle nous rassure. Et le prix que nous payons pour ce réconfort est inouï.

4. UNE ISSUE

Toutes ces nouvelles ne sont pas très réjouissantes. Que peut tenter de faire l'acteur apeuré ? Malheureusement, « tenter de faire » pose déjà un problème. « Tenter » nous amène à la concentration et au… « *Je ne sais pas ce que je fais !* » Nous devons prendre le problème par un autre bout parce la Peur nous fait tourner en rond et nous rend de plus en plus aveugles au monde extérieur.

Les règles de la cible resteront debout même si vous essayez de les briser. Les règles sont là pour vous ; vous n'êtes pas là pour les règles. Vous pouvez essayer de les défier, mais vous ne pouvez pas les changer. Elles sont indépendantes de votre volonté ; et c'est seulement parce qu'elles sont séparées de vous, au dehors et libres, qu'elles peuvent vous aider.

Les voilà qui volent à votre secours.

Les règles sont inséparables les unes des autres, mais si un blocage survient, il est utile de se les remémorer une par une, afin de séparer chaque peur de ses innombrables répliques.

1. Il y a toujours une cible

En pratique, en quoi cette règle peut-elle aider un acteur bloqué ? Eh bien, elle signifie que malgré tous vos efforts, vous ne serez jamais seul. Même si vous abandonnez la cible, la cible ne vous abandonnera pas. Il existe une multitude de cibles au-dehors ; il suffit de les voir. Vous ne pouvez pas anéantir la cible ; vous ne pouvez pas détruire le monde.

2. La cible existe à l'extérieur et à une distance mesurable

Il y a toujours une distance mesurable entre vous et la cible. La cible et vous ne pouvez pas fusionner. Vous êtes séparés. Vous ne pouvez pas trouver la cible à l'intérieur de vous. Cette règle peut avoir un goût amer, mais elle est efficace, surtout quand notre intérieur nous semble obscur et désordonné. L'espace et le temps existent. La Peur ne peut pas les détruire. La Peur nous fait croire que l'espace et le temps sont nos ennemis. Et ils peuvent l'être en effet pour les personnages : Peut-être que Roméo et Juliette redoutent la séparation et rêvent d'une union totale irréalisable.

Mauvaise nouvelle et bonne nouvelle

Voici un principe utile : une mauvaise nouvelle pour le personnage est toujours une bonne nouvelle pour l'acteur.

Par exemple, une distance spatiale sépare Juliette et Roméo. Au moment des adieux, Juliette a peut-être envie de s'accrocher à Roméo. Pour Irina, cette distance irréductible entre Juliette et Roméo est extrêmement bénéfique. Parce qu'Irina peut tendre les bras, encore et encore, pour retenir son nouvel amant. Cette distance inéluctable est l'ennemie de Juliette, mais l'alliée d'Irina. Juliette aura peut-être envie de réduire cette distance, Juliette aura peut-être envie de ne faire qu'un avec Roméo, mais elle ne le peut pas, et pas seulement à cause du balcon. Roméo est différent, séparé et par conséquent, incontrôlable. Juliette peut tendre les bras vers Roméo, essayer de réduire l'écart entre leurs corps et leurs esprits, mais Juliette échouera toujours. Ce qu'elle désire sera toujours hors de portée. Or la frustration de Juliette est l'espoir d'Irina. Pour Irina, au contraire, la distance est la meilleure nouvelle du monde, un espace essentiel qu'elle peut essayer d'enjamber encore et encore sans jamais y parvenir. Cette distance bénéfique est cruciale car elle permet à Irina de laisser Juliette essayer autant qu'elle veut tout en sachant que Juliette n'arrivera jamais à ses fins.

Cette distance bénéfique fournit à l'acteur un obstacle à surmonter. S'il n'y avait pas d'obstacle, il n'y aurait pas de quête. Pas de quête = la mort. Chaque moment de vie renferme une part de quête. Irina peut s'appuyer sur cette règle invariable qui veut qu'il y ait toujours moi et l'autre et toujours entre nous deux une distance mesurable, changeante, mais impossible à combler.

Un autre principe mérite aussi d'être éclairci : L'acteur ne peut jamais accomplir ce que veut le personnage parce que le personnage ne peut jamais accomplir ce que veut le personnage. En d'autres termes, Irina aura beau jouer la scène de toute son âme, Juliette aura toujours un désir à assouvir et une distance à combler. Juliette n'obtient jamais tout ce qu'elle veut, n'atteint jamais son objectif, ne termine jamais son voyage. L'inachèvement et la séparation sont les ennemis du personnage, mais les meilleurs amis de l'acteur.

Le point et le chemin

Nous avons beau essayer de nous rassembler, la création nous maintient séparés. Nous ne sommes pas soudés et nous ne le serons jamais. La Peur nous pousse souvent à croire que nous sommes unis. Il ne faut jamais oublier qu'une certaine distance nous sépare de la cible et que ce fossé ne pourra jamais être comblé. L'espace crée un écart, un écart bénéfique. Dès qu'il y a une distance, un chemin peut s'ouvrir.

Même les chemins les plus rudimentaires comportent deux points : le départ et l'arrivée – moi et là où je peux aller. La fusion fige ; la distance met en mouvement.

Comme le Dieu de la Genèse a séparé la lumière et les ténèbres pour créer le jour et la nuit, nous pouvons diviser le néant effrayant en deux points. Et à partir du moment où il y a deux points, il y a forcément un chemin que nous pouvons imaginer emprunter. Dès que nous nous mettons en mouvement, nous nous mettons aussi à respirer.

Croire en la distance nous aide à vaincre deux grands symptômes de la Peur : « *je ne peux pas respirer* » et « *je ne peux pas bouger* ». Ces deux fruits jumeaux de la Peur entreprennent de fabriquer de la peur. La Peur crée des franchises et des petites usines qui la reproduisent, comme un rétrovirus qui convainc la cellule protectrice de devenir destructrice.

3. La cible existe avant qu'on ait besoin d'elle

Nous ne pouvons pas créer de cible. La cible n'a pas besoin d'être créée. Quand nous nous sentons perdus, la cible attend déjà d'être trouvée. Comme nous l'avons vu précédemment, cela ne veut pas dire que la cible existe dans le passé. Rien n'existe dans le passé car le passé n'existe pas. Ce qui est rassurant, c'est que la cible est prête ; elle attend seulement que vous la voyiez. La cible est déjà là, à la surface ; elle n'est pas enfouie dans un endroit profond où seuls les plus intelligents savent creuser.

Quand on me demande ce que je voudrais manger demain, mes yeux se focalisent sur un point, se déplacent, se focalisent à nouveau à la recherche de ce qui est déjà là. Je n'ai qu'à le trouver. Je dois trouver la bière et la pizza de demain dans l'« ici et maintenant ». Je dois voir ce qui est déjà là. Ce que je vois est déjà là, je ne peux pas le fabriquer. Je ne peux pas non plus créer ou inventer ; je dois trouver.

4. La cible est toujours particulière

La Peur essaie de brouiller les contours de ce que nous voyons. La Peur efface les différences entre les choses. La Peur nous laisse entendre que nous n'avons pas intérêt à voir les choses trop clairement car nous risquerions de voir le croque-mitaine. Bien sûr, c'est un mensonge. La Peur nous fait craindre de voir le particulier parce que le particulier va l'affaiblir. Nous savons donc que ce que nous cherchons doit être particulier.

Si le visage de ce que nous craignons à des contours flous, nous devons rassembler nos forces et examiner ce flou effrayant.

Bizarrement, nous nous apercevons que le visage ne devient jamais plus net. Plus nous l'examinons, plus le visage se brouille pour éviter d'être observé et exposé. En effet, si nous osions analyser ce visage, il se désintégrerait dans nos mains tel un masque de poussière.

5. La cible se transforme sans cesse, et 6. la cible est toujours active

Comme nous l'avons vu, la cible doit changer sans cesse et la cible doit toujours être en action. Si elle ne change pas ou si elle est complètement immobile, c'est qu'elle est morte. Si elle ne peut pas bouger, ça n'est pas une cible. L'acteur bloqué sait donc que ce qu'il cherche doit être :

- particulier
- mouvant
- extérieur
- changeant
- actif
- dans l'attente d'être découvert
- à transformer

Irina peut donc réduire son champ d'investigation. Elle sait que ce qu'elle cherche ne peut pas être :

- général
- immobile
- intérieur

- constant
- passif
- à créer
- immuable

en somme tout ce que la Peur l'a poussée à attendre.

Mais que se passe-t-il si la cible semble disparaître ? Que se passe-t-il si la cible semble me laisser aux prises avec la Peur ? Si les six règles échouent, que reste-t-il à faire ? La Peur a donné au particulier l'apparence du général, elle a figé le mouvement et fondu toute distance spatiale ou temporelle en un nouvel alliage effroyable. Pire, la Peur a divisé le présent salvateur en un double trompeur : le passé et l'avenir. Que puis-je faire alors ?

Eh bien, vous pouvez copier la stratégie de l'ennemi. Si la Peur utilise la division trompeuse, pourquoi pas vous ? Vous devez d'abord trouver une cible, la « nuit » ou « l'avenir » ou Roméo – dans la panique, n'importe quoi fera l'affaire – et la diviser en deux. Ce sont « les enjeux ».

5. LES ENJEUX

Les enjeux constituent le meilleur moyen de sortir d'un blocage. L'acteur doit d'abord voir une cible et avant qu'elle disparaisse, cette cible doit être divisée en deux.

Comme nous venons de le voir, chaque moment de vie renferme une part de quête. Chaque créature vivante, à chaque instant de sa vie, doit faire face à une situation qui va soit s'améliorer, soit se détériorer. Cette amélioration ou cette détérioration peuvent être infinitésimales, mais il y aura toujours du mieux ou du pire. Ce qui est sûr, c'est qu'il y a du changement.

De même, Juliette est confrontée à une situation qui ne peut pas rester la même. Même si elle décide de quitter Roméo, de rester avec ses parents et de passer sa vie à rêver sur son balcon, son univers sera sans cesse en train de changer. Déjà, elle va vieillir. Même si elle espère tuer tout espoir et rester une petite fille pour toujours, elle ne peut pas empêcher le mouvement perpétuel des choses.

Pour vous, pour moi, pour le plus minuscule amibe et pour Juliette, il y aura toujours quelque chose à perdre et quelque chose à gagner. Tout ce que nous disons ou faisons a toujours pour but d'améliorer notre situation et de l'empêcher de se détériorer. Cette quête anime l'acteur.

Plus nous examinons la cible de près, plus nous constatons qu'elle se divise. En deux moitiés égales. La cible se divise toujours en l'issue la meilleure et l'issue la pire. Roméo se divise en le Roméo que Juliette veut voir et le Roméo que Juliette ne veut pas voir. Ses mots se divisent en les mots qu'elle veut entendre et les mots qu'elle ne veut pas entendre. Comme nous tous, Juliette vit dans un univers double : elle a une double vision. Juliette voit un Roméo qui la comprend et un Roméo qui ne peut pas la comprendre, un Roméo fort et un Roméo faible.

Les enjeux sont tellement importants qu'ils ont leur propre double règle. Cette double règle inflexible est la suivante :

1. À tout moment de la vie, il y a quelque chose à perdre et quelque chose à gagner.

2. Ce que nous avons à gagner est toujours de la même taille ce que nous avons à perdre.

Le deux et le un

Il ne suffit pas qu'Irina dise que la situation est importante pour Juliette. Il ne suffit pas de dire que la vie de Juliette dépend de ce que Juliette va faire. Irina doit voir quels sont les enjeux. C'est très différent. Les enjeux ne sont pas vagues et confus ; les enjeux sont précis et ils viennent toujours par deux. L'acteur en difficulté doit absolument se souvenir de cette forme « en deux » et non « en un ». Par exemple, si Irina demande : « *Quels sont les enjeux de la scène ?* » et qu'elle répond : « *Je veux m'enfuir avec Roméo* », elle s'exprime « en un ». Cette réponse ne peut pas vraiment l'aider. Sans s'en rendre compte, elle a effacé le pan négatif. Cela peut donner l'impression de couper les cheveux en quatre. Mais à long terme, cette réponse « en un » risque d'embrouiller Irina. La quête de ce double, à la fois positif et négatif, est parfois source d'agacement et de frustration pour l'acteur, mais la friction entre le positif et le négatif est précisément ce qui peut provoquer l'étincelle.

L'enjeu ne peut pas être simplement :

« *Je vais m'enfuir avec Roméo.* »

Les enjeux sont :

« *Je vais m'enfuir avec Roméo*
***et** je ne vais pas m'enfuir avec Roméo.* »

Le positif et le négatif sont tous les deux présents en même temps, la peur et l'espoir, le plus et le moins.

En effet, au lieu de demander : « *Quels sont les enjeux de la scène ?* » mieux vaut demander : « *Qu'est-ce que j'ai à gagner et qu'est-ce que j'ai à perdre ?* »

« *Ma nourrice me protègera*
***et** ma nourrice me trahira.* »

« *Tout ira bien*
***et** tout ira mal.* »

« *Si je montre à Roméo qu'il me plaît, il sera attiré par moi*
et *si je suis trop directe, je le ferai fuir.* »

Il est encore plus constructif pour Irina d'essayer de voir à travers les yeux de Juliette :

« *Je vois un Roméo qui veut s'enfuir avec moi*
et *je vois un Roméo qui ne veut pas s'enfuir avec moi.* »

« *Je vois un Roméo avec qui je veux m'enfuir*
et *je vois un Roméo avec qui je ne veux pas m'enfuir.* »

« *Je vois un avenir avec Roméo*
et *je ne vois pas d'avenir avec Roméo.* »

Les acteurs sont souvent paralysés parce qu'ils cherchent le « en un ». Or cette quête du « un » est perdue d'avance parce qu'il n'y a dans le « un » aucune magie salvatrice. La vie se présente sous forme de « deux » opposés. L'acteur qui simplifie, qui prend des raccourcis et qui agit « en un » risque de se retrouver bloqué. La règle du « en deux » est aussi simple que faire du vélo, mais tout aussi difficile à expliquer en mots.

Des exemples nous aideront à la comprendre. Il n'y a pas de nuit sans jour. Pas d'honneur sans honte. Et avouer son amour à quelqu'un est une chose terrifiante parce que la joie d'être aimé en retour est également proportionnelle à la peur d'être rejeté. Pour certains, cette idée semblera évidente ; pour d'autres elle paraîtra tordue et alambiquée. Nous ne parlons pas ici de révélation spirituelle ou de vérité. L'important, c'est que cette idée puisse aider l'acteur à avancer.

La douleur

Pourquoi cette réticence innée à voir le monde « en deux » ? Une des explications est simple. Nous n'aimons pas la douleur. Nous n'aimons pas la douleur dans nos corps. Et nous n'aimons pas la douleur dans nos têtes. Or ces « en deux » procurent de la douleur. Par exemple, nous avons tendance à voir le bien dans les gens que nous aimons et le mal dans les gens que nous n'aimons pas. Cette vision du monde est plus confortable. Elle est fausse. Mais elle est moins douloureuse. Et nous sommes prêts à payer très cher pour notre confort.

Constater que les gens que nous aimons sont capables du pire et que ceux que nous détestons sont capables du meilleur est source de douleur. Mais pour nous approcher de Juliette, nous devons non seulement nous approcher de sa joie, mais aussi de sa douleur.

Ironiquement et malheureusement, un grand nombre de blocages surviennent quand l'acteur est conscient que les enjeux sont trop faibles. Les acteurs sentent tout de suite quand ils sont morts. Et ce sentiment de mort les fait paniquer. L'acteur essaie alors désespérément de « jouer des enjeux plus grands ». Si Irina sent que ce qu'elle fait n'est pas assez excitant, fascinant, passionnant, important, elle va essayer de rendre ses paroles et ses actes plus excitants, passionnants, fascinants, importants. Et beaucoup d'acteurs pensent que le meilleur moyen d'y parvenir est de se couper du monde extérieur et d'appuyer plus fort sur la pédale.

Cela donne lieu à ce « jeu forcé » qui fait que le public a souvent l'impression que les acteurs crient. Mais ces cris ne sont que des cris. « Le jeu forcé » n'est pas forcément sonore, mais il est aussi vain que le cri injustifié– il ne fait que nous casser les oreilles. Le jeu de l'acteur devient de plus en plus excessif et général et plus l'acteur sent que les enjeux s'effacent, plus il force le trait. Misère.

En réalité, l'acteur ne peut pas jouer les enjeux, dans le sens où les enjeux pourraient être créés par lui. Au contraire, l'acteur doit voir la dualité à l'extérieur : ce qu'il a à perdre et ce qu'il a à gagner. Rappelez-vous qu'à chaque fois que le mot « enjeux » est employé, il ne décrit jamais un état. Les enjeux sont toujours les deux directions d'un conflit. Il y a toujours quelque chose à perdre et quelque chose à gagner.

Même le titre de ce chapitre peut être trompeur. Même le mot « enjeux » est un faux ami s'il laisse entendre que l'enjeu est une chose unique.

Le verre d'eau

Imaginons que la magie nous permette de servir le même verre d'eau à un millionnaire dans un restaurant et à un légionnaire au milieu du désert. Dire que le verre d'eau sera « moins important » pour l'un que pour l'autre est évidemment vrai, mais complètement inutile pour l'acteur. Car cela voudrait dire que les enjeux doubles ont été fondus en « un » seul.

Comment l'acteur peut-il séparer « l'en un » paralysant en un « en deux » dynamique ? Eh bien, les enjeux du légionnaire pourraient être : « *Le verre d'eau va-t-il se renverser ou non ?* » « *Quelqu'un va-t-il voler cette eau ou non ?* » Ce que le personnage fait dépend des enjeux qu'il perçoit. Ce qu'est le personnage dépend aussi des enjeux qu'il perçoit.

Le millionnaire verra peut-être très peu d'enjeux dans le verre d'eau. Il le remarquera peut-être parce qu'il a un peu soif ou pour mieux savourer son château Margaux : « *L'eau me rincera-t-elle le palais ou non ?* » Même si les enjeux sont faibles, si le millionnaire remarque l'eau, c'est qu'elle doit lui permettre de gagner ou de perdre ne serait-ce qu'un tout petit quelque chose.

La logique et la science s'accorderont à dire que la structure moléculaire de l'eau reste inchangée. Mais pour l'acteur, le verre d'eau change réellement de substance. Le légionnaire et le millionnaire voient deux verres d'eau différents.

Dans le jeu d'acteur, ce qui compte, ce n'est pas comment nous voyons les choses, c'est ce que nous voyons. Pour l'acteur, nous sommes ce que nous voyons.

Une histoire de répétition

Imaginons que nous soyons en train de répéter *Macbeth*. À la fin d'une journée déprimante de travail infructueux, d'un coup, la vie surgit, la scène déborde de force et de danger, tout le monde est captivé : Macbeth a aperçu quelque chose d'effroyable et tous nos poils se dressent quand il crie soudain : « ... *Texte !* »

Les enjeux montent en flèche ; l'espace d'un instant, nous entrevoyons la vraie vie, le vrai danger, tout ça parce que l'acteur a oublié son texte. Le bathos nous interroge : comment se fait-il que les enjeux d'une répétition soient plus grands que le complot d'assassinat du chef de l'état ? Le moment est absurde et nous rions – d'un côté les enjeux de la répétition sont disproportionnés, mais aussi, à l'inverse, ceux de l'assassinat. Ce genre de moment est utile car il nous montre combien nous sommes loin de l'endroit où nous devons être. Nous nous persuadons que nous jouons des enjeux énormes alors que nous sommes à des kilomètres de ce que la situation requiert.

Déplacer le problème

Comme Irina va le découvrir, quand la panique s'installe, les enjeux augmentent pour elle, pour l'actrice ! Mais comme nous allons le voir, Irina peut réduire les enjeux pour elle-même en augmentant ceux de Juliette. Elle peut donc être doublement gagnante. Comment l'acteur peut-il transférer les enjeux sur le personnage ? Considérons alternativement deux individus : Juliette… et Irina. Une personne fictive et une personne réelle. Quels sont les enjeux pour l'une et pour l'autre ? Pour Juliette, les enjeux concernent principalement Roméo. Cet homme étrange va-t-il l'aimer en retour ou la condamner au désespoir ?

Pour Irina, les enjeux sont grands aussi, mais très différents ! Si Irina se sent bloquée, les enjeux concerneront son jeu d'actrice. En d'autres termes, au lieu de voir ce que Juliette a à perdre ou à gagner, Irina sera submergée par ce qu'Irina a à perdre ou à gagner. Par exemple, Irina jouera-t-elle bien ou mal ? Irina va-t-elle se ridiculiser ou non ? Encore une fois, les différences entre l'acteur et le personnage paraissent évidentes. Mais ces différences peuvent facilement être brouillées. Les enjeux d'Irina et de Juliette doivent être repérés et soigneusement séparés. Les enjeux d'Irina et de Juliette sont très différents. Comment Irina peut-elle faire pour réduire les enjeux d'Irina et augmenter les enjeux de Juliette ?

Le voyage au travers

D'abord, l'acteur doit transférer tous les enjeux liés à ce que l'acteur voit dans ce que voit le personnage.

Parce que les enjeux de Juliette ne se situent pas à l'intérieur de Juliette. Ils se situent dans ce que Juliette voit. Donc Irina doit voyager à travers Juliette pour voir ce que Juliette voit dans le monde extérieur. Irina ne doit pas s'arrêter à l'intérieur du personnage. Elle doit voir à travers une Juliette transparente, voir de l'autre côté ce qui compte pour Juliette.

Ce qui compte pour Juliette, c'est Roméo. Donc Irina doit voir à travers Juliette quels sont les enjeux de Juliette par rapport à Roméo. Irina doit arrêter de regarder à l'intérieur de Juliette, parce que tout ce qu'Irina trouvera dans Juliette, ce sont les enjeux d'Irina ! Au lieu de regarder à l'intérieur du personnage, l'acteur doit voir à travers le personnage. La vision de l'acteur doit traverser le personnage comme s'il était transparent. Comme si le personnage était un masque.

L'acteur voit à travers les yeux du personnage. Ce n'est que si l'acteur voit les enjeux du personnage que le personnage sera vivant.

Digression : des enjeux inégaux ?

La règle du double stipule qu'à tout moment de la vie, il doit y avoir quelque chose à perdre et quelque chose à gagner. La peur n'y peut rien changer. C'est une règle inflexible.

Nous ne pouvons pas prouver que ce que nous avons à perdre est égal à ce que nous avons à gagner. Mais l'idée peut servir. Pour des raisons pratiques, cette symétrie est le fondement de l'univers de l'acteur. Ne nous décourageons pas de ne pas trouver l'antonyme parfait, le contraire exact. La notion de symétrie est puissante, même si l'idéal ne peut jamais être atteint. Des expériences ont montré que la symétrie était le critère principal de la beauté d'un visage, même chez le tout petit enfant, pourtant aucun visage n'est parfaitement symétrique.

Parfois pourtant, les enjeux paraissent inégaux. Dermot est invité par Kevin aux courses hippiques. Fera-t-il un pari ? Dermot se prend d'affection pour un cheval fatigué baptisé « Improbable », dont la cote est de cent contre un. Il mise dix livres qui peuvent lui en rapporter mille. Quand Kevin demande : « *Comment tu te sens ?* » le parieur répond : « *Eh ben, j'adorerais gagner mille livres, mais je me fiche d'en perdre dix.* » Cela signifie-t-il que Dermot a beaucoup plus à gagner qu'à perdre ?

Non. En réalité, la symétrie est toujours présente parce que l'issue positive – la joie de gagner mille livres – est atténuée par son improbabilité, de même que le chagrin de la perte est atténué par la modicité de la somme. Les deux possibilités se valent.

Irina doit supposer que cette symétrie parfaite existe et tâcher ensuite de la trouver. Dans la recherche scientifique, il ne faut paraît-il jamais partir de la conclusion. Mais nous ne sommes pas des scientifiques. Comme dans la fission nucléaire, la division de l'un en deux libère l'énergie de l'acteur.

Digression : les enjeux mouvants

Notre attention peut avoir tendance à se diriger vers l'enjeu le plus grand. L'enjeu est source d'angoisse et d'espoir, à des degrés parfaitement identiques. « *La fille de la bibliothèque*

Si non, je vais déplacer mon attention vers quelque chose de plus stimulant. Mais il existe une exception à cette règle. Parfois, si les enjeux sont trop grands, nous fuyons le monde réel. Quand l'ampleur des enjeux devient insupportable, nous nous détournons du réel et pour nous réfugier dans un monde imaginaire où des enjeux imaginaires remplacent les enjeux réels et où nous notre vie est plus confortable. Dans ce monde illusoire, nous pouvons exercer nos pouvoirs de prévision et de contrôle. Prenons l'exemple d'un père qui choisit de faire la vaisselle au lieu de s'occuper des problèmes de drogue de son fils. Il se persuade que le plus important pour lui est de s'assurer que la poêle est bien propre tandis que son fils fixe son café d'un œil vague. Le père ne peut que remplacer un ensemble d'enjeux par un autre. Cette dernière trace de sauce, vais-je réussir à la faire partir ou non ? Même le père en plein déni des enjeux réels doit créer dans son univers parallèle un nouvel ensemble d'enjeux.

Une des principales raisons qui nous poussent au théâtre est le désir de voir des gens confrontés à des enjeux extraordinairement grands. Le théâtre nous offre un cadre contrôlé où explorer des sentiments extrêmes. Dans nos vies personnelles, nous n'aimons pas que les enjeux soient si grands, mais nous sommes prêts à nous plier en quatre pour voir les autres faire l'expérience de ces pôles d'intensité. Nous sommes ainsi témoins de ce que nous n'osons pas vivre, dans le cadre protégé du groupe et le confort du faux-semblant.

La cible n'est pas la façon dont nous voyons les choses. La cible est ce que nous voyons. La cible divisée constitue les enjeux. À tout moment de la vie, il y a forcément quelque chose à perdre et quelque chose à gagner.

6. « JE NE SAIS PAS CE QUE JE VEUX »

La deuxième patte d'araignée est intimement liée à la première. « Ce que je veux » vient de la cible. Je dois voir quelque chose avant de le vouloir. « Ce que je veux » découle de ce que je vois. Ce que Juliette veut découle de ce que Juliette voit. Ce qui compte, c'est de voir ce que Juliette voit. « Décider de ce que Juliette voit » nous fait rater les étapes essentielles de la vision. « Définir ce que mon personnage veut » n'a rien à voir avec « voir ce que mon personnage voit ». Et cette différence est fondamentale pour l'acteur.

Comme nous l'avons vu, Irina doit jouer comme si elle était à l'intérieur de Juliette en train de regarder vers l'extérieur. Irina ne doit pas jouer comme si elle était à l'extérieur en train de regarder à l'intérieur. D'une certaine façon, définir « ce que Juliette veut » est une activité purement théorique. Or Juliette ne vit pas dans la théorie. Du point de vue de Juliette, le monde paraît très différent. Et Irina doit jouer qu'elle voit à travers les yeux de Juliette. Irina est une artiste. Irina ne prononce pas une conférence sur Juliette. Irina doit éprouver ce que Juliette éprouve. Irina doit voir ce que Juliette voit dans l'instant – sans le bénéfice du recul.

De toute façon, « vouloir » n'est pas toujours un verbe utile pour l'acteur. La question : « *Qu'est-ce que je veux ?* » sous-entend que je choisis ce que je veux, en d'autres termes, que je peux contrôler ce que je veux. Mieux vaut s'interroger sur ce qui nous manque ou ce dont nous avons besoin. Le mot « besoin » est bien plus utile à l'acteur :

- Irina peut jouer qu'elle veut embrasser Roméo
ou
- elle peut voir des lèvres qui ont besoin d'être embrassées

La deuxième option l'aidera sûrement davantage.

Comme nous l'avons vu, pour l'acteur, le désir provient de la cible et non de la volonté du personnage.

De nombreux personnages verront sûrement qu'ils n'ont pas le choix alors que les témoins extérieurs verront au contraire qu'ils ont le choix :

Rosalinde voit un Orlando qui a besoin d'être instruit.

Béatrice voit un Bénédict qui a besoin d'être ignoré.

Othello voit une Desdémone qui a besoin d'être étranglée.

Vouloir et avoir besoin

« Avoir besoin » implique que la cible détient quelque chose dont nous ne pouvons pas nous passer, alors que « vouloir » laisse entendre que nous pouvons commencer et cesser de vouloir à notre gré. Je peux ouvrir et fermer le « vouloir » comme un robinet, le « besoin » m'allume et m'éteint à sa guise. Le « besoin » nous rappelle à bon escient que nous ne contrôlons pas nos sentiments. Commander un café ne répond pas nécessairement à de très grands besoins, mais à des besoins quand même. J'ai peut-être besoin d'un café pour me rassurer, pour guérir ma gueule de bois, pour passer le temps, pour m'occuper parce qu'au fond, l'inactivité me fait peur. Le simple fait de vouloir un café peut cacher tout un tas de besoins intéressants. En temps normal, nous préférons vouloir parce qu'en cas de refus, nous risquons moins l'humiliation. Si nous nous contentons de vouloir quelque chose, il ne sera pas trop honteux de ne pas l'obtenir, alors que si nous avons besoin de quelque chose et que nous ne l'obtenons pas, nous nous sentons humiliés. Le besoin n'aime pas sa figure et se sert souvent du vouloir comme d'un masque.

Il existe toujours une certaine dose de besoin. Au lieu de vouloir simplement prendre l'air sur le balcon, peut-être Juliette a-t-elle besoin d'air frais ou de calme après l'agitation de sa Nourrice ou bien de silence, loin du rangement de la fête. Elle exprime de sérieux besoins quand elle demande à Roméo de ne pas jurer par « *l'inconstante lune* ». Elle a besoin qu'il soit constant, mature et prévenant. Juliette place tellement d'enjeux dans la personne de Roméo qu'il devient faux de dire qu'elle veut simplement qu'il soit tout ce qu'elle énumère ; son avenir est en jeu. Ce dont Juliette a besoin surpasse largement ce qu'elle veut.

Le principal danger de la question : « *Qu'est-ce que je veux ?* » est qu'elle dénigre la cible. La question laisse entendre que je peux créer et contrôler mon désir à partir d'une sorte d'épicentre intérieur.

« Ce que Juliette veut » semble venir de ce que Juliette ressent à l'intérieur. Mais cette impression est forcément celle d'une personne qui regarde Juliette. De l'extérieur, il semble évident que Juliette est libre de choisir son destin. Depuis son premier rendez-vous avec Roméo jusqu'à ses derniers instants dans le tombeau. Mais Juliette aura sans doute l'impression que toutes ses décisions s'imposent à elle. Elle aime Roméo, quel choix a-t-elle ? Juliette a l'impression qu'elle n'a pas vraiment le choix.

Digression : le choix

Quand nous disons de quelqu'un qu'il est « adorable » ou « irrésistible », nous taisons le fait que nous choisissons de les adorer ou de ne pas leur résister. La beauté est dans les yeux de celui qui regarde, dit-on. Mais pourquoi devons-nous le rappeler si souvent ? Parce que dans la réalité, nous l'oublions sans arrêt. Il n'y a pas de place pour le choix dans la vieille chanson de music-hall anglais « You Made Me Love You[2] ».

Mais ce qui est étrange, c'est que quand nous parlons d'une personne ou d'un personnage, nous nous demandons souvent pourquoi ils ont « choisi » telle option ou telle personne. Nous oublions facilement que dans des situations de crises comparables, nous étions convaincus que nous n'avions pas le choix. Au moment de lancer la Réforme, Martin Luther a déclaré : « *Je ne peux pas faire autrement* ». En réalité, il aurait pu faire un tas d'autres choses. Par exemple, il aurait pu ménager sa peine et rester un obscur moine allemand. Mais lui ne voyait pas les choses sous cet angle. Il était persuadé qu'il n'avait pas le choix. Luther a vu une Église catholique qui avait besoin d'être changée. L'Église corrompue ne lui a pas laissé le choix. Bien sûr, il était

---

2. Litt. « Tu m'as forcé à t'aimer » : chanson de Al Jolson chantée par de nombreux artistes, dont Bing Crosby, Aretha Franklin et Rufus Wainwright.

tourmenté par sa décision, mais au bout du compte, il a senti et vu que : « *Ich kann nicht anders* ».

D'un autre côté, une des raisons principales qui nous poussent à aller voir de grandes pièces de théâtre est pour voir des gens prendre des décisions qui vont changer leurs vies. Que se passe-t-il dans la scène du balcon ? Juliette prend la décision extraordinaire de défier sa famille et d'épouser Roméo. Et cette décision nous émeut. Mais quels sentiments cette décision provoque-t-elle à l'intérieur ? Que ressent Juliette à cet instant ? Si les enjeux sont faibles, nous avons l'impression d'avoir un large éventail de choix. « *Quel sorte de café voulez-vous ? Noir / au lait / expresso / cappuccino ?* » Vous pouvez changer d'avis autant de fois que vous voulez. Mais pour prendre une grande décision, Juliette ou Luther doivent imaginer qu'ils n'ont véritablement pas le choix. Vais-je épouser Roméo ou vais-je rester avec ma famille et épouser Pâris ? Le mariage avec Pâris est-il réellement une option ? Pour la Nourrice ? Oui. Pour Juliette ? Non. Pas après la scène du balcon. Juliette fait son choix en imaginant qu'il n'y a pas d'autre option possible.

L'être à l'agonie a souvent du mal à se décider. Comme le chat du proverbe de Lady Macbeth qui laisse « *je n'ose pas* » suivre « *je voudrais bien* » ou encore Hamlet et son « *être ou ne pas être* ». Tant qu'Hamlet a l'impression d'avoir le choix, il ne peut pas décider. Ce n'est que dans le dernier acte qu'il décide de tuer Claudius. Mais à ce moment-là, il a l'impression d'être arrivé à court d'options.

Avoir besoin et faire sont inséparables. Avant d'en finir avec le vouloir/besoin, nous devons nous intéresser au « faire » ou à « l'action ».

Le fait de seulement vouloir a tendance à diminuer les enjeux jusqu'à ce que la situation puisse être jouée de façon à la fois confortable et fausse.

7. ACTION ET RÉACTION

Les humains sont des animaux qui prennent les choses de façon personnelle. Un étudiant voit à la bibliothèque une jeune fille qui lit *Anna Karénine*. Si la jeune fille ne l'intéresse pas, son attention va automatiquement se tourner vers une autre cible. Mais plus son intérêt pour la jeune fille va grandir, moins il la verra en train de lire Tolstoï et plus il la verra activement en train de l'ignorer. En réalité, bien sûr, la jeune fille ne se rend probablement pas compte de son changement d'action. Le jeune homme tousse, la frôle en passant. Elle l'ignore toujours. Il veut changer l'action de la fille envers lui. La fille ne l'a peut-être même pas remarqué. Mais lui perçoit une indifférence hautement active – une indifférence qu'il doit changer.

La réaction vient après l'action, parce que la réaction est la conséquence de l'action. Comme l'a expliqué Newton : « *À chaque action, une réaction égale et opposée.* » En effet, tout ce que nous faisons est une réaction à un événement passé.

Nous avons vu que la cible n'était jamais passive ; la cible est toujours active. Toutes nos actions apparentes sont en fait simplement des réactions à des actions en cours de la cible.

Cela signifie-t-il que nous n'initions jamais rien ? Précisément. Et ce principe inquiétant est extraordinairement utile pour l'acteur. Quand j'ai l'impression d'initier quelque chose, en réalité, je suis seulement en train de réagir à autre chose. Je ne peux rien déclencher tout seul, tout ce que je fais doit être en réaction à autre chose qui s'est passé avant. Et quand je joue, ce « quelque chose qui s'est passé avant » est fondamental.

L'acteur ne peut pas jouer dans le vide

Irina peut se sentir bloquée dès le début de la scène : « *Ô Roméo, Roméo, pourquoi es-tu Roméo ?* » Elle a pourtant une cible claire, sans doute un Roméo imaginaire. Mais pourquoi Juliette lui adresse-t-elle ces premiers mots ? Est-ce pour le taquiner ? Pour le séduire ? Pour le détruire ? Pour le recréer ? De nombreux choix intéressants s'offrent à Irina et tous sont liés à la cible. Mais l'idée de choix est réductrice par rapport à ce que nous vivons dans la vraie vie. Irina aura donc toujours intérêt à jouer une réaction.

Irina doit d'abord voir ce que ce Roméo imaginaire est en train de faire. Parce que c'est « ce que Roméo est en train de faire » qui pousse Juliette à agir. Juliette voit Roméo en train de faire quelque chose et elle essaie de changer ce qu'il fait. Ce Roméo imaginaire est-il en train de taquiner Juliette, de lui parler de son père, de lui expliquer qu'un Montaigu ne pourra jamais épouser une Capulet, de lui dire qu'il est fier de s'appeler Roméo Montaigu, ou bien de l'ignorer ou simplement de lui conter fleurette ? Que fait-il pour que

Juliette ressent le besoin de changer ce qu'il fait ? Que peut-il faire pour que Juliette s'écrie : « *Ô Roméo, Roméo, pourquoi es-tu Roméo ?* »

Texte et réaction

« *Ce que nous appelons une rose / embaumerait autant sous un autre nom* » n'est pas une remarque horticole lancée dans le vide. Nous savons qu'elle a pour cible Roméo. Mais quel Roméo particulier ? Roméo le fils d'un Montaigu ? Cela n'est pas encore assez précis pour Irina. Irina doit voir ce que la cible est en train de faire précisément. Irina doit voir ce que Roméo est en train de faire pour que Juliette puisse réagir. Ici, il peut être utile pour Irina de voir un Roméo qui défend activement son identité afin que Juliette puisse réagir en disant : « *Ce que nous appelons une rose / embaumerait autant sous un autre nom* » afin qu'il arrête de défendre son nom de famille.

« *Ce n'est ni une main, ni un pied,*
ni un bras, ni un visage, ni rien
qui fasse partie d'un homme. »

À ce moment-là, Irina peut imaginer que Roméo prétend que son nom est comme une partie de son corps. Juliette se voit alors forcée de l'interrompre, de le contredire, de le transformer. Si Irina imagine que Roméo vient de déclarer : « *Mon nom est aussi important pour moi que mon corps !* » il devient plausible que Juliette se mette à énumérer différentes parties du corps pour changer le point de vue de Roméo.

En résumé, cela facilitera la tâche d'Irina de voir ce que Roméo est en train de faire. Laissons Irina voir l'action en train d'être jouée par Roméo.

L'acteur réagit à une action qui est en train d'avoir lieu ailleurs. L'acteur n'initie jamais une action totalement autonome. En d'autres termes : « *Je vois la cible qui joue une action, et en réaction, j'essaie de changer l'action de la cible.* »

Cette construction peut sembler compliquée, mais elle est d'une grande aide pour Irina quand celle-ci monte sur le balcon avec l'impression d'avoir un choix terrifiant d'émotions à exprimer ou d'états à atteindre. Laissons Irina voir l'action qu'elle doit changer. Laissons Irina renoncer à être créative et à imaginer une infinité de choses excitantes à faire. Il sera bien plus utile pour elle de s'appuyer sur sa curiosité, d'ouvrir les yeux et de voir ce qui se joue déjà hors d'elle et qu'elle ressent le besoin de transformer.

Roméo

Laissons Irina se reposer un instant et intéressons-nous à Alex qui joue Roméo et qui a aussi l'impression d'être coincé.

« *Voilà l'Orient et Juliette est le soleil !* » Alex s'adresse directement au public. Il essaie péniblement d'être sincère, mais il force et force sans arriver à rien. Plus il essaie d'insuffler des sentiments héroïques dans ses paroles, plus il se sent nul. Bien sûr, si Alex se sert de cette réplique pour décrire ce qu'il ressent, il va se bloquer. L'acteur qui décrit ne fait que montrer et se répandre. Mais il a un autre problème qui est qu'il est persuadé que la réplique parle de son amour pour Juliette. La réplique renvoie effectivement à Juliette, mais elle ne peut être qu'« à propos » de ceux à qui il s'adresse.

Donc la réplique doit être « à propos » du public. Le public doit être en train de faire quelque chose qu'Alex veut changer. Que Roméo peut-il bien voir pour dire : « *Voilà l'Orient et Juliette est le soleil !* » ? Peut-être voit-il un public terne et blasé.

Il voudrait alors éveiller les imaginations terre à terre pour que la foule puisse apprécier pleinement la splendeur de Juliette. Donc bien que cette réplique air l'air d'être « à propos » de Juliette, en réalité, ça n'est pas le cas. Roméo essaie de changer la façon dont le public perçoit Juliette, ce qui n'est pas du tout la même chose.

L'indépendance créative d'Alex ne l'aidera jamais autant que le fait de voir un public en train d'affirmer : « *Nous ne voyons rien d'extraordinaire. Nous ne voyons qu'une jeune fille sur un balcon. Rien de plus !* » Roméo doit ainsi changer l'avis du public : « *Voilà l'Orient (êtes-vous aveugles ?) et Juliette est le soleil !* »

Encore une fois, la réplique n'est certainement pas une description de Juliette. L'image de l'Orient et du soleil n'est pas « à propos » de Juliette. Si Alex joue la réplique en « parlant » de Juliette, son énergie lui sautera dans l'œil comme un élastique. L'image « parle » de ce à quoi ou à qui il s'adresse. Tout texte est un outil visant à changer ce que la cible est en train de faire.

Les mots de Roméo sont une réaction à ce qu'il voit le public en train de penser. Alex doit donc travailler sur ce que Roméo imagine que le public pense. Nous parlerons de ce travail de façon plus concrète dans l'exercice du pré-texte, chapitre 17.

Ce que nous disons ne parle jamais de ce dont nous parlons ; ce que nous disons parle de ce à qui ou à quoi nous nous adressons. Ce que nous disons est un outil visant à transformer nos auditeurs.

L'homme d'affaires étourdi

Un homme d'affaires fouille dans son appartement à la recherche de son passeport. L'acteur qui joue cette situation aura peut-être l'impression qu'il doit créer quelque chose alors qu'en fait, il ne peut jouer qu'en réaction à ce qu'il voit. Cela veut dire que la cible changeante – son passeport, sa valise, les tiroirs de sa commode – est déjà en train d'accomplir une action. Comme nous l'avons vu, tout ce que l'acteur fait – jeter ses vêtements par-dessus son épaule, etc. – est simplement en réponse à cette action en cours. Mais qu'est-ce que ce petit passeport passif peut-il bien faire ?

Eh bien, le passeport peut être activement en train de se cacher. Ou du moins, c'est ce qu'il peut sembler à l'homme d'affaires. Cela peut paraître fou de loin, avec le calme du recul, mais ce genre de paranoïa n'est pas si absurde quand les minutes défilent, que le taxi klaxonne dehors et que vous retournez vos poches pour la millième fois.

Au fil des secondes, les enjeux augmentent et l'homme d'affaire devient de plus en plus énervé et désespéré. Cet état émotionnel ne peut pas être joué. Ce qui peut être joué, c'est la réaction de l'homme d'affaire à ce qu'il voit. Et que voit-il ? Un monde horripilant qui fait exprès de le rendre fou ! C'est de la faute de la personne qui a rangé, c'est de sa faute à lui, de sa désorganisation grandissante, du coussin qui cache le passeport, du porte-documents trop plein, de l'univers hostile qui complote pour lui faire rater son avion.

Tout ce qu'il fait – sortir les tiroirs, vider ses poches, secouer ses livres – a l'air actif pour un observateur extérieur. Mais, comme nous l'avons vu, il est plus pratique pour l'acteur de voir à travers les yeux du personnage, comme si l'homme d'affaire était une lunette. De son côté, l'homme d'affaires voit un univers exaspérant, borné et tout puissant. Et dans cet univers, rôde un petit passeport vengeur, ou une femme de ménage écervelée ou un coussin gênant ou une poche emberlificotée. La fouille frénétique n'est pas l'action initiale, mais simplement une réponse à un ensemble de cibles hautement actives.

Le passeport se cache ; l'homme essaie de le trouver. Le klaxon du taxi le presse ; il crie au chauffeur d'attendre. L'univers l'irrite ; il essaie donc de le contrôler. Il voit la cible en train d'agir sur lui et il essaie de contrôler, d'atténuer ou de s'adapter à ce qu'elle fait.

La réaction du personnage consiste à changer l'action préexistante de la cible dirigée vers le personnage.

La réaction divisée

Si j'ai toujours quelque chose à perdre et quelque chose à gagner, alors en toute logique, ce que je fais doit aussi être divisé en deux. Ainsi je dois toujours être en train d'essayer de provoquer ce que j'espère et en même temps, je dois toujours être en train d'essayer d'empêcher ce que je redoute. Un exemple élucidera ce point.

La bombe désamorcée

Mettons qu'Alex doive manquer des répétitions pour tourner un film. Il joue un démineur chargé de désamorcer une bombe dans un film de guerre. C'est sa grande scène. Le réalisateur a très peu de temps et lui dit seulement : « *Tu rampes là-dedans, voilà tes outils, voilà les pinces et voilà la bombe.* » Alex peut se préparer en se répétant ce qu'il doit faire : « *J'essaie de désamorcer la bombe et j'essaie de ne pas me faire sauter avec.* » Très bien. Il serait absurde qu'il se demande : « *Des deux actions, laquelle est-ce que j'essaie d'accomplir à ce moment-là ? Désamorcer la bombe ? Ou sauver ma peau ?* » La réponse est forcément les deux. « *Mais précisément, qu'est-ce que je fais à quel moment ? Là, est-ce que j'essaie de désamorcer la bombe ? Ou est-ce que j'essaie d'éviter de me faire sauter ? Lequel des deux ?* » La réponse sera encore : « *Les deux à la fois.* » Toutes ces questions appellent une réponse sous forme de notre vieil ennemi « en un » et induisent Alex en erreur.

Laissons plutôt Alex voir la bombe à travers les yeux de l'expert. L'expert connaît les menus détails des fils et des ressorts et Alex doit avoir fait des recherches. Quel fil est relié à quoi ? Au lieu de chercher à savoir ce qu'il veut obtenir des fils, Alex doit se demander : « *Qu'est-ce que je vois ?* » Et il verra alors en double. « *Ces pinces tremblantes vont-elles me sauver ou me projeter dans l'éternité ?* »

Penser en doubles

Irina a aussi intérêt à penser en doubles, comme suit :

- « *J'essaie d'instruire Roméo et j'essaie de ne pas l'embrouiller.* »
- « *J'essaie de séduire Roméo et j'essaie de ne pas le rebuter.* »
- « *J'essaie d'amuser Roméo et j'essaie de ne pas l'effrayer.* »
- « *J'essaie de comprendre Roméo et j'essaie de ne pas le comprendre de travers.* »
- « *J'essaie de mettre Roméo en garde et j'essaie de ne pas minimiser la situation.* »
- « *J'essaie de dire la vérité à Roméo et j'essaie de ne pas lui mentir.* »

Encore une fois, les mots que nous employons pour décrire ces réactions divisées sont maladroits, mais, comme nous le savons, la symétrie n'est qu'une idée utile. Ce qui importe, c'est que plus j'essaie de faire quelque chose, plus j'essaie en même temps de ne pas faire autre chose, et ce en proportions parfaitement égales. Quand les enjeux augmentent, ce phénomène devient très clair.

Une fois que nous avons accepté la dualité des enjeux, la réaction divisée devient évidente et inévitable. Elle est utile parce que quand nous sommes bloqués, la division de nos actes libère de l'énergie, comme dans la fission de l'atome. La réaction divisée éclaircie, affine et précise ce que l'acteur voit.

Il est faux de dire que l'acteur ne peut pas jouer deux choses à la fois. Nous jouons toujours deux choses à la fois. Mais ces deux choses sont extrêmement spécifiques et précisément opposées. Nous sommes obligés de jouer en doubles parce qu'il y a toujours quelque chose à perdre et quelque chose à gagner.

Digression : N'y a-t-il que du conflit ?

Il doit bien y avoir des exceptions à cette friction perpétuelle ? Ces enjeux ne sont-ils jamais nuls ? N'y-t-il jamais de paix ? Prenons une expérience plus sereine. Imaginez que vous aperceviez un bouleau au mois de mai. Le tremblement de ses feuilles frissonnantes vous apaise. Vous profitez du repos que l'arbre vous offre. Si vous ressentez une paix profonde en voyant les feuilles trembler sous les rayons dorés du soleil, où est le problème ? Mais cette attention n'est pas un état que vous pouvez posséder. Je pense que la plupart des gens qui ont fait l'expérience du ravissement seraient les premiers à déclarer que ce moment d'harmonie parfaite est toujours éphémère. L'état est instable ; il se dissout inévitablement. « *S'il vous plaît, laissez-moi être heureux pour toujours ! Je vous en prie, faites ce que sentiment ne s'arrête jamais.* »

La friction vivante

La vie est faite de « deux » inconfortables et non de « uns »
rassurants. Les énergies conflictuelles de la cible déterminent nos
sentiments et nos actes. L'action est ce que la cible est en train
de faire. Ma réaction est la façon dont j'essaie de changer la cible
pour qu'à la place, elle réponde à mes besoins.

À tout moment, j'ai quelque chose à perdre et quelque chose
à gagner. Quelque chose que j'ai besoin d'obtenir et quelque
chose que je dois éviter. Quelque chose que j'ai besoin de faire et
quelque chose que je dois éviter de faire. Une issue que j'ai besoin
d'atteindre et une issue que je dois éviter. Un effet que j"ai besoin
de produire et un effet que je dois éviter de provoquer.

Tout ce qui ne bouge pas est mort.

Tout être vivant est en flux perpétuel parce que toute vie est
mouvante. Je ne parle pas ici d'une sorte de mouvement général.
Le mouvement vivant peut sembler aléatoire alors qu'il ne l'est
jamais. Le flux est précis et généré par des contraires, tout comme
l'électricité naît du déplacement des charges positives et négatives. Un personnage n'est pas un point précis, mais plutôt une
série de voyages dans des directions opposées. Mais ces voyages
contraires suivent des chemins bien tracés.

Quand ils comprennent qu'ils doivent jouer ces doubles,
les acteurs réussissent souvent à libérer de grandes quantités
d'énergie. Les doubles ne sont pas seulement logiques, ils aident.

8. « Je ne sais pas qui je suis »

« *Qui suis-je ?* » est souvent la première question que l'on pose quand on créé un personnage, mais elle est souvent inutile. Répondre à la question « *Qui suis-je ?* » est le travail de toute une vie pour n'importe quel individu et en effet, plus nous nous découvrons, plus nous comprenons que nous ne nous connaissons pas du tout. Si nous ne sommes pas capables de répondre à cette question à propos de nous-même, comment pourrions-nous y répondre au sujet de quelqu'un d'autre ? « *Qui suis-je ?* » est une question aussi vertigineuse que l'Everest ; elle ne peut guère aider l'acteur dans la courte durée des répétitions.

Pire, l'air innocent du « *Qui suis-je ?* » cache un anesthésiant puissant. Pourquoi ? Parce que la question appelle encore une réponse « en un ». « *Qui est Juliette ?* » La fille d'un aristocrate de Vérone ? Une fille de quatorze ans ? La fiancée de Pâris ? Chacune de ces réponses, aussi juste soit-elle, est statique. Chacune de ces réponses peut paralyser l'acteur parce qu'aucune description « en un » ne met en mouvement.

Irina a besoin de réponses vivantes. Elle a besoin de questions qui appellent des réponses changeantes.

Un flux entre deux pôles

Quelles questions pourraient aider Irina ? « *Qui préférerais-je être ?* » est plus utile parce qu'elle appelle une réponse mouvante. « *Qui préférerais-je être ?* » est encore plus utile quand elle est accompagnée d'un contraire proche comme : « *Qui ai-je peur d'être ?* »

Donc Juliette pourrait commencer simplement par : « *J'aimerais être la femme de Roméo, j'ai peur de devenir la femme de Pâris.* » Et de là : « *J'aimerais être aimée de Roméo et j'ai peur d'être trahie par Roméo.* »

Transformation

Une remarque très simple, mais fondamentale, à ne jamais oublier au sujet du personnage : L'acteur ne peut pas se transformer. Ça n'est pas si évident qu'il y paraît. Parfois, les acteurs se reprochent de n'avoir pas accompli de « transformation ». Mais la quête de transformation est aussi vaine que la quête de perfection. Il faut tordre le cou une bonne fois à l'idée de transformation. Nous ne pouvons pas nous changer et nous ne pouvons pas nous transformer. Nous restons immobiles, il n'y a que les cibles qui bougent.

La seule chose que nous pouvons transformer est la cible. Et la cible se transforme sans cesse.

Bien sûr, Juliette change au cours de la pièce. Mais Irina ne peut pas dépeindre ce changement. Irina ne peut pas directement montrer la transformation de Juliette, mais elle peut se souvenir de la cinquième règle qui est que la cible se transforme sans cesse. Donc bien qu'Irina ne puisse pas faire changer Juliette, elle peut voir, à travers les yeux de Juliette, tout ce qui semble changer autour d'elle. Par exemple, Irina peut voir les métamorphoses du lit de Juliette. Irina sera plus libre si Juliette voit :

• Le lit dans lequel elle se réveille avant le bal.
• Le lit dans lequel elle essaie de s'endormir après la scène du balcon.
• Le lit dans lequel elle fait l'amour avec Roméo.
• Le lit qu'elle devra peut-être partager avec Pâris.
• Le lit dans lequel elle boira la drogue.

Ces lits changent au fil de la pièce. Irina ferait mieux de laisser le lit se transformer au lieu d'essayer de transformer Juliette. Cela aidera Irina davantage de voir que Juliette ne change pas au cours de la pièce, mais que le lit, oui.

Se voir changer

Comme nous tous, Juliette ne peut pas se transformer elle-même. Mais elle peut évidemment se rendre compte qu'elle a été transformée. À l'instant où nous comprenons que nous avons (été) changé(s), nous prenons de la distance par rapport à nous-mêmes – Je vois que je ne suis pas furieux alors qu'avant, dans cette situation, je l'aurais été – Je vois que ça me rend triste alors qu'autrefois, ça m'aurait fait rire. Je dois avoir un certain recul sur moi-même pour constater que j'ai été changé.

> *« Ah ! Je voudrais rester dans les convenances ; je voudrais, je voudrais nier*
>
> > *ce que j'ai dit. Mais adieu les cérémonies ! »*

Juliette voit peut-être qu'elle a été transformée au cours de la soirée. Peut-être qu'autrefois, elle aurait respecté les convenances et masqué toutes ces émotions. Peut-être existait-il autrefois une Juliette socialement accomplie ou du moins raisonnable. Cette Juliette est morte pour laisser place à une nouvelle Juliette plus animée. Irina a intérêt à guetter les moments où Juliette se voit elle-même plus clairement. Mais si elle essaie de montrer quoi que ce soit à propos de Juliette, elle ne produira qu'un exposé sur l'évolution du personnage du type : « *Là, elle est jeune et innocente, là, elle est libérée sexuellement et transformée par l'amour, là, elle est en deuil.* » Ni l'acteur, ni le metteur en scène, ni l'auteur ne peuvent complètement maîtriser les perceptions du public. Ils peuvent essayer de représenter un changement, de montrer en quoi le personnage est transformé. Mais au final, cette démonstration sera fausse. Même vouloir activement se transformer soi-même est périlleux. Tout ce que nous pouvons faire, c'est voir plus clairement, plus attentivement, dans le présent. Alors le changement pourra nous arriver. Mais en aucun cas nous ne pouvons contrôler le changement.

Surtout, Irina doit se rappeler que le public n'est pas venu voir Juliette. Le public est venu voir Irina. Plus précisément, le public est venu voir ce qu'Irina voit. Irina ne doit pas chercher à se transformer. Ce serait non seulement malhonnête vis à vis du public, mais surtout un affront envers sa propre création.

Digression : l'état et la transformation

Quand la vie jaillit en répétition, nous sommes tout à coup complètement euphoriques. Cette énergie traîne une excitation dans son sillage. La vie a surgit et Irina se sent heureuse. Tout a l'air simple et une vague de soulagement envahit la salle.

Pourtant, Irina connaîtra aussi la joie d'arriver en répétition le lendemain en sifflotant, impatiente de revivre ce moment palpitant, et la déception amère de ne pas y parvenir. Le même passage est mort ; il n'en reste qu'une coquille vide et malgré tous ses efforts, Irina n'arrive pas à se rappeler ce qu'elle avait fait pour atteindre cet état. Sauf que ça n'était pas un état. Ça ressemblait peut-être à un état mais en réalité, c'était une direction. Et elle venait de la cible et non d'Irina. Irina a reçu de la vie et ensuite, elle a cru qu'elle l'avait créée elle-même. Peut-être a-t-elle cru qu'elle l'avait gagnée à force de travail. Mais la vie n'est pas comme l'argent. Nous pouvons gagner de l'argent ; nous ne pouvons pas gagner de la vie. Elle survient, c'est tout.

La vie échappe à notre contrôle et nous n'aimons pas beaucoup ça. La vie peut nous lâcher à tout moment ; et nous n'aimons franchement pas ça. La vie ne peut pas être créée ; et ça ne nous plaît pas beaucoup non plus. Une énorme partie de nos structures de pensées, de paroles et de récits cherchent à déguiser ces réalités inconfortables.

Nous ne pouvons jamais créer la vie. Nous permettons à la vie de nous traverser en ne nous rendant pas aveugles à la cible. Dans tous les cas, si la vie survient, elle survient quand elle le décide – dans un moment de grâce. La vanité a beau nous persuader du contraire, nous ne fabriquons jamais de la vie. Si nous avons l'impression que nous sommes en train de créer quelque chose, notre jeu ne sera pas vivant. Nous pouvons seulement voir la vie qui attend de couler. Nous ne pouvons même pas essayer de faire circuler la vie. Nous pouvons seulement faire en sorte que la vie n'arrête pas de circuler.

L'état de vie n'existe pas. L'état de grâce non plus. Nous pouvons espérer retourner à un moment vivant en nous rappelant comment nous y sommes arrivés. Alors peut-être que la vie nous exaucera. Elle le fait souvent, mais ce n'est pas nous qui décidons. Nous n'y sommes pas arrivés par un effort de volonté. Nous y sommes arrivés en voyant.

Le troisième choix inconfortable : voir ou montrer

Nous pouvons soit montrer soit voir, jamais les deux, parce que l'un doit forcément détruire l'autre. En jeu, montrer est comme une sorte de police d'assurance qui garantit que le public va « comprendre » ce que nous ressentons. C'est la catastrophe assurée. En montrant au public ce qu'elle ressent pour Roméo, Irina signe son arrêt de mort.

Voir s'intéresse à la cible, montrer s'intéresse à moi-même. Montrer ne s'intéresse à la cible qu'en apparence. Montrer est une fausse ouverture de soi parce qu'en montrant, nous cherchons à contrôler la perception des autres. Si Irina essaie de nous montrer quelque chose à propos de Juliette, ce sera comme si elle écrivait un essai sur le personnage ou jouait du violon pour souligner son propre jeu.

Jouer et feindre

Dès que nous montrons, nous feignons. Et feindre n'est pas jouer. Parfois, la différence est très claire, parfois plus subtile.

Il y a des choses qui ne peuvent pas être jouées, seulement feintes. Les états ne peuvent pas être joués. Par exemple la mort ou le sommeil. On ne peut pas jouer qu'on est endormi. On peut faire semblant de dormir. On peut montrer qu'on est endormi. On peut jouer qu'on est en train de s'endormir. On peut jouer qu'on lutte contre le sommeil. Par contre, on peut jouer qu'on fait un cauchemar parce que quand on rêve, le cerveau oscille à la lisière de la conscience. On peut jouer tout ce qui est conscient, donc on peut jouer des sursauts de conscience. Tout le reste devra être montré. Parfois, nous sommes obligés de jouer que nous sommes morts. Ça n'est pas vraiment jouer. C'est autre chose, mais c'est parfois tellement indispensable, théâtralement, pour le public, que nous le faisons. Or bien feindre d'être mort ou de dormir est une tâche très difficile !

Il n'est pas facile d'expliquer la différence entre jouer et feindre. Mais ce n'est pas parce que nous avons du mal à trouver les mots pour décrire une chose qu'elle n'est pas importante.

Évidemment, le jeu d'acteur n'est pas que conscient. Cependant, la part inconsciente du jeu se trouve dans le travail invisible, comme nous le verrons par la suite.

Les visiteurs

Il peut être utile pour Irina de se rappeler que rien de vraiment précieux ne peut être possédé. La vie. L'amour. La grâce. Nous ne pouvons ni les créer ni les posséder. Plus nous restons ouverts, plus ces visiteurs respirent à travers nous, avec nous et en nous.

Irina ne peut pas se transformer en Juliette. Elle ne peut pas atteindre l'état de Juliette, une sorte de plateau immobile correspondant au personnage de Juliette. Elle ne peut pas posséder Juliette. Et si elle se reproche de ne pas réussir à « devenir » Juliette, elle se bloquera. Si elle essaie de se métamorphoser, elle mourra artistiquement. Elle finira par se contenter de montrer Juliette.

Nous ne pouvons pas volontairement changer d'état. Quand nous nous concentrons pour nous transformer, nous tombons dans la simple démonstration. Le changement nous arrive ; mais nous changeons uniquement quand nous voyons plus clairement les choses telles qu'elles sont. Il s'agit d'un changement de direction. Quand nous voyons les choses telles qu'elles sont, un réajustement s'opère naturellement. Le changement, la transformation, la métamorphose sont indépendantes de notre volonté. La règle impondérable est que dès que nous essayons d'être quelque chose, nous nous contentons de montrer.

Irina ne peut que faire ce que Juliette fait, et elle n'y parviendra que si elle voit ce que Juliette voit. Comme nous l'avons vu, le voyage d'Irina à l'intérieur de Juliette n'est pas tel qu'il y paraît. Ce n'est rien moins qu'un voyage à travers Juliette pour découvrir ce qui est en jeu pour Juliette dans ce que Juliette voit.

À travers le jeu de l'acteur, le public voit le monde que l'acteur voit, la cible particulière que l'acteur voit, et les enjeux inexorablement doubles. La simple virtuosité ne donne à voir que l'intelligence et l'habileté de l'acteur. Le potentiel de l'acteur dépasse la simple virtuosité. Ses sens et son imagination sont une lunette à travers laquelle nous pouvons voir un univers infini.

Théorie et spéculation

On ne peut pas expliquer pourquoi le jeu d'un acteur est vivant parce qu'on ne peut pas expliquer la vie. On ne peut expliquer que ce qui est mort. Or le blocage est en grande partie une construction morte, comme n'importe quelle vieille idéologie, c'est d'ailleurs pour ça qu'on peut facilement l'expliquer. Nous voici face à un paradoxe exaspérant. Quand le jeu est libre, tout paraît simple ; quand le jeu est bloqué, tout a l'air compliqué.

Par exemple, le blocage peut être provoqué par une pensée fugace comme : « *Est-ce que ça aura l'air moche si je pose ma main comme ça sur la rambarde du balcon ?* » Si Irina tente de répondre : « *Je crois que ça a l'air joli / affreux* », non seulement elle ouvre la porte, mais elle saute à pieds joints dans le seul endroit sur lequel la porte ouvre, c'est-à-dire « la maison » ; or la maison n'est jamais sûre.

Pour prendre le problème autrement, la question ne peut donner lieu qu'à de simples conjectures parce que nul d'entre nous ne peut jamais savoir de quoi il a l'air. Nul d'entre nous ne peut jamais être sûr de l'effet qu'il produit. Par conséquent, nous demander de quoi nous avons l'air ne peut donner lieu qu'à des conjectures, or la conjecture est forcément théorique. Donc quand Irina répond en se disant : « *Je crois que j'ai l'air stupide* », elle théorise.

Donc Irina intellectualise et échafaude des structures, ce qui finira par étouffer l'étincelle de vie qu'elle essaie de préserver. Irina n'a peut-être pas du tout l'impression d'intellectualiser. Quand nous trouvons que nous avons l'air idiot, nous n'avons pas l'impression d'être dans la théorie, mais la panique est toujours issue de la théorie. La question « *De quoi j'ai l'air ?* » paralyse l'acteur. Le jeu vivant n'a rien à voir avec la théorie intellectuelle. Mais le jeu bloqué trouve toujours ses origines dans la théorie.

Irina doit pénétrer les sens de Juliette, voir, toucher, entendre, sentir, goûter et percevoir l'univers changeant que Juliette habite. Elle doit renoncer à tout espoir de se transformer un jour en Juliette, ou de nous montrer Juliette, et à la place, s'atteler à la tâche miraculeuse et réalisable qui consiste à voir et à bouger dans l'espace que Juliette voit et occupe.

Aucune description d'être humain n'est vraie. L'acteur se sentira plus libre s'il imagine des contradictions dynamiques. Même si nous essayons de redéfinir et de dépouiller la notion de « personnage », elle nous renvoie toujours une bouffée de permanence. Toute prétention à être à la fois vivant et fixé est un mensonge dangereux et il est donc plus sage d'admettre qu'il n'y a pas de personnage. Fixer le vivant reviendrait à demander à un papillon épinglé dans un cadre de voler.

Je peux voir des choses ou essayer de contrôler la façon dont les choses me voient. Je ne peux pas faire les deux à la fois. Qui je suis est ce que je vois.

9. LE VISIBLE ET L'INVISIBLE

Qui que je suis dépend des cibles que je vois. Nous voyons tous des cibles différentes.

Dans la vie, l'expérience modifie les cibles que nous voyons. Juliette voit un Roméo et Tybalt voit un autre Roméo très différent. Le légionnaire et le millionnaire voient des verres d'eau très différents. Comment l'acteur se prépare-t-il à voir des cibles différentes ? Comment Irina peut-elle s'assurer que la lune qu'elle verra sera celle de Juliette et non celle d'Irina ? La cible particulière se prépare et s'affine au cours du travail invisible.

L'esprit visible et invisible

L'esprit visible est la partie du personnage que l'acteur peut jouer ; l'esprit invisible est la partie qu'il ne peut pas jouer. Je peux me diviser en deux personnes séparées : le « moi » que je vois et le « moi » que je ne vois pas. Ces deux « moi » sont essentiels : ils ne peuvent exister l'un sans l'autre. Comment l'acteur peut-il créer cette partie invisible ? Eh bien, l'acteur ne peut pas directement créer l'esprit invisible du personnage. Tout ce qu'Irina peut faire, c'est se préparer à jouer.

L'équipe de rugby ne peut pas créer le match. Les joueurs ne peuvent pas prédire son issue, ni décider de son déroulement. Mais l'entraîneur et l'équipe peuvent se préparer. L'entraînement n'a pas de durée définie, mais le match est chronométré. L'entraînement n'obéit pas à des règles, le match, oui. L'équipe ne peut pas être sûre qu'elle va bien jouer, mais elle peut se mettre dans les meilleures dispositions pour bien jouer.

En soi, aucune règle absolue n'impose à l'équipe de s'entraîner. Après un mois passé sur la plage à fumer et à boire, l'équipe réussira peut-être à envoyer gracieusement le ballon entre les poteaux. À l'inverse, l'équipe peut travailler jour et nuit, enchaîner mêlées et plaquages, coups francs et touches et le jour J, déployer un jeu catastrophique. Une seule chose est sûre : l'équipe qui s'est bien entraînée a plus de chances de bien jouer.

De même, Irina ne peut pas être sûre que la représentation sera bonne. Elle ne peut pas garantir qu'elle jouera bien. En effet, nous devons tous accepter de ne pas nécessairement produire du bon travail. Irina peut se préparer, répéter pendant des mois et être quand même constipée en représentation. Inversement, elle peut se contenter de lire froidement le texte et bouleverser le public par sa profondeur et sa vitalité. Mais un tel coup de chance serait impossible à reproduire. Plus raisonnablement, Irina a intérêt à s'appuyer sur sa formation et le travail des répétitions qui ont plus de chances de l'aider à avoir un jeu spontané et vivant. Irina ne peut pas exiger de bien jouer, mais grâce à une minutieuse préparation, ses brefs passages sur scène auront plus de chances de déborder de vie.

Irina doit travailler sur Juliette. Irina en apprendra plus sur le parcours de Juliette que Juliette elle-même. Irina sera même capable de voir l'avenir de Juliette plus clairement qu'elle. Mais cette connaissance concerne le travail invisible. S'agissant du travail visible, pendant la courte durée de la représentation, Irina ne doit pas en savoir plus que Juliette. Pendant les quelques minutes où elle joue réellement Juliette, Irina ne doit jamais être consciente de son travail invisible.

Au cours du travail visible, l'acteur doit oublier l'invisible et croire que l'invisible se rappellera de lui-même à lui.

Oublier l'évidence

Avant d'approfondir la notion de travail invisible, il serait sage de rappeler quelques principes de base. Il s'agit des différences fondamentales entre le travail visible et le travail invisible et entre Irina et Juliette.

Ces principes sont tellement évidents qu'ils ont tendance à être oubliés – le bon sens est souvent la première victime des répétitions fastidieuses. Tout le temps qu'Irina explorera la scène du balcon, elle ne devrait jamais oublier que :

- Juliette n'a jamais joué la scène du balcon avant, bien qu'Irina l'ait jouée plusieurs fois.
- Juliette n'a jamais entendu ce que Roméo avait à lui dire, bien qu'Irina l'ait entendu plusieurs fois.
- Juliette n'a jamais entendu ce que Juliette avait à dire, bien qu'Irina l'ait entendu plusieurs fois.
- Juliette n'a jamais vu ce que Juliette voit maintenant.

• Juliette n'a jamais senti ce que Juliette sent maintenant.
• Juliette ne sait pas comment la scène va finir.

Le travail invisible

Tous les acteurs effectuent un travail invisible, même quand leur préparation semble d'une rigueur implacable. Le travail invisible peut prendre différentes formes. Certains acteurs appliquent des méthodes et des systèmes, rédigent des biographies de leur personnage ou relient les sentiments du personnage à leurs expériences personnelles. D'autres font partie de compagnies qui consacrent une bonne partie des répétitions à chercher collectivement l'univers de la pièce. Certains diront en plaisantant qu'ils ne font aucune préparation, mais même ceux-là développeront quelques idées générales au sujet de leur personnage. Ils déclareront par exemple : « *Il est très intelligent* » ou encore : « *Elle obtient ce qu'elle veut.* » Certains acteurs de cinéma s'efforcent de faire le vide entre les prises pour préserver la spontanéité. Même ce vide est une forme de travail invisible.

Il existe autant de méthodes que d'acteurs. La plupart des acteurs s'accordent à dire que leur métier n'est pas une science. Il n'y a pas de système infaillible. La plupart des acteurs s'estiment heureux quand leur imagination leur offre une étincelle de vie et de confiance en eux.

Exemples de travail invisible

Il n'existe pas de règles pour le travail invisible en dehors du fait qu'il doit toujours y avoir un travail invisible à l'œuvre sous une forme ou une autre.

Le travail invisible englobe non seulement les répétitions, mais aussi la formation de l'acteur et, bien sûr, son expérience personnelle. Il n'y a pas qu'une seule façon de faire du théâtre. Il n'y a pas qu'une seule façon de répéter une pièce. Il n'y a pas qu'une seule façon de préparer un rôle. Certaines des suggestions qui suivent prennent la forme d'exercices pratiques, d'autres de réflexions sur notre approche des individus. Ils ne sont pas là pour alourdir la charge de l'acteur. Au contraire, ils doivent alléger son fardeau. Tous les exemples sont arbitraires et personnels et il en existe beaucoup d'autres. Bien que toutes ces suggestions permettent d'enrichir et de préciser la cible, au bout du compte, c'est à l'acteur de faire la synthèse du travail invisible.

Le travail de préparation peut prendre de multiples formes : tout ce qui éveille l'imagination est utile. Tout ce qui éteint l'imagination est à éviter. Certaines règles vont étouffer Irina, d'autres vont la libérer ; seule Irina saura en décider.

La recherche

Cela peut aider Irina de se renseigner sur l'environnement de Juliette, les circonstances dans lesquelles elle existe. Une seule mise en garde : la recherche est utile jusqu'au moment où l'acteur tient absolument à trouver « ce qui est juste ». Nous ne saurons jamais quelles pressions subissait une jeune aristocrate italienne du quatorzième siècle. Pas seulement à cause d'un décalage historique. Même si nous vivions au coin d'une rue médiévale de Vérone, nous ne pourrions pas en être sûrs ; nous ne pouvons que l'imaginer.

Irina peut faire des recherches sur l'éducation qu'a reçue Juliette – sur la façon dont le monde attend qu'elle marche, rie, mange, chante, se batte, s'habille, parle, prie, fasse l'amour, raisonne. Lire, discuter en répétition, effectuer des exercices individuels et collectifs, expérimenter autour de la danse, du costume, de la respiration et du silence sont autant d'actions qui peuvent la libérer et augmenter sa curiosité et sa vitalité.

Les autres

Irina doit lire tout ce que les autres personnages disent de Juliette. C'est un travail important, auquel il faut apporter une réserve : Ce que les autres personnages disent de Juliette en dit beaucoup plus long sur eux que sur Juliette. Quand nous parlons des autres, nous nous dévoilons. Nous ne pouvons pas admettre que Juliette est belle simplement parce que Pâris et Roméo l'affirment. Ce que ces hommes disent compte moins que ce qu'ils font pour elle. Et puis, aucune description n'est fiable.

La Nourrice a beaucoup à dire sur le compte de Juliette.

NOURRICE

Au moins ou au plus, n'importe ! Entre tous les jours de l'année,
c'est précisément la veille au soir de la Saint-Pierre-ès-Liens qu'elle
*   aura quatorze ans.*
Suzanne et elle, Dieu garde toutes les âmes chrétiennes !
étaient du même âge...Oui, à présent, Suzanne est avec Dieu :
elle était trop bonne pour moi ; mais, comme je disais,
la veille au soir de la Saint-Pierre-ès-Liens elle aura quatorze ans,

elle les aura, ma parole. Je m'en souviens bien.
Il y a maintenant onze ans du tremblement de terre ;
elle fut sevrée, je ne l'oublierai jamais,
entre tous les jours de l'année, précisément ce jour-là ;
car j'avais mis de l'absinthe au bout de mon sein,
et j'étais assise au soleil contre le mur du pigeonnier ;
monseigneur et vous, vous étiez alors à Mantoue...
Oh ! J'ai le cerveau solide !... Mais comme je disais,
dès qu'elle eut goûté l'absinthe au bout de mon sein
et qu'elle en eut senti l'amertume, il fallait voir
comme la petite folle, toute furieuse, s'est emportée contre le téton !
Tremble, fit le pigeonnier ; il n'était pas besoin, je vous jure,
de me dire de décamper...
Et il y a onze ans de ça ;
car alors elle pouvait se tenir toute seule ; oui, par la sainte croix,
elle pouvait courir et trottiner tout partout ;
car, tenez, la veille même, elle s'était cogné le front ;
et alors mon mari, Dieu soit avec son âme !
c'était un homme bien gai ! releva l'enfant :
"oui-da, dit-il, tu tombes sur la face ?
Quand tu auras plus d'esprit, tu tomberas sur le dos ;
n'est-ce pas, Juju ?" Et, par Notre-Dame,
la petite friponne cessa de pleurer et dit : "oui !"
Voyez donc à présent comme une plaisanterie vient à point !
Je garantis que, quand je vivrais mille ans,
je n'oublierais jamais ça : "N'est-ce pas, Juju ?" fit-il ;
et la petite folle s'arrêta et dit : "oui !"

LADY CAPULET

En voilà assez ; je t'en prie, tais-toi.

S'agit-il seulement d'un bavardage bon enfant ? La Nourrice transpire la chaleur et le réconfort. En effet, la Nourrice est tellement investie dans son rôle de nourrice qu'on a du mal à entendre les événements qu'elle décrit.

La Nourrice raconte qu'elle s'est vue confier Juliette suite au décès de sa propre fille, Suzanne. On apprend que les parents de Juliette l'ont laissée seule aux soins de sa nourrice au moins une fois pour entreprendre un assez long voyage. On comprend que pendant leur absence, la Nourrice a essayé de sevrer l'enfant en badigeonnant ses seins d'un breuvage au goût amer. La surprise et le dégoût de l'enfant au contact du lait empoisonné ont fait rire la Nourrice. On apprend que la petite a affirmé son indépendance en marchant très tôt. On apprend aussi que Juliette a été laissée sans surveillance au point de se fendre le crâne. On apprend aussi que la fillette en pleurs a dû subir les moqueries de la Nourrice et de son mari gouailleur qui a inventé une blague cochonne à ses dépens. Le « oui » de la fillette sous-entend même qu'elle a appris à contrôler ses émotions et à composer avec les adultes en étant d'accord avec eux.

Malgré son apparente jovialité, la Nourrice est pleine de destruction avec ses discours sur la mort et les tremblements de terre. Sa défunte fille était « *trop bonne* » pour elle, pourtant, pour quelqu'un qui a une si faible estime d'elle-même, elle prend beaucoup de place. Aucune des trois femmes n'a sans doute conscience du fait que la Nourrice déteste peut-être Juliette et aspire à la détruire. Détruire Juliette est justement ce que fait la Nourrice ; à Vérone, les hommes n'ont pas le monopole de la vio-lence. La Nourrice parle peut-être tous les jours de sa fille morte à Juliette, accablant la riche survivante de culpabilité. En atten-dant, la mère de Juliette ne s'intéresse pas le moins du monde à cette histoire étrange et épouvantable. En effet, plus tôt dans la scène, elle redoute de se retrouver seule avec sa fille. Lady Capulet et la Nourrice parlent de l'âge de Juliette devant elle comme si elle n'était pas là. La fille adresse à peine la parole à sa propre mère qui lui renvoie des vers rimés glacés plus maniérés que chaleureux. On comprend que Juliette est née la nuit d'une mère qui n'était elle-même encore qu'une enfant. Cela veut dire que Lady Capulet n'a qu'une vingtaine d'années et qu'elle est donc encore assez jeune pour être la rivale de sa fille.

Bien sûr, ceci n'est qu'une version de l'enfance de Juliette. Il y en a d'autres, mais évidemment, aucune ne doit être « jouée » par Irina. Cela dit, ces narrations parallèles soulèvent des questions dérangeantes qui peuvent enrichir le travail invisible d'Irina.

Ce type de travail peut ouvrir à Irina de vastes horizons. D'un autre côté, trop de recherche peut aussi lui bourrer le crâne et geler son imagination. Il faut alors qu'elle s'arrête. Cela peut être un bon signe, témoin d'une saine révolte de la part de son côté instinctif.

Le monde n'est jamais assez bien

Nous vivons dans un monde réel que nous ne connaissons que vaguement et dans une panoplie d'univers fantasmés que nous connaissons mieux. Juliette nourrit aussi un monde de fantasmes très riche. Et Irina se renforcera non seulement en cherchant ce qui est arrivé à Juliette dans la réalité, mais aussi en imaginant le monde inventé par Juliette. Au lieu d'essayer vainement de se transformer en Juliette, laissons plutôt Irina imaginer en quoi Juliette voudrait changer les choses. Juliette aurait-elle préféré une mère tendre embaumant la lavande à la femme sophistiquée qui veut absolument la marier à un aristocrate ? Juliette ne veut peut-être pas seulement changer son environnement et sa mère. Peut-être veut-elle aussi se changer elle-même.

Je ne suis pas assez bien

Même l'ermite qui fuit tout rapport avec autrui ou qui s'enferme dans une caisse d'isolation sensorielle ne peut échapper à une relation envahissante : celle qu'il entretient avec lui-même. Ce principe est fondamental pour l'acteur. La première relation de Juliette a lieu avec Juliette. Cette histoire d'amour/haine est tumultueuse, toujours instable et tend moins vers une acceptation de soi que vers une tentative de changement de soi.

Un des meilleurs moyens pour Irina d'apprendre des choses sur Juliette est de voir comment Juliette se perçoit elle-même. Juliette aimerait que certaines choses soient différentes. Est-elle trop grande ? Trop vive ? Trop dépendante ? Comment préfèrerait-elle être ? Moins guindée ? Plus spontanée ? Moins impulsive ? Il peut être utile pour Irina d'imaginer Juliette en train de se regarder dans le miroir. Les deux premières grandes questions sont : « *Qui Juliette voudrait-elle voir à la place de son reflet ?* » Et : « *Qui Juliette a-t-elle peur de voir ?* » Il est beaucoup moins intéressant de savoir de quoi Juliette a l'air.

Irina pourrait aussi demander : « *Oui, mais comment rendre tout ça clair ?* » La réponse est qu'il n'y a absolument rien à « rendre clair », surtout en ce qui concerne le travail invisible. Donc Irina a une idée et ensuite on lui dit : « *Surtout, ne la joue pas !* » Exactement. Le travail invisible se manifeste dans les moments de grâce, quand bon lui semble, où bon lui semble. Si on essaie de le contrôler en montrant ses rouages, si on essaie de le restituer en public, il s'évanouira. L'invisible ne nous abandonne jamais totalement ; il revient quand nous arrêtons de vouloir le contrôler.

Exercices de l'extrême

Il existe plusieurs exercices pour développer et renforcer l'esprit invisible. Les exercices de l'extrême consistent à renoncer au bon sens et à jouer la scène dans un but extrêmement précis. Par exemple, Juliette peut jouer la scène avec sa mère une fois comme si elle essayait de l'amuser (à l'extrême), une fois comme si elle essayait de lui faire peur (à l'extrême) ou bien comme si elle essayait de l'humilier / de la séduire / de l'instruire / de la soigner etc. Parfois l'effet est simplement bizarre, mais parfois, une réplique, un regard ou un mouvement deviennent soudain vivants.

Dans ces moments, la vie passe dans le travail invisible. Irina devra ensuite oublier l'exercice, mais il est étonnant de constater combien il laisse de traces. Quand Irina jouera la scène, le travail invisible aura déjà influencé ce qu'elle voit. La mère qui se trouve devant elle aura plus d'histoire et de profondeur. L'image de la mère aura une spécificité pus grande. La cible se développe hors de notre contrôle conscient.

Les opposés

Un autre exercice du travail invisible consiste à chercher l'exact opposé de Juliette. Irina peut puiser dans la vraie vie, dans des films ou dans la littérature. Une fois qu'elle aura trouvé l'exact opposé, elle devra se demander s'il existe des points communs entre ces deux individus. Irina pensera peut-être que Lady Macbeth est l'exact opposée de Juliette. Elle peut ensuite se demander s'il existe des similitudes entre elles.

Eh bien, les deux femmes attendent toutes deux impatiemment le retour de leur amant, elles demandent toutes les deux à la nuit de masquer leurs actes de peur de se défiler avant de les avoir commis, elles rapprochent étrangement toutes les deux le sexe et la mort et elles entretiennent toutes deux des rapports complexes au Temps : Lady Macbeth « *ne sent plus dans l'instant que l'avenir* ». Les deux femmes convainquent toutes deux leurs hommes de briser un tabou et toutes deux se suicident. La comparaison est troublante. Et le trouble est utile parce qu'il balaie la poussière du cliché.

Plus Irina utilisera cet exercice et d'autres pour enrichir le travail invisible, plus la cible se précisera. Au cours de ses précieux moments en scène, la cible particulière et riche se trouvera ainsi toujours prête quand Irina aura besoin de son énergie.

L'influence de l'esprit invisible sur ce que voit l'esprit visible est un mystère. Nous ne pouvons que faire confiance au processus et accepter notre ignorance. Nous aurions tort de cesser de respirer simplement parce que nous ne comprenons pas tous le détails du mécanisme.

Seule l'attention peut développer les cibles que l'acteur voit. L'acteur ne peut pas rendre le travail invisible visible. Le travail invisible se manifeste sans notre permission. Nous ne savons pas comment ce processus fonctionne. Parfois, nous devons nous détendre et accepter de ne pas savoir.

Digression : le sage et la terre cuite

Un collectionneur de terres cuites chinoises antiques était furieux d'avoir encore dépensé une somme folle pour une énième contrefaçon. Il chercha dans le monde entier le plus grand expert en terres cuites pour qu'il lui apprenne à éviter les arnaques. Ce vieux sage menait une vie modeste, mais il fit payer au collectionneur le prix fort pour son enseignement. Pendant les six semaines de formation, l'élève s'engageait à faire exactement ce que le maître lui demandait. Le collectionneur se rendit dans la cellule isolée de l'ascète chargé d'appareils photos et d'ordinateurs. Le sage lui ordonna de tout laisser à l'extérieur. L'homme obéit et son matériel fut volé par d'autres sages ascétiques. Le collectionneur était en colère, mais s'il voulait savoir un jour faire la différence entre une vraie et une fausse terre cuite, il devait se plier aux exigences du maître.

Le premier jour, le sage l'emmena dans une étable pour yaks, lui banda les yeux et lui posa dans la main un objet en terre cuite. Le collectionneur attendit des instructions, mais le sage ne dit rien. Il resta assis là pendant douze heures, avec pour seule nourriture un peu de lait de yak. Le lendemain, même manège : le bandeau, la terre cuite et le silence. Le rituel se répéta tous les jours pendant des semaines. Le collectionneur était furieux, mais tenait sa langue car il espérait bien apprendre le secret du sage. Au bout de six semaines, le dernier jour, le sage entra dans l'étable et noua à nouveau le bandeau sur les yeux de son élève. Une fois encore, il posa l'objet en terre cuite dans sa main. L'homme explosa soudain de rage et jeta la terre cuite sur un yak voisin. Il arracha son bandeau et hurla à l'ascète : « *Cette fois, ça suffit ! Vous m'avez attiré ici, dans ce monastère perdu, vous avez laissé vos amis voler mes ordinateurs, vous m'avez empoisonné avec du lait de yak dégoûtant, vous m'avez gardé les yeux bandés dans l'obscurité la plus totale et aujourd'hui, vous me faites l'insulte suprême de me donner une fausse terre cuite au lieu d'une vraie ! »*

10. L'identité, la persona et le masque

Si la notion de « personnage » est trop imposante et trompeuse, quels autres termes et outils Irina peut-elle utiliser ? Irina peut affuter des outils plus pratiques et plus modestes. Plus précisément, Irina peut s'aider de trois dispositifs : l'identité, la persona et le masque. Ces trois entités ne sont pas plus réelles que le personnage. Il s'agit seulement d'expressions inventées qui peuvent s'avérer utiles.

L'identité

Nous avons vu que l'acteur qui essayait d'inventer « en un » risquait de se retrouver coincé. Au lieu de vouloir créer le « un » insaisissable et parfait, mieux vaut chercher des éléments opposés en conflit l'un avec l'autre.

Si la simple question « *Qui suis-je ?* » n'aide en rien, peut-être que la double question : « *Qui préférerais-je être ?* » associée à « *Qui ai-je peur d'être ?* » sera plus efficace. Ces deux questions sont évidemment en opposition. « *Quel est mon personnage ?* » n'est pas une question utile parce qu'elle semble appeler une réponse « en un ». Irina aura donc intérêt à s'intéresser à des mots ou des idées toujours liés au personnage, mais plus dynamiques. Elle doit trouver des questions qui célèbrent la contradiction au lieu de craindre le conflit. Parce que le conflit insuffle de la vie au personnage. Elle a donc intérêt à se dire que toutes les caractéristiques vont par « paires ». Par exemple, plus nous voulons être riches, plus nous craignons d'être pauvres. Ou encore, plus nous voulons être forts, plus nous craignons d'être faibles.

Imaginons comme tout à l'heure que je ne sache jamais véritablement qui je suis. « *Qui je suis* » est inconnaissable. Mais alors qu'y a-t-il de connaissable qui puisse aider Irina ? L'identité est connaissable. L'identité s'apparente à ce que je suis, ressemble à ce que je suis, a la même odeur que ce que je suis, mais elle n'est pas ce que je suis. Parfaitement descriptible, l'identité est complètement morte. Mais il peut être utile pour l'acteur de s'intéresser à son fonctionnement.

Au fond, notre identité est la façon dont nous voulons nousmêmes nous voir. Pour nous convaincre de ce que nous sommes, nous devons aussi convaincre les autres. D'une utilité discutable dans la vraie vie, l'identité peut être un outil très pratique pour l'acteur.

L'identité est une construction qui m'aide à définir qui est le « je » qui parle. En réalité, l'identité n'est qu'une invention ou un revêtement dont nous nous couvrons dès notre plus jeune âge. Elle correspond à l'ensemble des moyens que j'ai de me présenter et de me percevoir. Les mécanismes de l'identité sont beaucoup plus clairs pour les autres que pour moi-même.

Je suis

Si je vous dis « ce que je suis », je ne vous dirai pas grand-chose de ce que je suis vraiment. Mais je vous en apprendrai beaucoup sur mon identité. Si vous voulez vraiment savoir « ce que je suis », les meilleurs indices sont dans ce que je fais.

Avant que ces considérations deviennent trop abstruses, prenons des exemples concrets. Si on vous demandait de définir le personnage d'Othello, vous pourriez dire qu'il est :

- Courageux
- Noble
- Généreux
- Exotique
- Aimé
- Patriote
- Fier
- Magnanime
- Aimant
- Innocent
- Loyal
- Confiant
- Viril
- Intégré
- Franc

Othello lui-même trouverait cette liste sensée et juste. Mais il n'y a aucun verbe dans cette liste. Ce n'est pas une liste d'actions passées ou futures. Cette liste est composée uniquement d'adjectifs, de mots immobiles – des mots ennemis.

Othello lui-même emploie quantité de mots pour se décrire. Et son discours sert en grande partie à promouvoir cette image positive. Pourtant, si Othello pense incarner toutes ces qualités, c'est qu'il doit aussi exister un éventuel Othello contraire à celui-ci. Un Othello qui incarne les caractéristiques opposées. Othello cache donc une identité toute autre, une sorte d'anti-Othello consciemment étouffé. Dans ce cas, cet anti-Othello doit être :

• Lâche
• Ignoble
• Mesquin
• Commun
• Méprisé
• Subversif
• Pleurnicheur
• Étriqué
• Haineux
• Coupable
• Traître
• Soupçonneux
• Puéril
• Exclu
• Tortueux

Iago réussit à flairer cet anti-Othello caché. Il laisse entendre que ce monstre secret existe en renversant le portrait éclatant du début de la pièce. De plus, Iago sent que l'énorme énergie d'Othello vient justement des efforts qu'il fournit pour réprimer ce spectre. N'oublions pas que, bien sûr, cet anti-Othello n'existe pas plus que l'Othello officiel. Tous deux sont des fantômes issus de l'imagination d'Othello. Ce qui compte pour Iago, c'est qu'à un moment, Othello craigne que cet anti-Othello existe. Comme bon nombre d'entre nous, Othello dépense une énergie folle à s'assurer que son « mauvais » côté, son Mr Hyde, ne sorte pas au grand jour. Iago appuie sur l'interrupteur qui fait basculer Othello du côté de l'anti-Othello.

La première liste d'attributs décrit une partie de l'identité d'Othello. La deuxième liste fait aussi partie de son identité, ou plutôt de son anti-identité. Iago, doté d'une sorte d'instinct de psychotique, sait précisément quelle corde titiller pour amener Othello à s'autodétruire. D'une certaine façon, Iago fait chanter Othello en le menaçant d'exposer à l'Othello irréprochable officiel l'anti-Othello sale et secret. Le plan se retourne contre lui. Jouer avec l'identité revient à jouer avec le feu. Mais si Othello avait eu une image plus juste de son anti-Othello, s'il avait eu un meilleur sens de la mesure, ou de l'humour, vis à vis de lui-même, s'il avait mieux perçu ce qu'il voulait être et ce qu'il craignait d'être, peut-être aurait-il été moins perméable aux manipulations de Iago. Qui sait ? C'est au public de répondre à cette question.

Arkadina

Un autre exemple est celui d'Arkadina, dans *La Mouette* qui, quand on lui demande de l'argent, s'écrie : « *Je suis une actrice, pas une banquière !* » Cela nous donne une idée de l'anti-Arkadina qui est donc banquière et non actrice. Son fils, Treplev, sous-entend régulièrement qu'elle est mauvaise actrice et affirme à un moment qu'elle possède 20 000 roubles sur un compte à Odessa. L'analyse pertinente de Treplev confirme nos déductions au sujet de l'anti-Arkadina. Encore une fois, il ne s'agit pas de « qui est *réellement*

Arkadina », mais de qui Arkadina craint d'être, l'Arkadina qui laisse un rouble de pourboire aux serviteurs en leur demandant de partager. Mais il y a encore une autre Arkadina, humble et douce, qui oublie qu'elle est venue en aide à ses voisines alors qu'elle même était dans le besoin.

Pour résumer : Mon identité n'est pas qui je suis. Mon anti-identité non plus. Mais ces deux entités prises ensemble nous donnent beaucoup d'indices sur les peurs et les espoirs d'un individu, qu'ils soient conscients ou inconscients.

Une dynamo utile

Nous pouvons aller encore plus loin en décrétant que presque toute l'énergie d'un être humain est consacrée à promouvoir l'identité et à réprimer l'anti-identité. Chez n'importe quel individu, la guerre entre ces deux entités est sanglante et épuisante ; chez l'acteur, cette perpétuelle promotion de l'un et répression de l'autre est une source inépuisable d'énergie imaginative.

Dans le travail invisible, Irina a intérêt à s'intéresser non seulement à Juliette, mais aussi à l'anti-Juliette. Nous avons tous une identité et à chaque identité correspond une anti-identité égale et opposée. Aucune n'est vraie, mais si elles sont prises ensemble, elles peuvent stimuler l'acteur.

Juliette et l'identité

Curieusement, Juliette est obsédée par l'identité. Sa première question fracassante est si célèbre que nous sommes presque fatigués de l'entendre. Elle comprend soudain que l'identité est arbitraire.

JULIETTE

Ô Roméo ! Roméo ! pourquoi es-tu Roméo ?
Renie ton père et abdique ton nom ;
ou, si tu ne le veux pas, jure de m'aimer,
et je ne serai plus une Capulet.

ROMÉO

Dois-je l'écouter encore ou lui répondre ?

JULIETTE

Ton nom seul est mon ennemi.
Tu n'es pas un Montaigu, tu es toi-même.
Qu'est-ce qu'un Montaigu ? Ce n'est ni une main, ni un pied,
ni un bras, ni un visage, ni rien qui fasse
partie d'un homme… Oh ! sois quelque autre nom !
Qu'y a-t-il dans un nom ? Ce que nous appelons une rose
embaumerait autant sous un autre nom.
Ainsi, quand Roméo ne s'appellerait plus Roméo,
il conserverait encore les chères perfections qu'il possède…
Roméo, renonce à ton nom ;
et, à la place de ce nom qui ne fait pas partie de toi,
prends-moi tout entière.

ROMÉO

Je te prends au mot !
Appelle-moi seulement ton amour et je reçois un nouveau bap-
tême :
désormais je ne suis plus Roméo.

JULIETTE

Quel homme es-tu…

Tout ce passage ne parle que de l'identité dont Roméo et Juliette peinent à briser les chaînes. Juliette propose de changer d'identité, supplie Roméo de changer la sienne, puis Roméo propose de recevoir un « *nouveau baptême* ».

Juliette voit-elle un Roméo esclave de son père ? « *Renie ton père* » renvoie certainement au décret éternellement subversif du Christ selon lequel nous devons quitter nos parents pour entrer vraiment dans la vie. Devons-nous donc détruire les identités que nous avons reçues ? Si Roméo est trop faible, Juliette renoncera-t-elle à sa famille pour les sauver tous les deux ? En disant « *Qu'y a-t-il dans un nom ?* » elle partage avec Roméo le grand secret de l'univers qu'elle a entrevu au cours de cette nuit sacrée.

Digression : la structure de l'identité

Nous nous voyons nous-même sous forme de doubles contraires. Ce n'est pas parce que j'accomplis une action gentille que je *suis* gentil. En ce moment, je trouve que je suis gentil, donc au fond, je dois avoir la conviction égale que je suis cruel. Dire « *Je joue la comédie* » n'est pas la même chose que dire « *Je suis un acteur* ». Je ne peux pas dire « *Je suis un acteur* » sans admettre en même temps que peut-être : « *Je ne suis pas un acteur* ».

De même que la nuit ne peut exister sans le jour, l'honneur sans la honte et la vie sans la mort, nous ne pouvons pas nous décrire nous-mêmes – ou les autres – sans sous-entendre l'existence, réelle ou potentielle, des qualités inverses que celles que nous citons. Il est en effet très utile pour l'acteur d'imaginer que le cynique et l'idéaliste sont la même personne, le saint et le pécheur, celui qui a réussi et celui qui a échoué, l'intelligent et l'idiot, l'ange et le démon, etc.

Réprimer une identité pour en promouvoir une autre nous épuise dans la vraie vie, mais dans le jeu, cette dynamique peut libérer une grande quantité d'énergie.

Digression : le sentimentalisme

Selon un vieux précepte théâtral, il ne faut jamais jouer le personnage, seulement la situation. Donc si vous jouez un homme agressif, vous ne pouvez pas réellement jouer l'homme agressif, seulement la situation dans laquelle il se trouve. Vous ne pouvez pas non plus jouer l'anti-identité, le fait qu'au fond, cette personne est aussi un lâche.

Comment l'acteur peut-il donc saisir l'essence de cette personne, de cet homme agressif ? La réponse est que nous ne pouvons « saisir l'essence » de personne.

Quand nous essayons de saisir l'essence de quelqu'un, nous faisons du sentimentalisme. Le sentimentalisme est le refus d'accepter l'ambivalence. La certitude est sentimentale. Nous ne sommes pas sentimentaux seulement quand nous disons qu'une personne est gentille. Il est tout aussi sentimental d'affirmer qu'une personne est méchante. Dire qu'une race est bonne et qu'un peuple est mauvais est également sentimental. Ce genre de jugement peut avoir des conséquences très graves et en soi, le sentimentalisme est une chose terrifiante.

Il est sentimental de dire qu'un personnage est doux, comme nous pourrions le faire d'Anfissa dans *Les Trois sœurs*. Mais il est tout aussi sentimental de dire qu'un personnage est méchant, comme par exemple Richard III. Ce sont leurs actes qui peuvent être bons ou méchants ou les deux.

Décréter qu'un personnage est bon ou méchant risque de bloquer l'acteur. Seul ce que nous faisons peut être bon ou méchant. Un personnage n'est par essence ni l'un ni l'autre. Croire qu'un être humain est, par nature, bon ou mauvais, est au cœur du sentimentalisme. Prononcer des jugements moraux sur des actes est une chose ; prononcer des jugements moraux sur des personnes en est une autre ; et ce genre de moralisme est indigne de l'acteur.

Nous ne pouvons pas décrire correctement quelqu'un, parce que nous ne pouvons jamais totalement le connaître. Nous avons tort de nous demander ce que nous sommes car nous ne le saurons jamais. Nous ne pouvons ni savoir, ni contrôler, ni maîtriser l'essence de qui que ce soit, y compris nous-mêmes. Par contre, nous pouvons toujours observer ce que nous faisons. Même le physicien qui essaie d'expliquer la nature de la matière finira par décrire, non pas la particule elle-même, mais la façon dont elle se comporte.

Les institutions

L'identité est notre petite institution personnelle. Toutes les institutions ne sont que des abstractions inventées par les hommes. Mais les institutions ont des caractéristiques effrayantes. Elles sont jalouses de leurs inventeurs et secrètement, elles aimeraient vivre indépendamment de leurs maîtres humains. Elles aimeraient prendre chair et « s'incorporer ». Certaines y arrivent presque. Toutes les institutions ont un point commun : leur but premier est la préservation de soi. Et comme toutes les institutions, l'identité se bat comme un fauve si elle sent qu'on essaie de révéler à son hôte qu'elle n'est qu'une illusion. En effet, pour préserver son intégrité, l'identité peut même ordonner à son hôte humain de se suicider. Mais l'identité ne survit pas, car comme beaucoup de parasites, elle est plus intelligente que sage et ne comprend jamais que sa vie dépend de celle de son hôte.

La persona

Si cela n'aide pas Irina de réfléchir à l'identité et l'anti-identité, elle peut aussi aller chercher « qui je suis » du côté de la persona. Si mon identité est à la fois la façon dont j'aimerais me percevoir moi-même et la façon dont j'aimerais que les autres me perçoivent, alors la persona correspond aux moyens que j'emploie pour interagir avec le monde extérieur. En littérature, le mot « persona » désigne la personne qui raconte l'histoire, soit l'auteur, soit quelqu'un d'autre. Jane Eyre n'était pas Charlotte Brontë. Du côté des stars de cinéma, on peut dire que Humphrey Bogart avait une persona à l'écran, tout comme James Dean. Jung utilise le mot « persona » pour décrire la partie d'un individu qui a l'habitude d'interagir avec le monde extérieur. Il la distinguait du « moi » qui désigne ce que nous sommes vraiment. « Qui nous sommes vraiment » est un grand sujet de psychanalyse, mais c'est surtout un vaste bourbier pour l'acteur.

Au théâtre, la persona œuvre de façon mystérieuse. Comme le physicien qui ne peut que décrire le comportement de la particule, il est plus facile de décrire ce que fait la persona. La persona ne peut que nous montrer les contours d'un personnage, mais souvent, nous sommes étonnés par tout ce que nous savons déjà sur lui. Comme si cette connaissance nous venait d'une vie antérieure. Parfois, nous nous plaignons de ne pas avoir suffisamment d'informations sur l'univers du personnage, mais de temps en temps, il est presque inquiétant de découvrir tout ce que nous savons sur un monde qui, en théorie, devrait nous être totalement inconnu.

Prenons un exemple concret, celui de la *commedia dell'arte* où différents archétypes peuvent être représentés, endossés et joués par l'acteur. L'acteur n'a pas besoin d'effectuer une recherche approfondie sur le personnage de Pantalon. L'acteur qui reconnaît la persona du vieillard ridicule n'aura aucun mal à adopter la persona de ce personnage célèbre. Au passage, l'acteur *adopte* une persona ; l'acteur n'*adapte* pas une persona. En réalité, plus l'acteur est capable de se plier à la persona, plus la persona *adoptera* et même *adaptera* l'acteur. Comme si la persona avait elle-même fourni un travail de recherche préalable et livrait ses découvertes à l'acteur.

Comment est-ce possible ? Quelques coordonnées géographiques suffisent à donner vie à un nouveau monde. En quelques coups de crayon, Picasso était capable de convoquer des mondes puissants et complexes. Un jeune homme demanda un jour au peintre combien de temps il lui fallait pour produire ces quelques traits. Picasso répondit : « *Oh, environ quarante ans.* » Ces quarante ans représentent le travail invisible de l'acteur. Ils ne sont pas visibles concrètement dans le dessin exécuté en quarante secondes, mais ils respirent de façon invisible. Nous pouvons être sûrs que Picasso n'a pas consciemment utilisé ces quarante ans pendant qu'il dessinait, mais peut-être que par un étrange mystère, ces quarante ans l'ont utilisé.

La persona fonctionne de la même façon. Grâce à quelques détails apparemment sommaires, l'acteur peut avoir un jeu ancré dans un monde inventé d'une grande complexité.

Le masque

La différence entre la persona et le masque est inssaisissable. Le mot étrusque désignant l'homme masqué était *Phersu*, plus tard transformé par les Romains en *persona*, qui signifie « masque ». Enfin, dans la langue moderne, le mot est devenu « personne ». Il est assez déroutant de noter qu'« acteur », « masque » et « personne » pourraient bien être le même mot. Cela dit, le théâtre exige que nous mettions de côté tout apriori et toute certitude quant à ce que nous sommes.

On trouve le masque dans de nombreuses cultures. La principale différence entre la persona et le masque est que le second comporte forcément un élément concret destiné à couvrir le visage de celui qui le porte. Les représentations ou les rituels qui utilisent le masque sont variés, mais tous suivent plus ou moins certaines grandes lignes :

- L'acteur voit le masque.
- L'acteur met le masque.
- L'acteur voit le monde uniquement à travers les yeux du masque.
- Le masque donne la permission à l'acteur d'être lâché dans le jeu.
- Le masque permet à l'acteur de voir un autre monde.

- Le public voit ce que l'acteur voit.
- Le masque permet à l'acteur et au public de voir quelque chose qu'ils n'auraient pas pu voir autrement.

Le masque de Juliette

En quoi le masque peut-il être utile à Irina ? Aucun metteur en scène ne lui a demandé, à elle ou aux autres acteurs, de revêtir un masque. Pourtant, un travail de masque très simple peut aider les acteurs, même avec les textes les plus réalistes. Si Juliette porte un costume, celui-ci peut servir de masque. Si Juliette porte du maquillage, cela peut aussi lui servir de masque. Au fond, tout objet concret, porté par l'acteur peut devenir un masque tant que l'acteur ne le porte qu'en jeu. En d'autres termes, Irina peut porter une paire de chaussures spéciales qui distribuent son poids d'une certaine façon et qui l'aident à découvrir comment bouge Juliette. Si Irina porte ces chaussures hors des répétitions, elles ne seront plus qu'un accessoire. Mais si elle ne les porte que quand elle essaie de voir et de se mouvoir comme Juliette, alors elles se mettront à fonctionner comme un masque.

Si les chaussures fonctionnent comme un masque, à chaque fois qu'Irina les enfile, elle sentira qu'elle bouge différemment. Les chaussures deviennent alors une sorte d'interrupteur qui enclenche le jeu. Si Irina est gênée de porter ses chaussures pendant la pause déjeuner, cela signifie sans doute qu'elles ont commencé à acquérir le pouvoir d'un masque.

Le masque doit être manipulé avec soin, non par peur de le froisser ! Mais parce que le masque perdra son fragile pouvoir si nous l'utilisons n'importe comment. Nous remettons tous les pouvoirs au masque pour qu'il nous nourrisse en retour. Si nous dépouillons le masque de son pouvoir en lui manquant de respect, il ne nous donnera rien.

Le masque et le mouvement

Le masque ne fait pas que modifier l'apparence de l'acteur : Les membres de l'acteur se mettent aussi à réagir différemment aux stimuli. Au cours du travail invisible, l'acteur de masque commence par étudier le masque qu'il tient entre ses mains. On trouve cette scène sur des vases grecques vieux de plus de 2500 ans. L'acteur s'entraîne ensuite à jouer avec le masque et découvre progressivement qui est le masque en voyant comment les autres réagissent à cette nouvelle identité. Au bout d'un moment, les mouvements de l'acteur seront ceux du masque.

Les yeux du masque

Il y a pourtant une partie du visage que le masque ne dissimule pas. Ce sont les yeux. En effet, le masque change ce que les yeux voient. La cible se transforme. Le travail masqué est excellent pour l'acteur bloqué parce que le masque empêche l'acteur de se regarder lui-même. Le masque efface l'identité personnelle de l'acteur. Le masque donne à l'acteur la permission de faire des choses interdites – ce n'est pas la faute de l'acteur, c'est la faute du masque.

La reconnaissance

Le pouvoir du masque est proportionnel à la capacité de l'acteur à le reconnaître. Si l'acteur ne reconnaît pas le masque, le masque restera inerte. Dans ce cas-là, le masque parasite le jeu. Mais cette reconnaissance n'a pas besoin d'être consciente. Ce qui se passe vraisemblablement, c'est que le masque vient stimuler une partie cachée ou totalement inexplorée de l'acteur. Tant que la reconnaissance perdure, le masque a le pouvoir de transformer l'acteur. Mais cette transformation n'est que la libération de quelque chose qui était déjà là. Ce n'est qu'une métamorphose apparente, car en réalité, le masque a activé une persona enfouie de l'acteur.

Nous pouvons reconnaître des choses sans le savoir. Nous pouvons aimer ou mépriser des inconnus sur le champ parce qu'inconsciemment, nous reconnaissons en eux une partie enfouie de nous-même. Nous assistons au même genre de processus quand nous nous étonnons de ce que le masque nous fait faire. Une persona cachée se reconnaît dans le masque, peut-être en une fraction de seconde, et l'acteur laisse le masque ouvrir le placard dans lequel cette persona était enfermée.

Quand ils jouent un rôle, les acteurs décident de ne pas se jouer eux-mêmes pendant quelques temps.

Quand je me vois

Se regarder soi-même peut être le pire ennemi de l'acteur. Dans ces moments-là, la feuille de vigne du personnage se flétrit. Comme toujours, quand la Peur vous saisit, il est bon de vous rappeler deux principes : premièrement, vous pouvez transférer vos peurs dans le personnage et deuxièmement, vous pouvez normalement vaincre la Peur en recopiant ses armes.

Donc, un outil dont Irina peut se servir pour se dépêtrer du « *Je ne sais pas qui je suis* » consiste justement à se regarder elle-même ! Irina peut ainsi s'intéresser au regard de Juliette sur elle-même. Comment Irina peut-elle accomplir cette prise de judo fatale?

Revenons aux deux premières règles : Un, il y a toujours une cible, et deux, la cible existe toujours à l'extérieur. Que se passe-t-il quand je me parle à moi-même ? Eh bien, dans ce cas, « moi-même » est forcément une cible. Par exemple, si je me crie dessus quand la douche est en panne, le « moi » sur lequel je crie est ce « moi » stupide qui a oublié de téléphoner au plombier. Il y a une différence entre le « je » qui accable et le « moi » coupable. Entre le « je » et le « moi », se creuse un écart très productif.

Prenons le temps de nous familiariser avec cet écart et sa dynamique. Je peux me voir moi-même sous différentes formes. Je peux me voir comme une personne faible, comme une personne courageuse, brillante ou stupide. D'une certaine façon, le « je » ne change pas, c'est le « moi » qui change. Le « je » qui parle est toujours le même, mais le « moi » que je vois est toujours différent. Je reste le même, mais je me vois en train de changer. Le « moi » est une cible qui obéit à toutes les règles.

Au cours des vingt dernières années, je suis resté exactement le même, seulement ces derniers temps, quand je cours pour attraper le bus, mes jambes me paraissent plus raides, ma ceinture est plus serrée, mes gueules de bois plus pénibles, un drôle de monsieur âgé me regarde dans le miroir, les gens sont différents, de nouvelles choses m'agacent, de nouvelles choses m'amusent, de nouvelles choses me rendent triste, d'autres me rendent heureux ; pourtant, je vous assure, je n'ai pas changé du tout !

Les humains passent beaucoup de temps à regarder leur « moi ». Malheureusement, les « moi » que nous voyons sont rarement véridiques. Comme nous l'avons vu plus tôt, le « moi » que Juliette voit dans le miroir oscille en permanence entre le « moi » qu'elle voudrait voir et le « moi » qu'elle craint de voir. Donc Irina a intérêt à transférer le regard qu'elle porte sur elle-même vers Juliette. Le regard que Juliette porte sur Juliette est un cauchemar pour Juliette, mais une aubaine pour Irina. Juliette ne veut pas se voir en train de rougir. Juliette a honte du rose virginal qui empourpre ses joues et cette honte est un ressort libérateur pour Irina.

Irina peut voir ce que Juliette voit quand Juliette se regarde elle-même. Irina ne peut pas se transformer pour devenir Juliette, mais Irina peut voir les différentes Juliette que voit Juliette.

Évitons de consacrer trop de temps au « je », mais rappelons-nous que les mutations du « moi » sont extrêmement utiles pour l'acteur.

Exemples de « moi »

Les situations de crise nous obligent souvent à nous voir sous un nouveau jour. Or le théâtre montre souvent des situations de crise, ce qui veut dire que les acteurs jouent souvent des êtres qui apprennent à se voir sous un nouveau jour. Quand Juliette rencontre Roméo, elle compare ses mains à celles d'une sainte ; plus tard, le jour de ses fiançailles avec Pâris, elle parle de son visage taché de larmes comme s'il ne faisait pas partie d'elle-même.

« *Et cette vérité, je la dis à ma face* »

Juste avant de se droguer, elle continue à voir des Juliette totalement disparates. Elle voit une Juliette affolée qui court dans la tombe entourée d'images dignes d'Edgar Allan Poe :

« *Oh ! si je m'éveille ainsi, est-ce que je ne perdrai pas la raison,*
environnée de toutes ces horreurs ?
Peut-être alors, insensée, voudrai-je jouer avec les squelettes de mes
ancêtres,
Arracher de son linceul Tybalt mutilé,
Et, dans ce délire, saisissant l'os de quelque grand-parent
Comme une massue, en broyer ma cervelle désespérée ! »

C'est une étrange Juliette à voir de la part de Juliette. Et à coup sûr, cette Juliette étonne Juliette. Le dernier « moi » de Juliette est un fourreau pour le poignard de Roméo :

« *Voici ton fourreau… Rouille-toi là et laisse-moi mourir !* »

Pour prononcer une plaisanterie aussi macabre, Juliette doit bel et bien avoir changé. Certes. Mais du point de vue de qui ? La jeune fille pudique du balcon n'aurait jamais volontairement mélangé le sexe, la violence et la putréfaction, se décrivant comme l'étui mort de l'arme corrodée de Roméo. Pour nous qui voyons Juliette de l'extérieur, bien sûr, elle a changé. Mais pour Juliette, le « je » qui parle reste le même. Elle est la même personne mais elle a changé d'adresse, c'est-à-dire qu'à ce moment-là elle a déménagé dans un monde peuplé de rire amer et d'ironie scabreuse.

Si l'acteur qui cherche son personnage se sent bloqué, c'est peut-être parce qu'il ou elle ne cherche pas au bon endroit ; il cherche peut-être le « je ». Nous devons admettre que nous ne trouverons jamais le « je ». Mais le « moi », peut-être.

11. La matrice

On recommande parfois aux acteurs d'écrire une biographie de leur personnage, par exemple, de décrire l'endroit où Juliette est née, son enfance, etc. Mais si Irina ne se sent pas à l'aise avec ce genre de préparation, si elle est intimidée par la montagne de matériaux disponibles, elle peut opter pour une approche alternative. Il suffit qu'elle se rappelle que la biographie est basée sur une histoire passée et que toute histoire passée appartient à l'histoire. Mais la vision occidentale de l'histoire est arbitraire. En Occident, nous avons tendance à nous considérer comme les produits du passé et à croire que les germes du futur se trouvent déjà dans le présent. Ainsi, pour nous, une histoire ou une biographie ont une durée définie au cours de laquelle le futur devient progressivement le présent et le présent devient progressivement le passé. Nous pouvons envisager l'histoire comme un rail sur lequel un train avance continuellement. La vision d'Einstein était moins rassurante ; il demandait sèchement : « *À quelle heure cette gare quitte-t-elle au train ?* »

Les tantriques asiatiques entretiennent aussi une autre vision de l'histoire ; ils pensent qu'elle est sans cesse inventée par le présent. Comme si nous étions sur un bateau, le regard rivé sur les vagues creusées dans son sillage.

Eh bien, mettons qu'Irina se soit renseignée sur toutes les étapes du développement de Juliette et qu'elle se reproche encore de ne pas avoir assez creusé ou qu'elle se sente toujours intimidée par ce type de travail. Elle peut alors se rappeler que l'histoire ou la biographie ne sont pas forcément linéaires. L'histoire peut aussi être considérée comme une *matrice*.

La matrice

« Il s'est passé A, puis il s'est passé B, puis il s'est passé C » : Voilà une des visions de l'histoire. « A s'est produit parce que B s'est produit parce que C s'est produit » est une version un petit peu plus sophistiquée. Dans les deux cas, les événements se produisent successivement. Le temps est une ligne droite et les événements arrivent les uns après les autres le long de cette ligne. Pourtant, nous voyons aussi que « A se produit et B se produit et C se produit. » Cette perception est très différente. Il ne s'agit pas d'une ligne droite où le temps serait le catalyseur des événements. Dans cette vision, le temps et la succession sont deux entités séparées.

Passons-nous successivement de l'enfance à l'adolescence à l'âge adulte à la vieillesse ? Logiquement, oui. Mais parfois, nous devons bien reconnaître que nous traversons chacune de ces phases au cours d'une même journée. Nous pouvons tracer un chemin pour traverser la forêt, mais nous oublions souvent que ce chemin est arbitraire. Le chemin est pour nous, pas pour la forêt. La forêt poursuivra son évolution, avec ou sans le chemin.

L'histoire de nos vies personnelles est aussi provisoire que n'importe quel chemin. La perception que chacun a du passé est une chose délicate. La conclusion de tout ça est qu'Irina réussira autant à se libérer en imaginant Juliette à cinquante ans qu'à cinq ans.

La vision matricielle d'un rôle consiste à accepter le fait que nous pouvons péter les plombs sans aucune raison apparente, tomber amoureux sans aucune raison apparente, nous entendre avec quelqu'un sans aucune raison apparente ou avoir peur sans aucune raison apparente.

Au cours des répétitions, Irina entendra sûrement des questions comme : « *À ton avis, pourquoi Juliette tombe amoureuse de Roméo ?* » Et parmi les réponses possibles, on trouve :

- Parce qu'il est beau.
- Parce qu'elle veut punir son père.
- Parce qu'elle veut fuir la maison familiale.

Chacune de ces réponses, superficielles, intelligentes ou cyniques, peut enrichir le travail invisible. Mais la question « pourquoi » sous-entend qu'il y a une cause précise à tout. « Pourquoi » implique que tout événement qui se produit entraîne un autre événement. Chacune des trois réponses prétend qu'il existe une raison précise pour laquelle Juliette tombe amoureuse de Roméo.

Mais la vie réelle n'est pas aussi bien organisée que nous le voudrions. Une de nos erreurs en répétition est de vouloir trouver des raisons et une cohérence qui n'existent tout simplement pas dans la réalité. La vie est beaucoup plus aléatoire et désordonnée que nous ne sommes prêts à le voir. Il existe de multiples raisons qui font que nous tombons amoureux, de multiples raisons qui font que nous faisons des tas de choses. Et parmi elles beaucoup que nous ne connaîtrons jamais. Certains événements et sentiments surviennent aussi peut-être sans aucune raison. Même si cette hypothèse est troublante, elle peut débloquer l'acteur figé dans sa recherche du personnage.

Image et personnage

La matrice peut aussi aider Irina à explorer l'imagerie de Shakespeare. Cette imagerie n'est pas linéaire ; des motifs apparaissent, disparaissent, ressurgissent sous de nouvelles formes, se répondent, meurent et renaissent. Irina peut chercher des indices sur ce que Juliette voit concrètement dans telle image ou telle association d'idée surprenante. Les images de Shakespeare résonnent entre elles et s'alimentent les unes les autres pour nourrir l'imaginaire de l'acteur.

Stt ! Roméo ! Stt !... Oh ! que n'ai-je la voix du fauconnier
 pour réclamer mon noble tiercelet !
Mais la captivité est enrouée et ne peut parler haut :
Sans quoi j'ébranlerais la caverne où Écho dort,
et sa voix aérienne serait bientôt plus enrouée que la mienne,
tant je lui ferais répéter le nom de mon Roméo!

Il est presque jour. Je voudrais que tu fusses parti,
mais sans t'éloigner plus que l'oiseau familier d'une joueuse enfant :
Elle le laisse voleter un peu hors de sa main,
pauvre prisonnier embarrassé de liens,

et vite elle le ramène en tirant le fil de soie,
tant elle est tendrement jalouse de sa liberté !

Ami, je le voudrais aussi ;
mais je te tuerais à force de caresses.
Bonne nuit ! bonne nuit ! Si douce est la tristesse de nos adieux
que je te dirais : bonne nuit ! jusqu'à ce qu'il soit jour.

D'abord Juliette rêve d'avoir la voix d'un fauconnier pour rappeler Roméo à elle. Dans la séquence suivante, l'oiseau n'est plus un faucon dressé, mais un oiseau domestique qu'un enfant a attaché à un fil pour que son trésor adoré ne puisse jamais s'échapper. Enfin, Juliette fait seulement allusion à l'oiseau. Nous sentons que l'oiseau a peut-être été étouffé par l'affection de l'enfant. Il est remarquable qu'une ingénue de quatorze ans devine le côté sombre de l'amour mieux qu'un héros de guerre ronchon comme Othello.

Les exercices de mémoire sensorielle peuvent aussi aider Irina à creuser ces sentiments.

• *« Quand ai-je senti que ma possessivité et ma jalousie pouvaient tuer ? »*
• *« Comment me suis-je senti à cet instant précis ? »*
• *« Avais-je déjà eu ce type de sentiment avant ? »*
• *« Comment m'étais-je senti alors ? »*
• *« Comment puis-je utiliser ces sentiments passés dans le présent ? »*

Bien que cette personnalisation soit efficace pour certains acteurs, elle peut aussi en bloquer d'autres. Si Irina s'aperçoit que ces outils de mémoire sensorielle ne l'aident pas, elle pourra se rappeler la perception tantrique selon laquelle le passé est généré par le présent. Plus précisément, il est extrêmement utile pour Irina d'observer que les enjeux qui augmentent perturbent le cours du temps. Ou plutôt que notre perception du temps change quand les enjeux augmentent. Un exemple pourra clarifier cette idée.

L'accident de voiture

Le témoin d'un accident de voiture vit une expérience très étrange du temps. Au moment où le vélo heurte de plein fouet la voiture, il entend un long crissement de freins et un cri infini. Le cycliste est projeté en l'air et semble flotter et tournoyer au-dessus de la voiture avant de traverser le pare-brise. Le témoin se tourne au ralenti pour appeler les secours. Les gyrophares bleus et les sirènes hurlantes mettent une éternité à arriver, mais finalement, les secours déclarent que le cycliste et l'automobiliste n'ont que quelques égratignures. Le témoin comprend alors que cette chorégraphie au ralenti n'a duré que quelques secondes et qu'à l'instant-même où le cycliste a été propulsé dans les airs, il s'est jeté sur son téléphone.

Irina a peut-être déjà eu le sentiment que le temps ralentissait ou s'arrêtait. Elle a peut-être rencontré quelqu'un à une fête et s'est soudain mise à lui parler de façon étrange. Elle a peut-être vécu l'expérience déroutante de raconter la vérité à un inconnu, un de ces moments bizarres où nous ouvrons soudain notre cœur, où le temps se déforme et où nous nous sentons plus « pleins » que nous ne le croyions. Si Irina peut prêter attention à ces moments quand ils surviennent dans le privé tout en ayant foi en leur utilité pour son travail, elle apprendra peut-être que dans la scène du balcon, Juliette peut en réalité réinventer toute l'histoire personnelle de Juliette. Il se peut que Roméo la libère de la dimension normale du temps. La cible peut aussi la libérer de son personnage. Par exemple, qui prononcerait ces mots étranges :

« Mais la captivité est enrouée et ne peut parler haut :
Sans quoi j'ébranlerais la caverne où Écho dort... »

Irina peut analyser les menus détails de la biographie de Juliette pour découvrir ce que Juliette veut dire à travers cette image déroutante. Mais elle peut aussi déclarer : « *Ce n'est pas Juliette qui a dit ces mots, c'est quelqu'un d'autre.* »

Comment est-ce possible ? Qui d'autre peut parler par la bouche de Juliette ? Au fur et à mesure que les enjeux augmentent, mon sentiment de moi-même se met à changer. Des idées, des visions, des propos que je ne pensais pas avoir en moi surgissent soudain. Parfois, je me demande qui parle avant de me rendre compte que c'est moi. Si les enjeux continuent à grandir, je pourrais même ne plus savoir qui je suis. Mon identité minutieusement échafaudée tombera comme la peau d'une chrysalide. Quand les enjeux augmentent, intérieurement, nous avons moins l'impression d'incorporer des images du passé que de découvrir quelque chose qui, à partir de maintenant, existera toujours – et qui, étrangement, aura toujours existé.

Par exemple, nous avons tous déjà eu l'impression d'avoir toujours connu quelqu'un que nous venons de rencontrer. En effet, si on interrogeait Juliette, elle ne saurait peut-être pas d'où lui est venue l'idée d'une chose « *aussi illimitée que la mer* ». Peut-être n'a-t-elle jamais vu la mer. Peut-être la voit-elle pour la première fois quand elle prononce ce vers. Puis elle enchaîne les images d'oiseaux alors qu'elle n'a peut-être aucune connaissance ornithologique. Certes, Juliette et Irina doivent savoir ce qu'est un « *tiercelet* », mais les situations de crise font surgir toutes sortes de lexiques et d'informations enfouies en nous. La reconnaissance enclenche la découverte, comme nous l'avons vu avec la persona.

> « *Mais la captivité est enrouée et ne peut parler haut :*
> *Sans quoi j'ébranlerais la caverne où Écho dort… »*

Juliette est-elle consciente de la violence de l'image ? Sait-elle que si elle se compare à Écho, alors Roméo doit être Narcisse ? Sait-elle que la caverne ébranlée est une image explicite de la virginité perdue ? À ce stade, certainement pas, mais chacun de ces réflexions peut enrichir le travail invisible d'Irina.

On dit que l'intimité, comme la confiance, est une question de temps. La confiance, l'amour, l'intimité ont, paraît-il, besoin de temps pour se développer. Pourtant, l'expérience n'est pas toujours là pour le prouver. Quand les enjeux augmentent, le Temps désobéit aux règles que nous avons inventées pour lui. Par exemple, quand je tombe amoureux, je peux avoir l'impression que : « *Je t'aime, je t'aimerai toujours – et je t'ai toujours aimé.* »

L'histoire n'a rien à voir avec le passé. L'histoire est notre perception actuelle des événements passés. L'histoire n'est qu'une succession de réinventions. L'histoire n'est pas seulement insensée, elle est hautement subjective. Juliette (et donc Irina) a la capacité de réinventer totalement le passé et le personnage de Juliette dans l'instant, au moment où elle monte sur le balcon. Rien n'est plus imprévisible que le passé.

12. « Je ne sais pas où je suis »

Comme toutes les pattes de l'araignée, « *Je ne sais pas où je suis* » répète deux fois le mot « je ». Dresser un constat autour du « je » ne sert à rien. Encore une fois, nous pouvons aborder le problème autrement et relire la phrase en nous intéressant non pas à son contenu, mais à sa forme. Comme dans les autres pattes de l'araignée, dans toutes les langues, le même mot revient deux fois : I, Ich, Je, Ya, Io, Yo ou Я (pour représenter le caractère cyrillique du « ya »).

Avant de nous lancer à nouveau dans les règles, occupons-nous du mot « où ». « Où » renvoie à l'espace. Le balcon n'est pas l'espace. Le balcon est dans l'espace. Le balcon divise l'espace. Le balcon crée donc une règle. L'espace n'est pas neutre et Juliette ne peut pas faire tout ce qu'elle veut dans l'espace.

Pendant la campagne présidentielle américaine, à l'occasion d'un débat télévisé, les candidats furent invités à visiter le plateau avant l'enregistrement du duel. L'un d'eux arriva, vérifia la position du pupitre et des fauteuils et dit que cela lui convenait. L'autre arriva sur le plateau, vérifia à son tour la position du pupitre et des fauteuils, mais passa ensuite un temps fou à s'entraîner à s'asseoir, à se lever, à courir vers le pupitre, à marcher vers le fauteuil, à attraper son verre d'eau sur la table, à boire, à reposer le verre. Le manque d'assurance du candidat faisait doucement sourire les producteurs. Il remporta le débat et l'élection.

Au début des répétitions, un exercice consiste à laisser Irina découvrir l'espace. Comme beaucoup d'exercices, il est simple en apparence. Il est important qu'Irina découvre tout ce qu'elle peut faire dans l'espace : courir, sauter, taper, s'appuyer, sortir, rentrer, piétiner, se balancer, danser, ramper, rouler, etc. Une fois qu'elle a cerné les possibilités et les limites de son corps dans l'espace, elle peut s'atteler à une nouvelle tâche qui consiste à cerner les possibilités que l'espace peut offrir à Juliette. Irina a un espace, Juliette en a un autre. Irina ne doit pas subir l'espace, mais Juliette doit subir l'espace. Irina doit découvrir quelles libertés et quelles contraintes l'espace offre et impose à Juliette.

Juliette entre dans l'espace : « *Roméo, Roméo, pourquoi es-tu…* » etc. Quel espace voit-elle ? La nuit ? La lune ? Un balcon familier ? Une lune inconnue ? Un balcon qui a rétréci au fur et à mesure qu'elle a grandi ? Une lune changeante ? Et un Roméo qu'elle ne voit que dans son imagination.

• Quelles possibilités toutes ces cibles offriront-elles au corps de Juliette ?
• L'espace forcera-t-il Juliette à bouger ?
• La lune demandera-t-elle à être touchée ?
• Le balcon exigera-t-il qu'elle s'appuie sur lui ?
• Le sol la laissera-t-il marcher sur lui ?
• Ou l'obligera-t-il à courir?
• La porte la laissera-t-elle se balancer sur son cadre ?

- La nuit la poussera-t-elle à la défier ?
- Le froid la fera-t-elle trembler ?
- Sa robe rendra-t-elle son corps plus gros ?
- Les étoiles rendront-elle son corps petit ?

L'espace vous trouvera

Même si la peur d'Irina ferme ses membres à l'espace, l'espace sera toujours là. Après tout, c'est une cible, il doit donc obéir à toutes les règles. Nous ne pouvons pas créer la cible et nous ne pouvons pas non plus la détruire. Tout ce qu'Irina a à faire, c'est voir l'espace que Juliette voit. Parfois, cela semble incroyablement difficile. Pourtant ce n'est pas compliqué de voir ; seul le blocage est complexe. Comment Irina peut-elle aider son corps à voir ?

D'abord, Irina doit arrêter de boucher la vue d'Irina. Ensuite, elle doit empêcher Juliette de boucher la vue d'Irina. Irina doit voir à travers Juliette ce que Juliette voit. Comme toujours, Irina ne peut pas voir ce que Juliette est ; Irina ne peut voir que ce que Juliette voit.

« *Je ne sais pas où je suis* » ressemble à une réaction viscérale, un cri, une simple expression émotionnelle de la peur. Mais en y regardant de plus près, on s'aperçoit que le cri survient en réaction à la théorie. Une théorie qui voudrait que « je » puisse savoir où je suis, sans lien particulier avec l'espace.

Même si Irina ne sait pas où elle est, l'espace sait où est Juliette.

De plus, dans la panique, le mot utile, le « moi », a disparu. Les constructions autour du « moi » offrent plus de libertés. Par exemple :

- « *Le balcon m'arrête.* »

- *« La nuit m'enhardit et m'appelle. »*
- *« L'image du Montaigu m'enrage et me pousse à m'énerver contre lui. »*

Le balcon, la nuit et l'image du Montaigu imposent chacun leurs règles à Juliette. Irina peut peut-être faire ce qu'elle veut dans l'espace, mais pas Juliette. Les cibles restreignent, contraignent, modèlent, limitent et entravent les mouvements voulus par Juliette. Et de ce conflit naît l'énergie du jeu. Prises ensemble, toutes ces cibles constituent l'espace de Juliette, qu'il s'agisse du balcon ou de l'image du Montaigu. Irina doit laisser le corps de Juliette dépendre du balcon, de la nuit et de l'image du Montaigu avant d'être libre de bouger en tant que Juliette.

Irina croit peut-être qu'elle veut être libre, mais la peur nous amène souvent à confondre indépendance et liberté. Si Irina laisse Juliette faire tout ce qu'elle veut dans l'espace, si Juliette est indépendante de toutes les cibles qui l'entravent, alors Irina se retrouvera bloquée.

L'acteur doit renoncer à toute forme d'indépendance vis-à-vis de l'espace et chercher plutôt toutes les contraintes et les issues que l'espace offre et impose au corps du personnage.

Vous ne pouvez pas être perdu dans l'espace. Le vide n'existe pas.

Espace et conflit

Le corps de Juliette est toujours en conflit avec l'espace. Elle peut lui obéir ou essayer de lui désobéir. L'espace impose une règle que Juliette peut ou non essayer de briser. La prison du personnage est la liberté de l'acteur.

« *Je ne sais pas où je suis !* » ressemble au cri d'une victime. Mais le double « je » exprime aussi l'inverse. Ce cri peut aussi être celui d'une personne qui veut tout contrôler. C'est parce qu'au fond, Irina refuse d'être victime des circonstances qu'elle proclame son indépendance vis-à-vis d'elles.

Le monde ne se plie pas toujours à nos volontés et nous n'aimons pas beaucoup ça. Mais la capacité du monde à agir indépendamment de nos volontés peut aider Irina. La cible doit être indépendante d'Irina pour pouvoir la libérer ; la liberté d'Irina ne peut exister que si elle reconnaît que la cible est sa maîtresse, sa servante et son guide.

Un crustacé

« Le personnage » et « l'espace » ont énormément de points communs. En réalité, mon « personnage » est une sorte d'espace que j'occupe. Cela peut aider Irina d'imaginer que le personnage est externe, comme la carapace protectrice d'un crustacé, à l'opposé du squelette interne du vertébré. Irina a donc intérêt à chercher ce qui est déjà là, à l'extérieur, au lieu d'essayer de construire tout un édifice intérieur. Laissons Irina trouver au lieu d'inventer. Laissons-la imaginer que les décisions ont déjà été prises ; elle n'a plus qu'à les découvrir. Encore une fois, la curiosité est une amie plus précieuse que la créativité. Comment cela fonctionne-t-il en pratique ? Mettons qu'il y ait un fauteuil sur le balcon. Irina peut découvrir si Lady Capulet s'y est assise ou non. La seule personne qu'Irina peut interroger est… Irina.

Mais au lieu d'inventer une réponse, il est plus utile qu'Irina fasse semblant de se souvenir de ce qu'elle savait déjà. Est-ce le fauteuil de sa mère ? De son père ? A-t-il toujours été là ? Ou bien a-t-il été déplacé ? Quels souvenirs peut-elle retrouver, redécouvrir, revoir ? Chacune de ces découvertes limitera les façons dont le fauteuil permettra qu'on s'assoie sur lui. Laissons le fauteuil décider. Laissons Irina découvrir ce que le fauteuil exige. Que voit-elle exactement quand elle voit les murs du jardin ? Au lieu d'inventer une histoire, laissons Irina voir les murs et se demander pourquoi elle sait qu'ils sont « *hauts et difficiles à gravir* ». La nourrice l'a-t-elle rossée enfant après l'avoir surprise en train d'essayer de se faire la belle ? Encore une fois, rien n'est plus imprévisible que le passé.

Bien sûr, Irina peut aussi changer toutes les découvertes qu'elle a déjà faites. Elle peut découvrir au cours des répétitions qu'en réalité, ça n'était pas le fauteuil de sa mère, mais celui où la Nourrice l'allaitait. Ou bien, si Irina voit le fauteuil où son père s'asseyait, ce fauteuil peut aussi exiger qu'elle s'assoie sur lui d'une façon précise. Il imposera des règles concrètes à son corps. Il lui dictera comment bouger pour les respecter – langoureusement, nerveusement, avec ampleur ou avec réserve, sur l'assise ou sur l'accoudoir, avec tendresse, avec respect ou avec méfiance.

Irina a intérêt à se considérer moins comme une créatrice que comme une exploratrice intrépide déterminée à percer les mystères du fauteuil. L'artiste trouve plus qu'il ne crée ou ne contrôle. Dire que nous sommes des découvreurs et non des inventeurs n'est pas de la fausse modestie, c'est la réalité.

Digression : obéissance et désobéissance

L'espace comporte des règles. Juliette peut obéir à certaines d'entre elles – par exemple, il serait idiot de sa part de sauter du balcon. Mais elle peut essayer de désobéir à d'autres. Elle sait que le balcon constitue un obstacle insurmontable, mais elle peut quand même essayer de toucher Roméo en se penchant par-dessus la rambarde. Les personnages essaient souvent de briser les règles de l'espace. Macbeth essaie de serrer un poignard invisible. Cléopâtre essaie de caresser un aspic venimeux. Pyrame essaie de voir à travers un mur. Quand les enjeux deviennent plus importants, nous tentons souvent de transcender les limites de notre espace. Dans la vraie vie, nous essayons toujours de briser des règles inflexibles et nos échecs répétés ne nous empêchent pas de continuer.

Pour l'acteur, l'espace est artificiel. Même le décor le plus réaliste du monde, avec des portes solides et des vitres en verre, ne sépare pas Irina de Vérone, mais du poste du régisseur. Pourtant l'acteur doit permettre au personnage de croire complètement à l'espace. Juliette doit être parfaitement persuadée que son environnement est réel. Sinon, Juliette ne peut pas exister. Car Juliette ne peut pas exister sans contexte – un contexte auquel Juliette croie complètement. Un espace que Juliette peut aimer et détester, chérir et essayer de détruire.

L'acteur ne doit en aucun cas laisser le personnage inventer l'espace. L'espace doit être là, prêt à être vu par le personnage.

Désobéir à l'espace

Selon un vieil adage théâtral, vous ne pouvez pas jouer le roi, c'est la cour qui doit jouer que vous êtes le roi. Pour le roi, la cour fait partie de l'espace. Si le roi ne croit pas que la cour voit en lui un roi, l'acteur sera sans cesse obligé de faire le roi, de lever le nez et de marcher très lentement en traînant derrière lui son hermine. L'acteur doit pouvoir croire que s'il s'asseyait par terre et jouait avec le fou, la cour serait choquée. Si l'acteur ne croit pas que la cour le voit comme un roi, il ne sera jamais assez libre pour jouer le roi.

L'espace dit toujours « non »

L'espace dans lequel nous nous déplaçons nous résiste toujours ; même l'air est en conflit avec nos corps. Ces résistances créent de la friction ; or la friction produit de la chaleur et même du feu et de la lumière. Il est important qu'Irina fasse l'expérience du plus grand nombre de résistances possibles. Pourtant, plus nous nous concentrons, plus nous nous égarons à l'intérieur de nous-mêmes et devenons insensibles à ces minuscules résistances. Juliette est modelée par son espace comme la côte est sculptée par le vent et la mer. La falaise ne décide pas toute seule de sa propre forme.

Nous savons qu'Irina ne peut pas changer son état pour se transformer en Juliette. Mais Irina peut voir les éléments, les espaces et les résistances qui ont formé Juliette, qui l'ont nourrie et déformée et qui essaient toujours de régir ses mouvements. Pour l'acteur, l'espace n'est jamais vide, l'espace est toujours chargé de sens. Pour l'acteur, l'espace n'est jamais neutre ; sinon l'acteur lui-même deviendrait neutre et perdrait son énergie. Mais attention, encore une fois, la neutralité n'est qu'une théorie.

Vie et mort

Notre conflit avec l'espace ne s'arrête qu'à notre mort. Et quand nous mourons, nous nous fondons avec l'espace. La distance, la différence et le conflit avec l'espace sont les dynamiques fondamentales de la vie. Les physiciens ont découvert qu'aucune surface n'est assez lisse pour se passer de friction. Laissons donc Irina découvrir quelles résistances l'espace exerce sur le corps de Juliette. La découverte de ces résistances aidera Irina à se mouvoir en tant que Juliette. Mais si, sans écouter l'espace, Irina prend des décisions créatives conscientes sur la façon dont Juliette devrait bouger, elle se bloquera.

L'espace changeant

Comme tout le reste, l'espace est fluctuant. Donc quand Roméo se fait connaître sous le balcon, l'espace de Juliette change. Bien sûr, l'espace ne change pas réellement, mais ce genre de vérité n'est pas utile. Quand Juliette entre, il existe déjà pour elle un espace plein : de nuit, d'étoiles, du balcon. Et quand Roméo vient soudain s'ajouter à cette espace, elle ne voit pas l'espace d'avant auquel s'ajoute Roméo, mais un tout nouvel espace. La présence de Roméo ne modifie pas seulement les règles de l'espace, mais aussi la nature de tout ce que Juliette voyait dans l'espace jusqu'alors. La nuit est maintenant différente ; elle révèle et dissimule ; la nuit est soudain plus dissimulatrice et aussi plus dangereuse. La nuit est différente pour Juliette parce que les enjeux de la nuit ont brusquement augmenté. Non seulement la nuit a changé, mais le balcon est aussi devenu étranger. D'un coup, le balcon est à la fois plus protecteur, plus frustrant, plus ridicule, plus important et les façons dont il demande à être touché ou rejeté, les façons dont il appelle Juliette à s'appuyer, se pencher, s'assoir, se cacher vont changer radicalement. Irina ne se transforme jamais, Juliette ne se transforme jamais, le « je » ne se transforme jamais ; c'est tout le reste qui change, comme la lune inconstante.

Les premiers astronomes affirmaient que l'univers tournait autour d'une Terre immobile et ce principe est encore utile pour l'acteur. Nous ne nous transformons pas, c'est l'espace qui se transforme. Nous ne contrôlons rien, c'est la situation qui nous contrôle.

La robe de Juliette change pour elle, les doigts de Juliette changent pour elle, le visage de Juliette change pour elle. Les enjeux de Juliette deviennent plus grands : Va-t-elle rougir, va-t-elle sentir le vent plus froid sur ses joues de plus en plus brûlantes, l'air sera-t-il plus difficile à aspirer, ses lèvres vont-elles prononcer les mots justes ? Les membres et les gestes de Juliette sont de plus en plus à la merci des informations transmises par ses sens. Peut-être veut-elle que Roméo voie une jeune femme en colère, une fille intelligente ou une Juliette parfaitement impassible.

L'espace naît avant le personnage

Pourquoi la scène du balcon reste-t-elle le symbole éternel de l'amour romantique ? La réponse n'a pas grand-chose à voir avec les personnages et tout à voir avec l'espace. Ce ne sont pas les amoureux qui font la scène, c'est le balcon. Si les amoureux se trouvaient dans un espace commun, ils nous émouvraient beaucoup moins. Leur passion a besoin d'un obstacle pour s'exprimer. Le balcon exerce une action : il sépare les deux amants. Leur réaction est d'essayer de combler cet écart. La lutte pour atteindre celui que nous aimons est universelle car c'est la distance qui nous permet de ressentir ce que nous ressentons. Il n'y a pas d'amour sans séparation.

Jouer et désobéir

Une grande partie du travail de l'acteur consiste à déterminer ce à quoi il doit désobéir et ce à quoi il doit obéir. Alex sait qu'il est physiquement impossible pour Roméo de bondir sur le balcon. C'est une donnée physique. Ce qui ne doit pas pour autant empêcher Roméo d'essayer.

S'interroger sur la désobéissance de Juliette permettra à Irina d'arriver plus rapidement à voir à travers les yeux de Juliette. Elle doit d'abord se demander : « *Comment Juliette désobéit-elle ?* » Transgresse-t-elle des règles sociales, sexuelles, religieuses, politiques, domestiques et/ou personnelles ? Avant de passer des heures de répétitions en discussions passionnantes, il peut être intéressant de concrétiser ou de matérialiser ces généralités. Va-t-elle faire du mal à son père ? Va-t-elle faire du mal à sa mère ? Quelle est la différence ? Juliette va sans doute apprendre beaucoup de choses sur elle-même, sur sa famille et la société dans laquelle elle vit en se posant ces questions au fil de la pièce. Et, du coup, Irina aussi. Irina doit s'interroger sur la nature de la vraie désobéissance de Juliette.

Digression : théâtre et désobéissance

Le théâtre est rempli de « désobéisseurs ». Il est intéressant de noter que Shakespeare était obsédé par le thème de la jeune fille qui désobéit à son père. Le personnage qui désobéit au père vivant ou qui lutte pour obéir au père mort est le fer de lance de beaucoup de ses pièces. Hamlet réussit à faire les deux en même temps. Mais l'obéissance/désobéissance filiale est aussi un thème majeur pour Œdipe et Oreste dans l'*Orestie*, pour Hémon dans *Antigone*, pour Rodrigo dans *Le Cid*. Treplev hésite entre obéir et désobéir à Arkadina dans *La Mouette*. Les Évangiles prêchent souvent la désobéissance filiale, sauf dans les noces de Cana où Jésus répond malgré lui à la peur de manquer de sa mère en altérant la réalité. La plupart des romans que nous lisons, des films que nous regardons et des journaux que nous achetons parlent de gens qui bravent l'autorité. Mais quand nous sommes enfin amenés à désobéir, l'expérience ne ressemble pas à ce que nous avions imaginé. Le théâtre est obsédé par cet acte adulte, peut-être pour nous y préparer, comme la mère qui se cache derrière le coussin.

Digression : anesthésie et obéissance

La civilisation a du mal à accepter la désobéissance. Pourtant, nous avons besoin de désobéir et aucune civilisation n'a jamais pu anéantir complètement ce penchant humain.

La civilisation fabrique des anesthésiants utiles et des anesthésiants extrêmement dangereux. L'anesthésie annihile les sens et nous empêche de voir les stimuli.

La civilisation se sert de l'anesthésie pour faire passer un acte d'obéissance totale pour son contraire. L'anesthésiant nous brouille l'esprit au point de nous faire croire qu'un acte de soumission est révolutionnaire ou subversif. La désobéissance peut se couvrir du masque de l'obéissance et vice versa. Par exemple, le commerce des stupéfiants semble détruire l'ordre social alors qu'en réalité, le dealer de drogue est un vrai conservateur parce que l'énergie qu'il pourrait utiliser pour transformer la société est canalisée et endormie au point de lui faire accepter l'ordre établi. Le toxicomane commet un acte d'obéissance majeure à chaque fois que l'aiguille entre dans sa peau. Cette anesthésie fait passer l'esclavage pour du pouvoir. Que nous croyions à cette théorie ou non, il peut être utile de nous interroger sur ce qu'est la vraie désobéissance.

Digression : la panique

Au fur et à mesure que les enjeux augmentent, nous nous lançons dans une guerre intime entre la concentration et l'attention, voir et montrer, moi et la cible. Quand l'agresseur sort son couteau, il coupe le moi en deux avant même de toucher la chair. Quand le couteau apparaît, l'adrénaline se met à couler dans mes veines pour augmenter mes forces et mes réflexes. Cette attention extrême peut nous donner l'impression que le temps ralentit. Je sais que mon sort dépend de moi, mais je sais aussi que ma vie dépend de toutes les informations que je peux intégrer. Je juge ce que je vois : les mouvements de ses yeux, l'hésitation de la lame, la tension de son poignet, la distance précise entre moi, la porte et les gens qui s'enfuient dans son dos, la force de mes bras, la vitesse de mes jambes et la fermeté de ma volonté.

Au même moment, un autre sentiment cherche à attirer mon attention, un sentiment que nous appelons généralement la panique et que nous reconnaissons immédiatement comme notre ennemi. Dans une situation aussi dangereuse, nous sentons

instinctivement que si nous nous laissons gagner par ce sentiment, nous pouvons mourir. L'adrénaline affine ma perception
de la cible alors que la panique stimule la concentration. Pour
survivre, je dois oublier la panique. Je dois oublier ce que « je »
ressens. Une lutte impitoyable a lieu entre ces deux tendances.
Si je succombe aux attaques de la panique, je perdrai le combat
contre la vraie menace.

L'acteur découvre ce que le personnage est en voyant l'espace
tel que le personnage le voit, comme un ensemble de règles à
suivre ou à enfreindre. Seule la cible changeante situe le personnage. Le monde est découvert et non créé, trouvé et non imposé.

13. « Je ne sais pas comment je dois bouger »

L'endroit où je suis et la façon dont je bouge sont indissociables. Comme nous l'avons vu, l'espace nous oblige à bouger d'une certaine façon. Pour que cette relation apparaisse, il faut avoir l'esprit attentif, mais aussi le corps attentif. Bien sûr, on a tort de croire que l'esprit et le corps sont deux entités séparées.

Le corps doit être entretenu. Mieux vaut avoir le corps souple et dynamique. L'acteur doit entretenir son corps non pas pour se sentir bien ou beau, mais pour pouvoir être à l'écoute des stimuli extérieurs. Le corps doit être relié naturellement aux sens pour que la cible soit immédiatement prise en compte. Par exemple, quand Roméo sort de l'ombre et s'écrie : « *Je te prends au mot !* » Irina aura peut-être l'idée de reculer dans l'ombre. Mais si Juliette sursaute, ça ne peut pas être parce qu'Irina a pris cette décision consciente au cours des répétitions ; ça ne peut être que parce que Juliette réagit dans l'instant. Au final, Irina doit digérer toutes ses idées de sorte qu'en jeu, son corps puisse réagir spontanément à ce que Juliette voit. Le corps d'Irina doit être alerte au point de donner l'impression que son système nerveux central connecte immédiatement et automatiquement ses muscles à la cible. Idéalement, elle réagira sans réfléchir. Tous ses muscles doivent être à l'écoute de la cible.

Motilité

La capacité du corps des acteurs à être à l'écoute du moindre stimulus est tellement importante qu'elle mérite son propre paragraphe. J'appelle ça la « motilité ».

Irina doit exercer sa motilité pour être « motile ». La capacité du corps des acteurs à réagir au moindre stimulus est extrêmement précieuse. Je ne parlerai jamais assez de l'importance de la motilité, pourtant, elle est difficile à décrire. Bien sûr, un personnage précis peut avoir pour caractéristique de réagir au quart de tour au moindre stimulus. Mais il s'agit là d'un choix de personnage. Le héros de film le plus cool, s'il est bien joué, aura les yeux si vivants qu'ils paraîtront chargés de pensées. Ces yeux seront motiles. Les acteurs bloqués réduisent cette motilité naturelle et ont tendance à refuser n'importe quelle occasion de bouger. Quand le jeu est fluide et vivant, que l'acteur est confiant, chaque occasion de bouger sera envisagée, même si elle est finalement rejetée. L'immobilité peut avoir beaucoup de force. Mais c'est un choix. Et même s'ils sont finalement écartés, la plupart des mouvements continuent à agir sur le travail invisible en renforçant la vitalité de l'acteur. La motilité d'Irina est précieuse. Les exercices suivants peuvent l'aider à la libérer.

Le mouvement et la cible

Sans distance, il n'y a nulle part où aller. Si je suis exactement là où j'ai envie d'être, je ne peux pas accomplir de voyage. Sans distance, pas de chemin et donc pas de possibilité de mouvement.

Notre façon de bouger, comme tout ce que nous faisons, dépend entièrement de la cible. Nous ne nous déplaçons pas dans le vide. Nous nous déplaçons uniquement à cause de quelque chose ; nous nous déplaçons uniquement parce qu'autre chose existe. Un mouvement ou un geste est autant une réaction à une action qu'un fragment de texte. Nous bougeons pour accomplir quelque chose. Nous bougeons pour changer la cible. Nous bougeons d'abord et surtout parce que nous voyons la cible et, plus particulièrement, parce que nous voyons ce que la cible est déjà en train de faire, comme nous l'avons vu dans l'histoire de l'homme d'affaires étourdi. « *Je gigote sur ma chaise* » est moins utile que « *la couture de mon pantalon me gêne tellement que je n'arrête pas de gigoter sur ma chaise !* »

Les acteurs voient avec tout leur corps.

L'exercice du message

Ces exercices sont voués à être mis en pratique plutôt qu'à être compris. Ils peuvent libérer un acteur coincé si les quelques règles sont respectées et si l'observateur est attentif.

Irina choisit les mots : « *Non ! Il y a toi, il y a moi et il y a l'espace !* » C'est le « message ». Une des règles de cet exercice est qu'une fois choisis, les mots du message ne peuvent pas être modifiés. Irina doit respecter l'intégrité du fragment comme s'il s'agissait d'un chef-d'œuvre de poésie.

Dans la scène qu'Irina essaie de débloquer, le « toi » devient Roméo, le « moi » Juliette et « l'espace » le balcon, le jardin, la famille dans l'enceinte de la maison, Vérone au-delà, tout ce qui existe au fond dans le monde tangible de Juliette. Irina répète ces mots à Roméo tout en gardant la situation en tête et elle joue le message de tout son cœur. Irina voit un Roméo qui ne comprend pas la différence entre ces trois entités et elle doit absolument la lui faire comprendre. La banalité de son texte la frustre et cette frustration va stimuler son corps et son imagination. Elle va employer des moyens de plus en plus inventifs et persuasifs pour faire sentir cette différence cruciale à Roméo. Petit à petit, Irina oubliera d'exprimer Juliette pour essayer de convaincre Roméo au moyen de toutes les armes qu'elle possède : sa voix, son intonation, ses gestes.

La première fois qu'Irina met cet exercice en pratique, l'observateur remarquera sûrement que quand elle parle des trois entités, elle « voit » la même chose, comme si elle fondait le « toi », le « moi » et « l'espace » ensemble, supprimant ainsi la distance qui existe entre eux. Or le « toi », le « moi » et « l'espace » sont forcément différents. Cette règle est tellement évidente que nous avons tendance à l'oublier. Elle est aussi invisible et importante que l'oxygène que l'acteur respire.

Dans la vie, nous sommes rarement amenés à différencier ces trois entités ; la distinction est déjà claire, essentielle. Pourtant, dans le jeu, nous avons tendance à nier l'évidence pour essayer de saisir une vérité plus sophistiquée. Irina ne doit pas oublier que quand elle joue, elle doit toujours séparer ces trois entités. Il est très facile d'effacer ces différences et cela peut engendrer d'énormes problèmes.

Cet exercice peut révéler des mécanismes de contrôle qui sabotent l'acteur. Le contrôle invisible bloque l'instinct de communication de l'acteur avec le monde extérieur. Ce mécanisme de contrôle est un des enfants de la Peur et il est particulièrement fatal pour l'acteur.

Refiler le bébé

Irina peut se servir de sa frustration en la transformant, en imaginant que sa frustration est celle de Juliette. Laissons Juliette être frustrée que Roméo ne voie pas la différence criante entre ces trois entités. Laissons Juliette être la seule à lutter, la seule à « essayer ». Elle voit alors un Roméo qui a besoin qu'on lui explique ces différences, qu'on les souligne, qu'on les plante dans son crâne.

Par exemple, à travers ce message banal, Juliette essaie peut-être de dire :

« Non, Roméo, tu es un Montaigu et moi, je suis une Capulet, nous ne pourrons jamais combler ce gouffre, ce balcon ne nous sépare pas aussi cruellement que nos noms. »

Le message :

« Non ! Il y a toi, il y a moi et il y a l'espace »

peut aussi vouloir dire :

« Non, Roméo ! Tu es un homme, je suis une femme et les langues vont bon train ; je joue plus gros que toi dans cette situation, etc. »

Quand les enjeux augmentent, nous nous mettons tous à « essayer » : nous essayons de rester parfaitement immobiles quand l'ours s'approche de notre tente. Mais Juliette doit être la seule à « essayer ». Certainement pas Irina. Irina verra à travers les yeux de Juliette un Roméo qui a besoin qu'on lui apprenne que le monde, avec ses trois entités, n'est pas tel qu'il le perçoit. Son point de vue est faux. Juliette est persuadée que c'est son point de vue qui est juste… et fondamental. Elle doit donc changer ce que Roméo voit ; elle doit essayer de changer ce que Roméo croit.

Tout texte change les convictions et les croyances

Tout texte tente de changer un point de vue. Y a-t-il des exceptions à cette règle ? Non. Mettons que quelqu'un vous dise : « *J'ai une mine affreuse, n'est-ce pas ?* » et que vous répondiez : « *Oui, tu as raison, tu as une mine affreuse* », vous validez alors son sentiment de fatigue ; or même confirmer, c'est changer.

Comme nous le verrons plus tard, « *Je veux changer ce que tu crois* » est le fondement de n'importe quel texte.

Irina doit voir un Roméo qui persiste à ne pas voir la différence entre ces trois entités et l'importance cruciale de cette différence. Elle doit être prête à tout pour la lui faire comprendre : pointer du doigt, gesticuler, battre l'air, courir, rester immobile, hurler, chuchoter, s'accroupir. Comme il ne comprend toujours pas, elle continue à essayer de trouver le geste ou l'intonation qui éclairera enfin Roméo. Juliette peut « montrer » autant qu'elle veut pour arriver à ses fins. Mais Irina ne peut rien montrer. Cet exercice aide à faire la distinction.

L'observateur

Une fois qu'Irina est absorbée par ce que Juliette essaie de faire, une fois qu'elle commence à voir clairement les différences entre ces trois entités et pendant qu'elle indique et démontre ces différences à Roméo, un observateur devra crier : « *Texte !* » et alors immédiatement et sans réfléchir, Irina devra prononcer le texte de Shakespeare. Il est important que son corps continue à bouger et que ses yeux continuent à voir comme quand elle était limitée et frustrée par la simplicité du message. Le corps et l'imagination d'Irina doivent se rappeler les réactions qu'elle a eues pendant qu'elle délivrait ce message. Le caractère restreint du message a obligé Irina à puiser dans son imagination pour convaincre son partenaire.

Les premières fois, dès que l'observateur criera « *Texte !* » Irina se remettra peut-être à contrôler son corps. Elle aura beau avoir fait des découvertes magnifiques au cours de l'exercice, dans la panique du retour au texte, elle les laissera toutes s'envoler. Répéter cet exercice est source de frustration, mais aussi de détente. Cependant, petit à petit, quand elle devra utiliser tout son corps et tout ce qui se trouve à l'extérieur de son corps pour convaincre son partenaire buté, elle se sentira plus libre. Il est important qu'Irina ne sache jamais quand le signal « *Texte !* » va arriver pour qu'elle n'anticipe pas le passage du message au texte.

L'espace

Comme nous l'avons vu, Juliette ne peut pas faire tout ce qu'elle veut. Elle est toujours limitée par les circonstances précises données. Par exemple, Juliette ne peut sûrement pas crier de peur de réveiller la maisonnée. Mais cette donnée peut être intégrée au message. Comment ? Le mot « espace » est la clé. La chambre de ses parents se trouve peut-être deux fenêtres plus loin. Quand elle prononce le mot « espace », elle peut montrer la fenêtre à Roméo. Elle doit peut-être lui faire comprendre la signification énorme de cette fenêtre et des ronflements funestes qui s'en échappent. Alors qu'Irina essaie de faire voir la fenêtre et sa signification à Roméo, elle verra qu'elle se trouve dans l'incapacité de crier. Ce n'est pas Irina qui empêche Juliette de crier, c'est la fenêtre. L'espace commence à s'imposer activement.

De même « l'espace » peut désigner les murs du jardin ou le balcon. L'emploi du mot « espace » aide Irina à voir et à explorer les cibles tangibles et leur signification. Et elle doit faire voir à Roméo ces cibles aussi clairement qu'elle les voit. Pour Juliette, il est essentiel que Roméo voie le monde tel qu'elle le voit. Surtout, il faut qu'il voie exactement les mêmes différences entre les choses. Par exemple, il ne voit pas la différence exacte entre lui et Juliette. Il perçoit bien sûr des différences entre eux, mais pas celle que Juliette essaie de lui faire voir à présent. Juliette doit lutter pour lui faire voir les choses telles qu'elle les voit, les différences telles qu'elle les voit et les priorités telles qu'elle les voit.

Dans l'exercice du message, on peut dire que le message représente le travail invisible et que le texte représente le travail visible. Le signal « *Texte !* » est un seuil entre les deux. Ce seuil apparaît de façon soudaine et imprévisible. Plus le seuil apparaît brusquement et sans crier gare, plus le message influencera le texte, plus l'invisible aura de chances d'agir sur le visible. Comme nous le verrons plus tard, mieux vaut considérer le texte comme un outil inadéquat ; quand les enjeux augmentent, même la poésie la plus sublime ne permet pas d'exprimer ce que nous ressentons et désirons.

Exemples d'exercices du message

D'autres messages efficaces peuvent être inventés. Par exemple :

- *« Non ! Ça n'est pas ta scène, c'est ma scène et c'est mon espace ! »*
- *« Non ! Ça n'est pas ma scène, c'est ta scène et c'est ton monde ! »*
- *« Non ! Ce n'est pas toi qui contrôles tout, c'est moi qui contrôle tout et c'est ma chambre ! »*
- *« Non ! Ce n'est pas moi qui contrôle tout, c'est toi qui contrôles tout et c'est ta chambre ! »*
- *« Non ! C'est toi, la victime, pas moi et je peux toucher ces murs ! »*
- *« Non ! Tu n'es pas libre, je suis libre et je peux bouger sur ce sol ! »*

Pour résumer : les exercices du message sont généralement effectués par un duo d'acteurs. Chaque acteur choisit un message unique et interrompt son partenaire en disant « *Non !* » – car il lui semble que son partenaire refuse de comprendre. Il doit alors tenter de le convaincre. Il faut aussi une troisième personne, l'observateur, qui surveille l'exercice. L'observateur crie « *Texte !* » afin que les acteurs ne décident jamais eux-mêmes du moment où retourner à la scène. Si les acteurs sont capables de choisir quand passer du message au texte original, alors la brèche du contrôle qui s'ouvre les ramènera tout droit à la maison. L'apparition du seuil entre le message et le texte doit échapper au contrôle des acteurs pour que les acteurs puissent se vider la tête et laisser leurs corps et leurs yeux se remplir de ce qu'ils voient tout en sachant que l'observateur extérieur est là. Les acteurs doivent être libres de voir leur partenaire et de changer son point de vue. L'observateur extérieur crie « *Texte !* » dès que les têtes et les corps des acteurs sont vides de toute concentration, pleins d'attention et absorbés par les réactions de l'autre.

Comme nous l'avons vu, dans l'exercice du message, l'espace est vital. L'acteur touche ou désigne quelque chose dans l'espace à chaque fois que le mot correspondant est employé. Le besoin de toucher réveille le corps engourdi. Bien sûr, certains gestes seront inutiles dans la scène de la pièce. Peut-être que la majeure partie de l'énergie libérée pendant l'exercice sera perdue. Mais la plupart du temps, il reste quelque chose de vivant.

Quoi qu'il arrive, il est essentiel qu'Irina fasse l'expérience du mouvement parce qu'Irina doit savoir comment bouger pour savoir comment rester immobile.

Digression : la sitcom

Comme nous l'avons vu, l'espace et le personnage sont intimement liés. On ne peut pas travailler sur un personnage hors de l'espace. Et les relations ont aussi leurs propres espaces. En effet, transposées d'un espace à un autre, les relations peuvent changer de façon étonnante. Le fait de changer de salle de répétition peut énormément bouleverser les répétitions. Un autre exemple étrange concerne les séries télé ou « sitcoms ».

Les plus populaires se déroulent dans un ou deux espaces, disons un café, la pièce d'un appartement ou la cuisine familiale. Il est évident que le public apprend à aimer les personnages, moins évident que nous aimons toutes les dynamiques qui existent entre eux, mais est-il possible que nous apprenions aussi à aimer l'espace ? Ces canapés banals et ces portes de studios ? Pourtant, si. Parce que de temps en temps, les producteurs décident de pimenter un épisode en envoyant par exemple tous les personnages en vacances, ce qui fait que tout l'épisode se déroule dans un décor inconnu. Et les dialogues sont bons. L'histoire est bonne. Le jeu d'acteur est bon. Mais nous ne rions pas autant que d'habitude. La même relation paraît moins drôle dans un autre décor. Comment un canapé peut-il être plus drôle qu'un autre ? Bien sûr il n'est pas plus drôle. Mais le familier, l'intime, sont des éléments essentiels.

Toutes les bonnes séries comportent un nombre limité d'espaces. Et le public développe une intimité invisible avec le plan de travail de la cuisine, l'orientation de la porte d'entrée, le bruit de la sonnette. Pour le public, ces décors matériels sont immuables… enfin, jusqu'à ce qu'on les enlève.

Digression : la vie bouge

Chez tout être vivant, une apparente immobilité, il y a toujours du mouvement. Pourtant, ce principe ne fonctionne pas dans l'autre sens. L'immobilité n'est pas tapie sous la vie. Sous tout mouvement apparent, il y a toujours un autre mouvement, parfois très différent de celui que nous voyons car rien de ce qui est vivant n'est jamais totalement immobile. Même si Irina décide que Juliette est physiquement guindée, sous son immobilité apparente, bouillonnera toujours un désir de mouvement. L'hôtesse japonaise qui sert le thé dans la plus grande sérénité bouge très légèrement quand elle parle, même s'il ne s'agit que d'une vibration minuscule de ses doigts sur la table.

Cela dit, l'immobilité et le silence sont extrêmement puissants. Comme la *symétrie*, ils représentent des idéaux auxquels nous aspirons mais que nous ne pourrons jamais atteindre dans toute leur pureté. Irina peut découvrir des parcelles d'immobilité et de silence en répétition et les redécouvrir au cours des représentations. Mais il est risqué de démarrer dans l'immobilité ; il est dangereux de partir de l'inertie. L'immobilité se découvre en mouvement. Et le mouvement ne part pas de l'intérieur. Nous bougeons à cause de ce que nous voyons.

Digression : maniérisme et motilité

Comme nous l'avons évoqué, même si l'expressivité du corps est essentielle, « l'expressivité » est un mot chargé pour l'acteur. Nous ne pouvons pas activement « exprimer » quoi que ce soit de façon générale. Donc quand nous voyons un acteur qui a l'air d'exprimer quelque chose avec fluidité, ce que nous voyons est un acteur dont la grâce, le talent ou le métier lui permettent de ne pas être bloqué. Nous voyons un acteur motile.

Néanmoins, quand l'acteur essaie activement d'avoir un corps expressif, indépendamment de l'espace, des catastrophes peuvent se produire. Des techniques inutiles confèrent au corps une densité artificielle et la véritable fluidité naturelle disparaît alors sous une fluidité apparente. Nous sommes très doués pour ces doubles-bluffs. Pour masquer sa peau vieillissante, on dit qu'Élisabeth I faisait couvrir son visage et sa poitrine d'une épaisse couche de peinture blanche. Puis la reine exigeait qu'on dessine de fines veines bleues sur sa peau pour imiter les vraies veines cachées quelques millimètres en dessous.

Le maniérisme paraît parfois extrêmement précis. Nous pouvons nous moquer des sifflantes molles de nos collègues, de leurs voyelles traînantes ou de leurs gestes exagérément souples. Les manies des autres sont beaucoup plus drôles que les nôtres.

Touchantes ou agaçantes, ces interprétations baroques ont un point commun. La racine du maniérisme est toujours la même : l'acteur maniéré est déconnecté de la cible. Le maniérisme peut toucher des personnes très douées quand la Peur les détache de la cible imprévisible.

Le jeu affecté qui, avec les meilleures intentions du monde, paraît artificiel, vient de notre vieille peur que le monde extérieur ne soit pas là quand nous aurons besoin de lui. Dans le feu de l'action, l'acteur proclame son indépendance à l'égard de ce qu'il voit ou ne voit pas et il se ferme complètement. Il ne veut rien laisser au hasard – il planifie tout pour ne pas perdre le contrôle. Il se garde de l'imprévisible. Mais tôt ou tard, sa forteresse deviendra une prison.

14. Le contrôle

Personne n'a un corps parfaitement réceptif, mais ce n'est pas parce que nous manquons d'entraînement ou de souplesse. Le corps est soumis à un contrôle inconscient. La notion de contrôle est délicate. Certains mécanismes de contrôle sont vitaux, d'autres sont destructeurs.

En gros, il existe deux formes de contrôle : le contrôle que nous voyons et le contrôle que nous ne voyons pas. C'est ce deuxième contrôle invisible qui entrave l'acteur. Nous sommes raides comme des manches à balai non pas parce que nous sommes rigides de naissance mais parce que nous avons peur. La Peur produit deux symptômes physiques :

- Nous ne pouvons pas bouger et
- Nous ne pouvons pas respirer.

Comme le feu, le Contrôle est à la fois un bon serviteur et un mauvais maître. Sous ses airs bienveillants et serviables, le Contrôle peut être une vraie malédiction pour l'acteur. Le

Contrôle nous murmure à l'oreille : « *Si tu fais appel à moi, je pourrai te sortir des griffes de la Peur.* » Mais ce n'est qu'une mise en scène subtile, un « coup monté ». Quand nous essayons de fuir la Peur au moyen du Contrôle, nous nous retrouvons généralement encore plus englués dans la Peur : « *Ils nous ont fait croire qu'ils étaient ennemis, mais en fait, ils étaient de mèche depuis le début !* »

La Peur menace, le Contrôle conspire. Et nous sommes complètement pris au piège. La Peur dirige son propre KGB si bien que nous ne savons plus qui sont nos vrais amis. Le Contrôle est un agent double : « *Je suis ton outil. Tu peux m'utiliser pour ce que tu veux, même pour conquérir ta Peur et tout autre sentiment désagréable.* » Mais son plus gros mensonge, c'est de s'écrier : « *Je ne sais pas ce que je suis censé ressentir !* »

Le Contrôle a horreur d'être contrôlé.

Le Boeing 747

La Peur préfère que nous soyons dans un état de contrôle irréfléchi. La Peur n'aime pas que nous réfléchissions intelligemment. Quand le Boeing 747 est secoué par des turbulences, peut-être que si je reste immobile, sans respirer, je réussirai à éviter la catastrophe. Ou bien si je parle sans cesse à mon voisin interloqué. Chacune de ces stratégies vise à contrôler et à bloquer la perception des stimuli extérieurs. « *Si je lis attentivement le magazine de la compagnie aérienne, peut-être que je ne remarquerai pas que l'avion bascule.* »

Ce sont des décisions conscientes. Plus effrayants encore sont les mécanismes de contrôle invisibles qui font sans cesse le tri dans nos réactions physiques, mais aussi dans les stimuli qu'ils nous autorisent à percevoir. Parfois, ils se comportent comme des geôliers qui verrouillent nos corps. Parfois, comme des censeurs en temps de guerre qui noircissent des bribes de lettres. Nous ne pouvons pas éliminer ces mécanismes de contrôle, mais nous pouvons voir comment ils fonctionnent. Au lieu de demander : « *Pourquoi je ne peux pas bouger ?* » laissons Irina demander plutôt : « *Qu'est-ce qui bloque mon corps ?* » ou mieux encore : « *Pourquoi je bloque mon corps ?* »

La vie est un flux permanent ; c'est autre chose qui appuie sur la pédale de frein. Cette « autre chose » doit être démasquée. Le principe est simple : nous arrêtons de bouger parce que la Peur nous maintient dans un état de contrôle.

Le corps bloqué

La première étape pour libérer le corps est de définir dans quelle mesure nous le maintenons en cage. Reconnaître la gravité du problème est le premier pas vers sa résolution. La Peur maintient son statu quo en nous encourageant à nier que le problème existe. Refuser de reconnaître ses limites a l'air d'être un acte de rébellion. En réalité, c'est de l'esclavage. La Peur est rusée.

Irina peut utiliser l'exercice suivant. Elle se tient debout près d'une table et saisit un verre d'eau. Elle répète ce geste simple encore et encore tout en étant à l'écoute de son corps. Le verre est facile à atteindre. Elle n'a qu'à tendre le bras. Quels muscles utilise-t-elle exactement ? Les muscles de ses doigts ? Lesquels exactement ? Les muscles de son cou ? Lesquels exactement ?

Irina prend conscience des parties de son corps qu'elle utilise pour attraper le verre d'eau.

Jusqu'ici tout va bien. Maintenant, Irina doit prêter attention aux muscles dont elle ne se sert pas. Il y en a beaucoup. Les muscles de ses pieds, par exemple. Elle peut alors se demander pourquoi elle utiliserait les muscles de ses pieds. La table n'est pas assez basse pour qu'elle doive se baisser. Mais une question plus utile serait : « *Le mouvement sera-t-il plus facile si j'utilise un peu mes pieds ?* » Laissons Irina découvrir si les muscles de ses pieds peuvent l'aider. L'action sera peut-être un tout petit peu plus confortable si elle s'appuie légèrement sur ses chevilles.

Utiliser ses orteils pour attraper un verre d'eau peut paraître étrange, mais quand un muscle sent qu'un autre muscle s'active, il a envie de participer, comme un enfant enfermé à l'intérieur par un bel après-midi ensoleillé qui voit d'autres enfants jouer au foot dehors.

Plus les muscles sont nombreux à être utilisés pour accomplir une action, moins l'effort est grand pour chacun des muscles, mais il ne s'agit là que d'une explication fonctionnelle. En vérité, les muscles ont simplement envie de bouger ; c'est là l'essence même de leur existence, comme vouloir vivre est l'essence même de notre existence.

Nous contrôlons nos muscles bien plus que nous ne le pensons. Ce frein invisible mérite d'être examiné et analysé en détails car c'est un des blocages les plus nuisibles au jeu vivant. Nous préférons croire que nous empêchons nos muscles de travailler parce que nous sommes paresseux. La vérité est moins glorieuse. Nous empêchons nos muscles de travailler parce qu'au fond, nous avons peur de ce qu'ils pourraient faire.

Donc face au verre d'eau, au lieu de se demander : « *Pourquoi bougerais-je tous mes muscles alors que mon bras seul suffit à attraper le verre ?* » Irina pourrait plutôt se demander pourquoi elle prive ses autres muscles du plaisir de participer. Pourquoi les exclue-t-elle de la fête ?

Irina peut inventer des tas d'exercices de mouvement individuels et en effectuer un tas d'autres avec le groupe. Ces exercices peuvent consister à attraper, toucher, marcher et toutes sortes d'actions. Il faut les répéter jusqu'à ce que les participants soient attentifs à chaque mouvement. Il ne s'agit pas de se concentrer sur les mouvements. Si nous cherchions à analyser comment nous tenons debout, nous risquerions de tomber. Ce n'est pas en réfléchissant qu'on arrive à faire du vélo.

Ces exercices attirent l'attention d'Irina non pas sur la façon dont ses muscles fonctionnent, mais sur ce qu'elle fait pour les empêcher de se mettre en action. L'exercice n'est pas destiné à réveiller ses muscles endormis, mais à lui faire prendre conscience qu'elle leur injecte secrètement des anesthésiants comme une infirmière maboule.

Nous consacrons énormément d'énergie à freiner, contraindre, ménager, restreindre, étouffer, brider nos muscles. Nous devrions consacrer les moindres bribes de cette énergie gâchée à prêter attention à la situation en cours. Ces exercices attirent notre attention sur nos verrouillages intérieurs cachés. La seule clé à disposition est l'attention, mais l'attention ouvre toutes les serrures, comme un miraculeux passe-partout.

L'énergie terrestre

« L'énergie terrestre » peut aussi aider. Imaginer que toute l'énergie vient du sol. L'acteur s'allonge, sent le sol qui soutient son corps, puis, peu à peu, prête attention à tous les points de contact entre le sol et son dos. Au fur et à mesure que l'acteur se détend, d'autres parties de son corps entrent en contact avec le sol. La colonne vertébrale se détend et s'allonge. Bientôt, l'acteur peut prononcer le texte comme si les mots s'élevaient du sol et traversaient son diaphragme, ses poumons, sa cage thoracique jusqu'à résonner dans son corps tout entier. Peu à peu, l'acteur peut se mettre debout, et alors l'énergie du sol est obligée de rentrer par la plante de ses pieds avant de monter dans ses chevilles et le reste de son corps.

Quand l'acteur est debout, il est important que ses genoux restent souples. Il existe dans le corps de nombreux points de pression qui empêchent l'énergie de circuler. Les genoux et le cou sont deux carrefours particulièrement encombrés. Le cou doit être complètement relâché et les genoux déverrouillés.

Cet exercice ne peut pas être effectué dans la tête. Comme tous les exercices, il doit être ressenti physiquement, comme dans le cas du candidat présidentiel avisé qui avait besoin d'éprouver l'espace. Si les acteurs ont démarré les répétitions à la table, les exercices d'énergie terrestre peuvent permettre de rééquilibrer les énergies.

Il est bon d'imaginer que l'énergie monte du sol parce que bien souvent, l'acteur croit que toute l'énergie vraiment utile découle de son cerveau. Cette conviction invisible limite la liberté de l'acteur. Malheureusement, il est trop facile pour les gens civilisés que nous sommes de croire que l'énergie rayonne de la tête. On nous a enfoncé cette croyance dans le crâne. Même si nos écoles ne nous enseignaient que le sport et la danse, certaines croyances sont ancrées dans nos cultures. Par exemple : a) avoir le contrôle est une bonne chose et b) le contrôle coule du haut du corps vers le bas. Bien sûr, ces certitudes sont inconscientes, mais elles peuvent expliquer pourquoi beaucoup d'entre nous, y compris des athlètes et des danseurs, ne bougeons pas aussi bien que nous le pourrions.

La respiration

Comme le mouvement, la respiration est une des sept caractéristiques de tout organisme vivant. La respiration est essentielle à la vie. Nous respirons naturellement — sinon, nous serions tous morts. Nous respirons naturellement en accord avec la pensée. C'est simple. Ce qui n'est pas simple, c'est pourquoi nous intervenons dans le processus. Pourquoi nous nous forçons à respirer à contretemps ? Si vous vous demandez quand respirer, la réponse est simple : « *Quand vous voulez.* »

Comment Irina peut-elle donc savoir quand Juliette doit respirer ? Elle ne le peut pas ; et elle ferait mieux de ne pas se lancer dans cette quête insensée. Juliette elle-même ne choisit pas quand Juliette doit respirer. Parce que Juliette respire quand la cible lui commande de le faire. La cible décide toujours du rythme et de la profondeur de notre respiration, de la vitesse et de la longueur de notre souffle. Par exemple :

Un rendez-vous pénible

Imaginons que vous ayez une nouvelle pénible à annoncer à un ami. Il est temps de prononcer votre discours bien préparé. Vous regardez votre ami et prenez une profonde inspiration. Mais le moment venu, ce n'est pas vous qui choisissez quand et comment respirer. C'est le fait de voir votre ami et de réfléchir aux mots que vous devez prononcer. Est-il content, stressé, détendu ? Vous le voyez, vous reprenez vos esprits et vous respirez sans réfléchir à votre respiration. Parce que la cible vous dit précisément de quelle respiration vous avez besoin. Et la cible envoie ce message plus ou moins directement à vos poumons. Pour prendre un autre exemple, imaginons que dans un bar, de but en blanc, un inconnu se lève, regarde autour de lui d'un air menaçant, fracasse une bouteille, se précipite vers vous, agite la bouteille sous vos yeux, puis... court vers la sortie et disparaît dans la rue. Vous soupirez machinalement, sûrement en même temps que tous les témoins de la scène. Même si les clients sont encore ébranlés, ils n'ont plus besoin du surplus d'air qu'ils gardaient au cas où ils auraient besoin d'intervenir. Car nous retenons notre souffle quand une situation devient dangereuse. La peur nous vide les tripes et nous remplit les poumons — elle fait des réserves d'oxygène. C'est un réflexe; ce n'est pas une décision consciente. Donc nous respirons en fonction du danger que nous percevons dans une situation donnée, en d'autres termes, en fonction des enjeux que nous voyons dans la cible.

Un meurtre secret

Quand les acteurs n'aspirent pas assez d'air, ils massacrent leur texte et hachent la pensée. Pour ne pas être à bout de souffle, l'acteur a tendance à fragmenter la pensée. Les mots sont tous là, mais le texte a été découpé en petits morceaux faciles à attraper. Le problème est qu'avant d'être démembrée, la longue pensée a dû être assassinée.

Une pensée est une cible; il faut qu'elle soit repérée avant d'être prise en compte. Une pensée doit être vue avant de pouvoir être prononcée. Et comme n'importe quelle cible, une pensée doit obéir aux règles. Surtout, une pensée se transforme sans cesse. Une pensée n'est jamais fixe ; elle subit des modulations et évolue constamment, comme des variations sur un même thème. Une pièce en vers comme *Roméo et Juliette* renferme un tas de longues pensées exprimées à travers une longue succession de mots.

Respiration et imagination

Si Irina se lance dans une tirade passionnée avec les poumons à moitié pleins, elle se retrouvera à bout de souffle et se sentira nulle. Mais il serait dangereux pour elle de se dire : « *La prochaine fois, je prendrai une plus grande inspiration* », même si cela semble parfaitement cohérent. Irina doit comprendre pourquoi elle n'a pas pris assez d'air. Le manque d'air n'est qu'un symptôme dont la cause remonte à plus loin. Irina manque de souffle parce qu'elle n'a pas bien vu les enjeux précis de la cible. On peut avoir les poumons à moitié pleins quand on gronde son petit copain qui est arrivé en retard à un rendez-vous. Pas quand on se retrouve face à un amant qui peut nous détruire.

Mais la décision n'appartient ni à Irina ni à Juliette. La décision appartient à la cible. La décision survient au moment où Juliette voit Roméo. Ni Juliette ni Irina ne communiquent directement avec les poumons. L'acteur qui choisit consciemment quand respirer sabote son jeu et détruit son imagination. C'est seulement ce que nous voyons qui nous fait respirer comme il faut.

Irina doit donc être doublement équipée. D'abord, son imagination doit être suffisamment aiguisée pour repérer la cible qui la fera réagir et prononcer ces mots. Comme le corps, l'imagination a besoin de patience, d'entraînement et d'endurance. Comme nous l'avons vu, nous exerçons notre imagination en nous autorisant à voir. L'attention est notre meilleur entraîneur.

Ensuite, elle doit travailler sa technique respiratoire pour pouvoir développer de longues pensées. Ses muscles respiratoires doivent être exercés.

L'entraînement physique fait partie du travail invisible d'Irina. Le cas échéant, elle doit avoir la capacité physique de répondre à n'importe quel besoin respiratoire. Elle ne doit pas avoir à se demander si son corps sera capable de faire ce qu'elle lui demande. Ce travail doit être accompli très tôt dans le travail invisible et fait partie de l'entraînement général de l'acteur. Malheureusement, il n'existe pas de pilule qui nous maintienne en forme, donc l'entraînement d'Irina est sans fin. L'acteur a besoin de discipline pour mieux devenir libre.

Le quatrième choix inconfortable : certitude ou foi

Avant de poursuivre, examinons encore un choix inconfortable. Comme les autres choix, il doit être abordé dans le cadre du travail invisible. Les choix agissent de façon parallèle. Ils ne peuvent pas être utilisés directement, mais ils nous aiguillent dans la bonne direction. L'addiction à la certitude paralyse l'acteur. Par exemple, Irina veut être sûre qu'elle n'oubliera pas son texte. Mais nous ne pouvons être sûrs de rien. Relire et relire son texte dans les coulisses est le meilleur moyen de l'oublier une fois sur scène. Tout ce que l'acteur peut faire, c'est avoir foi dans le fait que le moment venu, les répliques sortiront. Un trop grand besoin de certitude détruit la foi. On ne peut pas avoir la certitude et la foi ; on peut avoir soit l'un soit l'autre. Irina ne peut pas non plus être sûre que ses sentiments surgiront sur commande. Mais elle peut garder la foi.

15. « JE NE SAIS PAS CE QUE JE DOIS RESSENTIR »

Nous ne pouvons pas exprimer l'émotion. Jamais. Par contre, l'émotion s'exprime toute seule en nous, que nous le voulions ou non. Nous ne pouvons pas « fabriquer » une émotion. Nous ne pouvons pas « produire » une émotion. Nous ne pouvons pas « montrer » une émotion. Nos émotions s'expriment d'elles-mêmes à travers nos actes. Par exemple, pour exprimer la haine que je ressens pour quelqu'un, je vais devoir faire quelque chose, comme lui lancer un regard noir ou le frapper. Nous ne pouvons pas contrôler la haine que nous ressentons pour quelqu'un, mais nous pouvons choisir quoi faire de cette haine. Nous pouvons ignorer notre haine. Nous pouvons la regarder en face. Et alors peut-être qu'elle changera d'elle-même. Peut-être.

Les « émotions » et les « sentiments » sont des étiquettes imprécises qui servent à désigner un tas de choses. Souvent, les noms des « sentiments » ou des « émotions » prêtent à confusion et nous induisent délibérément en erreur. La fureur peut être un autre nom de l'amour, une tendresse maternelle peut cacher une pulsion meurtrière, et l'adolescent autodestructeur peut vouloir protéger les autres de sa propre violence. Que nous masquions ou non leurs noms, de toute façon, nos sentiments nous échappent. Ils surgissent sans autorisation et nous n'en sommes en aucun cas responsables. Ce que nous contrôlons, par contre, c'est ce que nous faisons.

Les émotions sont variées et souvent rivales, comme les dieux de la Grèce antique. Cela veut dire que nous sommes dans un état de guerre permanent ou, dans le meilleur des cas, au cœur d'une trêve fragile. Ce conflit intérieur nous fait tellement souffrir que nous ne nous autorisons qu'un vague coup d'œil au champ de bataille. Si nous avions le choix, nous préférerions que ce conflit ait lieu très loin à l'extérieur de nous. Il est une des raisons qui nous conduisent au théâtre.

Que ressent mon personnage ?

Il est donc dangereux pour Irina de demander : « *Que ressent Juliette ?* » La question semble évidente, généreuse même, mais en réalité, elle ferme le cœur. Elle est empreinte de cette légère vanité qui me pousse à croire que je peux être sûr de ce que je ressens. Si je ne suis pas certain de ce que je ressens, comment pourrais-je l'être de ce que Juliette « ressent » ? La question « *que ressent mon personnage ?* » n'appelle aucune réponse concrète pour l'acteur, il ne sert donc à rien de la poser.

Des sentiments gigantesques, conflictuels et changeants chamboulent Juliette pendant tout son entretien avec Roméo, mais il est peu probable qu'elle arrive à les interpréter ou même à en dresser la liste exhaustive. Comment Irina, le metteur en scène ou quiconque pourraient-ils prétendre reconnaître toutes les émotions qui se bousculent en elle ? D'aucuns prétendent que nos sentiments sont parfaitement connaissables. Par exemple, c'est un principe du droit anglais que « *l'état d'esprit d'un homme est semblable à l'état de sa digestion* » et ce dicton a fait pendre beaucoup d'hommes. La simplification peut faciliter le travail du juge, mais pas celui de l'acteur. De toute façon, Irina est une artiste et son travail consiste justement à ne pas juger. Toutes ses tentatives pour savoir ce que Juliette ressent sont vouées à l'échec. Donc tout ce qu'Irina a pu fabriquer à l'intérieur d'elle-même à partir de ce qu'elle pense que Juliette doit ressentir est forcément faux. Épuisant, sûrement, mais également faux.

Pourtant, nombre d'entre nous, moi y compris, allons au théâtre justement pour voir des émotions extrêmes et nous méprisons les jeux tièdes. Donc ce que Juliette ressent doit être au centre du jeu d'Irina. Dans ce cas, que veut dire la phrase: « *L'acteur ne peut pas fabriquer de l'émotion* » ? À cet égard, le sentiment est terriblement similaire au personnage. Le personnage et les sentiments sont essentiels pour Irina pourtant ils sont complètement indépendants de sa volonté. Irina n'a absolument aucun contrôle sur ce qui compte le plus pour elle. Face à ce constat frustrant, que peut-elle faire?

Le sentiment et la cible

D'abord, Irina doit accepter cette dure réalité : elle ne pourra jamais contrôler directement le personnage ni les sentiments. Elle doit se détacher de cette illusion jumelle qui nous fait croire que nous décidons de ce que nous sommes et de ce que nous ressentons.

Nous devons tourner le dos à ce mensonge et le laisser derrière nous. Ces deux illusions semblent extrêmement réelles, mais elles nous ramènent tout droit à la maison. Quelles solutions s'offrent à Irina quand elle est paralysée par la crainte de ne rien ressentir du tout ? Comme toujours, le mieux est de se souvenir de la cible.

Les généralisations ont la vie courte

Même si nous nous trouvons dans un état général de manque, ce sentiment a besoin d'une image précise pour être vécu. Le désir sexuel a besoin de chair pour se révéler à lui-même. Le stimulus, quel qu'il soit, est toujours une cible ; la cible est un catalyseur qui libère le sentiment. Aucun sentiment ne peut être déclenché sans cible. Par exemple, parfois, quand nous nous réveillons de mauvaise humeur, nous reconnaissons ce sentiment et nous composons avec. Parfois, nous voyons la raison concrète – le mauvais temps, le boulot, etc. – ou bien nous décidons d'aller décharger cette mauvaise humeur sur quelqu'un. Plus un sentiment grandit et demande à être libéré, moins nous devenons exigeants quant au choix de la cible qui nous y aidera. La seule chose pire que d'avoir peur de quelque chose, c'est de n'avoir peur de rien.

La cible en conflit

Cherchons dans le texte de Shakespeare des exemples de guerre émotionnelle où la cible se trouve au cœur d'un conflit. Inutile d'aller chercher loin, n'importe quel moment de la scène du balcon fera l'affaire. Par exemple :

« *Ma libéralité est aussi illimitée que la mer
et mon amour aussi profond : plus je te donne,
plus il me reste, car l'une et l'autre sont infinis.* »

Quand elle prononce le mot « *illimité* », Juliette voit peut-être un Roméo qui doit être averti de ce dans quoi il s'engage, mais elle peut aussi voir un Roméo qu'elle aime, qu'elle ne veut pas embrouiller, effrayer ou repousser. Tous ces Roméo que Juliette voit ne constituent pas un Roméo cohérent, unique et unifié, mais une somme de contradictions. Ces différentes images de Roméo se contredisent et s'affrontent ; les cibles appellent le conflit. Juliette elle-même ne pourrait définir et énumérer tous les sentiments qu'elle éprouve pour Roméo. Tout ce qu'Irina peut faire, c'est voir les différents Roméo que Juliette voit.

Donc, quand Juliette s'écrie : « *Oh ! ne jure pas par la lune* », peut-être voit-elle un Roméo qu'elle veut frapper et un Roméo qu'elle veut embrasser. Comme toujours, la cible doit être précise. Juliette peut voir un Roméo qu'elle veut frapper très fort et un Roméo qu'elle veut embrasser aussi fort. Finalement, le simple fait de voir l'image fera jaillir tous les sentiments dont Irina a besoin pour jouer Juliette. Alors qu'essayer de ressentir ce que Juliette ressent ne servira qu'à détruire le jeu d'Irina.

Concrètement, tous les sentiments des acteurs naissent de ce qu'ils voient. Aucun sentiment ne peut naître tout seul. Le sentiment succède à la cible, mais la cible ne succède jamais au sentiment. Tenter de convoquer un sentiment indépendamment de la cible ne fera que paralyser l'acteur.

L'absence de sentiment

Quand nous apprenons le suicide de quelqu'un, nous sommes épouvantés. Mais la première question qui nous traverse l'esprit, ce n'est pas « *pourquoi ?* » mais « *comment ?* » Et nous avons honte d'avoir besoin de savoir. Nous devrions être capables de ressentir ce drame de façon immédiate et totale. Nous voudrions ressentir de la compassion pour la douleur et la perte des proches de la victime. Et nous voudrions ressentir cette compassion sur le champ et sur commande.

Mais non. Au lieu de ça, nous voulons savoir « *comment ?* » et ensuite peut-être « *qui l'a trouvé ?* » Nous avons honte de nous intéresser aux détails morbides de l'histoire. Nous avons besoin de voir le flacon vide ou la corde nouée et nous sommes gênés de ne rien ressentir sans l'aide de ces images. Nous regrettons de devoir connaître les détails triviaux de l'événement avant de pouvoir nous poser de « meilleures » questions comme « *pourquoi ?* » Face à l'ampleur de l'événement, nous nous sentons mesquins et malgré ça, tout ce que nous voulons savoir, c'est : « *Était-il dans son lit ou au volant de sa voiture ?* »

Mais avons-nous déjà ressenti quoi que ce soit sur commande ? Y a-t-il eu jadis un âge d'or où les sentiments primitifs – clairs, intenses et sans équivoque – surgissaient spontanément ? L'innocence pure de l'émotion a-t-elle été détruite par le besoin moderne d'aller renifler la poubelle du scabreux ?

Le messager

L'*Antigone* de Sophocle se termine par le récit de trois suicides. Le messager raconte d'abord à la reine que son fils et sa nièce se sont donné la mort. Il n'épargne aucun détail à Eurydice. Elle apprend que sa nièce s'est pendue avec une écharpe de lin, puis combien de temps exactement son fils a laissé l'épée plongée dans son corps et comment dans un dernier hoquet, son sang a giclé sur la joue de sa nièce. Eurydice se tue dans le palais. Quand Créon arrive, portant le corps de son fils, un autre messager apparaît et lui annonce la terrible nouvelle de la mort de sa femme. À nouveau, il n'épargne aucun détail au veuf. Il lui apprend que le couteau s'est planté « *sous le foie* ». Le messager sait que toute la famille de Créon vient d'être décimée ; pourquoi torturer le survivant avec ces détails chirurgicaux ? Mais le messager n'est pas idiot. Il sait que Créon doit voir. Créon doit voir pour ressentir. Créon doit ressentir pour intégrer ce qui vient de se passer. L'intention n'est pas de punir Créon. Créon doit voir ce qu'il a fait quand il était aveugle.

Sophocle écrivait des pièces extraordinaires parce qu'il sentait que nous ne voyons pas aussi bien que nous le devrions. Plus précisément, il savait que nous ne voyons pas correctement ce que nous ressentons. Il sait que le sentiment a besoin de la vue. Il voit que la civilisation humaine n'est pas émotionnellement aussi développée qu'elle le croit. Il veut nous sortir de notre anesthésie, au moins pendant le bref intermède rassurant du spectacle. Il veut nous arracher nos bandeaux dans l'espace sacré avant que nous nous dépêchions de les renfiler à l'extérieur. Il sait qu'il est très orgueilleux de notre part de penser que nous pouvons ressentir n'importe quoi sur commande. Il sait que même Créon, brutalement privé de toute sa famille, ne sait pas ce qu'il ressent. Avant de sentir véritablement la mort de sa femme, Créon doit voir son foie transpercé.

La douleur n'a pas de nom. Ni la joie. Ni aucun sentiment parce que chaque sentiment est aussi unique qu'une empreinte digitale. Mais ce qui n'a pas de nom nous effraie. Nous nommons les choses pour pouvoir penser à elles. Nous ne pouvons ni penser ni ressentir correctement tant que nous n'avons pas nommé nos pensées et nos sentiments. Mais ce n'est pas parce que les noms sont erronés que nous devons cesser de penser et de ressentir. Les sentiments ne débarquent pas munis de leurs pièces d'identité. Ils empruntent des pseudonymes. Cette nouvelle est fâcheuse dans la vie, mais salutaire pour l'acteur.

Le centre sentimental

Irina peut être frustrée de ne pas « ressentir » l'amour de Juliette pour Roméo, de ne rien ressentir, de ne pas réussir à exprimer son amour. Mais dans la mesure où l'amour est une émotion, Juliette ne pourra jamais directement l'exprimer.

« Ma libéralité est aussi illimitée que la mer
et mon amour aussi profond : plus je te donne,
plus il me reste, car l'une et l'autre sont infinis. »

Si, en disant ces mots, Irina essaie de ressentir un amour infini pour Roméo, espère surfer sur l'émotion et exprimer ainsi l'ampleur des sentiments de Juliette, alors son jeu sera vide de toute passion. En essayant d'être enflammée, elle deviendra aussi froide que la mort. En essayant de stimuler une sorte de « centre émotionnel » imaginaire, elle s'expose à de grandes souffrances. Irina donnera dans le sentiment, la démonstration et s'enfermera à la maison.

Émotion et contrôle

Comme nous l'avons vu, tenter de montrer une émotion efface la cible. Et ironiquement, tenter de montrer une émotion rend le jeu vide de toute émotion. Mais nous devrions peut-être nous demander pourquoi nous essayons de souligner nos sentiments. Une émotion soulignée est une tentative de contrôle désespérée. Ce besoin de contrôler les sentiments vient de la Peur. Si, en guise de filet, Irina décide de montrer au public que son amour pour Roméo est profond et sincère, elle montrera sa technique, mais elle étouffera son élan de vie et sa capacité à réagir dans l'instant. Elle rentrera à la maison.

Nous nous défendons parfois : « *Je veux contrôler ceci, mais pas cela. Je vais verrouiller ceci, mais laisser cela s'exprimer librement* ». Mais le contrôle ne fonctionne pas comme ça. Nous avons beau nous croire supérieurement intelligents, nous avons beau essayer de contrôler les choses le plus discrètement et minutieusement possible, le Contrôle veut toujours prendre le dessus. Nous ne pouvons pas choisir ce que nous contrôlons. Quand nous essayons de contrôler ce qui est « mauvais », nous contrôlons aussi souvent ce qui est « bon ». Toute forme de contrôle a tendance à devenir incontrôlable.

La surveillance

La surveillance est une forme de contrôle. Les espions surveillent. Nous pouvons soit voir les choses, soit contrôler la façon dont nous sommes vus. Nous devons choisir. Irina a peut-être envie de contrôler le regard que le public porte sur Juliette, mais dès qu'elle essaiera de contrôler ce que le public voit, elle réduira sa propre capacité à voir. Comme nous le savons, le contrôle peut être aussi bien utile que destructeur. Mais un principe vaut pour tous les cas de figure :

L'acteur ne contrôle pas, c'est le personnage qui contrôle.

Nous avons déjà évoqué cette idée au cours de l'exercice du message où ce n'est pas l'acteur qui doit « essayer », mais le personnage.

Digression : l'émotion assassinée

À chaque fois que nous essayons de montrer une émotion, elle devient fausse. Quand nous essayons de montrer notre amour aux autres, souvent, ça ne marche pas. L'amour se manifeste à travers nos actes. L'amour surgit quand nous sommes attentifs. Mais « l'amour » est encore une étiquette inadéquate qui rassemble une multitude de sentiments et de relations. Par exemple, soit Juliette aime véritablement Roméo, auquel cas, il s'agit de lui, soit elle « est amoureuse » de Roméo, auquel cas, il s'agit plutôt d'elle.

Digression : le tabou

En général, le contrôle inconscient est destructeur. Or, le tabou est une forme de contrôle inconscient dont nos sociétés raffolent. Il est aussi ancré dans la société que le théâtre. Le tabou est un mécanisme de contrôle collectif inconscient qui organise les relations sociales selon une loi qui paraît instinctive et non imposée. Le théâtre vient souvent remettre en question les lois institutionnelles et inconscientes, c'est pourquoi il est mal vu des prêtres et des politiciens. Médée, Gertrude, Œdipe, Créon, Angelo, Macbeth, Desdémone, Roméo et Juliette transgressent tous des lois et des tabous.

Le contrôle du personnage

Bien qu'Irina ne doive pas contrôler la façon dont elle est perçue et comprise, Juliette doit essayer de contrôler la façon dont elle est perçue et comprise. Irina ne doit pas essayer de contrôler la façon dont le public perçoit la scène, mais Juliette doit essayer de contrôler la façon dont Roméo perçoit Juliette.

Juliette se retrouve sans doute face à un dilemme similaire à celui de l'homme menacé par le couteau. Va-t-elle choisir l'attention, la concentration ou osciller entre les deux jusqu'à la nausée ? Juliette place beaucoup d'enjeux dans Roméo ; elle doit glaner un tas d'informations, dans ce qu'il dit et dans ce qu'il tait. Elle doit apprendre à interpréter son visage et ses gestes, elle doit réussir à voir s'il lui ment, s'il se ment à lui-même ou s'il essaie sincèrement de lui dire la vérité. Elle doit voir s'il est généreux, superficiel, brillant, constant. Elle doit sentir ces qualités en les observant. Et elle finira par avoir mal à la tête parce que toutes ces informations ne concordent pas. Tous ces attributs ne constituent pas une position claire.

Irina ne peut ni créer ni contrôler la complexité de ce que Juliette ressent. Tout ce qu'elle peut faire, c'est voir à travers les yeux de Juliette. Juliette a des choses importantes à dire à Roméo. Par exemple, Juliette doit apprendre à Roméo qui elle est. Et pour y parvenir, elle doit prêter attention à Roméo. Elle doit sonder son visage et ses paroles pour distinguer ce qu'il comprend et ce qu'il croit seulement avoir compris. Mais si elle ne fait que « s'exprimer », il ne comprendra pas grand-chose. Irina se trouve donc confrontée à ce paradoxe : bien qu'elle ne puisse exprimer directement aucun des sentiments de Juliette, les sentiments de Juliette doivent s'exprimer. Que faire ?

L'émotion nous empêche toujours d'agir

Ce principe peut être extrêmement libérateur pour Irina. Nos sentiments nous rendent la tâche plus difficile, jamais plus facile. Donc les sentiments de Juliette pour Roméo entravent l'action qu'elle tente d'avoir sur lui. Donc quoi qu'Irina joue dans ces vers – amuser, séduire, instruire, avertir, embrouiller, posséder, rassurer, cajoler, consoler, effrayer, exciter – son amour lui complique la tâche.

Par exemple, imaginons que vous soyez tellement énervé contre quelqu'un que vous lui criiez « *Sortez !* ». Vous avez peut-être l'impression que ce cri exprime parfaitement votre sentiment de rage. Mais ça ne peut pas aider l'acteur. L'acteur doit séparer ce que le personnage ressent de ce que le personnage fait… Ici, le personnage ressent sans doute de la colère, mais il ne peut pas « jouer la colère ». Laissons l'acteur imaginer que la rage du personnage l'empêche justement de faire sortir son interlocuteur. Pour réussir à le faire sortir, il va devoir contrôler sa colère. Peut-être devra-t-il se forcer à chuchoter, ou bien articuler son ordre le plus froidement possible.

Le principe est celui-ci : L'acteur ne peut jamais jouer une émotion, mais il peut jouer qu'il est empêché par l'émotion. En réalité, il est impossible pour un acteur de jouer quoi que ce soit sans que l'émotion vienne l'entraver. L'amour de Juliette pour Roméo l'empêche de lui exprimer son amour.

L'acteur doit non seulement séparer le sentiment et la réaction, mais il doit aussi mettre ces deux pans en opposition.

Donner dans le sentiment

Quand Juliette parle du caractère illimité de la mer, Irina peut être tentée de « peindre » les mots à gros traits pour illustrer l'immensité de la mer. Dans ce cas, elle « donne dans le sentiment ». Irina peut être impressionnée par la grandeur des mots et de l'émotion qu'ils sous-tendent, mais cette attitude a pour conséquence néfaste d'amener Irina à douter de ses compétences. Elle a alors peur que ses réserves émotionnelles ne suffisent pas à remplir ce grand moment. Elle voudrait être à la hauteur de l'écriture. Si Irina se dit qu'elle doit gonfler sa vie intérieure, elle se paralysera toute seule. Ou bien elle fera exploser son jeu, comme un ballon qui s'envole jusqu'à quitter l'atmosphère. S'il n'y a plus de gaz à l'extérieur pour faire pression, le gaz intérieur se dilate jusqu'à faire exploser l'enveloppe fragile.

Le sentiment est toujours plus grand que le mot

Comme nous l'avons vu au sujet de l'adolescent amoureux, ce que nous ressentons est toujours plus grand que les moyens dont nous disposons pour l'exprimer. Plus les sentiments deviennent forts, plus cette vérité devient criante. Plus les enjeux augmentent, plus les pressions intérieures et extérieures augmentent.

En d'autres termes, quand Irina a peur de ne pas avoir assez de sentiments, elle peut se rappeler que plus elle contrôlera ce que Juliette fait, plus les sentiments de Juliette augmenteront.

Les moments critiques d'un vol en avion sont le décollage et l'atterrissage parce que c'est au cours de ces quelques minutes que l'appareil subit la pression la plus grande. Plus nous avons à gagner ou à perdre, plus ce qui se trouve à l'intérieur grandit et plus ce qui se trouve à l'extérieur aussi. Au Royaume-Uni, la Chambre des communes a été volontairement conçue pour contenir moins de sièges que de membres. Cet étrange agencement a pour but de renforcer l'exaltation de l'assemblée les jours où la salle est pleine pour un débat important.

L'acteur ne fabrique jamais ce que le personnage ressent. Le personnage essaie toujours de contrôler ce que le personnage ressent.

Même quand quelqu'un semble exprimer une émotion intense, ce que nous voyons, ce n'est pas quelqu'un qui exprime des sentiments mais quelqu'un qui essaie désespérément de les contrôler. La mère arabe qui se lamente sur le corps de son fils contrôle et modèle son chagrin pour lui donner une forme rituelle à travers laquelle il pourra s'exprimer. Le père qui lance un appel télévisé pour retrouver son enfant disparu doit contrôler ses larmes pour que son message soit entendu. La fillette qui saute de joie en voyant revenir son père de la guerre contrôle sa joie en sautant ; rien ne peut exprimer l'ampleur de sa joie, donc elle saute. C'est le mieux qu'elle puisse faire ; elle ressent beaucoup plus de choses, mais elle devra se contenter de ce geste.

Le geste est toujours plus petit que le sentiment qui l'entraîne.

Digression : le mensonge

Quand nous mentons, nous prenons cette relation à l'envers. L'intérieur est alors plus petit que l'extérieur ; le contenu rétrécit à l'intérieur de la forme, comme le vieux cirage dans sa boîte. Les cris de joie des retrouvailles sonnent faux si l'affection n'est pas à la mesure du geste.

Quand il y a un fossé entre l'intérieur et l'extérieur, quand le cadre du contrôle est plus large que l'impulsion du sentiment, il y a mensonge. Pas forcément un mensonge très grave, mais un mensonge quand même. Tout ça peut d'ailleurs être utile si vous jouez un personnage qui ment mal !

Plus sérieusement, en temps de guerre, quand les partis prennent position et que les problèmes sont simplifiés, celui qui s'indigne le plus est souvent le plus gros menteur.

La vie a horreur du vide. Et il n'y a pas de vie sans pression. Il en va de même pour les sentiments vivants. Le sentiment vivant a besoin de résistance pour être vu. L'émotion a besoin d'être contenue pour devenir visible. On a tendance à oublier que le train bouge jusqu'à ce que le conducteur se mette à freiner.

Le char de Phaéton

Une autre image peut aider Irina à exploiter le conflit entre ce que nous faisons et ce que nous ressentons. Phaéton, que nous retrouverons plus tard, a pris les rênes du char de son père, mais il n'a pas réussi à contrôler les chevaux. Irina peut imaginer que les chevaux fous sont ses sentiments qu'elle essaie de maîtriser.

Plus nos sentiments grandissent, plus nous tirons sur les rênes. Irina sait que même si elle ne peut pas fabriquer ce que Juliette ressent, elle peut faire ce que Juliette fait. Par conséquent, même si Irina ne peut pas créer les chevaux, elle peut tirer sur les rênes. Elle ne peut pas créer le sentiment, mais elle peut exercer un contrôle sur lui.

La vitesse n'est clairement pas le problème de Phaéton ; il veut diriger les chevaux et essaie de freiner leur allure. Il veut contrôler les chevaux. Il serait fou de les fouetter pour les faire avancer. Il existe un tas de façons de jouer Phaéton, mais aucune ne consisterait à descendre du char pour pousser les chevaux. Pousser les chevaux serait absurde, pourtant, c'est exactement ce que fait Irina quand elle force ses sentiments. Montrer son émotion, c'est comme si Phaéton essayait de forcer ses chevaux à aller plus vite.

Digression : l'ignorance ou la stupidité nécessaire

Ces paradoxes nous étonnent souvent : les gens réservés peuvent avoir des accès de violence ; les personnes affables et souriantes peuvent piquer des colères étranges ; les personnes chaleureuses peuvent devenir glaçantes ; les gens les plus timorés peuvent faire preuve d'un courage extraordinaire ; les timides ont d'énormes égos ; les plus doués prétendent que leur succès n'est dû qu'à la chance ; les bien-pensants sont souvent corrompus ; les névrosés sont souvent les plus forts dans les situations critiques ; ceux qui arrivent toujours en retard détestent attendre ; les sentimentaux sont toujours cruels.

Ces observations n'ont rien d'extraordinaire. Ce qui est extraordinaire, c'est que nous nous évertuons à les trouver surprenantes malgré la quantité de preuves fournies par l'expérience. Nous dépensons énormément d'énergie à nous repersuader sans cesse que les gens sont tels qu'ils paraissent. À chaque fois que nous entendons qu'un ministre intègre est mêlé à une affaire de corruption, nous tombons des nues. Une de nos caractéristiques les plus étonnantes est notre capacité à ignorer. Nous préférons être choqués alors que notre vrai problème, c'est que nous ne le sommes pas. Notre capacité à désapprendre le fait que nous ne sommes qu'un tissu de contradictions est éblouissante. Et nous fournissons un énorme effort pour oublier l'ambivalence des sentiments. Comme si l'enzyme qui purge le cerveau de nos rêves au réveil le purgeait en même temps de toute la connaissance acquise encombrante.

Freud et Stanislavski sont deux pionniers qui ont tenté de creuser l'inconscient à l'aide de notre seule pelle disponible : la conscience. Nous avons souvent l'impression que l'esprit conscient a du mal à atteindre notre inconscient. Mais ça n'est pas ça, le problème. Le vrai obstacle est subtil et trompeur. La vérité troublante, c'est que l'esprit conscient est l'ennemi juré de l'inconscient et qu'il préférerait que l'inconscient n'existe pas du tout. Notre seul allié poursuit des intérêts personnels cachés ; le serviteur dévoué est un saboteur. L'esprit conscient est tellement absorbé par sa relation avec l'identité qu'il est prêt à prétendre que rien d'autre n'existe. « *Il n'y a pas de bruit dans l'escalier. Je t'assure ! Il n'y a personne dans la maison !* » Sinon pourquoi la conscience au réveil se donnerait-elle tant de mal pour effacer les dernières bribes des rêves de la nuit ?

Peut-être qu'intérieurement, nous renfermons tous une Pénélope qui descend chaque nuit défaire le tissage de la journée pour que la tapisserie reste inachevée. La reine d'Homère redémarrait chaque jour son ouvrage du même point, de sa « maison » pour ne jamais avoir à accepter un prétendant.

Mais pourquoi restons-nous volontairement dans le noir ? Probablement parce que si nous admettions que les autres éprouvent des sentiments qu'ils ne connaissent pas, cela voudrait dire que nous aussi, nous ressentons des choses sans le savoir. Quel désarroi de penser que nous nous cachons des choses – et quels peuvent-être ces secrets ? « *Non, l'idée est ridicule !* » Cela explique peut-être aussi pourquoi nous préférons traiter quelqu'un de menteur plutôt que de constater que cette personne croit réellement au mensonge qu'elle colporte. Nous sommes tout à fait prêts à admettre qu'un système est rongé par un saboteur intérieur. « *Bien sûr, c'est simple, ça arrive très souvent !* » Mais un saboteur intérieur inconscient ? « *Jamais ! Attendez, vous m'embrouillez ! C'est beaucoup trop compliqué comme idée !* »

Histoires cachées

Plus perturbante encore que l'idée des émotions aux noms déguisés est celle que nous renfermions des histoires cachées. Pas seulement des émotions spontanées que nous voudrions rebaptiser ou réprimer, mais des récits entiers, des histoires et des versions d'événements dont nous ne sommes pas du tout conscients. Y a-t-il vraiment en moi toute une intrigue imperceptible qui tire son pouvoir de son invisibilité ? Il est certain que nous sommes fascinés par les secrets et les complots du monde extérieur. Tant que l'intrigue ne se déroule pas en nous, tout va bien. Pendant la Guerre d'Espagne, le général Mola a affirmé que cinq colonnes armées étaient prêtes à prendre Madrid – pas seulement les quatre qui faisaient le siège de la ville, mais une cinquième à l'intérieur dont toute la ville ignorait l'existence. Ne serait-ce pas affreux d'être comme Madrid, habités par un saboteur invisible tapi dans nos têtes ? Nous sommes des maîtres de l'ignorance et nos rêves suggèrent que nous connaissons des tas de mondes que nous ne voulons pas voir quand nous sommes en éveil.

Les êtres normaux que nous sommes sont effrayés par ce que nous sommes capables de faire. Seul le mince voile du choix nous sépare du chaos. Ce savoir ébranle nos identités minutieusement échafaudées. Nous n'aimons pas voir que nous ne savons pas contrôler nos « mauvais » sentiments, comme l'envie de meurtre ou l'envie tout court. Nous n'aimons pas ressentir ces sentiments. Pourtant ils existent. Nous ne sommes pas maîtres de ce que nous ressentons. Nous sommes seulement maîtres de ce que nous faisons.

En quoi toutes ces considérations peuvent-elles être utiles à Irina ? Eh bien, si Irina a l'impression qu'elle manque d'expérience par rapport à Juliette, si elle se dit qu'elle ne sait pas vraiment ce que ça fait de mettre tout son avenir en péril et qu'elle n'a jamais vécu des sentiments aussi intenses, elle peut se dire que sa peur n'est pas infondée. Juliette n'a jamais éprouvé ça non plus. Pour Juliette, les enjeux sont énormes.

Avant de devenir innocent

Si Irina a peur de ne jamais avoir éprouvé l'intensité émotionnelle de Juliette, qu'elle se rassure. Le plus probable, c'est qu'au fond, inconsciemment, elle la connaît trop bien tout en préférant ne pas la connaître. Irina a sûrement fait l'expérience de sentiments gigantesques pendant son enfance. Selon Freud, la pauvreté de nos souvenirs avant l'âge de cinq ans prouve que nous refoulons nos sentiments précoces justement parce qu'ils sont extrêmement subversifs et envahissants. Nous n'aimons pas nous rappeler l'envie et la rage de l'enfance. Peut-être est-ce pour cela que les enfants qui tuent suscitent plus de haine et de peur que leurs homologues adultes.

Au fond, nous savons tout ; ce principe n'est peut-être pas vrai, mais il peut aider l'acteur intimidé par l'expérience émotionnelle qu'un rôle exige.

Digression : la police de l'imagination

Nous ne pouvons pas tenir compte de tous nos sentiments ; parfois, nous devons dire « non » à nos impulsions. Mais ce conflit nous fait des nœuds dans la tête. Nous ne supportons pas la douleur des sentiments contradictoires ; donc nous essayons de contrôler ce que nous ressentons. Sauf que c'est impossible. En attendant, comme nous sommes fatigués de nous dire tout le temps « non », nous faisons semblant d'être débarrassés de certains sentiments gênants. Nous nous persuadons que certaines pensées et impulsions n'existent pas à l'intérieur de nous. Le filtre des sentiments est un produit dérivé de la civilisation.

Nous faisons sans cesse la police de notre imagination. Nos pensées et nos sentiments font partie de nous. Nous apprenons à détester certains sentiments et certaines pensées et nous n'aimons pas détester des parties de nous-mêmes. Mais nous pouvons toujours mentir et nous avons à disposition quantité de techniques qui nous permettent de prendre les mensonges pour des vérités. Par exemple, nous renommons nos sentiments ou nous imaginons que ce n'est pas nous mais les autres qui nourrissent ces « mauvaises » émotions.

Cette police répressive possède des pouvoirs spéciaux : aucun crime n'a besoin d'être commis. Cette police peut arrêter des sentiments simplement parce qu'ils risquent de mener au crime et elle peut emprisonner une pensée simplement parce qu'elle risque de porter atteinte à l'ordre public. La police donne au prisonnier de nouveaux vêtements, un nouveau nom, un travail monotone, des divertissements bêtifiants, des cours de rééducation morale, une petite cellule et des calmants.

Tout a l'air si bien organisé qu'il faut du temps à ces pensées et ces sentiments pour comprendre qu'il n'y aura jamais de procès. Pas d'habeas corpus, rien qu'une détention permanente sans jugement. De temps en temps, la frustration déborde et les prisonniers se révoltent. Nous avons droit à un nuage de gaz lacrymogène et à quelques coups de feu lointains, mais la police réprime sévèrement l'insurrection. Elle enferme les pensées rebelles dans des cellules encore plus petites, encourage les espions et double la dose de sédatifs.

Quand nous allons au théâtre, nous espérons voir au moins quelques-unes de ces cellules grandes ouvertes et quelques détenus réveillés à grands coups de gifles dans la figure – il est toujours bon de nous rappeler ce que nous gardons sous les verrous. Au théâtre, nous voyons les autres ressentir nos propres sentiments inavoués. Le processus théâtral reste un mystère, mais c'est un processus que nous pouvons d'une certaine façon maîtriser, un peu comme un feu contrôlé. Nous commençons et terminons une représentation comme on allume et on éteint un feu de joie. Les vicissitudes de la vie ne sont pas toujours si dociles. Nous aimons que nos maisons soient sûres, il faut donc que notre théâtre nous paraisse dangereux.

Digression : la censure

Les sentiments censurés posent généralement de gros problèmes aux acteurs. Or il suffit d'admettre et d'accepter que nous portons tous en nous la mémoire d'extrémités non reconnues et non avouées. Il est utile pour l'acteur d'imaginer que nous avons tous le potentiel – à défaut de l'expérience – d'éprouver tous les sentiments. Nous sommes tous capables de tout ressentir. Peut-être que chacun de nous a tout ressenti un jour, quelque part. Peut-être que ces sentiments insupportables ont simplement changé de noms. Les acteurs qui jouent Macbeth ne doivent pas craindre de ne pas connaître l'envie de tuer. Le problème, c'est qu'au fond, ils ne la connaissent que trop bien.

En finir avec la doxologie

Il n'est pas plus aisé d'exprimer des émotions que de chier par l'oreille. Vous pouvez pousser aussi fort que vous voulez, rien ne sortira. Les tuyaux ne sont pas reliés, c'est tout.

Comme nous l'avons vu, une cause fréquente de panique est la crainte que notre vie intérieure ne soit pas à la hauteur de ces circonstances extérieures. Pourtant le schéma est clair et la règle simple : ce n'est pas l'intérieur qui est inadapté, c'est l'extérieur. L'extérieur est toujours plus petit que l'intérieur ; le monde est toujours plus petit que le sentiment. Cela signifie-t-il que le grand texte de Shakespeare ne suffit pas à exprimer les sentiments qu'il décrit ? Oui, certainement et ça vaut la peine de se demander pourquoi.

16. « JE NE SAIS PAS CE QUE JE DIS »

Les mots ne fonctionnent pas. Les mots ne font pas ce qu'ils sont censés faire. Par rapport à nos attentes, les mots sont inadaptés, voire même banals. Essayer d'exprimer en mots ce que nous désirons ou ressentons est aussi pénible que tricoter une écharpe avec des troncs d'arbres. Nous avons beau vouloir dire la vérité, les mots mentent ; ils n'ont pas le choix. Les sentiments et les mots vivent dans des dimensions différentes, comme les ours polaires et les baleines. Le discours, comme n'importe quelle réaction, est toujours voué à l'échec. Les mots commencent à accomplir des prodiges seulement quand nous comprenons qu'ils ne peuvent rien accomplir du tout. Bien sûr, la langue de Shakespeare ne peut pas exprimer l'immensité de ce que Juliette ressent. C'est précisément pour ça que Shakespeare est un génie. Comme Tchekhov, il perçoit très bien l'écart entre ce que nous voulons dire et les pauvres mots que nous avons pour le dire. Plus précisément, ces auteurs sont conscients de notre impossibilité à être entendus.

Bien qu'Irina soit intimidée par la dimension du texte, elle doit se rappeler que le problème de Juliette, c'est l'inverse. Alors qu'Irina craint que son émotion ne soit pas à la hauteur du texte, Juliette a l'impression que son émotion est trop grande pour être contenue dans ce minuscule ensemble de mots. Cet écart entre l'acteur et le personnage est absolument central et fondamental. La distance est libératrice. Et nous avons vu que si Irina essaie de « s'approcher » de Juliette en supprimant les différences entre elles, elle se rassurera peut-être à court terme, mais à long terme, elle finira par se bloquer.

Voici encore une différence cruciale entre Irina et Juliette : Le défi d'Irina est que son texte est trop bon. Le problème de Juliette est que son texte n'est pas assez bon. Car plus les choses nous tiennent à cœur, plus les mots dont nous disposons nous semblent creux. Nous savons combien il est difficile d'exprimer ses condoléances à quelqu'un qui vient de perdre son conjoint : « *Je n'ai pas les mots.* »

Les mots ne servent pas seulement à exprimer. Ils empêchent aussi d'exprimer. Et plus les enjeux augmentent, plus les mots tendent à étrangler le sentiment.

« Non ! Ce n'est pas cela ; c'est ceci ! »

Un autre exercice du message peut aider Irina. Elle doit expliquer à Roméo encore et encore : « *Non ! Ce n'est pas cela ; c'est ceci ! Non ! Ce n'est pas cela ; c'est ceci !* » etc. tout en se rappelant que « *cela* » renvoie toujours à quelque chose de général tandis que « *ceci* » renvoie à quelque chose de précis. Irina peut rendre cette distinction plus claire en accompagnant « *cela* » d'un geste large et « *ceci* » d'un geste resserré.

Tout le monde sait à quel point il est difficile de décrire les gestes et je vous épargnerai un schéma. Mais disons que sur « *cela* », Irina pourrait, par exemple, écarter désespérément les bras pour montrer à Roméo la stupidité de ses élucubrations romantiques et sur « *ceci* », opter pour un geste minuscule comme coller son pouce et son index pour dire à Roméo qu'il devrait faire preuve de sens pratique. Il s'agit là seulement d'un exemple, mais il faut toujours que « *cela* » et « *ceci* » soient à l'opposé l'un de l'autre. Le premier est « mauvais » aux yeux de Juliette et le second invariablement « mieux ». Le premier affreusement général et le second toujours précis et utile.

Les gestes et les mouvements transforment le message : « *Non ! Ce n'est pas cela* ; c'est *ceci !* » en : « *Ce n'est pas ton idée générale, c'est mon idée précise qui importe !* »

Irina doit répéter cet exercice encore et encore, de toutes sortes de façons possibles, afin de trouver le plus de « *cela* » et de « *ceci* » possibles. Encore une fois, le moment venu, l'observateur extérieur doit crier : « *Texte !* »

Précisions sur l'exercice du message

Comme nous l'avons vu, au signal « *Texte !* » Irina doit, sans s'interrompre, se lancer dans « *Ma libéralité…* » Les premières fois, l'acteur laisse souvent un « espace de contrôle » qui vient dresser une sorte de pare-feu entre l'énergie du message et l'énergie du texte. Un des objectifs de n'importe quel exercice du message est de permettre à l'énergie physique du message de passer directement dans le texte afin que les muscles – du corps et de l'imagination – se rappellent comment ils bougeaient pendant l'exercice. Le corps et l'imagination d'Irina se rappellent comment elle s'est recroquevillée contre un mur sur un « *cela* » et comment elle s'est jetée sur Roméo sur un « *ceci* » précis. Quand elle retourne au texte, ses muscles s'actionnent sur le même mode que pendant l'exercice et bougent de la même façon pour servir le texte.

Il ne s'agit là que d'un aspect de la scène, mais cet exercice peut servir de base à de nombreuses scènes et aussi parfois vider une tête saturée.

La tête vide

Le blocage donne l'impression d'avoir la tête tellement farcie que le moment de libération ressemble souvent à un vidage. Souvent, l'acteur fraichement délivré s'étonne : « *C'est tout ?* »

À force de répéter l'exercice du message, Irina va s'abandonner dans la réaction. Elle va s'oublier, se vider la tête et arrêter de contrecarrer ce qu'Irina essaie de faire. L'acteur doit oublier de s'empêcher.

Par exemple, les deux parties du « *Non ! Ce n'est pas cela ; c'est ceci !* » vont sans doute d'abord lui paraître identiques. Si Irina efface toute distinction entre « *cela* » et « *ceci* », l'observateur remarquera qu'elle met les deux éléments dans le même panier. Mais la mission d'Irina est justement de faire comprendre à Roméo que « *cela* » et « *ceci* » sont des pôles opposés. Au bout d'un moment, Irina commencera à différencier les deux. Elle deviendra de plus en plus frustrée que Roméo ne veuille pas ou ne puisse pas voir cette différence essentielle. Elle se verra donc forcée d'exagérer cette différence. Elle montrera, illustrera, indiquera, expliquera ou prouvera à son partenaire qu'il existe un écart énorme entre « *cela* » et « *ceci* ».

Au cours de l'exercice, il deviendra de plus en plus important pour Irina d'arriver à faire entendre cette différence à Roméo. L'enjeu de la scène ne sera plus de savoir comment ce qu'elle dit résonne, mais ce que Roméo entend. Irina sera de moins en moins préoccupée par la façon dont elle est perçue. Son énergie sera de plus en plus tournée vers Roméo. Ses impulsions viendront de plus en plus de son partenaire : « *Pourquoi ne veut-il pas comprendre ?* » La scène porte alors moins sur la façon dont Irina exprime Juliette et plus sur ce que Roméo arrive ou non à voir, entendre et croire.

Irina commencera à jouer en tant que Juliette seulement quand elle sera suffisamment libre pour effectuer ce transfert. Comme toujours, la réaction ne peut venir que de la cible vue par Juliette. Irina ne peut pas se transformer en Juliette, mais Irina peut réagir au monde comme si elle le voyait à travers les yeux de Juliette. Comme toujours, l'acteur doit voir les enjeux du personnage et non ceux de l'acteur.

L'interruption comme qualité

L'exercice du message est efficace seulement si l'interruption fait partie de ses qualités. La pensée est une série de cibles. Quand je pense à quelque chose, je vois cette chose comme une cible. Toutes les pensées sont des cibles. Et toutes les pensées doivent obéir à toutes les règles de la cible.

La pensée possède un attribut essentiel pour l'acteur : la qualité de l'interruption. Les pensées ne sortent jamais de nulle part.

Et nous avons toujours des pensées. Aucun humain conscient ne peut être dénué de pensée. Chaque pensée supplante la précédente. Chaque nouvelle pensée nous force à écarter une ancienne pensée qui sera à son tour évincée par une « meilleure » pensée qui joue des coudes pour avoir la première place. Les pensées sont ambitieuses et se bousculent toujours pour prendre le devant de la scène – et aucune pensée n'est jamais identique à la précédente.

Pensée et texte

L'évolution est inévitable. Nous ne pouvons pas prononcer deux fois le même mot. Nous ne pouvons pas avoir deux fois la même pensée.

« *Les murs du jardin sont hauts et difficiles à gravir.* »

Irina ne peut pas accorder le même poids à « haut » et à « *difficile* ». Ce sont deux mots différents. Donc le stimulus pour « *haut* » doit être différent du stimulus pour « *difficile* » ; il doit y avoir un mouvement qui l'amène de l'un à l'autre.

Au moment où elle dit « *haut* », Juliette imagine peut-être que le mot « *difficile* », qui surgit soudain dans son champ de vision, est « mieux » pour obtenir ce qu'elle veut – par exemple, obtenir une réponse de la part de Roméo. De même :

« *Ah ! je voudrais rester dans les convenances ; je voudrais, je voudrais nier ce que j'ai dit. Mais adieu, les cérémonies !*
M'aimes-tu ? Je sais que tu vas dire oui,
et je te croirai sur parole. »

Ici, à chaque fois qu'Irina prononce le mot « *voudrais* », il faut qu'il soit différent. Car nous ne disons jamais deux fois le même mot. De plus, aucune pensée n'est égale à celle qui la précède. Chaque pensée se croit « meilleure » que celle d'avant. Chaque pensée entre de force jusqu'à être mise à la porte une fois qu'elle devient indésirable pour son hôte. Les cibles que Juliette voit en Roméo changent sans cesse et le reste de ses pensées avec.

« *Rester dans les convenances* » n'est plus aussi fort que le simple « *nier ce que j'ai dit* ». Juliette s'interrompt et s'ordonne de se taire en disant « *adieu, les cérémonies !* » puis elle s'interrompt encore en posant malgré elle la question : « *M'aimes-tu ?* » puis elle interrompt Roméo avec « *Je sais que tu vas dire oui* » avant de s'interrompre encore une fois en coupant court à toute éventuelle objection en disant « *je te croirai sur parole* ».

L'interruption n'a pas besoin d'être littérale, dans le sens où chaque nouvelle phrase d'Irina ne doit pas forcément effacer la précédente. L'ancienne pensée ne disparaît jamais totalement dans le vide et la nouvelle ne surgit pas toujours après une pause fort pratique. Avant que la vieille pensée ait le temps d'expirer, la nouvelle lui passe sur le corps. Irina sera plus libre si ses pensées acquièrent la qualité de l'interruption.

La cible seule dicte le rythme, la vitesse et l'énergie de tout ce que nous faisons.

Rythme, cible et interruption

Le rythme dépend de la cible. L'interruption ne devrait jamais bloquer la cible. L'acteur doit toujours rester attentif à la cible. Quand nous interrompons, nous ne coupons pas notre attention de tout ce qui nous entoure. Quand nous avons l'air d'interrompre, en réalité, c'est une nouvelle cible qui nous a interrompus. Donc nous détournons notre attention de l'ancienne cible. La nouvelle cible capte notre attention jusqu'à ce qu'une « meilleure » cible apparaisse. Nous sommes totalement infidèles à la cible. L'interruption survient à cause de la nouvelle cible. Quand nous commençons à jouer avec la vue et l'interruption, nous avons d'abord l'impression que nous ne pouvons faire qu'une chose à la fois. Mais l'acteur doit s'exercer aux deux : voir et interrompre. Bien sûr, voir vient toujours une fraction de seconde avant ; nous voyons, puis nous faisons.

« Interrompre » ne veut pas dire « aller vite »

Il s'agit là d'une mise en garde très simple, mais toujours vraie. En pratique, il paraît souvent difficile d'interrompre sans aller plus vite. L'interruption nous sert à passer d'une pensée à une autre, mais la vitesse risque de détacher l'acteur de la cible. L'interruption n'a rien à voir avec la vitesse. Quand nous commençons à travailler l'interruption, le premier effet est souvent une tendance à l'accélération. Si l'acteur se met globalement à aller plus vite, la cible deviendra floue. Nous ne contrôlons pas notre vitesse. Seule la cible contrôle notre vitesse. Ce que nous voyons dicte notre rythme. En général, nos pensées sont plus rapides que nous ne le voudrions et quand les enjeux augmentent, elles battent des records de vitesse. De même, quand nous sommes agités et affirmons que nous n'arrivons plus à penser, ça n'est pas vrai. Notre frustration ne vient pas du fait que nous ne sommes plus capables de penser, mais du fait que nos imaginations regorgent soudain de pensées qui n'ont rien à voir avec celle dont nous avons besoin.

« Interrompre » ne veut pas dire « ne pas écouter »

L'acteur qui interrompt ne doit pas pour autant cesser d'écouter.

ROMÉO
Oh ! vas-tu donc me laisser si peu satisfait ?

JULIETTE
Quelle satisfaction peux-tu obtenir cette nuit ?

ROMÉO
Le solennel échange de ton amour contre le mien.

JULIETTE
Mon amour ! je te l'ai donné avant que tu l'aies demandé.

Mais dans cet échange rapide, comment Irina peut-elle écouter Roméo tout en réussissant à l'interrompre ? Comment peut-elle commencer à voir la pensée et dire « *Quelle satisfaction* » avant d'avoir entendu Roméo prononcer le mot « *satisfait* » ? Le mot-clé étant le dernier mot, qu'elle transforme en « *satisfaction* » juste après, ne faut-il pas qu'elle en ait entendu les moindres syllabes avant de pouvoir le répéter ?

Irina peut se rappeler deux choses : Premièrement, quand les enjeux augmentent, notre écoute a tendance à s'améliorer. Deuxièmement, quand les enjeux augmentent, nous commençons à sentir les élans de pensée sous-jacents de notre interlocuteur. Quand la situation devient grave, nous avons du mal à prévoir ce qui va se passer. Mais quand les enjeux augmentent, nous anticipons avec plus de précision ce que l'autre va dire. Notre production de prévisions et d'hypothèses est démultipliée. Quand les enjeux augmentent, nous avons plus de rêves et de cauchemars au sujet des mots que l'autre va prononcer.

Imaginez qu'un ami vous appelle et vous demande gravement de venir le voir… tout de suite. Il ouvre la porte, blanc comme un linge, et murmure : « *Je suis vraiment désolé, viens, entre, ferme la porte et assieds-toi. J'ai une mauvaise nouvelle à t'annoncer.* » Puis il s'arrête pour allumer une cigarette…

Que se passe-t-il pendant cette… pause ? Combien de temps cela semble… durer ? Qu'imaginez-vous pendant ce… ? Combien de scénarios différents construisez-vous ? Combien de mots possibles craignez-vous d'entendre ? Vous avez inventé tout un roman. C'est pour ça que nous avons la sensation étrange de savoir ce qui va être dit juste avant de l'entendre. Les mots semblent remplir un espace déjà prévu pour eux par nos oreilles. Est-ce la gravité qui nous rend clairvoyants ? C'est surtout l'importance des enjeux qui stimule notre imagination et nous fait inventer une multitude de scénarios. Plus nous envisageons un grand nombre d'issues possibles, plus il est probable que l'une d'elles soit la bonne.

En d'autres termes, juste avant que Roméo dise « *peu satisfait* », Juliette craint/espère peut-être que le mot qu'il va dire sera : ravi / seul / heureux / effrayé / frustré / énervé / triste / satisfait / insatisfait etc. Elle n'a pas besoin d'entendre le mot jusqu'au bout et d'attendre une seconde avant de répondre. Sa réponse est déjà à moitié prête. Irina doit donc interrompre en même temps qu'elle écoute. Ça n'est pas facile, mais c'est ce que nous faisons naturellement quand les enjeux augmentent.

L'interruption est inévitable

Même si Irina choisit de laisser un long temps perplexe avant de demander « *Quelle satisfaction…* » elle finira par interrompre. Car quelle que soit la longueur du silence, il ne peut pas être vide de pensée. Tout silence est rempli de pensées. Quoi que Juliette dise, ce sera toujours une pensée qui a interrompu une pensée qui a interrompu une pensée, etc. … Toute pensée est une interruption. Juliette décide peut-être de prendre le temps de rassembler ses esprits, de dresser un plan avant d'interroger calmement Roméo pour le remettre à sa place. Mais même cette question posée calmement sera différente de celle qu'elle avait initialement prévue.

Un corollaire de ce principe est que la temporisation n'existe pas. Nous pouvons remettre quelque chose à plus tard, mais quand nous nous attelons à la tâche, rien ne se passe jamais comme prévu. En d'autres termes, tout ce qu'Irina fait jaillit dans l'instant. Simplement, il vaut mieux que cette improvisation de pensées découle du fait que Juliette voie devant elle un jeune homme fou ou mauvais ou dangereux et non du fait qu'Irina se demande si le public sera ainsi !

Penser et voir

Quand nous pensons, nous voyons nos pensées. Une pensée est une cible. Cette cible est vue puis abandonnée pour une autre cible également vue puis abandonnée et ainsi de suite. Quand je pense, je rejette une pensée au profit d'une autre ; j'écarte une chose que je vois pour une autre chose que je vois à la place. La pensée est un processus qui consiste à balayer des images. Je vois une image et ensuite je fais quoi ? Je la jette et je la remplace par une autre image.

17. LES EXERCICES DU TEXTE IMAGINAIRE

1. L'exercice du pré-texte

Comme tout ce que nous faisons, tout ce que nous disons surgit à cause de quelque chose d'autre. Tout texte est une réaction. Tout texte est forcément une réaction à une action antérieure que la cible est déjà en train d'accomplir. Chaque fragment de texte doit donc avoir un déclencheur, par exemple des paroles imaginaires auxquelles le texte en question réagit. Prenons ce passage :

« Oh ! sois quelque autre nom !
Qu'y a-t-il dans un nom ? Ce que nous appelons une rose
embaumerait autant sous un autre nom.
Ainsi, quand Roméo ne s'appellerait plus Roméo,
il conserverait encore les chères perfections qu'il possède…
Roméo, renonce à ton nom ;
et, à la place de ce nom qui ne fait pas partie de toi,
prends-moi tout entière. »

Irina doit imaginer ce que Roméo aurait pu dire pour la pousser à le contredire. Irina imagine les mots qu'elle doit renverser. Elle donne à Roméo un texte imaginaire.

Par exemple, ce qui pourrait lui faire dire :

« Oh ! sois quelque autre nom ! »
Pourrait être :

« Je ne peux rien y faire, je porte un nom célèbre, Juliette, je ne peux pas m'en séparer... »

Alors, il faudrait qu'elle change Roméo en disant : *« Oh ! Sois quelque autre nom... »* Ses mots viendraient en réaction à ce fragment de texte imaginaire. Irina travaille ainsi à l'envers, en inventant ce que Roméo a pu dire précédemment. Le pré-texte imaginaire doit venir avant les répliques qu'elle prononce et non après.

Par exemple :

ROMÉO

Mais les noms sont importants, Juliette...

JULIETTE

Qu'y a-t-il dans un nom...

ROMÉO

Le nom est tout, Juliette...

JULIETTE

Ce que nous appelons une rose...

ROMÉO

Mais...

JULIETTE

Embaumerait autant sous un autre nom...

ROMÉO

Je ne suis pas d'accord...

JULIETTE

Ainsi, quand Roméo ne s'appellerait plus Roméo...

ROMÉO

Non, Juliette ! Un jour, peut-être...

JULIETTE

il conserverait encore les chères perfections qu'il possède...

ROMÉO

Mais Juliette, j'ai besoin de...

JULIETTE

Roméo, renonce à ton nom...

ROMÉO

Sans mon nom, que me reste-t-il ?

JULIETTE

Et, à la place de ce nom qui ne fait pas partie de toi...

ROMÉO

Juliette, je n'aurais plus rien...

JULIETTE

Prends-moi toute entière.

Les points de suspension à la fin des répliques indiquent la qualité de l'interruption qui est une caractéristique fondamentale de la pensée. Tous ces fragments de pré-texte imaginaires précisent ce que Juliette doit changer. Bien sûr, ils sont provisoires. Mais ils offrent à Irina une porte d'entrée dans la scène parce qu'il serait terrible pour elle que Juliette n'ait rien à changer. Si Juliette était parfaitement satisfaite de l'ordre du monde actuel, ce serait tragique pour Irina ! Voilà encore une différence cruciale entre les deux femmes.

Dans cet exercice, tout le texte de Juliette est une réaction au texte de Roméo.

Tout texte dit « Non ! »

Que se passe-t-il alors quand Roméo et Juliette semblent parfaitement d'accord ?

ROMÉO

Je voudrais être ton oiseau !

JULIETTE

Ami, je le voudrais aussi.

Juliette a l'air d'accord avec Roméo. Il ne semble pas y avoir de conflit. Pourtant, il faut qu'il y en ait sinon, il n'y a pas de vie. « *Ami, je le voudrais aussi* » veut peut-être dire :

« *Non, Roméo ! Tu crois être le seul à ressentir ça, mais moi aussi, je ressens la même chose.* »

Ou encore :

« *Non, Roméo ! Tu crois être le seul à te sentir métamorphosé par l'amour, mais tu n'es pas le seul.* »

Ou encore :

« *Non, Roméo ! Je veux bien croire que tu m'aimes, mais tu ne comprends pas que je t'aime aussi.* »

En d'autres termes, tout ce que Juliette dit à Roméo doit correspondre au schéma : « *Non ! Ne crois pas cela, crois ceci* ! »

2. L'exercice du post-texte

Cet exercice obéit à des règles très différentes et ne doit surtout pas être confondu avec l'exercice du pré-texte.

Quand un blocage survient, l'acteur peut se souvenir de la cible et des enjeux. Quand le blocage survient et qu'il semble venir du texte, l'exercice du post-texte est un bon moyen de retrouver les enjeux. Irina peut se servir de cet outil pour extraire ses mots d'un embrouillamini de pensées confuses. L'exercice du post-texte prend la forme d'une double question qui appelle une double réponse. L'acteur demande simplement « *Qu'est-ce qui serait bien que mon partenaire réponde ?* » et aussi « *Qu'est-ce qui serait mal ?* »

Imaginons qu'Irina soit empêtrée dans la phrase :

« *Oh ! sois quelque autre nom !* »

Elle a essayé d'appuyer sur le « *Oh !* » ; elle a même essayé toutes sortes d'intonations pour chacun des mots, mais elle a toujours l'impression d'être fausse et sans vie. Il suffit qu'Irina demande : « *Qu'est-ce qui serait bien que Roméo réponde ?* » et « *Qu'est-ce qui serait mal ?* » Eh bien, ce qui serait bien, ce serait que Roméo réponde : « *D'accord, je vais changer de nom tout de suite* » et ce qui serait mal : « *Je ne changerai jamais mon nom.* »

Irina n'a plus qu'à rejouer son texte à Roméo en se vidant la tête et en pensant seulement qu'elle veut entendre ce qui est bien et qu'elle ne veut pas entendre ce qui est mal. Ce processus peut sembler d'une évidence abrutissante. La double question emploie certes un langage enfantin, mais en réalité, c'est un exercice très efficace qui guérit d'un tas de confusions invisibles. Les questions du post-texte font rapidement voir à Irina les enjeux dynamiques de la scène à travers les yeux de Juliette.

Avertissement

Irina ne doit jamais prononcer une réponse unique. La réponse unique est destructrice, même si elle semble répondre aux deux questions à la fois. Un exemple de réponse unique serait : « *Eh bien, dans cette situation, Juliette se dit que Roméo doit renoncer à son identité…* »

Le contenu de la réponse unique peut paraître identique à celui de la double réponse, mais la forme diverge. Mortellement.

La réponse unique propose une vision globale du personnage, qui, à court terme, peut rassurer Irina en lui faisant croire qu'elle a pris le contrôle de Juliette. Mais à long terme, la réponse unique va la bloquer, car il s'agit d'une réponse fatale « en un ». La réponse « en un » emmène Irina loin des yeux de Juliette à une distance apparemment confortable où elle peut voir le personnage d'un œil détaché.

Et à chaque fois qu'Irina jouera à cet endroit, elle se sentira désinvestie. Pour compenser, elle forcera son jeu, se contorsionnera, donnera dans le sentiment et malgré tous ses efforts pour ressusciter, restera aussi froide que la mort.

Prenons « *Qu'y a-t-il dans un nom ?* »

Qu'y-aurait-il de bien et de mal que Roméo puisse répondre à cette question ?

Ce serait bien qu'il réponde : « *Tu as raison, les noms ne sont rien ! Ce n'est qu'une vaste escroquerie inventée pour qu'on se tienne tranquilles !* » Et ce serait mal qu'il réponde : « *Comment peux-tu dire ça ? Mon nom est toute ma culture ! Comment pourrais-je renoncer à mon univers ?* »

Au fil des répétitions, Irina peut continuer à développer les réponses imaginaires de Roméo. Elle peut laisser libre cours à son imagination – car les bonnes et les mauvaises réponses n'ont pas besoin d'être plausibles. Et il y en a aura beaucoup. Mais Irina ne doit jamais renoncer à la banalité des questions. Au contraire, elle doit lutter pour empêcher les questions enfantines de se sophistiquer. Il est difficile de préserver la simplicité de la formule parce que le langage puéril a quelque chose d'irritant. Peut-être est-ce justement parce que la double question : « *Qu'est-ce qui serait bien que mon partenaire réponde ? Et qu'est-ce qui serait mal ?* » nous met à nu que nous avons du mal à la préserver.

Même développer la question en : « *Quelle est la meilleure réponse que Roméo puisse prononcer et quelle est la pire ?* » représente un certain danger. « Meilleur » et « pire » sont deux extrêmes. Or ni Irina ni Juliette ne peuvent savoir avec certitude ce qui est le « mieux » absolu et ce qui est le « pire » absolu. Prenons un exemple :

« M'aimes-tu ? Je sais que tu vas dire oui,
et je te croirai sur parole. Ne le jure pas :
Tu pourrais trahir ton serment : les parjures des amoureux
font, dit-on, rire Jupiter… »

Quelles sont la meilleure et la pire réponses que Roméo puisse apporter à : « *M'aimes-tu ?* » Le mieux serait incontestablement : « *Oui, je t'aime.* » Et le pire : « *Non, je ne t'aime pas.* » Mais ça n'est pas si simple. Nous avons sûrement tous vécu des disputes dont un des ingrédients était : « *Est-ce que tu m'aimes ? Pas la peine de dire oui, parce que de toute façon, je ne te croirai pas ! Mais est-ce que tu m'aimes ?!* » Ce que Juliette dit à ce moment-là, quoique légèrement différent, est un peu dans la même veine. Parce qu'elle avoue que même si « *oui* » est la réponse qu'elle souhaite entendre, elle n'y croira pas complètement. Elle veut donc qu'il proclame son amour et en même temps elle ne veut pas qu'il proclame son amour. Elle veut deux choses contradictoires. Elle ne sait pas ce qu'elle veut entendre.

En effet, c'est comme si Juliette avait fait son propre exercice du post-texte et n'arrivait pas à choisir la meilleure réponse que Roméo puisse formuler. Pourtant, elle peut imaginer au moins une réponse satisfaisante puisque qu'elle envisage plusieurs « bonnes » réponses contradictoires. Ces « bonnes » réponses pourraient être :

« *Oui, je te jure que je t'aime !* »

Ou encore :

« *Je ne vais pas jurer que je t'aime parce que de toute façon, tu ne me croiras pas.* »

Ces deux « bonnes » réponses se contredisent. Et ces contradictions perturbent Juliette, mais aident Irina.

À l'inverse, des « mauvaises » réponses de Roméo pourraient être :

• « *Non, je ne t'aime pas. J'exerce ma poésie sur toi avant d'aller voir Rosaline.* »
• « *Oui, je t'aime ! Je te le jure, je te le promets, je ne te mens pas. Je veux dire, ai-je l'air d'être un homme faible qui change d'avis tout le temps ? Vraiment ?* »

Peu importe si ces réponses sont plates ou insensées. Quand les enjeux augmentent, un tas de possibilités rocambolesques nous traversent l'esprit. Irina peut toujours les écarter. Mais « pire » et « mieux » sentent le perfectionnisme à plein nez. « Bien » et « mal », « bon » et « mauvais » n'ont pas besoin d'être pris au sérieux. Bien sûr, au fil des répétitions, Irina trouvera des questions plus précises qui appellent des réponses plus vivantes. Et si elle se tient à la simple formule de la double question, elle pourra explorer les « bonnes » réponses les plus saugrenues :

« *Tu ne seras plus jamais seule, tu n'auras plus jamais peur. Je viens de discuter avec Tybalt et tes parents et ils pensent que notre mariage pourrait être une bonne manœuvre politique. D'ailleurs, ce sont eux qui m'ont fait entrer dans le jardin.* »

De même pour les « mauvaises » :

« C'était un pari ! Mercutio a parié que je n'aurai pas le cran de draguer une Capulet ! J'ai gagné mon pari, je t'ai eue, pas vrai ? Mais comme je culpabilise un peu, je me suis dit que j'allais venir m'excuser. Pâris est un mec super et je te considérerai toujours comme une sœur. Ne le prends pas pour toi. Salut. »

18. Faire semblant

Le rythme de trois

Tout ce que nous entreprenons échoue. Chaque réaction qu'un acteur joue échoue. Dans l'exercice « *Non ! Ce n'est pas cela, c'est ceci !* » Irina ne convainc pas son partenaire que « *cela* » est très différent de « *ceci* ». Elle essaie de le convaincre et comme elle échoue, elle recommence. Plus précisément, Irina essaie de changer les convictions de son partenaire, elle échoue alors elle recommence.

- Essayer de transformer l'autre
- Voir que ça n'a pas marché
- Essayer autre chose

Ces trois étapes sont à la base de tout ce qu'un acteur dit ou fait.

La satisfaction impossible

La satisfaction totale n'existe pas parce que nous voulons toujours quelque chose, même s'il ne s'agit que du prochain repas ou de la prochaine respiration. Il y a toujours quelque chose à perdre ou à gagner, il y a toujours quelque chose en jeu.

Pourtant, il n'y a pas d'état du gain ou de la perte. Dès que nous avons gagné ou perdu quelque chose, une nouvelle chose apparaît, une autre chose à perdre ou à gagner. C'est épuisant dans la vraie vie, mais très utile pour l'acteur. Il n'y a pas de stabilité. Nous ne pouvons pas vivre dans un état fixe ; en réalité, aucun état de quoi que ce soit n'est atteignable Il n'existe ni un état de succès et d'accomplissement total, ni un état de catastrophe absolue. L'issue espérée ne donne jamais lieu à un état de satisfaction parfaite. L'issue redoutée ne donne jamais lieu à un état de pur désespoir.

Même quand ce que nous faisons semble avoir parfaitement réussi, nous échouons.

Jouer par désespoir

Nous sommes désespérés quand nous avons perdu tout espoir. Nous sommes désespérés quand il n'y a plus rien en jeu. Il arrive qu'il n'y ait plus rien en jeu quand nous essayons de décrire un état. Donc si Irina décide que sa mission dans la scène du balcon consiste à dépeindre la joie que son amour pour Roméo procure à Juliette, alors elle aura beau sourire et respirer avec extase, elle jouera toujours par désespoir. Car on n'arrive à rien en dépeignant un état.

« Jouer par désespoir » est une source fréquente et majeure de blocage. L'acteur « joue par désespoir » quand il oublie qu'il y a une double issue à chaque moment de la vie sur scène. Quand vous essayez de représenter un état émotionnel, vous jouez par désespoir.

Le fait d'indiquer une émotion provient toujours du désespoir. C'est pour ça que ça ne fonctionne pas.

Le désespoir impossible

Il est utile pour l'acteur de se rappeler que le pur désespoir n'existe pas, n'a jamais existé et n'existera jamais. Même le suicide espère la mort. « L'espoir » et « le désespoir » ont l'air de mots-miroirs, de concepts indissociables, comme la nuit et le jour. Mais seul l'un d'eux existe, l'espoir. Et l'espoir est toujours présent, dans chaque situation. L'espoir existe comme nous, indépendamment de notre volonté. Nous avons beau essayer de fermer la porte à l'espoir, il parvient toujours à se glisser dans les plus minuscules interstices. L'espoir est souvent cruel.

Le pur désespoir est impossible. C'est pourquoi, en théologie, c'est le seul péché impardonnable. Tous les péchés sont pardonnables ; le pur désespoir est le seul qui ne le soit pas parce qu'il ne peut pas exister. Le désespoir n'est qu'une notion hypothétique, comme zéro ou l'infini.

Le paradoxe de la perte et de la renaissance

Donc l'acteur se trouve face à un paradoxe à la fois étrange et utile. Tout ce que nous entreprenons échoue, mais le désespoir n'existe pas. Les trois étapes « *essayer, échouer, essayer autre chose* » sont cruciales. Nous ne pouvons pas faire la même chose deux fois. Nous ne pouvons pas jouer deux fois la même réaction, de même que nous ne nous baignons jamais deux fois dans le même fleuve. La condition humaine consiste à vivre avec la perte permanente et la renaissance permanence.

Toute la vie, nous devons lutter pour suivre le rythme de la réalité, car la cible ne tient pas en place.

Les trois étapes « *essayer, échouer, essayer autre chose* » sous-tendent la scène pour Irina. Juliette voit un Roméo qu'elle veut changer. Posséder quelqu'un, c'est essayer de changer, épouser quelqu'un, c'est essayer de le changer, voir quelqu'un, c'est essayer de le changer. Quand nous écoutons les gens, nous les transformons sans arrêt. Nous les faisons passer d'une personne non entendue à une personne entendue.

Changer les convictions et les croyances

Tous ceux qui ont sué en compagnie de chorégraphes de combat connaissent la règle d'or : « *Ne baisse jamais le regard !* » Le chorégraphe de combat sait que le combat tient autant dans l'intention que dans les coups. De même, l'entraîneur sait que le gymnaste a autant besoin de motivation que de force musculaire. L'entraîneur doit renforcer l'assurance et la détermination de son athlète. En réalité, au cours d'une séance d'entraînement, l'entraîneur consacre presque toute son énergie à changer la conviction du gymnaste ; et plus tard, pendant la compétition, le gymnaste consacrera presque toute son énergie à changer sa propre conviction. L'athlète apprendra que son principal objectif

n'est pas seulement d'avoir de la force, mais de croire en sa force :
*« Je peux aller plus vite ! Oui, je peux le faire, je peux vraiment le
faire ! Doucement… Si je pouvais seulement… »*

Faire croire et faire semblant

Faire semblant est une expression intéressante. Elle renvoie
généralement à la construction d'un monde imaginaire. Mais
elle peut aussi désigner une sorte de lavage de cerveau. Tout être
humain est un « faiseur de semblant » ou plus précisément un
« faiseur de croyances ». Les humains sont sans cesse en train de
transformer les convictions et les croyances, les leurs et celles des
autres.

Irina peut ainsi travailler sur chaque mot du texte de Juliette
en utilisant ce simple message :

« Non ! Ne crois pas cela, crois ceci ! »

Encore une fois, « *cela* » est plus général et « *ceci* » plus
spécifique.

Comment la notion du « faire croire » peut-elle aider Irina
dans la pratique ? Comment cet exercice peut-il l'aider à ne pas
donner dans le sentiment ? Prenons la réplique :

« Renie ton père et abdique ton nom »

L'exercice peut aider Irina à préciser ce qu'elle fait, en passant
de :
• Demander à Roméo de renier son père, à

• Amener Roméo à croire qu'il doit renier son père.

La première action est simple, la seconde beaucoup plus compliquée.

La première semble rendre la tâche d'Irina beaucoup plus facile que la seconde.

La seconde oblige Juliette à se donner plus de mal.

La seconde oblige Juliette à être plus précise.

La seconde peut paraître très difficile et compliquée, mais la scène du balcon est une scène difficile et compliquée pour Juliette.

Plus Irina rend la scène du balcon facile pour Juliette, plus elle rend la tâche difficile pour Irina.

Quoi que nous fassions, nous essayons toujours de changer la cible et une part étonnamment grande de nos actes consiste à changer les convictions et les croyances. Surtout, tout texte vise à changer les convictions et les croyances.

Un autre exemple

Plus tôt, Juliette dit : « *Ce que nous appelons une rose embaumerait autant sous un autre nom.* » Quelle conviction Juliette peut-elle essayer de changer en disant ça ? Peut-être essaie-t-elle de faire croire à un Roméo imaginaire qu'en changeant de nom, il resterait le même. Ou par extrapolation, et de façon plus utile, peut-être essaie-t-elle de voir un Roméo qui a besoin d'être persuadé que les noms n'ont pas d'importance.

En réalité, nos convictions et nos croyances sont extérieures à nous ; elles se comportent comme toutes les cibles et doivent obéir aux règles. Nous sommes en permanence attentifs à l'état de nos convictions. Ces structures agissent-elles seulement dans les moments actifs comme les conflits ou la séduction ? Qu'en est-il des moments de réflexion et de méditation ? Quand Juliette songe à la lune, par exemple ?

La passivité n'existe pas

Cette affirmation peut en faire enrager plus d'un, mais elle n'a pas besoin d'être vraie pour être utile. Un être humain n'est jamais inactif. Même quand nous dormons, notre cœur, nos poumons et notre système nerveux central travaillent dur pour nous maintenir en vie, et quand le cerveau endormi tressaille, il nous envoie des rêves. Scientifiquement, les rêves viennent de l'intérieur de nous. Mais les mouvements oculaires rapides prouvent que ce que nous fabriquons est projeté vers l'extérieur – nous voyons nos rêves se dérouler hors de nous. Même nos rêves sont constitués de cibles. Des cibles étranges et mouvantes qui obéissent à une étrange logique, mais des cibles quand même. De plus, quand nous rêvons, nous sommes scénaristes, acteurs, régisseurs, éclairagistes, metteurs en scène, monteurs, spectateurs et censeurs... un groupe plutôt actif en somme.

Bon nombre de nos actes semblent cependant complètement passifs : recevoir quelque chose, céder à quelque chose, prendre quelque chose, subir quelque chose, assister à quelque chose, éprouver quelque chose, regretter quelque chose, se soumettre à quelque chose, obéir à quelque chose, redouter quelque chose, ignorer quelque chose. Mais si nous examinons chacun de ces verbes en situation, nous verrons qu'ils renferment toujours un élément actif. Aussi insignifiant soit-il, il est tout ce que l'acteur peut jouer.

Les humains essaient toujours d'obtenir ce qu'ils veulent. Ce principe s'applique même à nos moments les plus altruistes. Le problème, c'est que nous n'avons pas envie de nous voir comme des êtres qui cherchent à « obtenir ce qu'ils veulent ». Servir ses intérêts personnels peut sembler méprisable donc nous préférons faire semblant d'être passifs. Et nous sommes au premier rang pour assister au spectacle. Révéler sa passivité peut avoir des conséquences spectaculaires. Mais souvent, la plupart d'entre nous et presque toujours, certains d'entre nous, en somme chacun d'entre nous à un moment ou à un autre, masque sa volonté sous un voile de passivité. Sans cette particularité, la société serait invivable car il y aurait en permanence des conflits avérés. Cela dit, il reste évidemment des tas de conflits cachés.

Jouer la passivité

Comment un acteur peut-il jouer un personnage apparemment passif ? Prenons l'exemple de Gertrude. L'actrice a l'impression que Shakespeare a volontairement brossé un personnage effacé. Mais elle devra néanmoins effectuer un travail invisible pour découvrir ce que Gertrude veut vraiment. Le calme ? La paix ? Le bonheur de son fils ? Un royaume préservé ? Un mari satisfait ? Deux hommes qui se battent pour elle ? L'actrice doit s'interroger, puis peut-être oublier ce que Gertrude veut vraiment. Parce que Gertrude ne sait peut-être pas, ou ne souhaite peut-être pas savoir, ce qu'elle veut vraiment. Nous ne nous autorisons pas à tout voir. Nous avons envie d'être heureux, ça, normalement, nous parvenons à le voir ; mais en même temps, nous avons peut-être aussi envie d'être malheureux, ce que nous sommes rarement prêts à voir.

Il est souvent difficile de définir ce que nous voulons vraiment, et donc de définir ce que nos personnages veulent vraiment. En règle générale, nous ne faisons que ce que nous voulons dans la limite de ce que les circonstances permettent.

Quand Roméo tue Tybalt, il se retrouve pris dans des conflits entre la vendetta familiale, son amour soudain pour la fille des Capulet, son désir de renouveau, son désir de rester fidèle à lui-même, et un choix cornélien entre Mercutio et Juliette, sa famille et sa liberté. Il ne comprendra tout cela que plus tard, avec le recul. Nous avons eu des siècles pour réfléchir à une décision prise par Roméo en une fraction de seconde. Mais au milieu de toutes les contraintes du contexte – le sang qui coule, la chaleur de l'après-midi, la panique, le manque d'informations, la peur, l'adrénaline de la rage, de la culpabilité et du chagrin – Roméo doit faire un choix.

Les actes et les mots

Les actes comptent plus que les mots. Nous en apprenons davantage sur les gens d'après ce qu'ils font que d'après ce qu'ils disent. Donc une règle utile consiste à décréter que quand les mots et les actes d'un personnage se contredisent, les actes ont forcément l'ascendant. Par conséquent, pendant le travail invisible, accordez toujours plus d'importance à ce que le personnage fait qu'à ce qu'il dit – surtout si les deux sont en conflit.

Nous avons parlé du personnage. Nous avons parlé de l'émotion, du texte, de la réaction, de l'espace. Autant de pattes pour une seule araignée. Nous essayons de trouver l'araignée. Les pattes ne peuvent être prises individuellement. Elles bougent toutes simultanément, sinon l'araignée se casse la figure. Cela dit, si nous ne laissons qu'une seule patte à cette étrange araignée, elle est capable de régénérer les sept autres.

19. « Je ne sais pas ce que je joue »

La huitième et dernière patte de l'araignée est particulièrement trompeuse parce qu'elle a l'air extrêmement professionnelle. Irina veut savoir ce qu'elle joue et pourquoi pas ? Il semble tout à fait normal qu'Irina impose cette condition essentielle consistant à savoir précisément ce qu'elle joue. Mais Juliette sait-elle ce qu'elle joue ?

Si vous demandiez à Juliette ce qu'elle joue, elle aurait l'air ahurie. Juliette ne dirait jamais qu'elle joue quoi que ce soit. Par contre, Juliette apprendra qu'elle doit s'adapter à un nombre incroyable de circonstances : une foule de pensées, de sentiments, d'actes et d'issues possibles se disputent son attention. Juliette doit découvrir ce qui se passe, découvrir ce qu'elle ressent, essayer de voir qui est Roméo, se débrouiller pour survivre, définir ce dont elle a besoin, ce qu'elle doit empêcher, ce qu'elle a à perdre et ce qu'elle a à gagner. Ce qui est certain, c'est que Juliette essaiera d'accomplir toutes ces tâches sans parvenir à en accomplir parfaitement aucune. Comme pour les autres pattes de l'araignée, « ce que je joue » doit venir de la cible et non de « moi ». Quand j'essaie de savoir à l'avance ce que je joue, je renverse involontairement cette donnée et je mets la charrue avant les bœufs. En réalité, si je peux prédire ce que je joue, cela signifie que :

• La cible est plus ou moins immobile
• Je sais quelle est la cible
• Je sais comment la cible va réagir
• Je viens avant la cible
• Je contrôle la cible et non l'inverse
　　… ça fait beaucoup de suppositions.

Savoir à l'avance ce que je dois jouer est un luxe de répétition qui n'existe pas dans la vraie vie. Le démineur ne choisit pas entre désamorcer la bombe et rester en vie. D'ailleurs, tous ces choix s'envolent face à la précision des détails concrets : « *Est-ce que ce fil est relié à ce dispositif ou à cet autre ? Est-ce que ce bouton est un vrai bouton ou non ? Si je plisse les yeux, réussirai-je à être moins ébloui par le soleil et à éviter l'explosion ?* »

Tout bouge sans cesse

Que nous le voulions ou non, tout bouge et change sans cesse. Pourtant, nous nous méfions de l'indépendance du monde extérieur. La cible a l'habitude de faire ce qu'elle veut et nous n'aimons pas beaucoup ça. Nous ne pouvons pas modifier la loi du mouvement perpétuel, mais nous pouvons nier cet aspect déplaisant de la réalité. Nous pouvons rêver que le monde est immobile alors qu'il ne l'est pas. Nous pouvons interpréter ce que nous voyons à notre guise, donc nous pouvons prétendre que le monde ne change pas. Ce mécanisme, parfois inconscient, est à l'œuvre quand nous nous demandons ce que nous jouons sans prêter attention à la cible.

Savoir et jouer

Le problème quand on sait ce qu'on joue, c'est qu'en général, ça ne fonctionne pas. Nous aurons beau suer sang et eau, si nous savons ce que nous jouons, nous aurons toujours l'impression d'être morts. La difficulté étant que le monde réel nous laisse rarement « jouer » ou « faire » exactement ce que nous voulons. La vie est une longue improvisation. Juliette peut prévoir autant qu'elle voudra ce qu'elle veut jouer, les plans ne fonctionnent jamais parce que tous les plans sont tributaires du monde extérieur. Et la réalité est pleine de surprises.

Nous avons tous vécu l'échec criant du discours préparé : « *Oh oui ! Je vais lui dire exactement ce que je pense de lui. J'ai toute la liste en tête. Je vais commencer par x, et puis je parlerai de y et je finirai par z.* » Le moment venu, vous entrez dans le bureau, vous regardez votre interlocuteur droit dans les yeux et vous vous étonnez de l'inévitable. « *Ça ne s'est pas du tout passé comme je m'y attendais !* »

Ça n'est pas tant ce que vous ressentez intérieurement qui est différent, mais votre interlocuteur et la pièce où vous vous trouvez. Ces deux cibles particulières et concrètes ont subi d'horribles métamorphoses. Le bureau est différent. Sa voix est différente. Son visage est différent. Vos pensées sont différentes. Vos paroles vous paraissent atrocement différentes. Le discours répété s'envole et seules quelques phrases rescapées parviennent à sortir. « *Ça ne s'est pas passé du tout comme je l'imaginais !* » Plus les enjeux augmentent, moins les choses se passent comme prévu. Et le plus étonnant, c'est que nous continuons à être surpris que la réalité ne soit pas telle que nous l'avions imaginée.

L'enfer sans cibles

« *Je ne sais pas ce que je joue* » a la même structure que les autres pattes de l'araignée. L'expression met l'acteur en danger car elle élimine son unique source d'énergie. Encore une fois, nous trouvons le mot « savoir » et deux fois le mot « je ». Notre précieuse attention tombe à nouveau dans le double piège de l'identité et du contrôle.

Jouer a l'air d'être un verbe sans cible. Avec un léger parfum d'égocentrisme. Sauf si on regarde un enfant jouer. L'enfant du bac à sable n'est pas centré sur lui-même, mais sur le seau et le sable. Que nous soyons distraits, rêveurs ou paranoïaques, nous réarrangeons toujours les événements selon nos fantasmes ; nous sommes toujours tournés vers une cible. « Jouer » ne peut avoir lieu que dans un certain contexte. L'idée que je puisse « savoir ce que je joue » sans savoir quelle personne ou quelle chose j'essaie de changer est complètement absurde. Essayer de « savoir ce que je joue » sans donner la primauté à la cible finira toujours par bloquer l'acteur.

Nous ne pouvons pas savoir ce que nous jouons tant que nous ne savons pas vers qui ou vers quoi nous jouons. Nous ne pouvons rien faire hors d'un contexte.

Seuls les fantasmes sont contrôlables.

Règles

C'est toujours triste d'entendre un acteur dire « *Mais si elle joue ça, alors je peux pas jouer ça.* » La réponse est : « *Oui, tu as raison, mais tu peux peut-être jouer quelque chose de nouveau que tu n'avais pas prévu, quelque chose qui va surgir de cette nouvelle donne.* »

Bien sûr, tout est plus facile quand les relations de travail sont bonnes. Une telle ouverture peut intimider. La liberté corrompue n'est autre que l'anarchie.

Si l'acteur s'inquiète d'un gros changement qui survient sur scène, il aura peur et ne verra plus rien. Tout jeu a besoin de règles sinon l'indépendance étouffe la liberté. L'acteur a besoin d'être sûr de certains paramètres pour pouvoir être libre de voir. Par exemple, Irina doit savoir à l'avance où se trouve le balcon, mais elle n'a pas besoin de savoir précisément par où Roméo va entrer. Elle peut ou non avoir besoin de savoir où il se placera à certains moments. Mais si elle prévoit exactement comment elle va jouer chaque phrase, il y a de grandes chances pour qu'elle se bloque. Et si elle veut savoir ce que Roméo va jouer sur chaque réplique, elle se bloquera aussi – toute construction trop monumentale risque de s'effondrer et de l'écraser.

Irina a intérêt à se donner des règles, mais pas trop. Les règles doivent être juste assez nombreuses pour que dans l'action, tous les acteurs aient la force de voir des choses nouvelles. Cela demande une certaine confiance, mais aussi beaucoup de soin dans la pratique. Les répétitions bien menées doivent permettre de décider de ce qui peut être changé et de ce qui ne peut pas l'être. Il est plus prudent de définir à l'avance ce qui doit rester prévisible et ce qui peut être imprévisible.

La liberté totale est une merveilleuse idée mais nous ne vivons pas dans un monde idéal. En effet, si tout était imprévisible, nous aurions sûrement peur, or quand nous avons peur, nous nous raccrochons à tout ce qui nous est familier, même si ça ne sert à rien. Ironiquement, les spectacles excessivement déstructurés ont toujours l'air étrangement prévisibles. Il faut qu'il y ait de la structure, mais nous devons l'appréhender avec détachement, parce qu'un excès de construction donne lieu à une représentation sans vie. Parfois, les opposés se ressemblent – aucune structure et trop de structure peuvent aboutir au même résultat. L'anarchiste et le réactionnaire ont plus de points communs qu'ils ne veulent bien l'admettre.

La grande question est : « *À quel point ai-je besoin de structure ?* » Et la réponse est qu'il n'y a pas de réponse unique. Nous devons évaluer nos propres besoins et accepter qu'il y ait des jours où nous nous sentons plus confiants que d'autres. La confiance ne peut pas être fabriquée.

Nous ne pouvons pas nous forcer à avoir confiance comme nous ne pouvons pas nous forcer à être présents ou à pardonner. L'effort aggrave toujours le blocage. Il est donc destructeur d'insister : « *Sois ouvert !* » ou « *Sois présent !* » ou « *Aie confiance !* » Au fond, nous devons comprendre que la confiance est comme la grâce. Nous ne pouvons pas demander ces bienfaits ; ils nous sont donnés gratuitement. Nous pouvons seulement choisir de les refuser, ce que nous faisons la plupart du temps.

Le plus important, c'est que le climat des répétitions soit bienveillant afin que la représentation paraisse dangereuse. Si le climat des répétitions a été dangereux, la représentation paraîtra affreusement sûre. La Peur nous rend toujours perdants.

Structure et contrôle

Mettons qu'Irina décide que Juliette essaie de repousser les avances de Roméo. Même si elle s'est donné une cible, elle n'a alors qu'une seule chose à jouer – il n'y a pas d'évolution possible.

Laissons Irina oublier ce qu'elle joue et essayer plutôt de voir comment la cible se transforme. Par exemple, au début de la scène, Irina peut voir un Roméo qu'elle doit faire sortir du jardin et à la fin de la scène, un Roméo qui doit rester. Juliette commence peut-être par voir un violeur potentiel et finit par voir un enfant à materner. Elle voit d'abord un Roméo brillant, fort et profond puis à la fin, doute de ces qualités ou l'inverse.

Nous pouvons avoir des tas d'idées en répétition, des bonnes et des moins bonnes. Mais l'avantage des idées citées plus haut est qu'elles tracent des chemins. Elles donnent à Irina un trajet, du début à la fin de la scène et le voyage nous emmène d'une vision à une autre. Au cours des répétitions et des représentations, Irina abandonnera certains trajets pour d'autres chemins plus vivants, mais au moins, ce sont des voyages et non des états. Car si la scène n'évolue pas, ça n'est pas une scène. Même si Godot n'arrive jamais, Vladimir et Estragon évoluent. Et même Godot évolue – de leur point de vue.

Toute évolution est inévitable. La stase n'existe pas ; même les eaux stagnantes regorgent d'activité microscopique.

Digression : la mort de la structure

La structure n'est que de la théorie morte, mais, comme toute institution, elle nous envie et aspire à vivre. Toute structure a tendance à vouloir étouffer la vie qui l'a créée, comme un robot rebelle. La structure a la mémoire courte et oublie toujours qu'elle est provisoire. Elle singe les vivants et veut qu'on ait besoin d'elle, mais elle est aussi peu vivante qu'un pansement et son contrat est temporaire.

Les structures comme celles évoquées pour Juliette peuvent servir de base aux répétitions. Mais le jeu sera plus libre si l'acteur, en toute confiance, accepte que ces édifices soient démontés. Si, petit à petit, ces décisions sont incorporées aux enjeux que Juliette voit, alors Irina verra dans son partenaire et tous les éléments extérieurs un ensemble mouvant, ambivalent et très précis de cibles. Un ensemble de cibles qui propulse, pousse, entraîne Irina dans un jeu libre et vivant.

Accepter d'ignorer

Même Juliette ne peut pas vraiment dire ce que Juliette « joue ». Parce que quoi que nous croyions faire, nous faisons toujours autre chose en même temps. Non seulement nous ne pouvons jamais connaître parfaitement toutes les raisons qui nous poussent à agir, mais nous ne pouvons jamais non plus être sûrs du sens exact de ce que nous faisons. Le mot échappe à notre contrôle et pourtant nous nous servons des mots allégrement. Si nous nous arrêtions pour réfléchir à toutes les interprétations possibles de nos paroles, nous ne dirions jamais rien.

Je peux employer un mot en pensant véhiculer un certain sens et m'apercevoir que mon interlocuteur comprend tout autre chose. C'est évident. Ce qui est moins évident, c'est que je peux aussi employer un mot et ne pas me rendre compte qu'en l'employant, je dis aussi autre chose que ce que voulais dire.

Il est certain que Roméo ne comprend pas tout ce que Juliette dit. Mais Juliette ne comprend pas tout ce que dit Juliette non plus. Cette complexité apparente est très utile pour Irina. Car quand nous sommes sous pression, nous nous exprimons souvent mieux que d'habitude. Comme lors de l'accident de la route où notre présence se trouvait magnifiée, les enjeux grandissants peuvent libérer spontanément tout un vocabulaire, des images, des idées et des sentiments que nous ignorions renfermer. Comme nous l'avons vu, l'immensité cosmique « *aussi illimitée que la mer* » de Juliette peut surprendre Roméo. Mais elle peut aussi surprendre Juliette.

Nous ne pouvons pas connaître toute la signification de ce que nous disons ou faisons. Il y a beaucoup de choses que nous ignorons sur nous-mêmes. Nous ne connaîtrons jamais toutes les conséquences de nos actes. Nous ne serons jamais sûrs de l'histoire que nous racontons car là où il semble y avoir une seule histoire, il y en a en réalité toujours plusieurs. Pour devenir pleinement responsables, nous devons reconnaître notre ignorance.

Même quand il est parfaitement relié à la cible, tout plan rigoureux qui consiste à « *savoir ce que je joue* » est bon à jeter à la poubelle. Sinon, il risquerait de nous faire croire que nous savons très bien ce que nous faisons ou ce que le Temps fera de nous.

20. LE TEMPS

La Nature se transforme d'elle-même et le Temps est indestructible.

Nous ne pouvons pas contrôler le Temps. Il est l'allié de l'acteur parce qu'il donne lieu à la troisième règle qui est que la cible existe avant qu'on ait besoin d'elle. Le Temps œuvre en faveur d'Irina.

Le Temps nous joue des tours : ce n'est pas seulement un vieillard muni d'une faux, c'est aussi un Joker qui se venge en souriant jusqu'aux oreilles.

La règle du temps

Au fur et à mesure que les enjeux augmentent, le temps disponible semble devenir de plus en plus court. En d'autres termes, plus nous avons à perdre ou à gagner, moins nous avons de temps.

Dans le travail invisible, l'acteur devrait toujours avoir suffisamment de temps. Dans le travail visible, le personnage ne devrait jamais avoir assez de temps. L'acteur doit maintenir une séparation nette entre ces deux rythmes. L'acteur patient prend son temps dans le travail invisible alors que les enjeux galopants cravachent le Temps et le font cavaler hors de portée du personnage. Le personnage essaie toujours de garder la situation en main et échoue immanquablement. Même Winnie, enterrée dans *Oh les beaux jours*, a du mal à garder le fil des pensées qui se bousculent dans sa tête ; ses membres sont entravés, mais son imagination va bon train. L'histoire que ses membres racontent s'efface devant la succession éblouissante de souvenirs et de découvertes qu'elle traverse. Hamlet peut sembler immobile sur scène, mais l'histoire qu'il raconte avance à toute allure, ses yeux voient défiler toute une série d'issues tragiques tandis que l'avenir le mitraille comme un avion de guerre.

« Mourir.., dormir,
dormir ! peut-être rêver ! Oui, là est l'embarras. »

Mais intéressons-nous plutôt à un fragment où Juliette semble souffrir d'avoir trop de temps :

« Retournez au galop, coursiers aux pieds de flamme,
vers le logis de Phébus ; déjà un cocher
comme Phaéton vous aurait lancés dans l'ouest
et aurait ramené la nuit nébuleuse...
Étends ton épais rideau, nuit vouée à l'amour,
que les yeux de la rumeur se ferment et que Roméo
bondisse dans mes bras, ignoré, inaperçu !
Pour accomplir leurs amoureux devoirs,
les amants y voient assez à la seule lueur
de leur beauté ; et, si l'amour est aveugle,

il s'accorde d'autant mieux avec la nuit…
Viens, nuit solennelle, matrone au sobre vêtement noir,
apprends-moi à perdre, en la gagnant, cette partie
qui aura pour enjeux deux virginités sans tache ;
cache le sang hagard qui se débat dans mes joues,
avec ton noir chaperon, jusqu'à ce que le timide amour
devenu plus hardi, ne voie plus que chasteté dans l'acte de l'amour !
À moi, nuit ! Viens, Roméo, viens : tu feras le jour de la nuit,
quand tu arriveras sur les ailes de la nuit,
plus éclatant que la neige nouvelle sur le dos du corbeau.
Viens, amoureuse nuit ; viens, chère nuit au front noir
donne-moi mon Roméo, et, quand je mourrai,
prends-le et coupe le en petites étoiles,
et il rendra la face du ciel si splendide
que tout l'univers sera amoureux de la nuit
et refusera son culte à l'aveuglant soleil…
Oh ! j'ai acheté un domaine d'amour
mais je n'en ai pas pris possession, et celui qui m'a acquise
n'a pas encore joui de moi. Fastidieuse journée,
lente comme la nuit l'est, à la veille d'une fête,
pour l'impatiente enfant qui a une robe neuve
et ne peut la mettre encore ! Oh ! voici ma nourrice… »

S'agit-il là d'une exception ? Le personnage a-t-il trop de temps ? La situation paraît claire : Juliette est impatiente. Mais revenons aux fondamentaux. Nous savons maintenant que les adjectifs n'apportent rien à Irina. Si Irina essaie d'être impatiente, elle se bloquera. Que joue Irina ? La passion ? La frustration ? Non, comme les adjectifs, les émotions ne peuvent pas être jouées car elles sont exprimées sans cible.

Irina sera plus libre si elle se demande : « *Qu'ai-je à perdre et à gagner dans ce moment précis ?* » Pour voir ce que Juliette a à perdre et à gagner, Irina doit démonter les cibles et contempler leur dualité. Que Juliette peut-elle voir en premier ? Laissons Irina examiner les détails du texte :

« *Retournez au galop, coursiers aux pieds de flamme,*
vers le logis de Phébus ; »

Juliette doit donc s'adresser au « *coursiers aux pieds de flamme* ». Juliette gronde les chevaux du soleil. Que peuvent-ils faire de bien et que peuvent-ils faire de mal ? Peut-être veut-elle dire : « *Vous allez vous dépêcher de finir votre travail et d'achever cette journée ? Ou bien allez-vous continuer à traîner et à me tenir loin de mon Roméo ?* »

Juliette veut que la nuit arrive et les images défilent sous ses yeux. N'importe quelles images ? Phébus est le dieu du soleil qui conduit son char d'est en ouest à travers le ciel avant de se coucher pour céder la place à la nuit. Juliette veut que la journée se termine et supplie les chevaux de se dépêcher. Très bien. Mais Juliette ne mentionne pas seulement Phébus, le seul « *cocher* » qui ait le droit de conduire les chevaux du soleil. Elle cite aussi son fils, Phaéton, qui a pris le contrôle du char à l'aube d'un jour fatidique que la terre n'oubliera jamais. En dépit des avertissements de son père, Phaéton a insisté pour conduire le char tout seul. Comme il manquait d'expérience, les chevaux se sont emballés, ils ont dégringolés du ciel et la boule de feu a enflammé de vastes portions de la terre. Phaéton a été tué et la catastrophe écologique a transformé des forêts en déserts arides à jamais. Il est peu probable que Juliette se souvienne de toutes les nuances et subtilités de l'image avant de l'articuler. Elle surgit d'un coup, comme un lapsus. Ce n'est pas seulement le char qui s'emballe, l'imagerie de Juliette aussi. Et comme par hasard, elle convoque un autre enfant désobéissant qui paya cher son imprudence.

« *Mais pourquoi dire ça maintenant ?* » est une question souvent pertinente. Pourquoi Juliette cite-t-elle Phaéton précisément à ce moment-là ? L'évocation de son suicide chaotique et accidentel sous-entend que quelque part, Juliette sent que sa nuit d'amour avec Roméo, ce « *rapprochement* » est encore « *trop brusque, trop imprévu, trop subit* ». Juliette sait peut-être qu'elle court tout droit vers le chaos, la mort, la stérilité. Et elle ne veut pas voir ces issues. Elle en a assez de savoir et de voir des choses qui lui donnent mal à la tête. Elle veut se défaire de son savoir et de sa vision. Elle veut coucher avec Roméo et tant pis pour les conséquences.

Juliette, comme de nombreux personnages de Shakespeare, se fait du mal à force de parler. Le fringuant Phaéton était censé lui remonter le moral, mais l'image est désastreuse ; aucune comparaison n'aurait pu être plus déprimante et plus à-propos pour Juliette que la chute fatale de Phaéton. Avant que sa résolution chancelle, Juliette abandonne Phaéton et retourne à sa vieille tante rassurante, la Nuit.

La Nuit devrait être plus réconfortante ; la Nuit est respectable, elle porte un « *sobre vêtement* ». Plus vieille et plus sage, elle ne prendrait aucune initiative impulsive ou destructrice. La Nuit ne commettrait aucun acte horrible, n'est-ce pas ? La Nuit maintiendra mon imagination au calme, en paix, en sécurité, n'est-ce pas ?

D'abord, la Nuit est agréablement vague, ou « *nébuleuse* ». Et puis, quand elle arrive, elle prend une couleur plus nette : le noir. Juliette cite ce détail deux fois. De qui la Nuit porte-t-elle le deuil ? Juliette tente d'alléger cette image lugubre en convoquant le brillant, le vivant Roméo :

« À moi, nuit ! Viens, Roméo, viens : tu feras le jour de la nuit,
quand tu arriveras sur les ailes de la nuit,
plus éclatant que la neige nouvelle sur le dos du corbeau. »

Roméo est étalé sur les ailes de la Nuit, non pas comme un corps de chair chaud, mais comme de la neige froide. Si Roméo est blanc, il doit être nu. Si Roméo est blanc, il doit être un cadavre. Le Sexe ne vient pas seul, la Mort l'accompagne pour former un étrange ménage à trois sous les draps. Même la matrone Nuit s'est métamorphosée ; maintenant elle bat des ailes comme un corbeau, présage maléfique tel celui qui croasse sans cesse aux oreilles de Lady Macbeth.

On peut penser que Juliette a du temps à tuer, mais le Temps se venge. C'est le Temps qui tient les commandes, pas Juliette. Juliette a beau avoir du temps à tuer, les enjeux importants font toujours galoper l'imagination. Juliette croit peut-être convoquer des images les unes après les autres pour occuper ses longues heures d'ennui. Mais plus elle a le temps de penser, plus elle comprend le danger de la situation et plus sa résolution flanche. Plus sa résolution flanche, plus elle a besoin de temps pour la renforcer. Elle court alors après le temps pour essayer de trouver des images qui ravivent sa confiance chancelante.

Les images sont des cibles : elles vivent indépendamment de nous. Donc toutes les images, de l'éblouissant Phaéton à la Nuit terne en habit de deuil, ont une vie bien à elles. Que nous le voulions ou non, Juliette doit faire face à l'ambivalence des images qu'elle libère. Sont-elles de son côté ou non ? Juliette pensait pouvoir contrôler l'image de Phaéton. Pourtant, l'image ne surgit pas seule. L'histoire de Phaéton, comme toutes les histoires, est ambivalente. Ses significations sont multiples. Une fois libérées, les images sont autonomes, comme les mots que nous regrettons d'avoir employés. Ici, cependant, Juliette a beau insister sur son désir de sexe, d'amour et de vie, ses images renvoient aussi au chaos, à la destruction et à la mort.

La description n'a jamais lieu

« *Viens, gentille nuit ; viens, amoureuse nuit au front noir* »

« *Gentille* », « *amoureuse* » et « *au front noir* » sont des descriptions. Mais un principe utile pour l'acteur est que la description totale n'existe pas. Tout ce qui ressemble à une description passive est en réalité une tentative active visant à modifier une perception. Juliette a l'air de décrire la Nuit. Selon elle, la Nuit possède trois attributs : elle est gentille, elle est amoureuse et elle a le front noir. En quoi ces termes peuvent-ils changer nos perceptions ? Comme toujours, Irina doit trouver une cible. En toute logique, il doit s'agir de la Nuit elle-même. Quels changements Juliette espère-t-elle apporter à la Nuit ? Dit-elle : « *Je sais que tu as le front noir, mais peux-tu s'il te plaît aussi essayer d'être gentille et amoureuse ?* » Car Juliette ne sait pas comment la Nuit va se comporter. Pour elle, l'enjeu est donc de savoir si la Nuit va se montrer gentille ou féroce… amoureuse… ou l'inverse. La Nuit doit s'apprêter à dire ou à faire quelque chose qui nécessite que Juliette l'apaise et l'encourage à se montrer gentille et amoureuse.

Juliette commet encore un lapsus quand elle demande :

Donne-moi mon Roméo, et, quand je mourrai,
prends-le et coupe-le en petites étoiles,

Il aurait été plus logique de dire : « *Quand je mourrai, prends-moi et coupe-moi* » ou « *Quand il mourra, prends-le et coupe-le* », mais Juliette ne sait plus bien où elle s'arrête et où commence Roméo. Elle dit donc : « *Quand je mourrai, prends-le et coupe-le* ». Quand elle mourra, il se métamorphosera, à l'inverse des récits d'Ovide qu'elle connaît si bien. Juliette n'arrive pas à tenir la mort à l'écart des festivités de la nuit. Elle veut que Roméo vienne non seulement pour faire l'amour avec lui, mais aussi pour chasser ces réflexions complexes et sombres. S'il ne vient pas rapidement, ces idées noires l'engloutiront. Elle lutte contre son imagination débordante en affirmant ne vouloir qu'une chose : consommer son amour pour Roméo. Elle essaie de simplifier la situation pour ne pas voir l'ambivalence de ce qui est réellement en train de se passer.

« … et celui qui m'a acquise
n'a pas encore joui de moi. Fastidieuse journée,
lente comme la nuit l'est, à la veille d'une fête,
pour l'impatiente enfant qui a une robe neuve
et ne peut la mettre encore ! »

La témérité de son désir ne coïncide pas avec l'image tendre et nostalgique de l'enfant. Peut-être que, comme Lady Macbeth, Juliette « *ne sent plus dans l'instant que l'avenir* » et regrette déjà la fin de son innocence. À quatorze ans, elle a hâte d'enfiler ses nouveaux habits d'adulte. La Nuit funeste s'immisce encore une fois dans son imaginaire pour lui montrer un enfant aux yeux grands ouverts, seul dans le noir, incapable de trouver le sommeil.

Juliette parle des enjeux

« ... Apprends-moi à perdre, en la gagnant, cette partie
qui aura pour enjeux deux virginités sans tache »

« *Cette partie* » fait directement référence aux enjeux. Pas seulement une virginité, mais deux, la sienne et celle de Roméo (Faut-il voir dans sa présomption à l'égard de Roméo un rare accès de naïveté de sa part ?) Donc le prix, la meilleure issue possible, est que quelqu'un remporte les deux virginités « *sans tache* ». Mais s'il y a tant à gagner, qu'y a-t-il à perdre ? Notons au passage que Juliette ne cite que ce qu'il y a à gagner. Gagner est la seule possibilité. Donc bien qu'il y ait une partie à disputer, perdre est impossible puisqu'elle-même avoue avoir envie de perdre. Cela veut-il dire que pour Juliette, perdre sa virginité revient à gagner ? Elle essaie de raisonner « en un ». Elle croit pouvoir jouer à un jeu où on gagne à tous les coups. Or c'est impossible. L'autre versant que l'acteur connaît bien, le « *ou non* » a été coupé. Ce qu'elle a à perdre a été emporté dans le noir avec Phaéton. Juliette argumente avec l'assurance de celui qui doute.

Bien qu'elle ait commencé par supplier les coursiers de galoper plus vite, comme si elle était déterminée et lassée d'attendre, au fond, ça n'est pas tout ce qu'elle ressent, voit et désire.

Juliette ne se contente pas de passer le temps en suppliant Roméo d'arriver. Le Temps fait jaillir des images effrayantes. Juliette court pour devancer et retenir ces images subversives avant qu'elles n'échappent. Et elle n'a pas assez de temps pour les rattraper toutes. Juliette a besoin de plus de temps.

Le brillant texte de Shakespeare montre bien que le Temps incite les pensées de Juliette à la rébellion et à la fuite et qu'elle doit courir pour les rattraper et les renfermer. Juliette a évidemment envie de faire l'amour avec Roméo, mais en même temps, elle n'en a pas envie. Elle parle seulement de son désir, mais sa peur est implicite.

Une mauvaise réécriture

Que se passerait-il si Irina n'avait pas la superbe matrice de l'imagerie shakespearienne pour la guider vers la part cachée de Juliette ? Que se passerait-il si Irina jouait une réécriture de Shakespeare d'où tout le côté sombre avait été censuré ? Irina devrait alors quand même être capable de deviner les sentiments cachés de Juliette. Même avec un texte réécrit et faible qui dirait seulement :

« *Je veux coucher avec lui. Je veux coucher avec lui. Je veux coucher avec lui. Je veux coucher avec lui.* »

Irina devrait pouvoir nous faire entrevoir l'autre côté. Car plus nous insistons sur un point, plus nous laissons entendre que le contraire existe. Même ce texte banal est forcément une réaction. Il sous-entend en même temps, qu'au fond : « *Je ne veux pas coucher avec lui. Je ne veux pas coucher avec lui. Je ne veux pas coucher avec lui. Je ne veux pas coucher avec lui.* » Juliette veut des choses contraires. Comme le chante Zerlina dans *Don Giovanni* : « *Vorrei e non vorrei !* » (« *Je veux et je ne veux pas !* »). Juliette est tiraillée entre des émotions contradictoires, elle ne ressent pas qu'une seule chose à la fois.

Digression : Temps et changement

Juliette n'est jamais satisfaite du Temps. Soit elle voudrait qu'il aille plus vite… « *Retournez au galop* ». Soit elle voudrait qu'il s'arrête… « *Veux-tu donc partir ? Le jour n'est pas proche encore : c'était le rossignol et non l'alouette…* » Irina peut utiliser le fait que le Temps n'est jamais du côté de Juliette. Mais Irina doit comprendre que si elle n'obéit pas au Temps, elle deviendra aussi sa victime. Irina reconnaît l'ascendant du Temps en refusant de laisser la Peur la conduire dans le passé et l'avenir. D'un autre côté, la Peur de Juliette l'entraîne souvent dans ces deux directions.

Le Temps est l'ami de l'acteur et l'ennemi du personnage ; mieux vaut accepter cette réalité, même dans les répétitions les plus courtes. Le présent nous réveille. Quand un accident de la route renforce notre présence, le temps semble ralentir. Mais quand le découragement nous envahit, le Temps a l'air de s'arrêter. Le Temps meurt. Bien sûr, c'est une illusion, le Temps ne peut pas s'arrêter. Pour nous tous, le Temps ne mourra jamais.

Irina doit faire du Temps son allié. Le Temps est une vague immense sur laquelle nous pouvons surfer – ou que nous pouvons laisser passer, à nos risques et périls.

Plus nous acceptons l'ascendant du Temps et décidons de vivre uniquement dans le présent, moins nous risquons d'être bloqués. Au contraire, plus nous voulons être indépendants du Temps et nous réfugier dans le passé ou l'avenir, plus nous risquons d'être bloqués. Et nous restons alors figés jusqu'à ce que nous acceptions d'obéir aux commandements du Temps et de reconnaître que nous n'existons que dans le présent.

21. Trois autres choix inconfortables

Irina doit encore faire face à trois choix inconfortables

Le cinquième choix inconfortable : créativité ou curiosité

Renoncer à la créativité semble être une hérésie pour l'artiste. Pourtant, essayer d'être créatif est catastrophique. La créativité consciente s'apparente à la concentration. La curiosité est plus libératrice ; la curiosité a trait à l'attention et à la cible. Essayer d'être créatif a pour conséquence fâcheuse de nous renvoyer à la maison.

Bien sûr, tous les humains sont créatifs, mais notre créativité est un symptôme et non une cause. Nous ne contrôlons pas notre propre créativité, de même que nous ne contrôlons pas nos sentiments. Par contre, nous contrôlons ce que nous faisons.

Le sixième choix inconfortable : originalité ou unicité

L'originalité est un autre attribut que nous croyons contrôler. Pourtant, l'originalité n'est pas une cause de la vie : seulement un de ses nombreux symptômes. D'une certaine façon, notre créativité et notre originalité ne sont pas nos affaires. Irina est unique. Irina est irremplaçable. Personne ne peut jouer Juliette comme Irina parce que personne ne peut voir comme Irina. Quand Irina voit à travers les yeux de Juliette, c'est au moyen d'une paire unique d'yeux de Juliette. Chaque acteur voit un même personnage à travers une paire d'yeux différente parce que chaque acteur est un être singulier. De plus, à chaque fois qu'Irina joue son rôle, Juliette sera légèrement différente. Chacun de nous peut voir une infinité de choses différentes ; et ces infinités sont infiniment différentes les unes des autres. Un coup d'œil vers le ciel par une nuit claire suffit à rendre cette notion moins aberrante.

D'un autre côté, si Irina essaie de créer une Juliette originale, une Juliette qui rompe avec la tradition, elle se bloquera. Tenter de créer quelque chose d'original est toujours voué à l'échec. Parce qu'à chaque fois que nous essayons d'être originaux, nous finissons par ressembler à tous ceux qui essaient d'être originaux. Notre travail est mort dans l'œuf, or tout ce qui se décompose finit par se ressembler.

Le fait que nous voulions être originaux prouve que nous avons perdu confiance en notre caractère unique. Peut-être avons-nous peur que notre unicité ne soit pas là quand nous aurons besoin d'elle ou pire, que notre différence nous rende inférieurs. Chez les jeunes surtout, l'uniformité peut sembler rassurante. Mais l'uniformité est impossible. L'uniformité n'est qu'un idéal et qui plus est, un idéal dangereux. Mais nous n'avons pas à en avoir peur parce qu'elle n'a jamais existé. Comme l'attention et la présence, l'unicité nous est donnée, elle doit être acceptée et ne peut être contrôlée. Comme tout ce qui échappe à notre contrôle, nous nous méfions de l'unicité simplement parce que nous avons peur qu'elle nous lâche. Donc nous inventons des substituts imaginaires, des poupées synthétiques qui deviennent nos créatures à nous. Bonjour l'originalité, adieu l'unicité.

Si Irina voit la cible, précisément et ouvertement, et qu'elle accepte que tout ce qu'elle voit peut aller vers le bien ou vers le mal, elle révélera une Juliette totalement unique. Alors que si Irina décide de créer une Juliette originale, elle créera un être qui ne peut pas respirer, or comme nous venons de le voir, tout ce qui est mort finit par se ressembler. La vraie conformité démarre quand nous commençons à pourrir.

Par conséquent, toute pression exercée sur Irina pour qu'elle crée quelque chose de « nouveau » aura des effets dévastateurs. Plus nous nous efforçons d'être originaux, plus nous gommons ce qui nous rend uniques. Plus nous essayons de faire du « nouveau », plus nous devenons répétitifs et réactionnaires. Nous sommes nouveaux. Nous ne pouvons pas être autrement. Nous n'avons pas à essayer d'être quoi que ce soit. Nous ne pouvons rien être par un effort de volonté. La création nous renouvelle, nous et notre environnement, à chaque seconde, que nous le voulions ou non. La nouveauté nous arrive sans nous demander la permission.

Bien que nous n'ayons aucun contrôle, nous nous complaisons dans l'illusion que nous en avons et nous essayons de singer la création. Nous aussi, nous allons fabriquer des choses nouvelles. Notre vanité n'est pas de l'arrogance, mais de la peur.

J'ai déjà vu ça avant

Si Irina entend : « *J'ai déjà vu ça avant !* » elle ferait mieux de s'intéresser à celui qui critique plutôt qu'à la critique. « *J'ai déjà vu ça avant !* » en dit plus long sur l'observateur que sur la personne observée. Quand le « je » ne voit plus très bien, tout paraît uniforme. Parfois, tout commence réellement à se ressembler, mais ça n'est pas la faute du « tout ». Plus nous mourons à l'intérieur, plus nous voyons la mort à l'extérieur, et la mort, qui déteste le particulier, veut toujours homogénéiser.

Le problème ne vient pas du monde extérieur qui, même s'il le voulait, ne pourrait jamais être complètement homogène. Le problème vient du contrôle, de ce que nous nous autorisons ou non à voir. Si nous avons l'impression que « *nous avons déjà vu ça avant* », nous ferions bien de nous surprendre, de nous prendre au dépourvu. Alors, nous verrons que le problème ne réside pas à l'extérieur, mais à l'intérieur de nous. Nous avons perdu notre curiosité. Le manque de curiosité est symptomatique d'un suicide caché ; la seule preuve médico-légale n'est pas un flacon vide, mais un besoin perpétuel de « nouveauté ».

Tout ce qui vit est toujours nouveau. Les humains dépendent de cette nouveauté. Nous faisons partie intégrante d'une création perpétuellement renouvelée. Le nouveau est déjà là, nous ne pouvons pas le créer.

Si Irina a l'impression qu'elle doit proposer quelque chose de nouveau au metteur en scène, aux spectateurs, à ses partenaires ou à elle-même, elle fabriquera un jeu mort. Ironiquement, le jeu mort-né semblera familier à tout le monde, y compris à Irina. Si Irina voit à travers les yeux de Juliette ce que Juliette doit voir, la propre unicité d'Irina, parfois dissimulée mais indestructible, illuminera les moindres parcelles de son jeu. Tout ce qu'Irina voit est nouveau. Tout ce qu'Irina tente de fabriquer de nouveau est aussi vieux que la mort elle-même.

Le septième choix inconfortable : la stimulation ou la vie

Si Irina a peur que son jeu soit mort, il faut qu'elle retourne à la cible. La cible est la source de toute son énergie. Essayer de stimuler elle-même la vie serait une erreur fatale.

Nos imaginations nous relient au monde extérieur. Quand nous craignons de dépendre d'une création imprévisible, nous avons recours à des stimulants qui imitent la vie. La vie survient et nous en faisons partie. La vie survient quand bon lui semble. Mais nous n'aimons pas la vie autant que nous le pensons parce qu'elle peut nous lâcher à tout moment. Donc encore une fois, nous inventons des substituts plus dociles.

Et nous fabriquons des stimulants. La stimulation est quelque chose que nous pouvons nous prodiguer à nous-mêmes. Nous pouvons nous fournir en stimulants nous-mêmes. Nous ne dépendons de personne. Les stimulants sont des médicaments que nous nous prescrivons à nous-mêmes. Pourtant, parfois, la vie est stimulante. Si Irina voit quelque chose de profondément vivant surgir en répétition ou en représentation, elle débordera de vie et le résultat sera saisissant. Mais comme nous l'avons vu, le lendemain, quand elle essaiera de retrouver cet état, il aura disparu. Parce que ce qui s'est produit n'était pas un état, c'était une relation, une direction. Tout état meurt et pourrit rapidement.

Si Irina pense qu'elle doit faire un choix stimulant, elle se bloquera à tous les coups. La recherche du nouveau et du stimulant nous coupe de la vie. Quand nous nous jetons à corps perdu dans des expériences, pressés d'atteindre cette insaisissable euphorie, nous avons l'impression que la ruée est provoquée par le monde extérieur. Or cette ruée nous pousse à chercher à l'extérieur ce dont nous avons peur de manquer à l'intérieur. La ruée vers le nouveau et le stimulant a des liens secrets avec la mafia de la haine de soi.

Cette sensation de course effrénée produit un étrange effet. D'un coup, dans la bousculade, nous nous mettons à ressembler à tout le monde ; notre unicité est piétinée sous des sabots aveugles. Nous sommes différents et uniques dans nos enthousiasmes et nos générosités, mais nous suivons tous la même ligne de conduite quand nous nous plaignons que : « *Nous avons déjà vu ça avant !* ». La chasse au stimulant et au nouveau fait de nous tous des réactionnaires. Voir est suffisamment vivant.

Digression : la spontanéité

Le jeu qui n'a pas l'air spontané a l'air mort ; même le maître du théâtre Nô doit d'une certaine façon avoir l'air spontané. Mais « spontané » n'est pas le mot-clé, le mot-clé est « avoir l'air ». Il est fondamental que l'acteur soit présent, mais la présence totale est sans doute un idéal inatteignable. La présence est un des nombreux dons que nous ne pouvons ni fabriquer ni acquérir. Le Salieri de Pouchkine s'indigne que Mozart n'ait rien fait pour avoir du génie. Nous ne pouvons pas acquérir nos dons, mais nous pouvons apprendre à ne pas leur claquer la porte au nez.

La « spontanéité » semble liée à la présence : « *Si je suis présent, je réagirai dans l'instant et donc je serai spontané.* » Si elle est bloquée, il est certain qu'Irina ne se sentira pas du tout spontanée. Cela dit, il existe peu d'indications plus paralysantes que « *Sois spontanée !* » quoique « *Arrête de te regarder* » ne soit pas mal non plus.

Il peut être rassurant pour Irina de se rappeler qu'aussi présents que nous soyons, aucun de nous n'est jamais consciemment spontané. À partir du moment où une réaction est consciente, elle ne peut pas être spontanée. La véritable présence a peut-être été donnée à un être humain, qui sait ? Mais la spontanéité parfaitement consciente, jamais. Le psychopathe saute rarement par-dessus la barre pour étrangler le juge et s'il le fait, il prend une décision. En général, les humains ne perdent pas leur sang froid face à plus puissant qu'eux. Il est étonnant de constater avec quelle spontanéité nous sommes capables de crier sur un être tout petit, de l'autre côté du pare-brise, et avec quelle spontanéité nous perdons cette spontanéité quand un colosse de deux mètres sort soudain de sa voiture. Quand un être agressif vacille, sa violence « spontanée » se fige instantanément en une circonspection avisée parfaitement maîtrisée. Nous déployons parfois des mécanismes de contrôle d'une sophistication étonnante.

Mais que se passe-t-il réellement quand nous perdons notre sang froid ? Une affirmation trop souvent dénigrée qui peut être utile à l'acteur est que si nous perdons notre sang froid, c'est que nous avons décidé de le perdre. Cela semble contredire tout ce que nous avons dit au sujet de la cible : « *Je ne décide rien, c'est la cible qui m'oblige.* » Cela dit, l'expression « perdre son sang froid » mérite d'être analysée. Le « sang froid» est synonyme de tempérance, d'humeur constante. Nous ne pouvons pas contrôler l'ampleur des émotions qui nous submergent subitement, mais nous pouvons décider quoi faire dans les limites imposées par les circonstances données. L'expression sous-entend qu'il y a une perte de contrôle. Or il y a toujours quelque chose d'actif dans la perte.

La perte active

Même quand la perte est synonyme de deuil, elle renferme un élément actif. Perdre un ami suite à une mort brutale paraît totalement inactif. « *Je ne voulais pas qu'il meure* ». Mais nous devons voir cette perte sinon nous vivons dans le déni. Voir est actif (tout comme le déni). Le deuil et le chagrin exigent l'acceptation de la perte, un lâcher prise, qui ont des dimensions actives. Nous devons faire quelque chose pour dire adieu.

Même les gens plus impulsifs laissent une nanoseconde entre le moment où ils entendent l'insulte et le moment où le coup de poing part. Lors d'une arrestation, les suspects ne résistent que s'ils sentent qu'ils sont une chance de s'échapper. Quand nous voyons un homme se débattre au milieu de dix policiers, c'est rarement parce qu'il est optimiste, plutôt parce qu'il essaie de se protéger des coups.

En général, nous ne prenons pas de risques inconsidérés et nous choisissons les batailles que nous menons. L'individu auto-destructeur qui se bat et se dispute avec tout le monde, le vantard qui, comme dirait mon père, possède son propre cimetière secret, constitue-t-il une exception ? Même cet individu a dû, à un moment donné, passer un accord avec lui-même et décider de se quereller sans cesse, d'être seul et donc jamais déçu. Cet individu croit obtenir ce qu'il veut. En dépit de sa fureur, il calcule son coup.

Le calcul

Le calcul n'est peut-être pas très séduisant, mais tout le monde calcule. Le calcul du bébé pour obtenir de la nourriture ou de l'attention fascine le jeune parent. Nous inventons les concepts d'innocence, d'emportement et de spontanéité parce que la conspiration nous fait honte. Nous n'aimons pas que « *la conscience [fasse] de nous tous des lâches.* »

Il est réconfortant de se rappeler qu'un tempérament incontrôlé et impétueux dissimule souvent un excès de contrôle. Un acteur connu pour sa consommation excessive de cocaïne et les déboires qui en résultaient a été surpris la nuit sur scène en train de mesurer à la règle la distance entre le cendrier et l'étui à cigarettes.

La spontanéité ne se manifeste pas là où on l'attend. Que se passe-t-il quand je perds mon sang froid ? Je vois quelque chose qui me met hors de moi et je décide d'agir. Le processus peut être si rapide que j'en suis à peine conscient. Je peux décider de lécher mes blessures ou de rentrer dans le lard de mon agresseur. Pour résumer, je décide de perdre ou non mon sang froid. Je peux décider inconsciemment, en une fraction de seconde, de me défouler « spontanément » sur la personne et tant pis pour les conséquences. L'adrénaline de la rage bat dans mes tempes, mais inconsciemment et à la vitesse de l'éclair, je prends le contrôle et décide ou non de libérer cette énergie « incontrôlable ».

Voici une note mystérieuse que plusieurs acteurs ont trouvée utile : « *Vous voyez quelque chose et ensuite vous faites autre chose.* » Bien sûr, cette autre chose doit aussi être vue !

Nous ne faisons pas ce que nous voyons. Nous voyons quelque chose et ensuite, nous faisons quelque chose qui résulte de ce que nous voyons. Bien sûr, toute pensée est une cible. Toute pensée est une nouvelle chose vue.

Digression : esthétique et anesthésiants

Nous avons recours aux anesthésiants pour nous débarrasser de la douleur. Et dans une certaine mesure, ils fonctionnent. Ils effacent la sensation de la douleur. Mais les anesthésiants ne retirent pas la cause de la douleur et la douleur est importante parce qu'elle nous signale que quelque chose ne va pas. Si le feu ne faisait pas mal, nombre d'entre nous n'auraient plus de doigts et ne remercieraient pas celui qui aurait badigeonné nos minuscules mains d'antidouleur. L'anesthésiant n'efface pas le danger du feu, seulement le symptôme le plus utile de la brûlure.

La civilisation est un merveilleux fabricant d'anesthésiants. Pourtant, les causes des douleurs n'ont fondamentalement pas changé depuis l'apparition de l'espèce humaine : nous tombons malades, nous nous sentons seuls, nous avons faim, nous avons froid, nous sommes tristes, nous ne nous sentons pas désirés, nous ne nous sentons pas aimés, nous nous sentons abandonnés, nous nous sentons ignorés, nous nous sentons insignifiants et même si nous nous savons mortels, nous n'avons pas envie de mourir.

Si le luxe de la vie moderne ne suffit pas à nous calfeutrer, nous pouvons éviter ces sensations indésirables en bidouillant les circuits. Nous réorientons notre imagination de sorte qu'au lieu d'être connectée à la réalité, elle nous coupe du monde réel. L'imagination se reconvertit dans le fantasme et s'arrange pour que nous ne reconnaissions plus la douleur que nous ressentons réellement.

Le mot « esthétique » vient de la racine grecque qui désigne « ce qui est perçu par les sens », en d'autres termes, « les cibles ». Étymologiquement, l'anesthésiant serait donc « sans cible ». Nous dépensons beaucoup de temps et d'argent à nous rassurer au moyen d'anesthésiants de toutes sortes. Une des raisons principales qui nous poussent au théâtre est pour y voir des situations où les anesthésiants ne fonctionnent pas très bien. Une des similitudes entre la tragédie et la comédie est que les deux formes montrent ce qui se passe quand les effets des anesthésiants se dissipent.

La civilisation essaie toujours de contrôler nos perceptions et comme nous tous, Irina est plus ou moins anesthésiée pour le restant de ses jours. Mais les personnages qu'elle joue voient peut-être beaucoup plus de choses que nous. Nous avons désespérément besoin qu'Irina voie, même brièvement, un monde plus réel où la joie et la douleur sont ressenties pour ce qu'elles sont.

Postface

Quand nous faisons du théâtre, nous racontons des histoires. Nous racontons toujours une histoire différente ; les mythes antiques changent à chaque fois que nous les entendons. Même si nous répétons exactement les mêmes mots et les mêmes intonations, comme le barde irlandais avec sa harpe, chaque récit relate avec de très légères variantes les hauts faits des héros. Les histoires changent parce que les conteurs et les auditeurs changent ; le Temps change. Raconter une histoire est une chose, définir ce que cette histoire signifie en est une autre. Quand nous essayons de contrôler toutes les significations d'une histoire, nous échouons immanquablement. Une publicité pour un homme politique peut aisément nous convaincre de ne pas voter pour son sourire palot. La manipulation peut produire le contraire des effets escomptés.

L'art ne fait jamais ce qu'on lui demande. La basilique Saint-Pierre de Rome était censée affirmer la puissance de la contre-réforme, mais le monument produit aussi l'effet inverse. Plus l'édifice proclame sa détermination, plus il révèle les insécurités et les doutes. Tout ce que nous produisons est ambivalent. Et nous dissimulons cette ambivalence à l'aide du sentimentalisme.

Considérer quelque chose avec sentimentalisme, c'est prétendre qu'elle n'a qu'une signification. Le sentimentalisme tente de séparer les bons des méchants et d'effacer l'ambivalence désordonnée de la vie. Avides de certitude, nous fuyons l'ambiguïté, ce qui nous rend sentimentaux. Les valses viennoises nous rappellent l'insouciance de la vie, mais quand nous nous souvenons du contexte, ces cordes endiablées prennent une résonance lugubre.

Un vaisseau

Dresser la liste de ce que veut le personnage peut apporter une structure provisoire au début des répétitions, mais ces structures nous bloquerons si nous ne les abandonnons pas assez tôt. On peut voir ces structures premières comme les échafaudages des chantiers navals. Au début, on arrive à se faire une idée du bateau, puis l'échafaudage paraît plus grand que l'idée. Bientôt des hommes minuscules tapent avec leurs marteaux à l'intérieur de l'immense berceau. Des boulons et des plaques métalliques sont fixés à la structure et finissent par trouver leur place dans le tout. Des treuils et des poulies se balancent le long de l'armature ; les charpentiers montent et descendent. Peu à peu, des poutrelles, des câbles, des tôles s'assemblent et la coque se transforme en vaisseau. Mais à un moment, l'échafaudage devra être retiré pour que le bateau puisse glisser sur la mer qui l'attend.

Histoire et liberté

Au début des répétitions, nous pouvons analyser l'intrigue et sa signification. Convenir de l'histoire que nous voulons raconter est un bon point de départ, mais au bout du compte, nous ne pourrons bien raconter notre histoire que quand nous serons prêts à la laisser se dérouler librement. Les conteurs avisés savent que l'histoire aura des significations différentes en fonction des spectateurs et des circonstances. Les conteurs expérimentés sentent ce mystère ; Non seulement ils racontent une histoire, mais l'histoire les raconte aussi. L'histoire crée le conteur, comme quand nous croyons utiliser un mensonge et que le mensonge finit par nous utiliser.

L'acteur avisé apprend à ne pas vouloir contrôler ce que le public voit. La cible doit être découverte et vue, c'est tout. La cible donne l'impulsion de jouer. Ce que l'acteur joue naît de la cible et non de la volonté du personnage. La forme de la scène est vivante et mobile, déterminée par la nature changeante des cibles. Le vent et la mer sculptent le sable ; la plage ne se sculpte pas toute seule.

La cible et la source

Ce que nous voyons a plus de profondeur que nous le croyons. Quand nous approchons d'un escalier, les muscles de nos pieds et de nos jambes se préparent à monter. Mais si nous voyons un escalator, nous commandons à nos muscles de rester au repos tandis que nous montons le long des affiches publicitaires. Pourtant, le cas de l'escalator en panne est intéressant. Nous pouvons indiquer à nos pieds : « *C'est un escalator, il ne fonctionne pas actuellement comme un escalator, donc nous allons l'utiliser comme un escalier statique ordinaire.* » Mais dès que nous posons le pied sur la marche en métal, nos jambes tressaillent légèrement. Nous savions que l'escalier n'allait pas bouger. Nous sommes parfaitement en phase avec nos pieds, pourtant ils ont fait quelque chose que nous ne leur avions pas demandé.

Nous avons dit plus haut que le bébé naissait avec des attentes envers ses parents et le langage, mais aussi une attente du jeu et de la représentation. Il est pourtant quasiment impensable qu'un bébé naisse avec une attente envers des escalators.

A priori, voilà ce qui se passe. Au fil des années, les yeux ont appris à communiquer directement avec la partie inconsciente du cerveau, par exemple la partie qui contrôle les réflexes acquis. Cette partie du cerveau a appris que ces marches métalliques avec leurs arrête dentelée bougeaient toutes seules et que les pieds devaient se positionner pour ne pas tomber. Pavlov a étudié ces réflexes conditionnés, des réactions spontanées apprises au cours de la vie. Cela peut aider Irina de savoir que les sens peuvent contourner l'esprit conscient. Cet apprentissage inconscient est le moteur du travail invisible. La cible agit sur nous bien plus que nous le pensons.

Nous ne pouvons pas équiper les personnages d'un inconscient, mais Irina peut se nourrir grâce au travail invisible. Elle peut se préparer pour qu'en jeu, les images qu'elle voit ne soient pas simplistes et superficielles, mais riches et ambivalentes. Bien que l'acteur ne puisse jouer que ce qui est conscient, tout jeu n'est pas nécessairement conscient. La cible est la seule impulsion qui actionne ce qui se joue consciemment et inconsciemment.

Voir précisément ce qui se trouve à l'extérieur fera entrer l'acteur plus profondément dans le personnage que réfléchir à ce qui se trouve à l'intérieur.

Le cadre

Toute œuvre d'art possède un cadre. Le photographe encadre l'image, et le théâtre aussi. Les applaudissements sont une sorte de cadre ; l'espace de la représentation aussi. « *Là, nous jouons et là, nous ne jouons pas.* » Le bébé qui gazouille face au coussin n'est rassuré que quand il comprend que quand le coussin se baisse, le spectacle est fini. Le bébé a besoin d'un cadre. Le monde que nous voyons aussi est limité – par notre champ de vision. Les lapins voient mieux que nous en deux dimensions, mais moins bien en trois dimensions. Personne ne peut tout voir. Nous apprenons à voir à la fois moins et plus que ce qui se passe réellement dans le monde. Mais de nombreuses forces façonnent ce que nous voyons. Par exemple, l'identité n'a pas l'intention de laisser la simple réalité contredire ses théories. Voir le monde, c'est le créer ; nous ne voyons jamais ce qui est vraiment. À chaque fois que nous ouvrons les yeux, nous créons une œuvre d'art. C'est le plus près que nous puissions nous approcher de la vérité.

Une des raisons pour lesquelles les bébés nous attendrissent tant est parce qu'ils nous accordent énormément d'attention. Le bébé nous voit de façon tellement pure qu'il nous donne l'impression d'exister un peu plus. Mais dès que le bébé se demande comment il est perçu, sa curiosité omnivore s'émousse. Plus tard dans la vie, l'adulte devra refaire le chemin inverse. Pour l'acteur, rien n'est plus important que ce trajet en sens inverse.

Le chemin à rebours

Le long de ce chemin, la patience est essentielle. Cela dit, notre volonté est aussi peu capable de nous conférer la patience que la confiance ou la présence. La patience est donnée par la grâce, et quand elle se présente, nous avons intérêt à lui faire bon accueil. Une des grandes portes que nous lui claquons au nez est celle du jugement de soi. Nous pouvons contrôler notre jugement de nous-mêmes, mais nous ne pouvons pas contrôler les allées et venues de la patience. Quand nous ne trouvons pas tout de suite la réponse, nous nous sentons découragés et en échec. Il est alors plus facile de nous flageller que de faire preuve de patience envers nous-mêmes.

Cependant, la quête infinie de l'acteur sera toujours de refaire le chemin en sens inverse, de « *Comment me voit-on ?* » à « *Que vois-je ?* »

Les guides

Les compagnons de route de l'acteur sont tous les choix inconfortables

- Concentration ou attention
- Indépendance ou liberté
- Montrer ou voir
- Certitude ou foi
- Créativité ou curiosité
- Originalité ou unicité
- Stimulation ou vie

Par ailleurs, notre vitalité, notre capacité et notre envie de bouger et de respirer sont garanties par la double règle des enjeux :

• *Il y a toujours quelque chose à perdre et quelque chose à gagner.*
• *Ce que nous avons à gagner est de la même taille que ce que nous avons perdre.*

Et la règle du Temps :

Quand les enjeux augmentent, le Temps raccourcit.

Les règles de la cible tiennent bon si nous pensons à elles quand nous sommes en sécurité et si nous nous accrochons à elles en cas de danger. La cible est là pour nous. Nous ne sommes pas là pour la cible. La cible possède des attributs indestructibles qui sont plus solides que nos doutes les plus violents. L'isolement n'est qu'une théorie.

• Premièrement : Il y a toujours une cible.
• Deuxièmement : La cible existe toujours à l'extérieur et à une distance mesurable.
• Troisièmement : La cible existe avant qu'on ait besoin d'elle.
• Quatrièmement : La cible est toujours particulière.
• Cinquièmement : La cible se transforme sans cesse.
• Sixièmement : La cible est toujours active.

Un dernier mot

Irina doit se rappeler qu'elle ne doit surtout pas chercher à bien faire. Le bien n'existe pas, du moins pour l'acteur, et le mal est tout aussi futile. Nous ne sommes pas là pour bien ou mal faire. Nous sommes là pour faire de notre mieux. À chaque individu de définir ce qu'est ce « mieux », après avoir observé l'ambivalence du monde avec le plus de lucidité et le moins de sentimentalisme possible.

L'acteur voit pour nous : ce que nous voulons voir et aussi ce que nous ne voulons pas voir. Notre tout jeune millénaire gronde de colère : la capacité de l'acteur à voir la cible dans toute son ambivalence chaotique n'a jamais été plus précieuse.

Ne rentrez pas à la maison.

Composition :
L'atelier des glyphes